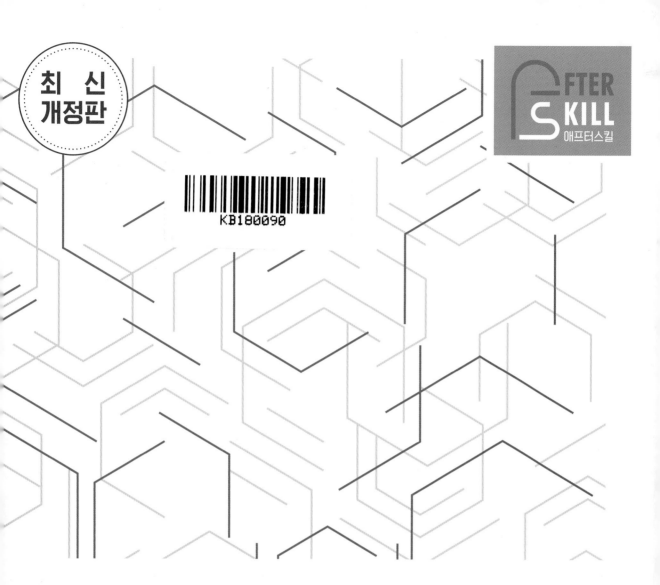

최신
개정판

AFTER SKILL
애프터스킬

KB180090

반응형 웹
실전 프로젝트 가이드

4 in 1 HTML5, CSS3, 자바스크립트, 제이쿼리를 한 권으로!!

김광수 | 조혜경 지음

반응형 웹
실전 프로젝트 가이드

1판 1쇄 발행 2019년 01월 12일
1판 7쇄 발행 2024년 10월 28일

지은이   김광수, 조혜경
펴낸이   한준희
펴낸곳   (주)아이콕스

기획/편집   아이콕스 기획팀
디자인   이지선
영업지원   이정민, 김효선
영업   김남권, 조용훈, 문성빈

주소   경기도 부천시 조마루로385번길 122 삼보테크노타워 2002호
홈페이지   www.icoxpublish.com
쇼핑몰   www.baek2.kr (백두도서쇼핑몰)
이메일   icoxpub@naver.com
전화   032-674-5685
팩스   032-676-5685
등록   2015년 7월 9일 제 386-251002015000034호
ISBN   979-11-86886-90-8

반응형 웹이 처음 등장 하였을 때 이제 HTML5와 CSS3 기술만으로도 다양한 디스플레이 환경에 최적화된 웹페이지를 구현 할 수 있다는 사실이 매우 획기적이라는 생각을 했던 기억이 있습니다.

HTML5와 CSS3에 대한 지식이 있다면 간단한 반응형 웹페이지를 제작하는 일은 그리 어려운 일은 아니지만, 실제 다양한 디바이스와 디스플레이 환경을 고려한 반응형 웹을 구현하는 것은 결코 쉬운 일만은 아닐 것입니다. 이것은 아마도 반응형 웹에 대한 이론적인 지식만으로는 해결하기 힘든 부분이 있어서가 아닐까 생각합니다. 반응형 웹에 필요한 이론적인 정보들은 쉽게 찾아 볼 수 있지만 이론을 활용한 실제 반응형 웹퍼블리싱에 대한 정보는 찾아보기 힘든 것이 현실입니다.

이 책은 꼭 반응형 웹이 아니더라도 웹퍼블리싱에 관심이 있는 입문자나 데스크탑 PC, 모바일 웹페이지에 대한 제작 경험은 있으나 반응형 웹 제작에 어려움을 겪고 있는 분들에게 도움이 될 것이라 생각합니다. 웹퍼블리싱 분야에 입문하는 분들에게는 웹퍼블리싱의 필수 기술인 HTML5, CSS3, Javascript, jQuery에서 꼭 알고 있어야 하는 내용들을 각 섹션별로 정리해 놓았습니다.

특히, 마지막 섹션인 반응형 웹 프로젝트에서는 반응형 웹 예제를 통하여 단순히 예제를 따라해 보는 것에 그치는 것이 아니라 HTML5, CSS3, Javascript, jQuery 기술을 활용하여 반응형 메인페이지와 회원가입, 게시판 등 다양한 서브페이지들을 어떤 방법으로 퍼블리싱해야 되는지에 대해 충분히 경험해 볼 수 있도록 구성하였습니다.

실무는 기본의 집합체가 될 것이기에 많은 고민 끝에 웹표준 퍼블리싱의 기본부터 정리했습니다. 다만 실무에서 즐겨 쓰는 부분에 초점을 맞추어 구성했습니다. 크로스 브라우징을 최대한 고려하고 더이상 지원되지 않는 브라우저는 과감히 배제했습니다. 반응형 웹제작의 프로젝트를 실어냄으로써 책 한 권 학습 이상의 실질적 경험을 얻을 수 있을 것입니다.

웹퍼블리싱을 학습하고 있거나 이미 작업하고 있는 독자 여러분은 퍼블리싱하는 방법이 한가지 길만 있지 않다는 것을 알고, 항상 더 쉽고 합리적인 퍼블리싱을 완성해 보기 바랍니다.

저자 김광수, 조혜경

크롬 브라우저 설치 및 개발자 도구

1-1 크롬 설치

https://www.google.com/chrome 사이트에 접속한 후 'CHROME 다운로드' 버튼을 클릭합니다. 팝업창이 나타나면 '동의 및 설치' 버튼을 클릭하여 설치를 진행합니다.

크롬 브라우저를 실행하고 사이트 이동이나 검색을 통해 설치가 잘 되었는지 테스트합니다

1-2 크롬 개발자 도구 사용 방법

크롬 브라우저 화면에서 F12 키를 누르면 다음과 같이 창이 나옵니다.

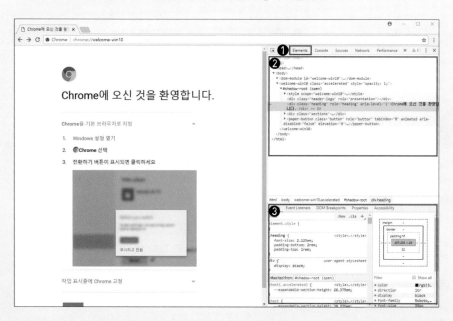

❶번 Element 패널에서는 작성된 문서의 HTML 코드(❷번 박스)와 CSS 코드(❸번 박스)를 확인할 수 있습니다.

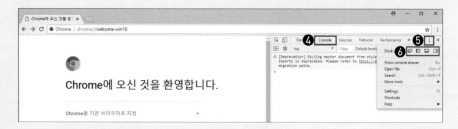

❹번 Console 패널에서는 자바스크립트의 테스트 결과나 오류 등을 확인 할 수 있습니다.

❺번 아이콘을 클릭합니다. ❻번 아이콘 중 하나를 선택하면 개발자 도구의 창을 원하는 보기 형태로 바꿀 수 있습니다.

❼번 아이콘을 클릭하고 ❽번과 같이 웹 화면에서 임의의 영역을 클릭하면 ❾번과 같이 현재 웹 화면에서 클릭한 영역의 HTML 코드를 확인할 수 있습니다.

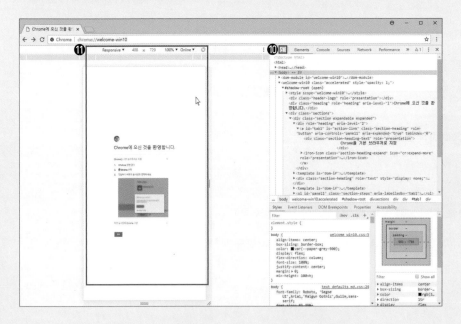

❿번 아이콘을 클릭하면 웹 화면이 ⓫번처럼 모바일 view로 바뀌고, ❿번 아이콘을 다시 클릭하면 PC view로 바뀝니다.

2 브라켓(Brackets) 설치 및 확장 기능

브라켓은 어도비에서 개발한 오픈소스 에디터로, 태그 자동 생성기능이나 브라우저 실시간 확인 등의 다양한 확장 기능을 통하여 편리하게 마크업을 할 수 있도록 도와줍니다.

2-1 브라켓 설치

http://brackets.io 사이트에 접속하여 'Download Brackets' 버튼을 클릭합니다.

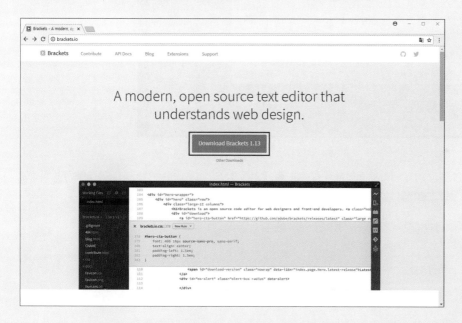

설치를 진행한 후 'Finish' 버튼을 클릭하여 설치를 완료합니다.

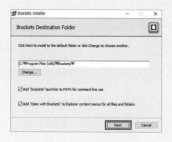

2-2 브라켓 확장 기능 설치

브라켓을 실행한 다음 코딩 작업에 도움을 주는 확장 기능들을 설치합니다.

❶번 아이콘을 클릭하면 확장 기능 관리자 팝업창이 뜹니다. ❷번 검색 창에 찾고자 하는 확장 기능을 입력하면 아래에 확장 기능 목록들이 표시되고 ❸번의 '설치' 버튼을 클릭하면 설치가 완료됩니다.

❷번~❸번을 반복하여 다음과 같이 주요 확장기능들을 설치합니다.

확장 기능	주요 기능
Emmet	태그 자동 생성
Beautify	자동 정렬
CSSFier	CSS 선택자 자동 생성
Brackets Synapse	FTP

그 밖의 브라켓 확장 기능과 사용 방법은 http://brackets.io 사이트에서 확인할 수 있습니다.

2-3 확장 기능 사용 방법

앞에서 설치한 확장 기능 중 많이 사용 되는 Emmet(태그 자동 생성) 사용 방법을 알아보도록 하겠습니다. 브라켓을 실행하고 새 파일(Ctrl+N) 메뉴를 선택하여 새 문서를 하나 만듭니다. 현재 문서를 'test.html'로 저장(Ctrl+S)합니다.

html:5 라고 입력 한 후 Tab 키를 누릅니다. 이 때 커서는 반드시 코딩의 마지막 문자(여기에서는 숫자 5) 뒤에 위치해야 합니다.

다음과 같이 코드가 자동 생성됩니다.

〈body〉〈/body〉사이에 div*5를 입력한 후 Tab 키를 누릅니다.

다음과 같이 코드가 자동생성 됩니다.

Emmet의 자세한 기능 설명은 https://emmet.io나 https://docs.emmet.io/abbreviations/syntax에서 확인할 수 있습니다.

마크업한 HTML 파일을 브라우저에서 확인하는 방법은 다음과 같습니다.

❶번의 아이콘을 클릭하면 마크업한 내용을 ❷번(크롬 브라우저)에서 실시간으로 확인할 수 있습니다.

이 책의 05장 반응형 프로젝트 실무 편에서 작성한 프로젝트의 결과물입니다.

▶ http://www.icoxpublish.com/tourist

1 **PC 버전**

2 **태블릿 및 모바일 버전**

 QR 코드를 찍어 모바일 기기에서 바로 확인해 보세요.

CHAPTER .2 **094**

CSS [CSS3]

01장

HTML5

1.1 | HTML5 기본 문서

1.1.01 | HTML5 기본 구성

[예시1-1]

```
<!DOCTYPE html>
<html lang="ko">
<head>
    <meta charset="UTF-8">
    <title>Document</title>
</head>
<body>
</body>
</html>
```

⟨html⟩, ⟨head⟩, ⟨body⟩ 등과 같이 명령어의 형태가 '⟨ ⟩(각 괄호)'로 되어있는 것을 **태그(tag)**라 하며, ⟨body⟩~⟨/body⟩와 같이 태그의 시작(⟨ ⟩)과 종료(⟨/ ⟩)를 하나의 **요소(element)**라고 합니다. 또 이러한 요소들로 코딩한 것을 **마크업(markup)**이라고 합니다.

[예시1-1]에서 첫줄에 DOCTYPE을 선언하였습니다. 이것은 작성된 HTML 문서의 형식을 브라우저에게 알려 줌으로써 태그/요소의 지원여부나 속성처리 기준을 통하여 브라우저가 HTML 문서의 내용을 올바르게 표시할 수 있도록 해줍니다. DOCTYPE 선언은 웹표준 문서의 기본이 되므로 반드시 선언해 주어야만 합니다.

⟨html⟩ 요소는 ⟨head⟩ 요소와 ⟨body⟩ 요소로 구성되어 있으며, ⟨head⟩ 요소 안에는 ⟨meta⟩, ⟨title⟩, ⟨link⟩, ⟨style⟩, ⟨script⟩ 등의 요소들이 올 수 있습니다.

요소명	설명
⟨meta⟩	• HTML 문서의 설명, 키워드, 문서의 작성자 등을 지정합니다.
⟨title⟩	• HTML 문서의 제목을 지정합니다.
⟨link⟩	• 외부의 CSS 파일을 HTML 문서에 연결할 때 사용합니다.
⟨style⟩	• HTML 문서 내에서 스타일(CSS)을 정의합니다.
⟨script⟩	• 자바스크립트를 HTML 문서 내부에서 정의하거나 외부에서 자바스크립트 파일을 불러올 때 사용합니다.

[예시1-1]에서 ⟨html lang="ko"⟩나 ⟨meta charset="UTF-8"⟩처럼 태그 내부에 부가적인 설정값을 선언하는 것을 **속성(attribute)**이라고 합니다.

lang 속성은 HTML 문서에서 **사용하는 언어**를 말하며 lang="ko"는 한국어, lang="en"은 영어를 의미합니다.

lang 속성이 중요한 이유는 시각 장애인들이 사용하는 스크린 리더(음성낭독 프로그램)에서 언어 설정에 따라 다르게 읽어 주기 때문입니다.

예를 들어 1, 2, 3의 경우 lang="ko"로 설정하였다면 '일, 이, 삼'으로 읽어 주며, lang="en"으로 설정하였다면 '원, 투, 쓰리'로 읽어 줍니다. 이러한 이유 때문에 lang 속성은 HTML 문서에서 꼭 정의해야 하는 속성 중에 하나입니다. 만약, 주 언어를 'ko'로 설정하였는데 특정 부분에서 언어를 바꾸고 싶다면 해당하는 부분에만 lang 속성을 다른 언어로 지정할 수도 있습니다.

```
<i lang="de">Ich liebe dich</i>
```

\<meta\> 태그의 charset 속성의 값 UTF-8을 '문자 인코딩(charset)' 방식이라고 하는데 UTF-8의 경우 거의 대부분의 문자를 처리 할 수 있기 때문에 HTML5의 문자 인코딩 방식으로 주로 사용되고 있습니다.

또, \<meta\> 태그에서 알아 두어야 할 속성 중에는 name 속성과 content 속성이 있는데, 나중에 학습하게 될 CSS 파트에서 반응형 웹 기술을 사용하기 위한 속성들입니다.

```
<meta charset="UTF-8">
<meta name="viewport"
content="width=device-width,initial-scale=1.0,minimum-scale=1.0,maximum-scale=1.0,user-
scalable=no">
```

보통 '뷰포트'라고 하는데 모바일 해상도(가로보기, 세로보기)에 맞게 HTML 문서를 조절해 주는 속성들이라고 생각하면 될 것 같습니다.

참고로 HTML5 이전에 많이 사용한 XHTML 1.0 Transitional 버전도 있는데, XHTML 1.0 Transitional 버전의 DOCTYPE은 다음과 같습니다.

```
<!DOCTYPE html PUBLIC "-//W3C//DTD XHTML 1.0 Transitional//EN" "http://www.w3.org/TR/xhtml1/
DTD/xhtml1-transitional.dtd">
```

XHTML 1.0 버전의 경우 HTML5보다 문법적으로 조금 더 엄격합니다.

1.1.02 W3C validator

W3C validator는 HTML 유효성 검사로 마크업에 대한 문법적 오류나 경고를 확인할 수 있습니다. 웹표준

을 준수한 HTML 문서 작성에 가장 기본이 되는 사항이므로 마크업 중간이나 CSS에 들어가기 전에 꼭 확인해보고 넘어가야 합니다.

작성한 HTML 문서의 '문법 유효성 검사'는 'http://validator.w3.org'에서 수행할 수 있습니다.

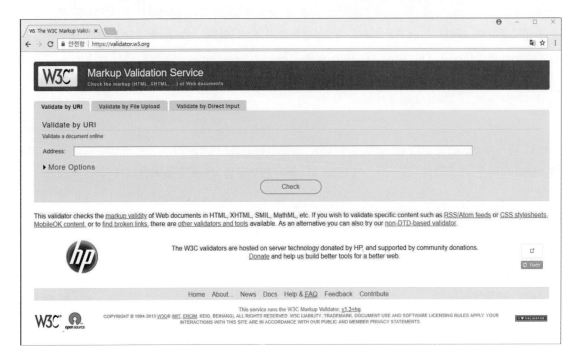

웹 문서가 서버에 있다면 'Validate by URL'을 이용하고, 본인 컴퓨터에 있다면 'Validate File Upload'를 이용하면 됩니다.

[문법 유효성 검사에 통과된 화면]

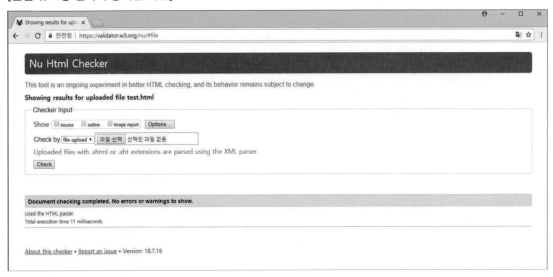

[문법 유효성 검사에 통과하지 못한 화면]

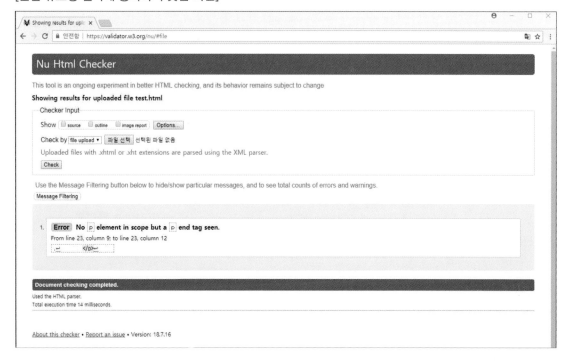

마크업 기본 문법 규칙

마크업을 할 때 기본적으로 알고 있어야 하는 문법 규칙은 다음과 같습니다.

1 요소는 시작 태그와 종료 태그가 있어야 합니다.

`<p>요소는 시작 태그와 종료 태그가 있어야 한다.</p>`	✓
`<p>요소는 시작 태그와 종료 태그가 있어야 한다.`	✗

태그 중에는 종료 태그가 없는 요소들도 있습니다. 이러한 요소를 '빈 요소(empty element)'라고 하는데, 자주 사용되는 빈 요소에는 〈br〉, 〈hr〉, 〈img〉, 〈input〉, 〈meta〉, 〈link〉 등이 있습니다.

2 요소는 제대로 중첩되어야 합니다.

`<p>중첩된 요소가 있을 때는 <strong>바르게</strong> 표현해야 한다.</p>`	✓
`<p>중첩된 요소가 있을 때는 <strong>바르게</p> 표현해야 한다.</strong>`	✗

마지막에 정의한 태그를 가장 먼저 닫아야 한다는 뜻인데, 이러한 중첩 관계를 부모와 자식 관계라고도 합니다. 여기에서는 <p> 태그가 부모 요소가 되고, <strong> 태그가 자식 요소가 됩니다.

3 img 태그에는 alt 속성이 있어야 합니다.

```
<img src="images/today.gif" alt="오늘">                                    ✓
```

```
<img src="images/today.gif">                                              ✗
```

<img> 태그에 alt 속성을 지정해야 하는 이유는 문법적으로도 필요하지만, 이미지를 볼 수 없는 환경에서도 그 이미지에 대한 정보를 충분히 제공해 주어야 하기 때문입니다. 이에 대한 설명은 `1.4 05 이미지 <img>`에서 자세히 설명하도록 하겠습니다.

4 권장하는 사항도 있습니다.

```
<p>태그나 속성은 소문자로 마크업 하는 것을 권장한다.</p>                          권장
```

```
<P>태그나 속성은 소문자로 마크업 하는 것을 권장한다.</P>
```

```
<p title="속성 값">속성의 값에는 따옴표 처리를 권장한다.</p>                        권장
```

```
<p title=속성 값>속성의 값에는 따옴표 처리를 권장한다.</p>
```

HTML5는 대소문자를 구분하지는 않지만 가급적 소문자로 통일해서 마크업하는 것과, 속성에 대한 값에 따옴표 처리하는 것을 권장합니다.

5 주석처리 방법

주석은 일반적으로 협업(공동작업)시 다음 작업자가 현재 작업한 내용을 쉽게 알아볼 수 있도록 도와주는 설명문이라고 보면 됩니다. 주석 내용은 브라우저 화면에 출력되지 않으며, 처리 방법은 다음과 같습니다.

```
<!-- header -->
```

```
<!-- 여기서부터 공지 사항입니다. -->
```

1.2 | 시멘틱 마크업과 논리적 순서 마크업

1.2.01 | 시멘틱 마크업(Semantic markup)

시멘틱(semantic)의 사전적 뜻은 '의미론적인' 정도로 해석할 수 있는데, 이것은 마크업을 할 때 의미에 부합하는 태그를 사용하라는 뜻입니다.

처음 마크업을 할 때는 "왜 시멘틱하게 마크업을 해야하지?"라는 의문이 들 수도 있습니다. HTML 문서들은 보통 시각적인 방법으로 사용자들에게 정보를 전달하지만, 모든 사람들이 정보를 동일하게 받아들일 수 있는 환경이 아닐 수도 있습니다. 예를 들어 시각장애인의 경우에는 HTML 문서의 콘텐츠 정보를 음성으로 전달해 주어야 하는데 이런 경우 전달하려는 태그의 의미가 적절해야 합니다.

다음의 예시를 보면서 설명하겠습니다.

[예시1-2]

```
<!DOCTYPE html>
<html lang="ko">
<head>
    <meta charset="UTF-8">
    <title>시멘틱 마크업</title>
</head>
<body>
    반응형웹
</body>
</html>
```

만약 '반응형웹'이 HTML 문서에서 제목으로 사용된다고 가정할 경우 [예시1-2]처럼 마크업을 하면, 스크린 리더(음성낭독프로그램)에서는 그저 '반응형웹'이라고만 읽어주기 때문에 그 것이 제목인지를 알 수가 없습니다.

이 부분을 제목을 의미하는 태그로 바꾸어 마크업해 보도록 하겠습니다.

```
<!DOCTYPE html>
<html lang="ko">
<head>
    <meta charset="UTF-8">
    <title>시멘틱 마크업</title>
</head>
<body>
    <h1>반응형웹</h1>
</body>
</html>
```

[예시1-3]에서 <h1>은 문서의 첫 제목을 의미하는 태그입니다. 이 부분을 **'반응형웹' 헤딩 일**이라고 읽어 준다면 "아! 이 부분이 제목이구나."를 알 수 있게 됩니다.

NOTE

실제 마크업을 할 때는 작업자마다 콘텐츠의 의미를 해석하는 차이가 조금 있을 수도 있지만 가급적 시멘틱하게 마크업을 하려고 노력하는 것이 중요합니다.

1.2. 02 논리적 순서 마크업(Logical sequence markup)

시멘틱한 마크업과 함께 논리적인 순서에 의해 마크업을 하는 것도 매우 중요합니다. 다음 예시를 통해 그 이유를 알아보도록 하겠습니다.

[예시1-4]

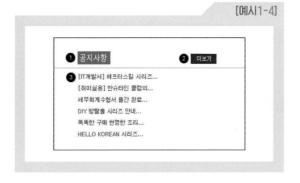

[예시1-4]와 같은 디자인이 있을 때 어떤 순서로 마크업하는 것이 좋을까요?

아마도 그림에 표시된 번호 순서대로 마크업을 생각하는 사람도 있을 것입니다. 하지만 여기서는 내용에 대한 마크업 순서를 생각해 봐야 합니다.

예를 들어 '❶ 공지사항 → ❷ 공지내용 더보기 → ❸ 공지 내용들'의 순서 보다는 '❶ 공지사항 → ❸ 공지 내용들 → ❷ 공지내용 더보기'가 내용 흐름 순서에 더 적합합니다.

하나의 예를 더 보도록 하겠습니다.

[예시1-5]

[예시1-5]와 같은 2단 메뉴를 마크업 할 때도 단순히 디자인만 본다면 ❶ → ❷ → ❸ → ❹의 순서가 맞아 보일 수도 있지만, 다음과 같은 순서로 마크업 하는 것이 더 논리적인으로 맞다는 것을 알 수 있습니다.

❶(HTML5 메뉴) → ❸(HTML5 서브메뉴) → ❷(CSS3 메뉴) → ❹(CSS3 서브메뉴)

이처럼 마크업을 할 때는 디자인의 시각적 흐름보다는 내용에 대한 논리적 흐름 순서를 잘 파악하여 마크업 하는 것이 무엇보다 중요합니다.

> **NOTE**
>
> 논리적 순서에 의한 마크업은 키보드(Tab키)나 터치패드와 같은 입력 장치만으로 HTML 문서의 모든 콘텐츠를 논리적 순서로 이동하여 사용할 수 있도록 하는 '입력장치 접근성'과 밀접한 관련이 있습니다. 따라서 마크업을 할 때 최대한 논리적 순서에 맞게 마크업하는 것이 중요합니다.
>
> '웹 접근성'에 대한 구체적인 내용을 알고 싶다면 웹 접근성 연구소(http://www.wah.or.kr)에서 제공하는 '한국형 웹 콘텐츠 접근성 지침 2.1 (KWCAG 2.1)'을 참고하기 바랍니다.

1.3 | 블록 레벨 요소와 인라인요소

태그를 배우기 전에 알아두어야 할 내용이 요소의 유형과 성질입니다. 요소의 유형은 '블록 레벨 요소'와 '인라인 요소'로 나누어지는데, 이 중 '블록 레벨 요소'에 대해 먼저 알아보도록 하겠습니다.

1.3.01 블록 레벨 요소(Block-level Elements)

블록 레벨 요소는 마크업을 할 때 줄이 바뀌는 특성을 가지고 있는데, 다음 예제를 보면서 설명하겠습니다.

[예제 : ex1-1.html]

```
<!DOCTYPE html>
```

```
<html lang="ko">
<head>
    <meta charset="UTF-8">
    <title>블록 레벨 요소</title>
</head>
<body>
    <h1>블록 레벨 요소</h1>
    <h2>블록 레벨 요소 성질</h2>
    <p>줄 바꿈이 생깁니다.</p>
</body>
</html>
```

△ 결과 ex1-1.html

[예제 ex1-1]에서 마크업 했던 〈h1〉, 〈h2〉, 〈p〉 요소들은 블록의 성질을 가지고 있어 화면상 줄 바꿈 현상이 일어나는 것을 볼 수 있습니다.

1.3.02 / 인라인 요소(Inline Element)

인라인 요소는 블록 레벨 요소와 달리 줄 바꿈 특성이 없습니다. 즉, 블록 레벨 요소처럼 행이 바뀌지 않고 한 줄로 출력됩니다.

[예제 : ex1-2.html]

```
<!DOCTYPE html>
<html lang="ko">
<head>
    <meta charset="UTF-8">
    <title>인라인 요소</title>
```

```
</head>
<body>
    <strong>인라인 요소</strong>
    <span>인라인 요소는 한 줄로 출력됩니다.</span>
</body>
</html>
```

△ 결과 ex1-2.html

[예제 ex1-2] 에서 마크업 했던 〈strong〉, 〈span〉 요소들은 인라인 성질을 가지고 있어 행이 바뀌지 않고 한 줄로 출력 된 것을 볼 수 있습니다.

1.3.03 블록 레벨 요소와 인라인 요소의 특성

마크업을 할 때 블록 레벨 요소와 인라인 요소의 특성을 잘 알고 있어야만 문법적 오류를 방지할 수 있습니다.

예를 들어 인라인 요소에는 일반적으로 블록 레벨 요소가 자식으로 올 수 없는 문법적 특징이 있습니다.

예제를 통해 살펴보도록 하겠습니다.

[예제 : ex1-3.html]

```
<!DOCTYPE html>
<html lang="ko">
<head>
    <meta charset="UTF-8">
    <title>블록 레벨 요소와 인라인 요소</title>
</head>
<body>
    <span><h1>블록 레벨 요소</h1></span>
</body>
</html>
```

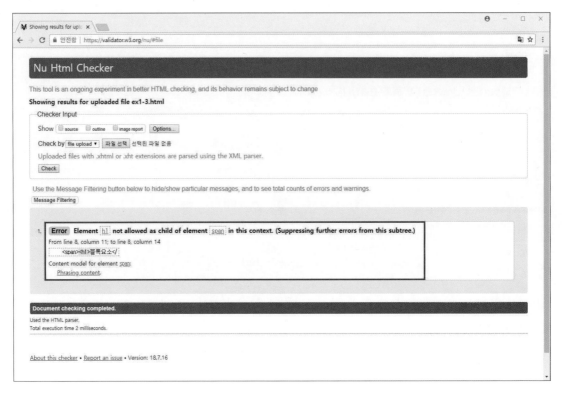

△ 결과 ex1-3.html의 유효성 검사 화면(validator.w3.org)

[예제 ex1-3]을 보면 〈span〉은 인라인 요소이고 〈h1〉은 블록 레벨 요소입니다. 즉, 인라인 요소의 자식 요소로 블록 레벨 요소를 마크업 했기 때문에 문법 에러가 발생한 것입니다.

'블록 레벨 요소'와 '인라인 요소'의 특징을 정리해 보면 다음과 같습니다.

요소 유형	특징
블록 레벨 요소	1. 블록 레벨 요소는 줄 바꿈이 일어납니다. 2. 블록 레벨 요소는 텍스트(문자)와 인라인 요소를 자식 요소로 포함할 수 있습니다. 3. 블록 레벨 요소 중에는 블록 레벨 요소를 자식 요소로 포함 할 수 있는 요소와 포함할 수 없는 요소가 있습니다
인라인 요소	1. 인라인 요소는 줄 바꿈이 일어나지 않습니다. 2. 인라인 요소는 텍스트(문자)와 인라인 요소를 자식 요소로 포함할 수 있습니다. 3. 인라인 요소는 블록 레벨 요소를 자식 요소로 포함할 수 없습니다.

HTML5로 넘어오면서 블록 레벨 요소와 인라인 요소는 좀 더 복잡한 콘텐츠 카테고리(콘텐츠 모델)로 대체 되었습니다. 콘텐츠의 종류와 태그들은 다음과 같습니다.

콘텐츠 종류	내용	해당 요소
메타데이터 콘텐츠 Metadata Content	• 〈head〉 태그 안에 포함되는 요소들로 콘텐츠의 표현, 동작 설정, 문서간 관계를 설정, 정보전달을 포함하는 요소를 의미합니다.	〈base〉, 〈link〉, 〈meta〉 〈noscript〉, 〈script〉, 〈style〉, 〈title〉, ...
플로우 콘텐츠 Flow Content	• 〈body〉 태그 안에 포함되는 대부분의 요소들로 내용 흐름에 관한 요소를 의미합니다.	〈h1〉, 〈h2〉, 〈h3〉, 〈h4〉, 〈h5〉, 〈h6〉, 〈address〉, 〈p〉, 〈a〉, 〈img〉, 〈ul〉, 〈ol〉, 〈dl〉, 〈table〉, 〈form〉, ...
섹션 콘텐츠 Sectioning Conetnt	• heading과 footer의 범위를 정의하는 요소를 의미합니다.	〈article〉, 〈aside〉, 〈nav〉, 〈section〉
헤딩 콘텐츠 Heading Content	• 섹션의 헤더를 정의하는 요소를 의미합니다.	〈h1〉, 〈h2〉, 〈h3〉, 〈h4〉, 〈h5〉, 〈h6〉
프레이징 콘텐츠 Phrasing Content	• 텍스트를 마크업하는 요소를 의미합니다.	〈a〉, 〈em〉, 〈strong〉, 〈sub〉, 〈sup〉, 〈label〉, ...
임베디드 콘텐츠 Embedded Content	• HTML 문서에 다른 리소스를 삽입하는 요소를 의미합니다.	〈img〉, 〈audio〉, 〈video〉, 〈iframe〉, ...
인터랙티브 콘텐츠 Interactive Content	• 사용자의 상호작용 위한 요소를 의미합니다.	〈a〉, 〈button〉, 〈audio〉, 〈video〉, 〈select〉, ...

콘텐츠 모델에 관련된 내용들은 https://www.w3.org/TR/html52/dom.html#content-models에서 더 많은 정보를 볼 수 있습니다.

1.4 | 기본 요소

1.4.01 제목 〈h1〉~〈h6〉

요소 유형	태그명	태그의 의미 및 특징
블록 레벨 요소	〈h1〉〈/h1〉 〈h2〉〈/h2〉 〈h3〉〈/h3〉 〈h4〉〈/h4〉 〈h5〉〈/h5〉 〈h6〉〈/h6〉	1. HTML 문서에서 제목(Heading)을 정의 할 때 사용하는 태그입니다.

요소 유형	태그명	태그의 의미 및 특징
블록 레벨 요소	\<h1>\</h1>\ \<h2>\</h2>\ \<h3>\</h3>\ \<h4>\</h4>\ \<h5>\</h5>\ \<h6>\</h6>	2. \<h1>~\<h6> 태그는 텍스트와 인라인 요소를 포함할 수 있지만 블록 레벨 요소는 포함할 수 없습니다. \<h1>반응형 웹\</h1> ✅ \<h1>\<p>반응형웹\</p>\</h1> ❌ 3. 스크린 리더(음성낭독프로그램)에서는 제목의 수준으로 바로 이동할 수 있기 때문에 \<h1>→\<h2>→\<h3>→\<h4>→\<h5>→\<h6> 순으로 정의하는 것이 좋으며, 중간에 제목의 수준이 빠지지 않도록 주의해야 합니다. 보통 \<h2> 태그부터는 같은 레벨의 제목 태그를 여러 번 정의할 수도 있습니다.

[예제 : ex1-4.html]

```
<!DOCTYPE html>
<html lang="ko">
<head>
    <meta charset="UTF-8">
    <title>제목 요소</title>
</head>
<body>
    <h1>반응형 웹사이트 제작1</h1>
    <h2>반응형 웹사이트 제작2</h2>
    <h3>반응형 웹사이트 제작3</h3>
    <h4>반응형 웹사이트 제작4</h4>
    <h5>반응형 웹사이트 제작5</h5>
    <h6>반응형 웹사이트 제작6</h6>
</body>
</html>
```

△ 결과 ex1-4.html

1.4.02 문단 〈p〉

요소 유형	태그명	태그의 의미 및 특징
블록 레벨 요소	〈p〉〈/p〉	1. HTML 문서에서 단락(paragraph)을 정의할 때 사용하는 태그입니다. 2. 텍스트와 인라인 요소를 포함할 수 있지만 블록 레벨 요소는 포함할 수 없습니다. 〈p〉p 태그는 단락을 의미합니다.〈/p〉 ✓ 〈p〉〈h1〉반응형웹〈/h1〉〈/p〉 ✗ 3. 텍스트의 행을 바꾸려면 〈br〉 태그를 사용합니다.

[예제 : ex1-5.html]

```
<!DOCTYPE html>
<html lang="ko">
<head>
    <meta charset="UTF-8">
    <title>단락 요소</title>
</head>
<body>
    <p>p 요소는 텍스트와 인라인 요소를 포함할 수 있지만 같은 블록 레벨 요소는
    포함할 수 없습니다.</p>
    <p>p 요소는 텍스트와 인라인 요소를 포함할 수 있지만 같은 블록 레벨 요소는<br>포함할 수 없습니다.</p>
</body>
</html>
```

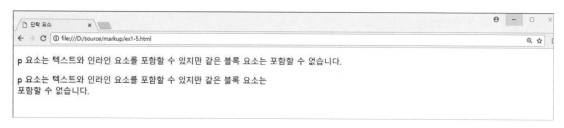

△ 결과 ex1-5.html

<p> 태그 안에서 텍스트의 행을 바꾸려면 [예제 ex1-5]의 첫 번째 <p> 태그 안의 텍스트처럼 [Enter]키를 눌러 행을 바꾸는 것이 아니라, 두 번째 <p> 태그에서와 같이
 태그를 사용하여야만 행을 바꿀 수 있습니다.

만약, 줄 바꿈과 공백, 들여쓰기 등을 일반 문서편집기(메모장 등)처럼 있는 그대로 나오게 하고 싶다면 <pre> 태그로 마크업 합니다.

[예제 : ex1-6.html]

```
<!DOCTYPE html>
<html lang="ko">
<head>
    <meta charset="UTF-8">
    <title>단락 요소</title>
</head>
<body>
    <pre>
        p 요소는 텍스트와 인라인 요소를 포함할 수 있지만
            같은 블록 요소는
                포함할 수 없습니다.
    </pre>
</body>
</html>
```

△ 결과 ex1-6.html

1.4.03 주소 〈address〉

요소 유형	태그명	태그의 의미 및 특징
블록 레벨 요소	〈address〉 〈/address〉	1. HTML 문서의 소유자나 조직에 대한 연락처 정보를 정의할 때 사용하는 태그입니다.

요소 유형	태그명	태그의 의미 및 특징
블록 레벨 요소	\<address\> \</address\>	2. 텍스트와 인라인 요소를 포함할 수 있고 〈h1〉~〈h6〉. 〈section〉, 〈article〉, 〈aside〉, 〈nav〉, 〈header〉, 〈footer〉와 같은 일부 블록 레벨 요소들은 포함할 수 없습니다. \<address\>주소, 이메일, 전화번호\</address\> ✅ \<address\>\<h1\>반응형웹\</h1\>\</address\> ❌ 3. 〈address〉 태그는 보통 〈footer〉 태그 내에서 많이 정의합니다.

[예제 : ex1-7.html]

```
<!DOCTYPE html>
<html lang="ko">
<head>
    <meta charset="UTF-8">
    <title>연락처 정보</title>
</head>
<body>
    <address>
        경기도 부천시 오정구 삼정동 297-5 <br>
        이메일 : <a href="mailto:icoxpub@naver.com">icoxpub@naver.com</a> <br>
        전화번호 : 032-674-5685
    </address>
</body>
</html>
```

△ 결과 ex1-7.html

요소 유형	태그명	태그의 의미 및 특징
인라인 요소	〈a〉〈/a〉	1. 다른 HTML 문서의 이동(외부링크)이나 동일한 HTML 문서 내에서 이동(내부링크), 이메일 주소에 링크를 지정할 수 있습니다.
		2. href 속성은 링크의 목적지를 지정할 수 있습니다.
		3. 이전 버전(XHTML1.0)에서는 블록 레벨 요소를 포함할 수 없었지만, HTML5에서는 블록 레벨 요소도 포함할 수 있게 되었습니다. 다만 〈input〉, 〈button〉, 다른 link(〈a〉) 등의 요소들은 포함할 수 없습니다.
		`<a href="#">반응형 웹</a>` ✓
		`<a href="#"><button>이동</button></a>` ✗

[예제 : ex1-8.html]

```html
<!DOCTYPE html>
<html lang="ko">
<head>
    <meta charset="UTF-8">
    <title>링크</title>
</head>
<body>
    <h1>a 태그</h1>
    <a href="http://icoxpublish.com">아이콕스</a>
    <a href="mailto:icoxpub@naver.com">icoxpub@naver.com</a>
    <a href="#">
        <section>
            <h2>새로나온책</h2>
            <p>반응형 웹퍼블리싱</p>
        </section>
    </a>
    <a href="#content">본문바로가기</a>
    <p id="content">본문내용</p>
</body>
</html>
```

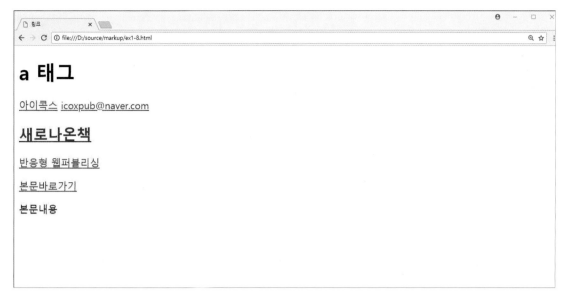

△ 결과 ex1-8.html

[결과 ex1-8]에서 '아이콕스' 텍스트를 클릭하면 HTML 문서가 이동되는 것을 볼 수 있습니다.

[예제 ex1-8]의 마크업에 대한 상세 설명은 다음과 같습니다.

❶ 〈a href="http://icoxpublish.com"〉은 외부링크 방법입니다.

❷ 〈a href="mailto:icoxpub@naver.com"〉은 이메일 주소 링크 방법입니다.

❸ 〈a href="#"〉〈section〉...〈/section〉〈/a〉 부분은 〈a〉 태그가 인라인 요소이지만 상황에 따라 블록 레벨 요소도 포함할 수 있는 예입니다.

❹ 〈a href="#content"〉본문바로가기〈/a〉 부분은 내부링크 방법으로 '#'은 id 속성의 기호입니다. '본문바로가기' 텍스트를 클릭하였을 때 '#(id 속성)'이 "content"인 요소 즉, 〈p id="content"〉의 위치로 이동하라는 뜻입니다. 내부링크 방법은 HTML 문서의 내용이 길어져 콘텐츠의 내용이 브라우저에서 보이지 않을 때 문서 내 위치 이동을 위해서 사용합니다. 여기에서는 '본문내용'이 브라우저에서 보이기 때문에 '본문바로가기' 텍스트를 클릭하여도 위치 이동이 일어나지 않습니다. 또, 앞 ❸번의 〈a href="#"〉에서처럼 '#'만 있고 id 속성의 이름이 없는 〈a〉 요소를 클릭할 경우 웹문서의 최상단으로 이동하게 되는데, 이런 경우 〈a href="javascript:;"〉으로 처리하면 이동을 막을 수 있습니다.

그밖에 〈a〉 태그에서 알고 있어야 하는 내용 몇 가지를 더 설명하고 넘어가도록 하겠습니다.

〈a〉 태그 속성 중 target 속성은 링크된 HTML 문서를 어떤 방식으로 브라우저에 보여 줄 것인 가에 대한 속성입니다. target 속성 값에는 _self, _blank, _parent, _top이 있는데 이 중 _blank를 가장 많이 사용 합니다.

_blank는 링크된 웹 문서를 브라우저에서 새 탭(새 창)으로 보여 줍니다.

```html
<!DOCTYPE html>
<html lang="ko">
<head>
    <meta charset="UTF-8">
    <title>링크</title>
</head>
<body>
    <a href="http://icoxpublish.com" target="_blank">아이콕스</a>
</body>
</html>
```

△ 결과 ex1-9.html

[결과 ex1-9]에서 '아이콕스' 텍스트를 클릭하면 링크된 웹 문서가 새로운 탭으로 표시되는 것을 확인할 수 있습니다. target="_blank"는 스크린 리더(음성낭독프로그램)에서 링크된 문서가 새 탭('새 창')에 표시된 다는 것을 미리 알려주는 역할도 합니다. 만약 자바스크립트로 새 창을 표시하는 경우에는 꼭 title(툴팁, 보조설명) 속성을 이용하여 새 탭(새 창)으로 표시 된다는 것을 알려 주어야 합니다.

```html
<a href="#" onclick="window.open('http://icoxpublish.com');return false" title="새 창">아이콕스
</a>
```

마지막으로 절대 경로와 상대 경로에 대한 개념입니다.

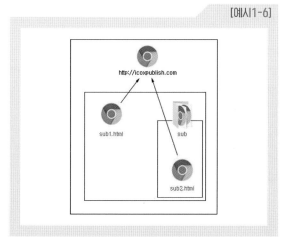

[예시1-6]

절대 경로는 [예시1-6]처럼 경로가 서로 다른 HTML 문서(sub1.html, sub2.html)에서 http://icoxpublish.com 사이트로 링크를 걸었을 때 href 속성의 값이 항상 같은 경로를 말합니다.

sub1.html

```html
<a href="http://icoxpublish.com">아이콕스</a>
```

sub2.html

```html
<a href="http://icoxpublish.com">아이콕스</a>
```

반면 상대 경로는 현재의 HTML 문서 위치에 따라 경로가 바뀌는 것을 의미하는데 다음 예시를 보고 설명 겠습니다.

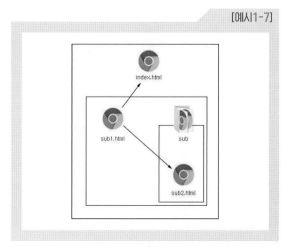

[예시1-7]

[예시1-7]처럼 sub1.html 위치에서 sub2.html과 index.html로 링크를 걸고 싶다면 상대 경로는 다음과 같습니다.

```html
<a href="sub/sub2.html">sub2</a>
<a href="../index.html">index</a>
```

현재의 HTML 문서의 위치를 기준으로 이동하려는 HTML 문서의 경로가 하위 폴더에 있다면 경로는 "폴더명/파일명"이 되며 만약 하위 폴더가 계속 있다면 경로는 "폴더명/폴더명/ … /파일명"이 됩니다.

반대로 이동하려는 HTML 문서가 현재의 HTML 문서보다 상위 폴더에 있다면 경로는 "../**파일명**"이 되며 만약 상위 폴더가 계속 있다면 경로는 "../../ ⋯ /**파일명**"이 됩니다.

NOTE

웹접근성을 준수한 HTML 문서를 제작할 때 반복되는 영역을 건너뛰고 핵심적인 콘텐츠 영역으로 바로 갈 수 있는 수단을 만들어 주어야 하는데 이것을 '건너뛰기 링크' 일명 Skip Navigation(스킵 네비게이션)이라고 합니다. Skip Navigation은 앞에서 설명한 ⟨a⟩ 태그의 내부링크 방식으로 마크업합니다.

[예시 : 1-8]

```html
<!DOCTYPE html>
<html lang="ko">
<head>
    <meta charset="UTF-8">
    <title>건너뛰기 링크</title>
</head>
<body>
    <div id="skipNavigation">
        <a href="#container">본문 바로가기</a>
    </div>
    <div id="wrap">
        <header>헤더</header>
        <div id="container">메인 콘텐츠</div>
        <footer>푸터</footer>
    </div>
</body>
</html>
```

'건너뛰기 링크'는 ⟨body⟩ 태그에서 가장 먼저 마크업 해주어야 합니다.

1.4.05 이미지 ⟨img⟩

요소 유형	태그명	태그의 의미 및 특징
인라인 요소	⟨img⟩	1. HTML 문서에 이미지를 삽입할 때 사용하는 태그입니다.
		2. ⟨img⟩ 태그의 필수 속성인 src 속성은 불러올 이미지의 경로를 지정합니다. 경로는 ⟨a⟩ 태그에서 설명한 절대 경로와 상대 경로의 개념이 똑같이 적용됩니다.

요소 유형	태그명	태그의 의미 및 특징
인라인 요소	⟨img⟩	3. ⟨img⟩ 태그는 인라인 요소이며 종료 태그 ⟨/img⟩가 없는 빈 요소입니다. ⟨img⟩ 태그에서 잊지 말아야 하는 것은 alt 속성을 필수적으로 정의해 주어야 한다는 것입니다. `<img src="logo.gif" alt="반응형 웹">` ✅ `<img src="logo.gif">` ❌

[예제 : ex1-10.html]

```
<!DOCTYPE html>
<html lang="ko">
<head>
    <meta charset="UTF-8">
    <title>이미지</title>
</head>
<body>
    <h1><img src="images/logo.png" alt="아이콕스"></h1>
    <a href="#"><img src="images/whitestar.jpg" alt="화이트스타"></a>
</body>
</html>
```

△ 결과 ex1-10.html

〈img〉 태그에 alt 속성이 필요한 이유는 크게 두 가지입니다.

❶ 스크린 리더(음성낭독프로그램)에서 〈img〉 태그로 접근하였을 때 alt 속성의 텍스트를 음성으로 읽어 줌으로써 이미지에 대한 정보를 전달할 수 있습니다.

❷ 외부적인 환경으로 이미지를 불러 올 수 없는 상황이 발생하였을 때 이미지 대신 alt 속성의 텍스트가 출력되어 이미지의 내용을 전달할 수 있습니다.

이미지의 경로를 변경하여 ❷번 같은 경우를 테스트해 보도록 하겠습니다.

[예제 : ex1-11.html]

```html
<!DOCTYPE html>
<html lang="ko">
<head>
    <meta charset="UTF-8">
    <title>이미지</title>
</head>
<body>
    <h1><img src="logo.png" alt="아이콕스"></h1>
    <a href="#"><img src="whitestar.jpg" alt="화이트스타"></a>
</body>
</html>
```

△ 결과 ex1-11.html

경로가 바뀌어 이미지가 깨졌음에도 alt 속성의 텍스트가 출력되어 이미지에 대한 내용이 어떤 것인지 확인할 수 있습니다.

만약, 이미지에서 콘텐츠의 내용을 전달할 필요가 없는 경우에는 다음과 같이 alt 속성만 정의해도 됩니다.

```html
<img src="icon.png" alt>
```

가끔 하나의 이미지에 여러 개의 링크가 적용 되어야 하는 경우가 있는데 이때는 〈map〉 태그를 사용하며, 링크의 영역을 사각형, 원, 다각형으로 나타낼 수 있습니다.

```
<img src="이미지 파일명" alt="대체텍스트" usemap="#맵이름">
<map name="맵이름">
    <area shape="rect" coords="맵좌표" href="url" alt="대체텍스트">
    <area shape="circle" coords="맵좌표" href="url" alt="대체텍스트">
    <area shape="poly" coords="맵좌표" href="url" alt="대체텍스트">
</map>
```

※ shape의 맵좌표 구하는 방법

■ rect(사각형)

좌측상단 꼭짓점 x, y 좌표값과 우측하단 x, y 좌표값

■ circle(원)

원의 중심점 x, y 좌표값과 원의 반지름값

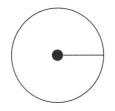

■ poly(다각형)

각 꼭짓점의 x, y 좌표값

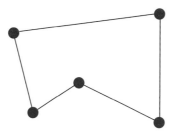

```html
<!DOCTYPE html>
<html lang="ko">
<head>
    <meta charset="UTF-8">
    <title>이미지 맵</title>
</head>
<body>
    <img src="images/map.jpg" alt="웹도서관" usemap="#library">
    <map name="library">
    <area shape="rect" coords="48,10,290,132" href="#" alt="A관" target="_blank">
</map>
</body>
</html>
```

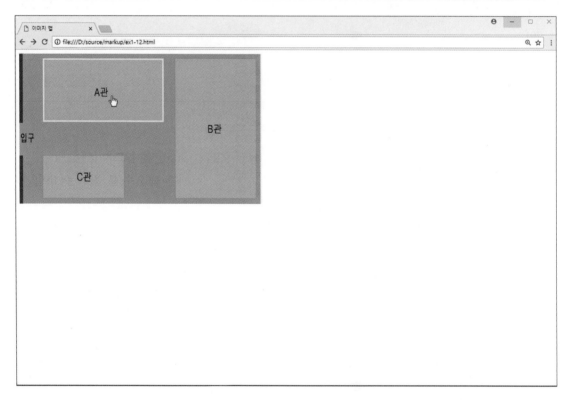

△ 결과 ex1-12.html

이미지맵 좌표값에 도움을 주는 사이트는 http://maschek.hu/imagemap/imgmap입니다.

1.5 | 텍스트 관련 요소

1.5.01 〈em〉, 〈strong〉, 〈mark〉, 〈b〉, 〈small〉, 〈sub〉, 〈sup〉

요소 유형	태그명	태그의 의미 및 특징
인라인 요소	〈em〉〈/em〉	강조하고 싶은 텍스트를 정의하기 위한 태그이며 기울임체로 표시됩니다.
	〈strong〉〈/strong〉	중요한 텍스트를 정의하기 위한 태그이며 굵은체로 표시됩니다.
	〈mark〉〈/mark〉	주의 깊게 볼 텍스트 부분을 강조하기 위한 태그이며 노란색으로 표시됩니다.
	〈b〉〈/b〉	의미를 가지고 있지 않으며 단순히 텍스트를 굵은체로 표시합니다.
	〈small〉〈/small〉	주의 사항, 법적 제한, 저작권 등을 정의하기 위한 태그이며 작은 글씨로 표시됩니다.
	〈sub〉〈/sub〉	아래첨자 텍스트를 정의하기 위한 태그입니다.
	〈sup〉〈/sup〉	위첨자 텍스트를 정의하기 위한 태그입니다.

[예제 : ex1-13.html]

```
<!DOCTYPE html>
<html lang="ko">
<head>
    <meta charset="UTF-8">
    <title>텍스트 요소</title>
</head>
<body>
    <p>웹페이지 제작 시 <em>웹표준</em>과 웹접근성을 준수합니다.</p>
    <p>웹페이지 제작 시 <strong>웹표준</strong>과 <strong>웹접근성</strong>을 준수합니다.</p>
    <p>웹페이지 제작 시 <mark>웹표준</mark>과 웹접근성을 준수합니다.</p>
    <p><b>웹페이지</b> 제작 시 웹표준과 웹접근성을 준수합니다.</p>
    <p><small>COPYRIGHT © All rights reserved.</small></p>
    <p>물의 화학식은 H<sub>2</sub>O입니다.</p>
    <p>100m<sup>2</sup></p>
</body>
</html>
```

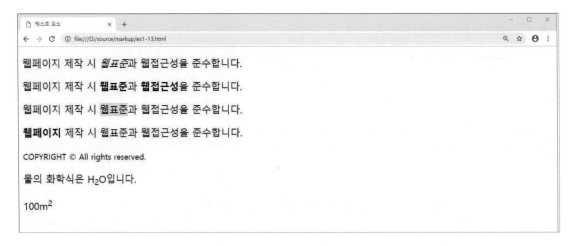

△ 결과 ex1-13.html

텍스트 요소 중 ⟨em⟩ 태그와 ⟨strong⟩ 태그는 의미가 비슷해 보일 수 있지만 ⟨em⟩ 태그의 경우 문장에서 어떤 단어를 강조하느냐에 따라 문맥의 의미가 달라질 수 있고 ⟨strong⟩ 태그는 문장에서 일반적으로 중요한 단어를 강조하기 때문에 문맥의 의미에 변화를 주지 않습니다.

> **NOTE**
>
> 문장에서 특정 단어에 대한 '강조'나 '중요'의 의미가 아니라 단순히 기울임체나 굵은체로 표시하고 싶다면 ⟨em⟩ 태그나 ⟨strong⟩ 태그를 사용하지 않고 CSS를 이용하여 표현 할 수 있습니다.

다음 예제에서는 설명 위해 CSS가 나오지만, 자세한 사용법은 CSS 파트에서 자세하게 살펴보겠습니다. [예제 ex1-14]에서 ⟨span⟩ 요소에 적용된 CSS 내용은 다음과 같습니다.

font-weight: bold	텍스트를 굵은체로 표현합니다.
font-style: italic	텍스트를 기울임체로 표현합니다.

[예제 : ex1-14.html]

```
<!DOCTYPE html>
<html lang="ko">
<head>
    <meta charset="UTF-8">
    <title>텍스트 요소</title>
    <style>
        .txt1{font-weight: bold;}
        .txt2{font-style: italic;}
    </style>
```

```
    </head>
    <body>
        <p>웹페이지 제작 시 <span class="txt1">웹표준</span>과 <span class="txt2">웹접근성</span>을
    준수합니다.</p>
    </body>
</html>
```

△ 결과 ex1-14.html

1.6 | 목록 관련 요소

1.6.01 순서 목록 〈ol〉

요소 유형	태그명	태그의 의미 및 특징

블록 레벨
요소
	〈ol〉〈/ol〉	1. Order List의 약자로 순서 목록을 정의할 때 사용하는 태그입니다.
		
		2. 자식 요소로 반드시 〈li〉 태그를 정의해 주어야 하며, 〈li〉 태그 이외의 다른 태그는 자식 요소로 올 수 없습니다.
		
		`<ol>`
		`    <li></li>`
		`</ol>` ✅
		
		`<ol>`
		`</ol>` ❌
		
		`<ol>`
		`    <p></p>`
		`</ol>` ❌
		
		`<ol>`
		`    <div>`
		`        <li></li>`
		`    </div>`
		`</ol>` ❌

요소 유형	태그명	태그의 의미 및 특징
블록 레벨 요소	〈li〉〈/li〉	1. list items로 항목을 정의할 때 사용하는 태그입니다. 〈ol〉, 〈ul〉 태그의 자식 요소입니다.
		2. 텍스트, 인라인 요소, 블록 레벨 요소를 모두 포함할 수 있습니다.

[예제 : ex1-15.html]

```html
<!DOCTYPE html>
<html lang="ko">
<head>
    <meta charset="UTF-8">
    <title>순서 목록</title>
</head>
<body>
    <h1>반응형 웹퍼블리싱 학습 순서</h1>
    <ol>
        <li>html</li>
        <li>css</li>
        <li>javascript</li>
        <li>jquery</li>
        <li>exercise</li>
    </ol>
</body>
</html>
```

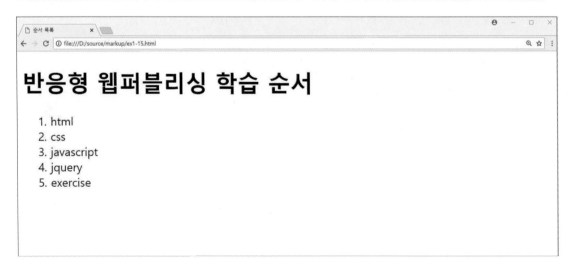

△ 결과 ex1-15.html

1.6.02 비순서 목록 〈ul〉

요소 유형	태그명	태그의 의미 및 특징

블록 레벨 요소	〈ul〉〈/ul〉	1. Unorder List의 약자로 비순서 목록을 정의할 때 사용하는 태그입니다.
		
		2. 자식 요소로 반드시 〈li〉 태그를 정의해 주어야 하며, 〈li〉 태그 이외의 다른 태그는 자식 요소로 올 수 없습니다.
		
		<code><ul>
		   <li></li>
		</ul></code> ✔
		
		<code><ul>
		</ul></code> ✘
		
		<code><ul>
		   <p></p>
		</ul></code> ✘
		
		<code><ul>
		   <div>
		      <li></li>
		   </div>
		</ul></code> ✘

	〈li〉〈/li〉	1. list items로 항목을 정의할 때 사용하는 태그입니다. 〈ul〉, 〈ol〉 태그의 자식 요소입니다. 2. 텍스트, 인라인 요소, 블록 레벨 요소를 모두 포함할 수 있습니다.

[예제 : ex1-16.html]

```
<!DOCTYPE html>
<html lang="ko">
<head>
    <meta charset="UTF-8">
    <title>비순서 목록</title>
</head>
<body>
    <h1>반응형 웹퍼블리싱 교과목</h1>
    <ul>
        <li>html</li>
        <li>css</li>
        <li>javascript</li>
```

```
            <li>jquery</li>
        </ul>
    </body>
</html>
```

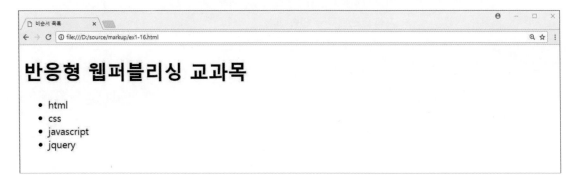

△ 결과 ex1-16.html

HTML 문서의 디자인 콘텐츠 구성은 대부분 비순서 목록으로 되어 있기 때문에, 그 만큼 <ul> 태그가 많이 사용 됩니다. <ul> 태그에서는 중첩된 <ul> 구조를 이해하고 마크업 할 수 있어야 하는데 HTML 문서에서 많이 사용되는 주 메뉴(2단 메뉴)가 중첩된 <ul> 구조를 가지고 있기 때문입니다.

[예제 ex1-17_1]을 먼저 마크업해 보고, [예제 ex1-17_2]처럼 마크업을 추가해 보도록 하겠습니다.

[예제 : ex1-17_1.html]

```
<!DOCTYPE html>
<html lang="ko">
<head>
    <meta charset="UTF-8">
    <title>2단 메뉴</title>
</head>
<body>
    <ul>
        <li><a href="#">메뉴1</a></li>
        <li><a href="#">메뉴2</a></li>
        <li><a href="#">메뉴3</a></li>
    </ul>
</body>
</html>
```

△ 결과 ex1-17_1.html

[예제 : ex1-17_2.html]

```html
<!DOCTYPE html>
<html lang="ko">
<head>
    <meta charset="UTF-8">
    <title>2단 메뉴</title>
</head>
<body>
    <ul>
        <li><a href="#">메뉴1</a>
            <ul><!--메뉴1의 서브메뉴-->
                <li><a href="#">메뉴1_1</a></li>
                <li><a href="#">메뉴1_2</a></li>
                <li><a href="#">메뉴1_3</a></li>
            </ul>
        </li>
        <li><a href="#">메뉴2</a>
            <ul><!--메뉴2의 서브메뉴-->
                <li><a href="#">메뉴2_1</a></li>
                <li><a href="#">메뉴2_2</a></li>
                <li><a href="#">메뉴2_3</a></li>
            </ul>
        </li>
        <li><a href="#">메뉴3</a>
            <ul><!--메뉴3의 서브메뉴-->
                <li><a href="#">메뉴3_1</a></li>
                <li><a href="#">메뉴3_2</a></li>
                <li><a href="#">메뉴3_3</a></li>
            </ul>
        </li>
    </ul>
</body>
</html>
```

△ 결과 ex1-17_2.html

3단 구조 마크업도 방법은 동일합니다.

```html
<!DOCTYPE html>
<html lang="ko">
<head>
    <meta charset="UTF-8">
    <title>3단 메뉴</title>
</head>
<body>
    <ul>
        <li><a href="#">메뉴1</a>
            <ul>
                <li><a href="#">메뉴1_1</a>
                    <ul>
                        <li><a href="#">메뉴1_1_1</a></li>
                    </ul>
                </li>
            </ul>
        </li>
    </ul>
</body>
</html>
```

요소 유형	태그명	태그의 의미 및 특징
블록 레벨 요소	〈dl〉〈/dl〉	1. Description List의 약자로 용어에 대한 설명 목록을 정의할 때 사용하는 태그입니다. 2. 자식 요소로 반드시 〈dt〉 태그와 〈dd〉 태그를 정의해 주어야 하며 〈dl〉→〈dt〉→〈dd〉 순으로 마크업해야 합니다. 〈dl〉 태그는 〈dt〉, 〈dd〉 이외의 태그는 자식 요소로 올 수 없지만 〈dt〉, 〈dd〉을 한 쌍으로 묶는 〈div〉 태그는 예외적으로 올 수 있습니다.

```
<dl>
    <dt></dt>
    <dd></dd>
</dl>
```
✓

```
<dl>
    <dt></dt>
    <dd></dd>
    <dt></dt>
    <dd></dd>
</dl>
```
✓

```
<dl>
    <div>
        <dt></dt>
        <dd></dd>
    </div>
</dl>
```
✓

```
<dl>
    <div>
        <dt></dt>
        <dd></dd>
        <dt></dt>
        <dd></dd>
    </div>
</dl>
```
✗

```
<dl>
    <dd></dd>
    <dt></dt>
</dl>
```
✗

```
<dl>
    <p>
        <dt></dt>
        <dd></dd>
    </p>
</dl>
```
✗

요소 유형	태그명	태그의 의미 및 특징
블록 레벨 요소	⟨dt⟩⟨/dt⟩	1. Description Term의 약자로 설명 목록의 용어를 정의합니다. 2. 텍스트, 인라인 요소, 블록 레벨 요소를 모두 포함할 수 있습니다.
	⟨dd⟩⟨/dd⟩	1. Description Details의 약자로 용어에 대한 세부 설명을 정의합니다. 2. 텍스트, 인라인 요소, 블록 레벨 요소를 모두 포함할 수 있습니다.

[예제 : ex 1-18.html]

```html
<!DOCTYPE html>
<html lang="ko">
<head>
    <meta charset="UTF-8">
    <title>설명 목록</title>
</head>
<body>
    <dl>
        <dt>html</dt>
        <dd>Hypertext Markup Language</dd>
        <dd>version html4.0, xhtml1.0, html5</dd>
        <dt>css</dt>
        <dd>cascading style sheets</dd>
        <dd>version css2, css3</dd>
    </dl>
</body>
</html>
```

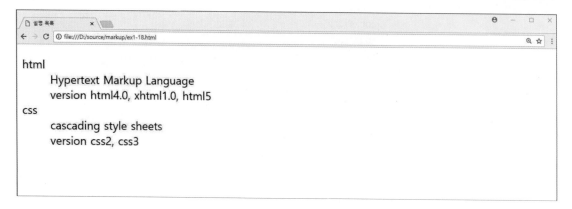

△ 결과 ex1-18.html

1.7 | 표 관련 요소 및 속성

1.7.01 | 표 생성 〈table〉, 〈tr〉, 〈td〉, 〈th〉, 〈thead〉, 〈tbody〉, 〈tfoot〉, 〈colgroup〉

요소 유형	태그명	태그의 의미 및 특징

블록 레벨
요소
	〈table〉
	〈/table〉
		1. 표를 정의할 때 사용하는 태그이며, 행(Row)과 열(Column)의 2차원 정보로 구성되어 있습니다.
		
		2. 자식 요소로 반드시 〈tr〉 태그를 정의해 주어야 하며 〈table〉→〈tr〉→〈td〉 순으로 마크업해야 합니다.
		
		<pre>\<table\>
		    \<tr\>
		        \<td\>\</td\> ✅
		    \</tr\>
		\</table\></pre><pre>\<table\>
		    \<td\>
		        \<tr\>\</tr\> ❌
		    \</td\>
		\</table\></pre><pre>\<table\>
		    \<div\>
		        \<tr\>
		            \<td\>\</td\> ❌
		        \</tr\>
		    \</div\>
		\</table\></pre>
		3. 〈tr〉 태그는 〈table〉 태그의 자식 요소로 표에서 행(Row)을 정의할 때 사용하는 태그입니다.
		
		4. 〈td〉 태그는 〈tr〉 태그의 자식 요소로 표에서 열(Column)을 정의할 때 사용하는 태그입니다.
		
		5. 〈th〉 태그는 제목 역할을 하는 셀을 정의할 때 사용하는 태그입니다.
		
		6. 표의 내용을 기준으로 제목 영역 〈thead〉, 본문 영역 〈tbody〉, 열의 요약 영역 〈tfoot〉으로 구분하여 정의할 수 있습니다.
		
		7. 표는 〈tr〉 태그처럼 〈td〉나 〈th〉 태그들을 가로로 묶는 행(Row) 그룹은 있지만, 세로로 묶는 열(Column) 그룹은 없습니다. 이런 열(Column)들을 그룹으로 지정할 때는 〈colgroup〉, 〈col〉 태그로 정의하여 사용할 수 있습니다.

먼저 표의 행과 열을 만들어 보겠습니다.

표의 모양을 표현하기 위해서 CSS를 사용하도록 하겠습니다.

〈table〉 요소와 〈td〉 요소에 적용된 CSS 내용은 다음과 같습니다.

width: 100%	표의 가로 길이를 100%로 표현합니다.
border-collapse: collapse	〈td〉 요소들의 위, 아래, 좌, 우 테두리선이 서로 겹쳤을 때 하나의 테두리선으로 표현해 줍니다.
border: 1px solid #000	〈td〉 요소에 1px 테두리선을 표현합니다.

[예제 : ex 1-19.html]

```
<!DOCTYPE html>
<html lang="ko">
<head>
    <meta charset="UTF-8">
    <title>표</title>
    <style>
        table {
            width: 100%;
            border-collapse: collapse;
        }
        td {
            border: 1px solid #000;
        }
    </style>
</head>
<body>
    <table><!--표 정의-->
        <tr><!--1행-->
            <td>교과목</td><!--1행 1열-->
            <td>점수</td><!--1행 2열-->
        </tr>
        <tr><!--2행-->
            <td>HTML</td><!--2행 1열-->
            <td>93</td><!--2행 2열-->
        </tr>
        <tr><!--3행-->
            <td>CSS</td><!--3행 1열-->
```

```
            <td>92</td><!--3행 2열-->
        </tr>
        <tr><!--4행-->
            <td>평균</td><!--4행 1열-->
            <td>92.5</td><!--4행 2열-->
        </tr>
    </table>
</body>
</html>
```

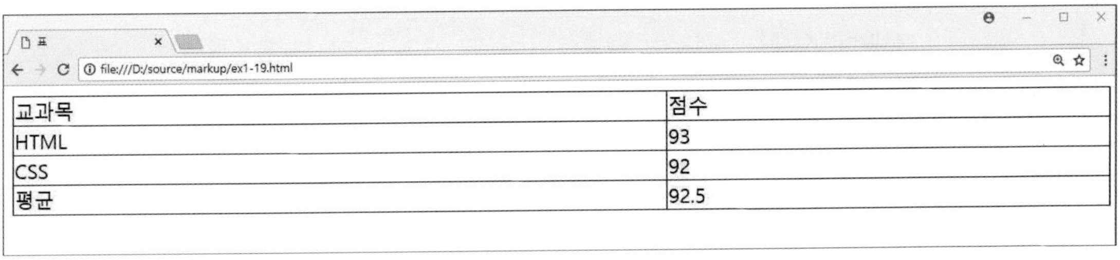

교과목	점수
HTML	93
CSS	92
평균	92.5

△ 결과 ex1-19.html

[예제 ex1-19]에서 표의 내용을 기준으로 〈thead〉, 〈tbody〉, 〈tfoot〉 태그들을 추가해 보겠습니다. 〈td〉 태그들 중 제목 역할을 하는 셀의 경우 〈th〉로 바꾸어 마크업해 줍니다. 〈th〉 태그가 추가되므로 CSS도 조금 바꾸겠습니다.

[예제 : ex 1-20.htm]

```
<!DOCTYPE html>
<html lang="ko">
<head>
    <meta charset="UTF-8">
    <title>표</title>
    <style>
        table{
            width: 100%;
            border-collapse: collapse;
        }
        td,th{
            border: 1px solid #000;
        }
    </style>
```

```
    </head>
    <body>
        <table>
            <thead>
                <tr>
                    <th>교과목</th>
                    <th>점수</th>
                </tr>
            </thead>
            <tbody>
                <tr>
                    <th>HTML</th>
                    <td>93</td>
                </tr>
                <tr>
                    <th>CSS</th>
                    <td>92</td>
                </tr>
            </tbody>
            <tfoot>
                <tr>
                    <th>평균</th>
                    <td>92.5</td>
                </tr>
            </tfoot>
        </table>
    </body>
</html>
```

교과목	점수
HTML	93
CSS	92
평균	92.5

△ 결과 ex1-20.html

모든 표들이 〈thead〉, 〈tbody〉, 〈tfoot〉으로 되어 있지는 않습니다. 〈tfoot〉이 없는 경우도 있고 심지어 〈tbody〉만 있는 표도 있습니다. 표의 디자인을 보고 상황에 맞춰 태그를 정의하면 됩니다.

[예제 ex1-20]에서 2개의 열을 〈colgroup〉 태그와 〈col〉 태그를 이용하여 각각의 그룹 열로 마크업해 보겠습니다. 열이 그룹된 것을 표현하기 위해 CSS의 내용도 추가해 보도록 하겠습니다.

[예제 : ex 1-21.html]

```
<!DOCTYPE html>
<html lang="ko">
<head>
    <meta charset="UTF-8">
    <title>표</title>
    <style>
        table{
            width: 100%;
            border-collapse: collapse;
        }
        td,th{
            border: 1px solid #000;
        }
        .c1{
            background: #ff0; /*노란색*/
        }
        .c2{
            background: #0ff; /*하늘색*/
        }
    </style>
</head>
<body>
    <table>
      <colgroup>
          <col class="c1">
          <col class="c2">
      </colgroup>
        <thead>
            <tr>
                <th>교과목</th>
                <th>점수</th>
            </tr>
        </thead>
        <tbody>
            <tr>
```

```
                <th>HTML</th>
                <td>93</td>
            </tr>
            <tr>
                <th>CSS</th>
                <td>92</td>
            </tr>
        </tbody>
        <tfoot>
            <tr>
                <th>평균</th>
                <td>92.5</td>
            </tr>
        </tfoot>
    </table>
</body>
</html>
```

교과목	점수
HTML	93
CSS	92
평균	92.5

△ 결과 ex1-21.html

1.7.02 셀 합치기 colspan 속성, rowspan 속성

colspan, rowspan은 셀들(<td>, <th>)을 열이나 행으로 합칠 수 있는 속성입니다.

속성	속성 설명
colspan	1. 합치기 될 열(Column)의 수 지정 2. 만약 3개의 열을 합친다면 〈td colspan="3"〉로 정의합니다.
rowspan	1. 합치기 될 행(Row)의 수 지정 2. 만약 2개의 행을 합친다면 〈td rowspan=2"〉로 정의합니다.

colspan, rowspan 속성을 이용하여 [예시1-10]처럼 두개의 표를 만들어 보도록 하겠습니다.

[예시1-10]

1		
2	3	4

1	2	3
	4	5

[예제 : ex 1-22.html]

```
<!DOCTYPE html>
<html lang="ko">
<head>
    <meta charset="UTF-8">
    <title>셀 합치기</title>
    <style>
        table {
            width: 100%;
            border-collapse: collapse;
            margin-bottom: 20px;
        }
        td {
            border: 1px solid #000;
        }
    </style>
</head>
<body>
    <table>
        <tr>
            <td colspan="3">1</td>
        </tr>
        <tr>
            <td>2</td>
            <td>3</td>
            <td>4</td>
        </tr>
    </table>
```

```
    <table>
        <tr>
            <td rowspan="2">1</td>
            <td>2</td>
            <td>3</td>
        </tr>
        <tr>
            <td>4</td>
            <td>5</td>
        </tr>
    </table>
</body>
</html>
```

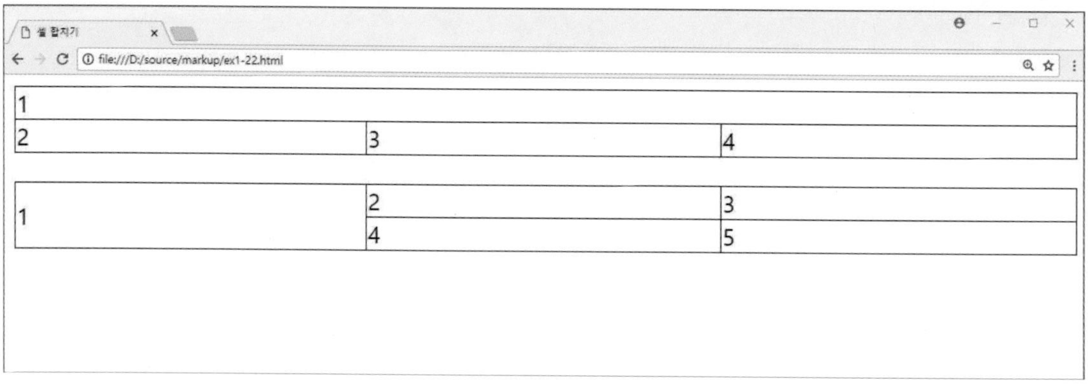

△ 결과 ex1-22.html

표 접근성 〈caption〉, scope 속성

태그명/속성명	태그/속성 설명
〈caption〉 〈/caption〉	1. 표의 제목을 정의할 때 사용합니다. 2. 〈caption〉 태그를 정의해 주면 스크린 리더(음성낭독프로그램)에서 표에 대한 제목을 읽어 줌으로써, 이 표가 어떤 내용을 담고 있는지 알 수 있게 합니다.
scope	1. 열(Column) 제목이나 행(Row) 제목 셀(〈th〉)에 정의합니다. 2. 열(Column)의 제목일 경우 〈th scope="col"〉로 정의하며, 행(Row)의 제목일 경우 〈th scope="row"〉로 정의합니다.

상품에 따른 상하반기 판매량		
구분	데스크탑 PC	스마트폰
상반기 판매수 ❶↓ ⟶ ❷	2만대	5만대
하반기 판매수	3만대 ↓ ❸	7만대

scope 속성은 스크린 리더(음성낭독프로그램)에서 [예시1-11]의 번호처럼 셀의 위치가 변경되었을 때 행 (Row)이나 열(Column)의 제목 셀을 읽어 줌으로써 현재 셀의 내용이 무엇인지 알려 줍니다. 예를 들어 셀 의 위치가 ❶번에서 ❷번으로 이동 되었을 때 '이만대'라고 읽어 주는 것이 아니라 '데스크탑 PC 이만대'라 고 읽어 주고, ❷번에서 ❸번으로 이동 되었을 때는 '하반기 판매수 삼만대'로 읽어 줍니다.

[예제 : ex 1-23.html]

```
<!DOCTYPE html>
<html lang="ko">
<head>
    <meta charset="UTF-8">
    <title>caption태그와 scope 속성</title>
    <style>
        table{
            width: 100%;
            border-collapse: collapse;
        }
        td,th{
            border: 1px solid #000;
        }
    </style>
</head>
<body>
    <table>
        <caption>상품에 따른 상하반기 판매량</caption>
        <colgroup>
            <col>
            <col>
            <col>
        </colgroup>
        <thead>
            <tr>
```

```
                    <th scope="col">구분</th>
                    <th scope="col">데스크탑 PC</th>
                    <th scope="col">스마트폰</th>
                </tr>
            </thead>
            <tbody>
                <tr>
                    <th scope="row">상반기 판매수</th>
                    <td>2만대</td>
                    <td>5만대</td>
                </tr>
                <tr>
                    <th scope="row">하반기 판매수</th>
                    <td>3만대</td>
                    <td>7만대</td>
                </tr>
            </tbody>
        </table>
    </body>
</html>
```

상품에 따른 상하반기 판매량		
구분	데스크탑 PC	스마트폰
상반기 판매수	2만대	5만대
하반기 판매수	3만대	7만대

△ 결과 ex1-23.html

1.8 | 폼 관련 요소 및 주요 속성

1.8.01 | 폼 〈form〉, 〈fieldset〉

요소 유형	태그명	태그의 의미 및 특징

블록 레벨 요소	〈form〉 〈/form〉	1. 온라인 서식(검색, 로그인, 회원가입 등)에서 입력한 값들을 처리하는 프로그램으로 전송할 때 사용하는 태그입니다.
		
		2. 텍스트, 인라인 요소, 블록 레벨 요소를 포함할 수 있습니다. 일반적으로 서식(사용자 입력)에 관련된 태그들을 포함합니다.
		
		`<form>`
		   `<table>`
		      `<tr>`
		         `<td></td>`
		      `</tr>`
		   `</table>`
		`</form>` ✔
		
		`<form>`
		   `<form>`
		   `</form>`
		`</form>` ✘

	〈fieldset〉 〈/fieldset〉	1. 양식 요소들을 그룹화할 때 사용하는 태그입니다.
		
		2. 텍스트, 인라인 요소, 블록 레벨 요소를 포함할 수 있습니다.
		
		3. 그룹화 된 서식의 제목을 정의 할 수 있는 〈legend〉 태그를 자식 요소로 포함합니다.
		
		`<fieldset>`
		   `<legend>로그인</legend>`
		`</fieldset>` ✔
		
		`<fieldset>`
		   `<div>`
		      `<legend>로그인</legend>`
		   `</div>`
		`</fieldset>` ✘

〈form〉태그에는 중요한 action 속성과 method 속성이 있습니다.

action 속성은 서식에서 작성한 값을 처리하는 프로그램의 주소(URL)를 지정하며, method 속성은 서식의 값들을 서버 프로그램에 어떤 방식으로 전달할 것인지를 정의합니다.

전달 방식에는 get 방식과 post 방식이 있는데 보통 '검색'은 get 방식을 쓰며 '로그인', '회원가입'처럼 중요한 정보를 전송할 때는 post 방식을 사용합니다.

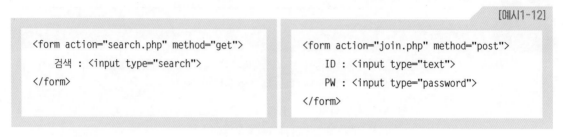

[예시1-12]

```
<form action="search.php" method="get">
    검색 : <input type="search">
</form>
```

```
<form action="join.php" method="post">
    ID : <input type="text">
    PW : <input type="password">
</form>
```

[예제 : ex 1-24.html]

```
<!DOCTYPE html>
<html lang="ko">
<head>
    <meta charset="UTF-8">
    <title>폼</title>
</head>
<body>
    <form action="#" method="post">
        <fieldset>
            <legend>로그인</legend>
            <p>ID : <input type="text"></p>
            <p>PW : <input type="password"></p>
        </fieldset>
    </form>
</body>
</html>
```

△ 결과 ex1-24.html

한줄 입력 요소 〈input〉, type 속성

요소 유형	태그명	태그의 의미 및 특징
인라인 요소	〈input〉	1. 사용자로부터 데이터 값을 입력받기 위한 태그입니다. 2. type 속성 값에 따라 다양한 폼 컨트롤을 생성할 수 있습니다. 3. 공통 속성으로 name, value 속성이 있습니다.

type 속성 값	설명
text	• 한 줄 글 입력 상자 • maxlength 속성으로 최대 글자 수를 제한할 수 있습니다.
password	• 비밀번호 입력 상자 • 입력된 내용은 ' * '로 표시합니다.
search	• 검색 입력 상자
email	• 이메일 입력 상자
tel	• 전화번호 입력 상자
color	• 컬러 입력 상자
number	• 숫자 입력 상자 • 숫자의 최솟값, 최댓값을 min, max 속성으로 지정할 수 있습니다.
range	• 슬라이드 바 • 최솟값, 최댓값을 min, max 속성으로 지정할 수 있습니다.
radio	• 라디오 버튼 • 여러 개 radio 중 하나만 선택 가능합니다. (요소의 name 속성 값이 같아야 합니다.) 이메일 수신여부 : 예 〈input type="radio" name="email"〉 아니오 〈input type="radio" name="email"〉 • checked 속성을 정의하면 웹 페이지 실행 시 해당 radio가 기본으로 표시됩니다.
checkbox	• 체크박스 • 다중 선택이 가능합니다. • checked 속성을 정의하면 웹 페이지 실행 시 해당 checkbox가 기본으로 표시됩니다.
submit	• 전송 버튼 • value 속성으로 버튼에 표시되는 텍스트를 지정합니다.

type 속성 값	설명
reset	• 초기화 버튼 • value 속성으로 버튼에 표시되는 텍스트를 지정합니다.
button	• 범용 버튼 • value 속성으로 버튼에 표시되는 텍스트를 지정합니다.
image	• 이미지 버튼 • alt 속성을 반드시 정의해야 합니다.
file	• 첨부 파일
hidden	• 사용자에게 노출할 필요가 없는 데이터를 지정합니다. • 화면에 표시되지 않습니다.

[예제 : ex 1-25.html]

```
<!DOCTYPE html>
<html lang="ko">
<head>
    <meta charset="UTF-8">
    <title>폼</title>
</head>
<body>
    <form action="#" method="post">
        <fieldset>
            <legend>type 속성</legend>
            <p>아이디 : <input type="text"></p>
            <p>비밀번호 : <input type="password"></p>
            <p>검색 : <input type="search"></p>
            <p>이메일 : <input type="email"></p>
            <p>전화번호 : <input type="tel"></p>
            <p>컬러선택 : <input type="color"></p>
            <p>수량 : <input type="number" min="1" max="10" value="1"></p>
            <p>만족도 : <input type="range" min="1" max="10" value="1"></p>
            <p>예<input type="radio" name="receive" checked="checked"> 아니오<input
    type="radio" name="receive"></p>
            <p>html<input type="checkbox" checked="checked"> css<input type="checkbox"></p>
            <p><input type="submit" value="전송"></p>
            <p><input type="reset" value="취소"></p>
            <p><input type="button" value="확인"></p>
            <p><input type="image"  src="images/bt.png" alt="검색"></p>
```

```
                <p><input type="file"></p>
            </fieldset>
        </form>
    </body>
</html>
```

△ 결과 ex1-25.html

[예제 ex1-25] 의 속성들은 현재(본 서적을 집필 하고 있는 시점) 모든 브라우저에서 지원해 주고 있지는 않습니다.

http://html5test.com/compare/browser/index.html에서 각 브라우저 버전별 HTML5에 대한 지원 여부를 확인해 볼 수 있으며, https://caniuse.com에서는 HTML, CSS, JavaScript 등에 대한 지원 현황을 확인할 수 있습니다.

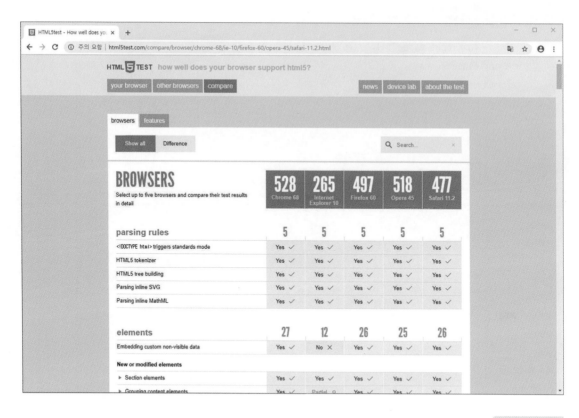

```
<form>
    <input type="submit" value="전송">
    <input type="image" src="images/bt.png" alt="전송">
    <button>전송</button>
</form>
```

[예시1-13]과 같이 form 요소 안에서 데이터 전송의 기능을 갖는 버튼 요소는 〈input type="submit"〉, 〈input type="image"〉, 〈button〉 태그입니다.

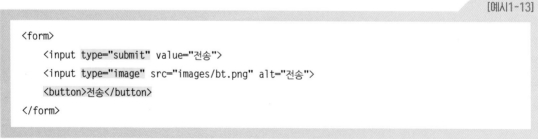

1.8.03 여러 줄 입력 요소, 선택 요소 〈textarea〉, 〈select〉

요소 유형	태그명	태그의 의미 및 특징
인라인 요소	〈textarea〉 〈/textarea〉	1. 여러 줄 텍스트 입력 상자 태그입니다.
		2. rows 속성과 cols 속성으로 텍스트 입력 상자의 행과 열 수를 지정할 수 있습니다.

요소 유형	태그명	태그의 의미 및 특징

인라인 요소	\<select\>\</select\>	1. 선택 목록 상자 태그입니다.
		
		2. \<option\> 태그 외에 다른 태그는 자식 요소로 올 수 없습니다.
		
		```\n<select>\n <option>로그인</option>\n</select>\n``` ✅
		
		```\n<select>\n <div>\n <option>로그인</option>\n </div>\n</select>\n``` ❌
		
		3. \<option\> 태그에 selected 속성이 정의되면 웹 페이지 실행 시 해당 \<option\> 태그가 기본 목록으로 표시됩니다.

[예제 : ex 1-26.html]

```html
<!DOCTYPE html>
<html lang="ko">
<head>
    <meta charset="UTF-8">
    <title>폼</title>
</head>
<body>
    <form action="#" method="post">
        <fieldset>
            <legend>회원가입</legend>
            <p>가입목적 :<br><textarea rows="5" cols="100"></textarea></p>
            <p>전화번호 :
                <select>
                    <option>지역번호</option>
                    <option selected="selected">02</option>
                    <option>031</option>
                    <option>044</option>
                </select>
                <input type="text">
            </p>
        </fieldset>
    </form>
</body>
</html>
```

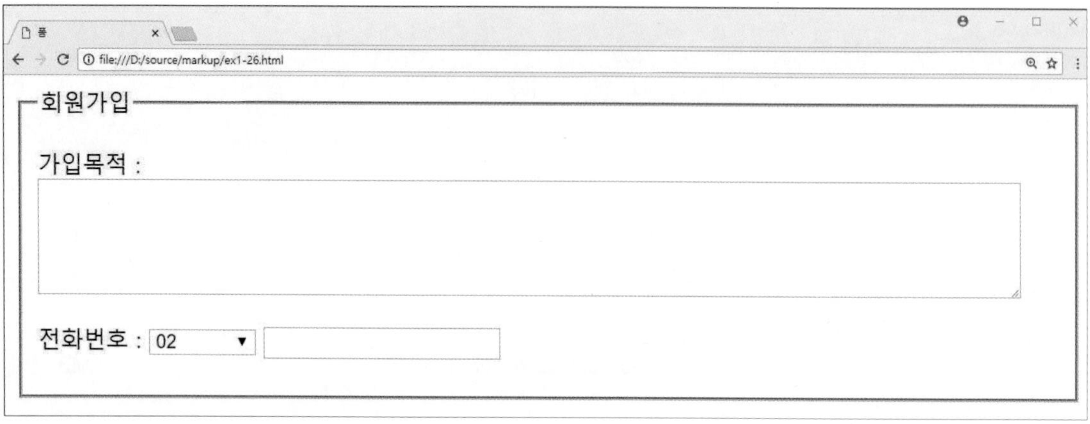

△ 결과 ex1-26.html

요소 유형	태그명	태그의 의미 및 특징
인라인 요소	⟨label⟩ ⟨/label⟩	1. 사용자 입력 태그(⟨input⟩, ⟨textarea⟩, ⟨select⟩)들에 대한 제목을 정의하는 태그입니다.
		2. ⟨label⟩ 태그를 사용자 입력 태그의 제목으로 연결하기 위해서는 ⟨label⟩ 태그의 for 속성 값과 사용자 입력 태그의 id 속성 값을 동일하게 정의해야 합니다.
		`<label for="id">아이디</label> <input type="text" id="id">`

폼 요소들의 경우 환경적인 요인에 따라 접근하기 어려운 상황들이 발생 할 수 있습니다. 예를 들어 마우스에 익숙하지 않거나 손대신 다른 신체를 이용하여 마우스를 사용하는 사용자의 경우 라디오 버튼이나, 체크박스 등과 같은 요소를 선택하기란 쉽지 않을 것입니다. 또한, 스크린 리더(음성낭독프로그램)에서는 입력 내용이나 선택 내용에 대한 정확한 정보를 주지 않으면 어떤 내용을 입력하고 선택해야 하는지 알수 없는 상황이 발생할 수 있습니다.

⟨label⟩ 태그를 이용하면 이러한 문제점을 해결하여 접근성 높은 폼 서식을 마크업할 수 있습니다.

[예제 : ex 1-27.html]

```
<!DOCTYPE html>
<html lang="ko">
<head>
```

```
    <meta charset="UTF-8">
    <title>폼</title>
</head>
<body>
    <h1>label 요소</h1>
    <form action="#" method="post">
        <table>
            <caption>회원가입 입력</caption>
            <colgroup>
                <col>
                <col>
            </colgroup>
            <tbody>
                <tr>
                    <th scope="row"><label for="id">아이디</label></th>
                    <td><input type="text" id="id" title="아이디 입력"></td>
                </tr>
                <tr>
                    <th scope="row"><label for="pw">비밀번호</label></th>
                    <td><input type="password" id="pw" title="비밀번호 입력"></td>
                </tr>
                <tr>
                    <th scope="row"><label for="r_pw">비밀번호 재입력</label></th>
                    <td><input type="password" id="r_pw" title="비밀번호 재입력"></td>
                </tr>
                <tr>
                    <th scope="row"><label for="email">이메일</label></th>
                    <td><input type="text" id="email" title="이메일아이디 입력">@<input
type="text" title="이메일주소 입력"></td>
                </tr>
                <tr>
                    <th scope="row"><label for="hp">핸드폰 번호</label></th>
                    <td>
                        <select id="hp" title="휴대폰 앞자리 선택">
                            <option>선택</option>
                            <option>010</option>
                            <option>011</option>
                        </select>-
                        <input type="text" title="휴대폰 번호 중간 4자리 입력">-
                        <input type="text" title="휴대폰 번호 끝 4자리 입력">
                    </td>
                </tr>
```

```
            </tbody>
        </table>
        <div><input type="submit" value="회원가입"><input type="reset" value="취소"></div>
    </form>
</body>
</html>
```

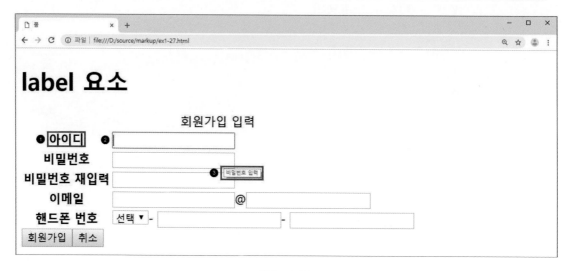

△ 결과 ex1-27.html

<label>태그의 텍스트를 클릭(❶)하면 연결된 사용자 입력 요소로 포커스가 이동(❷)되는 것을 확인할 수 있습니다. title 속성은 요소에 대한 보조 설명(툴팁)으로 title 속성이 정의된 요소에 마우스를 올리면 title 속성에 정의된 텍스트가 말풍선(❸)으로 나타나며 스크린 리더(음성낭독프로그램)에서는 title 속성을 읽어 줌으로써 폼 서식에 대한 접근성을 높일 수 있습니다.

> **NOTE**
>
> 웹문서에서 Tab키로 이동 시 포커스를 받는 요소에는 a, input, textarea, select, button 등이 있습니다. 이 요소들은 보통 마크업한 순서대로 이동되지만 필요에 따라 포커스의 이동 순서를 바꾸어야 하거나 div, span 요소처럼 포커스를 받지 못하는 요소에 포커스를 주어야 하는 경우도 있습니다. 이런 경우 tabindex 속성을 사용합니다.
>
> | tabindex="1" | 웹문서에서 Tab키로 이동 시 가장 먼저 포커스를 받습니다. 다만, 논리적으로 마크업한 이동 순서에 영향을 줄 수 있기 때문에 주의해서 사용해야 합니다. | <input type="text" tabindex="1"> |
> | --- | --- | --- |
> | tabindex="0" | 키보드 포커스를 받을 수 없는 요소에 포커스를 받도록 만들어줍니다. | <div tabindex="0"></div> |
> | tabindex="-1" | 키보드 포커스를 받을 수 있는 요소에 포커스를 받지 않도록 만들어줍니다. | <a href="#" tabindex="-1"></a> |

HTML5에서는 자바스크립트로 처리했던 폼 기능들을 입력 속성들을 이용하여 간단하게 해결할 수 있습니다.

속성명	설명
placeholder	• 입력 내용에 대한 힌트를 제공해줍니다. 내용을 입력하지 않고 비어 있는 상태로 포커스를 이동하면 초기 힌트 값으로 표시해 주는 속성입니다.

[예제 : ex 1-28.html]

```html
<!DOCTYPE html>
<html lang="ko">
<head>
    <meta charset="UTF-8">
    <title>사용자 입력 속성</title>
</head>
<body>
    <form>
        <fieldset>
            <legend>필드에 입력형식 힌트주기</legend>
            <p><label for="id">아이디</label><input type="text" id="id" placeholder="아이디"
title="아이디 입력"></p>
            <p><label for="pw">비밀번호</label><input type="password" id="pw" placeholder="비밀
번호" title="비밀번호 입력"></p>
        </fieldset>
    </form>
</body>

</html>
```

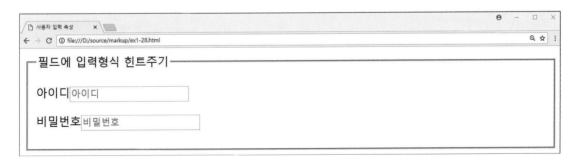

△ 결과 ex1-28.html

[결과 ex1-28]에서 '아이디' 내용을 지우고 비밀번호 입력 요소로 이동하면 '아이디' 내용이 다시 나타납니다.

속성명	설명
required	• required 속성이 적용된 입력 요소에 내용이 비어 있을 경우 경고 메시지를 표시해 주는 속성입니다.

[예제 : ex 1-29.html]

```html
<!DOCTYPE html>
<html lang="ko">
<head>
    <meta charset="UTF-8">
    <title>사용자 입력 속성</title>
</head>
<body>
    <form action="#" method="post">
        <fieldset>
            <legend>필수입력 유효성 검사</legend>
            <p><label for="id">* 아이디</label><input type="text" id="id" title="아이디 입력"
required="required"></p>
            <p><label for="pw">* 비밀번호</label><input type="password" id="pw" title="비밀번호
입력" required="required"></p>
            <p><input type="submit" value="확인"></p>
        </fieldset>
    </form>
</body>
</html>
```

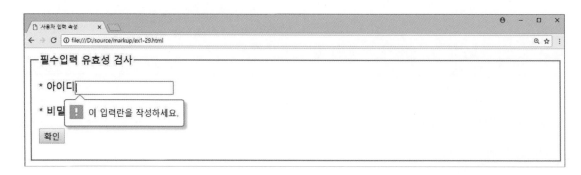

△ 결과 ex1-29.html

[결과 ex1-29]에서 입력 요소들에 내용을 입력하지 않고 '확인' 버튼을 누르면 경고 메시지가 나타납니다.

속성명	설명
autocomplete	• 입력 요소에 자동완성 기능 여부를 on, off 값으로 설정해 주는 속성입니다.

[예제 : ex 1-30.html]

```html
<!DOCTYPE html>
<html lang="ko">
<head>
    <meta charset="UTF-8">
    <title>사용자 입력 속성</title>
</head>
<body>
    <form action="#" method="post">
        <fieldset>
            <legend>자동완성 기능</legend>
            <p><label for="phone">전화번호</label><input type="tel" id="phone"
autocomplete="off" title="전화번호 입력"></p>
            <p><label for="email">이메일</label><input type="email" id="email"
autocomplete="on" title="이메일 입력"></p>
            <p><input type="submit" value="확인"></p>
        </fieldset>
    </form>
</body>
</html>
```

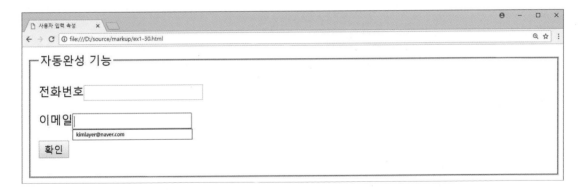

△ 결과 ex1-30.html

[결과 ex1-30]에서 전화번호나 이메일 내용을 입력 한 후 '확인' 버튼을 클릭하면 'on' 값이 설정된 입력 요소(이메일)에 자동완성 기능이 활성화되고 'off' 값이 적용된 입력 요소(전화번호)에는 기능이 활성화되지 않습니다.

속성명	설명
pattern	• 지정한 문자패턴(정규식)과 입력된 내용의 일치여부를 판단해 주는 속성입니다.

[예제 : ex 1-31.html]

```
<!DOCTYPE html>
<html lang="ko">
<head>
    <meta charset="UTF-8">
    <title>사용자 입력 속성</title>
</head>
<body>
    <form action="#" method="post">
        <fieldset>
            <legend>정규식 속성</legend>
            <p><label for="tel">휴대폰 번호</label><input type="tel" id="tel" pattern="₩d{3}-
₩d{3,4}-₩d{4}" required="required" title="휴대폰 번호는 숫자 3자리-숫자 3자리에서 4자리-숫자 4자리
입력"></p>
            <p><input type="submit" value="확인"></p>
        </fieldset>
    </form>
</body>
</html>
```

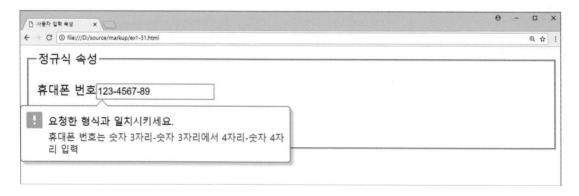

△ 결과 ex1-31.html

[예제 ex1-31]에서 '₩d{3}-₩d{3,4}-₩d{4}' 부분을 정규식이라고 하는데, '₩d'는 숫자, '{n}'은 n자리수를 의미합니다. 즉, 휴대폰 번호를 입력할 때 '숫자 3자리-숫자 3자리~4자리-숫자 4자리'의 형식에 맞게 입력해야만 '전송' 버튼을 눌렀을 때 경고 메시지가 나타나지 않습니다.

속성명	설명
multiple	• 여러 개의 이메일을 ','로 입력하거나 파일 업로드 시 여러 개의 파일을 동시에 선택할 수 있도록 해주는 속성입니다.

[예제 : ex 1-32.html]

```html
<!DOCTYPE html>
<html lang="ko">
<head>
    <meta charset="UTF-8">
    <title>사용자 입력 속성</title>
</head>
<body>
    <form action="#" method="post">
        <fieldset>
            <legend>다중파일 선택</legend>
            <p><label for="email">이메일</label><input type="email" id="email"
multiple="multiple" title="이메일 입력"> <label for="file">파일 찾기</label><input type="file"
id="file" multiple="multiple"></p>
        </fieldset>
    </form>
</body>
</html>
```

△ 결과 ex1-32.html

[결과 ex1-32]에서 '파일 선택' 버튼을 눌러 '열기 창'에서 여러 개의 파일들을 선택할 수 있습니다.

속성명	설명
disabled	• 요소를 사용할 수 없도록 비활성화 상태로 만들어 주는 속성입니다.
readonly	• 입력된 내용을 수정할 수 없도록 만들어 주는 속성입니다.

[예제 : ex 1-33.html]

```
<!DOCTYPE html>
<html lang="ko">
<head>
    <meta charset="UTF-8">
    <title>사용자 입력 속성</title>
</head>
<body>
    <form>
        <fieldset>
            <legend>disabled 속성과 readonly 속성</legend>
            <p><label for="identification">인증번호</label><input type="text"
id="identification" title="인증번호 입력"><input type="button" value="이전"><input type="button"
value="다음" disabled="disabled"></p>
            <p><label for="book">선택한 책</label><input type="text" id="book" value="반응형
웹" readonly="readonly"> <label for="quantity">수량</label><input type="number" id="quantity"
min="1" value="1" title="수량 입력"></p>
        </fieldset>
    </form>
</body>
</html>
```

△ 결과 ex1-33.html

[결과 ex1-33]에서 '다음' 버튼은 '비활성화' 상태가 되었고, '반응형 웹' 내용은 수정이 되지 않는 것을 확인
할 수 있습니다.

앞에서 설명한 속성들은 현재(본 서적을 집필하고 있는 시점) 모든 브라우저에서 지원해 주고 있지는 않습니다.

1.9 | 그룹 요소

1.9·01 〈div〉

요소 유형	태그명	태그의 의미 및 특징
블록 레벨 요소	〈div〉〈/div〉	1. 요소들을 그룹으로 정의하는 태그입니다. 　요소들을 그룹으로 묶어주는 이유는 CSS를 손쉽게 적용하기 위한 것이고, 태그 자체는 아무런 의미를 갖고 있지 않습니다.
		2. 텍스트, 인라인 요소, 블록 레벨 요소를 모두 포함할 수 있습니다.

〈div〉 태그를 이용하여 요소들을 그룹화 하면 CSS를 적용할 때 어떤 점이 편리한지, 다음 예제를 통해 살펴보겠습니다.

margin: 0 auto는 header, section, footer 요소들을 브라우저의 가운데 위치하도록 표현합니다.

[예제 : ex 1-34.html]

```
<!DOCTYPE html>
<html lang="ko">
<head>
    <meta charset="UTF-8">
    <title>그룹 요소</title>
    <style>
        header{
            width: 300px;
            margin: 0 auto;
            border: 1px solid #000;
        }
        section{
            width: 300px;
            margin: 0 auto;
            border: 1px solid #333;
```

```
        }
        footer{
            width: 300px;
            margin: 0 auto;
            border: 1px solid #999;
        }
    </style>
</head>
<body>
    <header>헤더</header>
    <section>본문</section>
    <footer>푸터</footer>
</body>
</html>
```

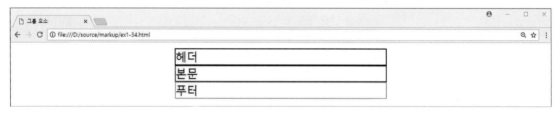

△ 결과 ex1-34.html

[예제 ex1-34]은 〈header〉, 〈section〉, 〈footer〉 요소들을 가운데로 정렬하기 위해서 같은 CSS 속성(width, margin)을 3번 정의해야 하는 불편함이 있습니다.

〈div〉 태그로 요소들을 그룹화하여 CSS를 적용해 보도록 하겠습니다.

[예제 : ex 1-35.html]

```
<!DOCTYPE html>
<html lang="ko">
<head>
    <meta charset="UTF-8">
    <title>그룹 요소</title>
    <style>
        #wrap{
            width: 300px;
            margin: 0 auto;
            border: 1px solid #000;
        }
```

```
            </style>
    </head>
    <body>
        <div id="wrap">
            <header>헤더</header>
            <section>본문</section>
            <footer>푸터</footer>
        </div>
    </body>
</html>
```

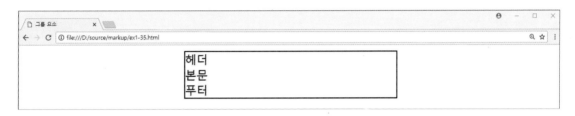

△ 결과 ex1-35.html

[예제 ex1-35]은 CSS 속성(width, margin)을 한번만 정의했음에도 요소들이 가운데로 정렬된 것을 확인할수 있습니다. 이러한 이유로 〈div〉 태그는 마크업할 때 많이 사용됩니다.

1.9.02 〈span〉

요소 유형	태그명	태그의 의미 및 특징
인라인 요소	〈span〉 〈/span〉	1. 인라인 요소들을 그룹으로 정의하는 태그입니다. 요소들을 그룹으로 묶어 주는 이유는 〈div〉 태그처럼 CSS를 손쉽게 적용하기 위한 것이고, 태그 자체는 아무런 의미를 갖고 있지 않습니다.
		2. 텍스트, 인라인 요소를 포함할 수 있습니다.

[예제 : ex 1-36.html]

```
<!DOCTYPE html>
<html lang="ko">
<head>
    <meta charset="UTF-8">
```

```
    <title>그룹 요소</title>
    <style>
        .s1{
            background-color: #ccc;
        }
        .s2{
            color: #ff6600;
        }
    </style>
</head>
<body>
    <span class="s1"><span class="s2">웹표준</span>과 <span class="s2">웹접근성</span></span>
    <div>
        <a href="#">
            <span><img src="images/whitestar.jpg" alt></span>
            <span class="s2">공기정화식물 화이트스타</span>
        </a>
    </div>
</body>
</html>
```

[예제 ex1-36]에서 〈span〉 요소에 적용된 CSS 내용은 다음과 같습니다.

background-color	요소의 배경 색상을 표현합니다.
color	텍스트의 색상을 표현합니다.

△ 결과 ex1-36.html

[예제 ex1-36]처럼 〈span〉 요소는 텍스트나 인라인 요소들을 그룹으로 묶어 CSS를 적용할 때 많이 사용합니다.

1.10 │ 구조 관련 요소

1.10.01 ⟨header⟩, ⟨section⟩, ⟨footer⟩, ⟨nav⟩, ⟨article⟩, ⟨aside⟩

요소 유형	태그명	태그의 의미 및 특징
블록 레벨 요소	⟨header⟩ ⟨/header⟩	1. HTML 문서의 헤더 영역을 의미하는 태그로 제목이나 내비게이션, 검색 등의 내용들을 포함할 수 있습니다.
		2. 텍스트, 인라인 요소, 블록 레벨 요소를 포함할 수 있지만 ⟨header⟩, ⟨footer⟩ 태그는 포함할 수 없습니다.
	⟨section⟩ ⟨/section⟩	1. HTML 문서에서 맥락이 같은 요소들을 주제별로 그룹화해주는 태그이며 섹션 주제에 대한 제목 요소(⟨h2⟩~⟨h6⟩)를 포함하는 것이 좋습니다.
		2. 텍스트, 인라인 요소, 블록 레벨 요소를 포함할 수 있습니다.
	⟨footer⟩ ⟨/footer⟩	1. HTML 문서의 푸터 영역을 의미하는 태그로 섹션 작성자나 저작권에 대한 정보, 관련된 문서의 링크를 포함할 수 있습니다.
		2. 텍스트, 인라인 요소, 블록 레벨 요소를 포함할 수 있지만 ⟨header⟩, ⟨footer⟩ 태그는 포함할 수 없습니다.
	⟨nav⟩⟨/nav⟩	1. HTML 문서의 메인 메뉴나 목차 등을 정의해 주는 태그입니다.
		2. 텍스트, 인라인 요소, 블록 레벨 요소를 포함할 수 있습니다.
	⟨article⟩ ⟨/article⟩	1. HTML 문서 내에서 독립적으로 배포 또는 재사용이 가능한 게시물, 뉴스 기사, 블로그 포스팅 등을 의미하는 태그이며 제목 요소(⟨h2⟩~⟨h6⟩)를 포함하는 것이 좋습니다.
		2. 텍스트, 인라인 요소, 블록 레벨 요소를 포함할 수 있습니다.
	⟨aside⟩ ⟨/aside⟩	1. 메인 콘텐츠와 직접적으로 관련이 없는 영역을 의미하는 태그이며 HTML 문서의 오른쪽이나 왼쪽의 사이드 메뉴나 광고 등의 영역으로 사용됩니다.
		2. 텍스트, 인라인 요소, 블록 레벨 요소를 포함할 수 있습니다.

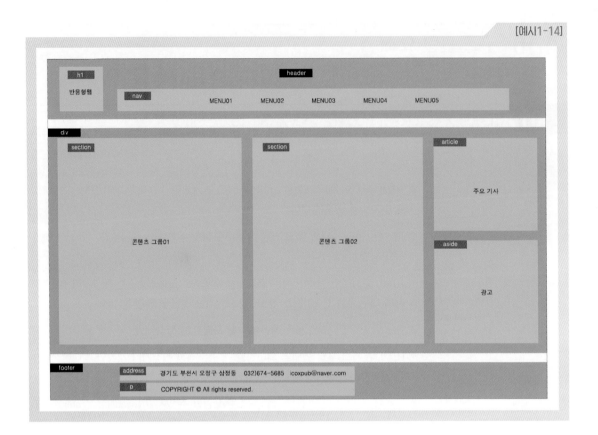

구조 태그들을 이용하여 [예시1-14]를 마크업해 보겠습니다.

[예제 : ex 1-37.html]

```html
<!DOCTYPE html>
<html lang="ko">
<head>
    <meta charset="UTF-8">
    <title>구조 요소</title>
</head>
<body>
    <header>
        <h1><a href="#">반응형웹</a></h1>
        <nav>
            <ul>
                <li><a href="#">MENU01</a></li>
                <li><a href="#">MENU02</a></li>
                <li><a href="#">MENU03</a></li>
```

```
                <li><a href="#">MENU04</a></li>
                <li><a href="#">MENU05</a></li>
            </ul>
        </nav>
    </header>
    <div id="container">
        <section>
            <h2>콘텐츠 그룹01</h2>
        </section>
        <section>
            <h2>콘텐츠 그룹02</h2>
        </section>
        <article>
            <h2>주요기사</h2>
        </article>
        <aside>광고</aside>
    </div>
    <footer>
        <address>경기도 부천시 오정구 삼정동    032)674-5685   icoxpub@naver.com</address>
        <p>COPYRIGHT © All rights reserved.</p>
    </footer>
</body>
</html>
```

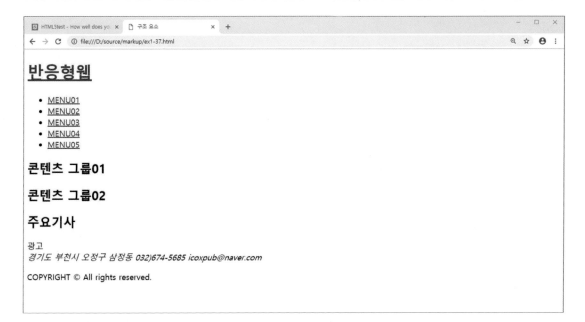

△ 결과 ex1-37.html

1.11 | 미디어 요소

1.11.01 〈audio〉

태그명	태그의 의미 및 특징
〈audio〉〈/audio〉	1. HTML 문서에 음악과 같은 오디오를 삽입할 때 사용하는 태그입니다.
	2. mp3, wav, ogg 3가지의 파일 형식이 있습니다.

속성명	설명
src	• 오디오 파일의 주소입니다.
preload	• HTML 문서가 로드될 때 오디오 파일 로드 여부를 판단합니다. • none, metadata, auto 값이 있습니다.
autoplay	• HTML 문서가 로드될 때 오디오를 자동으로 실행합니다.
muted	• 오디오 음소거를 합니다.
loop	• 오디오를 반복하여 재생합니다.
controls	• 오디오 컨트롤을 표시합니다.

[예시1-15]

```
<audio src="media/applause.wav" controls></audio>
```

mp3는 모든 브라우저에서 지원해주지만 wav나 ogg는 모든 브라우저에서 지원해 주지 않습니다. [예시 1-15]처럼 마크업하면 wav를 지원해 주지 않는 Internet Explorer에서는 오디오가 실행되지 않습니다. 이런 경우 〈source〉 태그를 이용하면 mp3, wav, ogg파일을 모두를 지원해 줄 수 있습니다.

[예제 : ex 1-38.html]

```
<!DOCTYPE html>
<html lang="ko">
<head>
    <meta charset="UTF-8">
    <title>오디오</title>
</head>
<body>
    <audio controls>
```

```
        <source src="media/applause.wav" type="audio/wav">
        <source src="media/applause.ogg" type="audio/ogg">
        <source src="media/applause.mp3" type="audio/mp3">
    </audio>
</body>
</html>
```

△ 결과 ex1-38.html

1.11.02 〈video〉

태그명	태그의 의미 및 특징
〈video〉〈/video〉	1. HTML 문서에 동영상을 삽입할 때 사용하는 태그입니다.
	2. mp4, webm, ogg 3가지의 파일 형식이 있습니다.

속성명	설명
src	• 영상 파일의 주소입니다.
preload	• HTML 문서가 로드될 때 영상 파일 로드 여부를 판단합니다. • none, metadata, auto 값이 있습니다.
autoplay	• HTML 문서가 로드될 때 영상을 자동으로 실행합니다.
muted	• 영상의 오디오 음소거를 합니다.
loop	• 영상을 반복하여 재생합니다.
controls	• 영상 컨트롤을 표시합니다.
width	• 영상의 가로 크기를 지정합니다.
height	• 영상의 세로 크기를 지정합니다.
poster	• 영상의 다운로드 중에 표시되는 이미지입니다.

[예제 : ex 1-39.html]

```
<!DOCTYPE html>
```

```
<html lang="ko">
<head>
    <meta charset="UTF-8">
    <title>비디오</title>
</head>
<body>
    <video controls poster="images/sun.jpg" width="800" height="450">
        <source src="media/sunrise.mp4" type="video/mp4">
        <source src="media/sunrise.webm" type="video/webm">
        <source src="media/sunrise.ogg" type="video/ogg">
    </video>
</body>
</html>
```

△ 결과 ex1-39.html

NOTE

유튜브에 올린 영상이나 다른 HTML 문서를 삽입하고 싶다면 〈iframe〉 태그를 사용하면 됩니다.

```
<iframe src="유튜브 영상 주소/다른 HTML 문서 주소" title="설명" width="가로길이" height="세로길이"></iframe>
```

[예제 : ex 1-40.html]

```
<!DOCTYPE html>
<html lang="ko">
```

```
<head>
    <meta charset="UTF-8">
    <title>iframe</title>
</head>
<body>
    <h1>html5 구조 요소들</h1>
    <p>&lt;header&gt;, &lt;section&gt;, &lt;footer&gt;, nav&gt;, &lt;article&gt;,
&lt;aside&gt; </p>
    <p><strong>html5 구조 요소를 이용한 마크업 예시</strong></p>
    <div>
        <iframe src="ex1-37.html" title="반응형 웹" width="500" height="500"></iframe>
    </div>
</body>
</html>
```

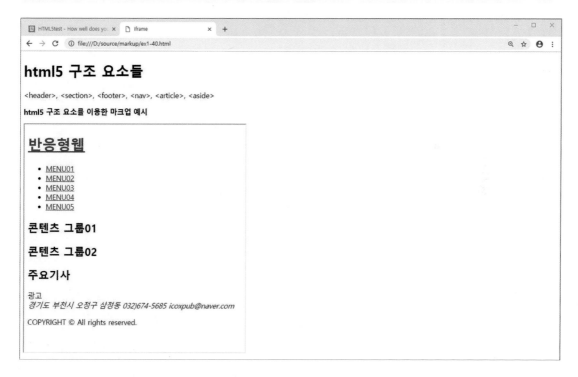

△ 결과 ex1-40.html

[예제 ex1-40]에서 '<', '>'를 Entity Name이라고 하는데 특수문자를 표시할 때 사용됩니다.

'<header>'를 태그가 아닌 문자로 나타낼 때 <p><header></p>식으로 마크업 하면 <header> 태그로 오인할
수 있기 때문에 이럴 때 Entity Name를 사용하면 됩니다.

http://entitycode.com 사이트에서 Entity code에 대한 더 많은 정보를 얻을 수 있습니다.

02장

CSS
(CSS3)

2.1 | CSS 기본 문법

CSS(Cascading Style Sheets)를 정의하는 방법으로는 **내부 스타일시트, 외부 스타일시트, 인라인 스타일시트** 등이 있습니다. 실제로는 외부 스타일시트를 많이 사용하는 편이지만, 간단한 스타일은 내부 스타일시트만으로 사용할 수도 있습니다. 또한 인라인 스타일시트는 대체로 거의 사용하지 않지만, 가장 우선순위가 높아서 꼭 필요한 경우 편리하게 사용할 수 있습니다. 참고로, CSS에서의 주석은 /* */ 로 표현합니다.

2.1.01 내부 스타일시트

CSS를 HTML 문서 안에 〈style〉 태그로 기재하여 HTML 문서 안에 CSS가 함께 저장되도록 하는 형태입니다.

[예제 ex2-1.html]

```
<!DOCTYPE html>
<html lang="ko">
<head>
    <meta charset="utf-8">
    <title>내부 스타일시트</title>
    <style type = "text/css">
        p { color: red ; }
    </style>
</head>
<body>
    <p>우리를 기쁘게 하는 것들.</p>
</body>
</html>
```

※ p { color: red; } 의 의미는 p 태그 안의 글자 색상을 빨간색으로 설정하라는 뜻입니다.

→ 2.3.09 color 부분에서 자세히 다룹니다.

△ 결과 ex2-1.html

스타일 속성들을 따로 저장하여 HTML 문서에 파일명으로 연결할 수 있습니다. 이때 스타일은 *.css 확장자를 가진 별도의 파일로 저장하고, HTML에서는 〈link〉 태그를 이용하여 선언합니다.

내부 스타일시트는 그 스타일이 기술된 페이지에만 적용되는 반면, 외부 스타일시트는 그 스타일을 선언한 모든 HTML 페이지에 적용됩니다.

[예제 ex2-2.html]

```
<!DOCTYPE html>
<html lang="ko">
<head>
    <meta charset="utf-8">
    <title>외부 스타일시트</title>
    <link rel="stylesheet" type="text/css" href="style.css">
</head>
<body>
    <p>우리를 기쁘게 하는 것들.</p>
</body>
</html>
```

[style.css]

```
@charset "utf-8";
p { color: red; }
```

CSS 파일의 상단에는 @charset "utf-8"; @charset "euc-kr"; 등 html 문서에서 지정한 것과 동일한 문자셋을 지정합니다.

△ 결과 ex2-2.html

[결과 ex2-1]과 동일한 결과가 나타납니다.

@import는 CSS 안으로 다른 CSS 파일을 불러들일 경우 사용합니다. CSS의 맨 윗줄에 기술합니다.

[예제 ex2-3.html]

```html
<!DOCTYPE html>
<html lang="ko">
<head>
    <meta charset="utf-8">
    <title>스타일시트 포함</title>
    <style type="text/css">
        @import url("style.css");
    </style>
</head>
<body>
    <p>우리를 기쁘게 하는 것들.</p>
</body>
</html>
```

△ 결과 ex2-3.html

[결과 ex2-1], [결과 ex2-2]와 동일한 결과가 나타납니다.

또한, @import는 어떤 CSS 파일 안에 공통 CSS를 불러들일 경우에도 사용할 수 있습니다.

[style2.css]

```css
@charset "utf-8";
@import url("common.css");
```

@import는 공통으로 들어가야 할 스타일을 따로 저장하여 다른 CSS에 삽입시켜 사용할 수 있도록 해줍니다. 그러나 CSS 파일을 너무 여러 개로 분리하면 오히려 복잡해져서 유지보수하기 힘든 부분도 있으니 용량이 적다면 하나의 파일로 저장하는 것이 좋습니다.

2.1·04 인라인 스타일(inline style)

인라인 스타일은 태그에 직접 CSS를 정의해주는 기법으로, 해당 요소에 style=" " 형식으로 기술합니다. 인라인 스타일은 내부스타일이나 외부스타일에서 기술된 속성보다 우선으로 적용되므로 **우선순위가 절대적으로 높아야 할 경우에 사용**할 수 있으나, 스타일을 공통 CSS로 수정할 수 없고 일일이 html을 열어서 편집해야 하므로 일반적으로 많이 사용하지는 않습니다.

[예제 ex2-4.html]

```
<!DOCTYPE html>
<html lang="ko">
<head>
    <meta charset="utf-8">
    <title>인라인 스타일</title>
</head>
<body>
    <p style="color: red;">우리를 기쁘게 하는 것들.</p>
</body>
</html>
```

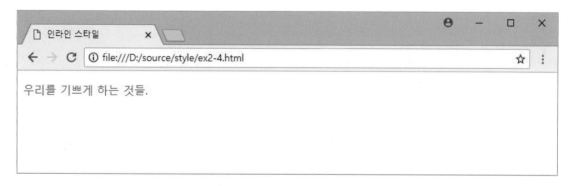

△ 결과 ex2-4.html

[결과 ex2-1], [결과 ex2-2], [결과 ex2-3]과 동일한 결과가 나타납니다.

2.2 | 선택자(selector)

선택자란 CSS로 UI의 어느 부분을 디자인할지, 즉 표현할 대상이 되는 부분을 말합니다.

CSS로 속성을 부여하는 형식은 다음과 같습니다.

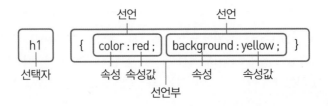

이 예문은 h1 요소에 배경색을 노란색으로, 글자색을 빨간색으로 지정한다는 의미를 담고 있습니다.

{ } 안에 여러 속성을 지정할 수 있고, 각 속성 설정 간에는 ';' 으로 구분해주며 마지막 속성 끝에는 구분자를 생략할 수 있습니다. 속성은 가로로 붙여 써도 되고 다음과 같이 한 줄씩 따로 기술해도 무방합니다.

```
h1 {
    color: red;
    background: yellow;
}
```

https://www.w3schools.com에 접속하면 선택자들이 어떤 브라우저부터 표현가능한지를 알아볼 수 있습니다.

Browser Support

The numbers in the table specifies the first browser version that fully supports the selector.

Selector					
element>element	Yes	7.0	Yes	Yes	Yes

요소를 선택하는 방법, 즉 선택자의 종류로는 type 선택자, id 선택자, class 선택자 등 여러 가지가 있습니다.

type 선택자

html 문서의 태그 이름을 선택자로 사용할 수 있습니다.

다음 예제에서는 p 태그 안의 글자들을 파란색으로 표시하도록 속성을 부여하고 있습니다.

[예제 ex2-5.html]

```html
<!DOCTYPE html>
<html lang="ko">
<head>
   <meta charset="utf-8">
   <title>type 선택자</title>
   <style type="text/css">
        p { color: blue; }
   </style>
</head>
<body>
   <p>머리가 좋아지는 음식</p>
</body>
</html>
```

△ 결과 ex2-5.html

id 선택자

HTML 문서의 요소 중 같은 요소라도 각기 다른 이름을 지정하여 따로 속성을 부여할 수 있습니다. HTML 요소에 id로 이름을 붙일 때에는 **유일한 이름**을 부여해야 하며, 다른 요소에 같은 id명을 또 주어서는 안됩니다. CSS에서는 id **선택자 앞에** '#'을 붙여야 합니다. id명이나 class명은 숫자로 시작할 수 없으며, 주로 영문자로 시작합니다.

다음 예제에서는 p 태그 중 id가 ctxt인 요소만 파란색으로 표시하도록 속성을 부여하고 있습니다.

[예제 ex2-6.html]

```
<!DOCTYPE html>
<html lang="ko">
<head>
    <meta charset="utf-8">
    <title>id 선택자</title>
    <style type="text/css">
        p { color: red; }
        #ctxt { color: blue; }
    </style>
</head>
<body>
    <p>우리를 기쁘게 하는 것들</p>
    <p id="ctxt">건강에 좋은 차</p>
    <p id="txt"> 머리가 좋아지는 음식</p>
</body>
</html>
```

△ 결과 ex2-6.html

[결과 ex2-6]를 보면 id가 txt인 p 요소(머리가 좋아지는 음식)는 스타일이 지정된 바 없으므로, p 요소에 처음 지정된 빨간색 글자 스타일로 나타난 것을 알 수 있습니다.

2.2.03 class 선택자

HTML 문서의 여러 요소 중 같은 이름을 갖는 요소들만 모아 따로 속성을 부여할 수 있습니다. HTML 요소에 같은 이름을 부여할 때에는 class로 이름을 붙입니다. 즉, 여러 개의 요소에 같은 class명을 부여할 수 있습니다. 또한 하나의 요소에 여러 개의 class명을 부여할 수도 있습니다. CSS에서는 class **선택자 앞에 '.'**
을 붙여야 합니다.

다음 예제에서는 class가 btxt인 모든 요소는 빨간색으로, class가 ctxt인 모든 요소는 파란색으로 표시하도
록 속성을 부여하고 있습니다.

[예제 ex2-7.html]

```
<!DOCTYPE html>
<html lang="ko">
<head>
    <meta charset="utf-8">
    <title>class 선택자</title>
    <style type="text/css">
        .btxt { color: red; }
        .ctxt { color: blue; }
        .atxt { font-weight: bold; }
    </style>
</head>
<body>
    <p class="btxt">우리를 기쁘게 하는 것들</p>
    <p class="ctxt">건강에 좋은 차</p>
    <p class="ctxt atxt"> 머리가 좋아지는 음식</p>
</body>
</html>
```

※ class명이 atxt 인 세 번째 p요소에 부여된 속성 font-weight: bold; 은 글자를 굵게 표시하라는 의미입니다.

→ 2.3. **03** font-weight 부분에서 자세히 다룹니다.

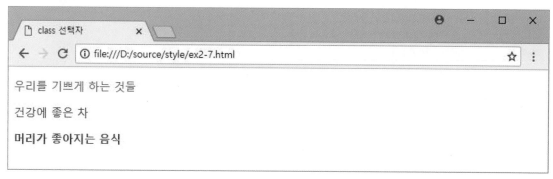

△ 결과 ex2-7.html

다음과 같이 공통 스타일(class)을 정의해 놓으면 CSS를 조금 더 효율적으로 작업할 수 있습니다.

```
.mt10 { margin-top: 10px; }
.mt20 { margin-top: 20px; }
...
.pb10 { padding-bottom: 10px; }
.pb20 { padding-bottom: 20px; }
...
-----------------------------------------------
<div class="mt20 pb10">콘텐츠</div>
```

margin, padding은 바깥 여백, 안여백을 지정하는 속성으로 2.6. **02** padding과 2.6. **03** margin 에서 자세히 다룹니다.

2.2. **04** / 전체 선택자

전체 선택자는 페이지의 모든 요소를 가리키는 선택자로서 '*'로 표시합니다.

다음 예제에서는 어떤 **id**명이나 **class**명이 부여되었든 상관없이, 페이지 내의 모든 요소를 파란색으로 표시하도록 속성을 부여하고 있습니다.

[예제 ex2-8.html]

```
<!DOCTYPE html>
<html lang="ko">
<head>
    <meta charset="utf-8">
    <title>전체 선택자</title>
    <style type="text/css">
        * { color: blue; }
    </style>
</head>
<body>
    <h2>입고신고쓰고끼는 것들..</h2>
    <ul>
        <li>옷</li>
        <li>신발</li>
        <li>안경</li>
```

```
        <li>장갑</li>
    </ul>
    <p class = "ctxt">발이 편한 신발과 눈이 편한 안경은 필수이다.</p>
</body>
</html>
```

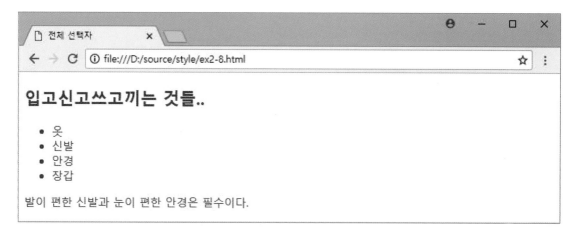

△ 결과 ex2-8.html

그러나 불필요하게 전체 선택자를 사용하는 것은 속도를 저하시키는 원인이 되므로, 반드시 필요한 경우가 아니면 선택자를 정확하게 명시하는 것을 권장합니다.

2.2.05 / 하위 선택자

하위 선택자는 요소 내부에 있는 모든 해당 요소를 가리키며, 선택자 사이를 **공백**으로 분리합니다.

다음 예제에서는 abox 클래스 내부에 있는 **모든 p** 태그들의 문자를 파란색으로 표시하도록 속성을 부여하고 있습니다.

[예제 ex2-9.html]

```
<!DOCTYPE html>
<html lang="ko">
<head>
    <meta charset="utf-8">
```

```
        <title>하위 선택자</title>
        <style type="text/css">
            .abox p { color: blue; }
        </style>
    </head>
    <body>
        <div class="abox">
            <p>7월의 여행지</p>
            <p>8월의 여행지</p>
            <ul>
                <li><p>1주차 여행지</p></li>
                <li><p>2주차 여행지</p></li>
            </ul>
        </div>
        <p>내년의 여행지</p>
    </body>
</html>
```

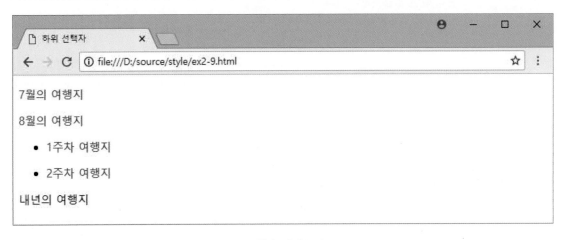

△ 결과 ex2-9.html

[결과 ex2-9]를 보면 abox 밖에 있는 p 태그(내년의 여행지)는 파란색이 지정되지 않았음을 알 수 있습니다.

2.2.06 자식 선택자

자식 선택자는 요소 내부에 있는 해당 요소를 가리키지만, 하위 요소의 하위 요소는 가리키지 않으며 선택자 사이를 ')'으로 분리합니다.

다음 예제에서는 abox 클래스 내부에 있는 요소들 중 또 다른 하위 요소(ul) 안에 있는 p 태그들을 제외한 나머지 p 태그들의 문자만을 파란색으로 표시하도록 속성을 부여하고 있습니다.

[예제 ex2-10.html]

```html
<!DOCTYPE html>
<html lang="ko">
<head>
    <meta charset="utf-8">
    <title>자식 선택자</title>
    <style type="text/css">
        .abox > p { color: blue; }
    </style>
</head>
<body>
    <div class="abox">
        <p>7월의 여행지</p>
        <ul>
            <li><p>1주차 여행지</p></li>
            <li><p>2주차 여행지</p></li>
        </ul>
        <p>8월의 여행지</p>
    </div>
    <p>내년의 여행지</p>
</body>
</html>
```

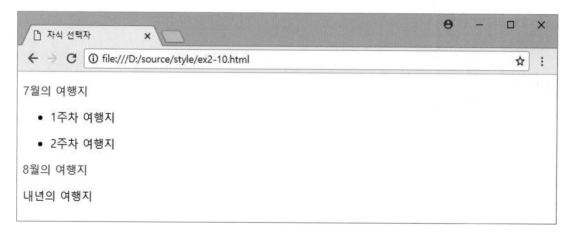

△ 결과 ex2-10.html

.abox p 라고만 했다면 .abox 내의 4개 p 요소를 모두 지칭하겠지만, .abox > p 라고 했기 때문에 ul 안의 p 요소들은 제외됩니다.

인접 선택자

인접 선택자는 현재 요소의 바로 뒤에 나오는 요소만을 가리키는 선택자로, 선택자 사이를 '+'로 분리합니다.

다음 예제에서는 전체 p 요소 중 h1 요소의 바로 다음에 나오는 p 태그들의 문자만을 파란색으로 표시하도록 속성을 부여하고 있습니다.

[예제 ex2-11.html]

```html
<!DOCTYPE html>
<html lang="ko">
<head>
    <meta charset="utf-8">
    <title>인접 선택자</title>
    <style type="text/css">
        h1 + p { color: blue; }
    </style>
</head>
<body>
    <h1>엑스포 안내</h1>
    <p>책자를 배부하고 있습니다.</p>
    <p>안내데스크를 활용하시기 바랍니다.</p>
</body>
</html>
```

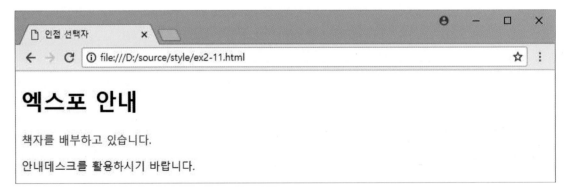

△ 결과 ex2-11.html

2.2.08 형제 선택자

형제 선택자는 현재 요소와 같은 계층에 있는 요소만을 선택할 수 있으며 '~'로 구분합니다.

다음 예제에서는 h3와 같은 계층에 있는 p 태그들만 파란색으로 나타나도록 속성을 부여하고 있습니다. 인접해 있지 않고 멀리 있어도 같은 계층에 있다면 속성이 부여됩니다. 반면 하위 계층에 있는 p 태그들에는 속성이 부여되지 않았습니다.

[예제 ex2-12.html]

```
<!DOCTYPE html>
<html lang="ko">
<head>
    <meta charset="utf-8">
    <title>형제 선택자</title>
    <style type="text/css">
        h3 ~ p { color: blue; }
    </style>
</head>
<body>
    <h3>엑스포 안내</h3>
    <p>책자를 배부하고 있습니다.</p>
    <p>안내데스크를 활용하시기 바랍니다.</p>
    <ul>
        <li><p>주중에는 정오 이벤트가 있습니다</p></li>
        <li><p>주말에는 자정 이벤트가 있습니다</p></li>
    </ul>
    <p>9월에는 가을 이벤트가 시작됩니다</p>
</body>
</html>
```

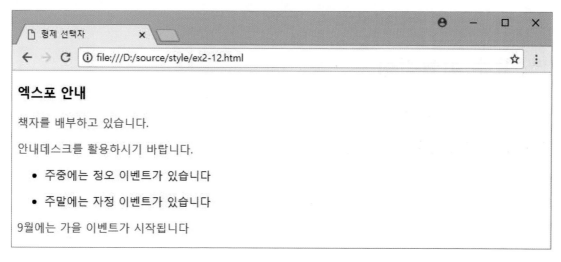

△ 결과 ex2-12.html

그룹 선택자는 여러 선택자들을 ',' 로 구분하여 함께 묶어 속성을 부여하는 것입니다.

다음 예제에서는 h1과 p 요소에 테두리 속성을 한번에 부여하고 있습니다.

[예제 ex2-13.html]

```
<!DOCTYPE html>
<html lang="ko">
<head>
    <meta charset="utf-8">
    <title>그룹 선택자</title>
    <style type="text/css">
        h1, p { border: 5px solid lightblue; }
    </style>
</head>
<body>
    <h1>웹 표준 퍼블리싱</h1>
    <p>웹디자인의 한 분야로 원래 용어는 웹 콘텐츠 UI 디자인이다.</p>
    <h2>퍼블리싱에서 요구하는 것들</h2>
</body>
</html>
```

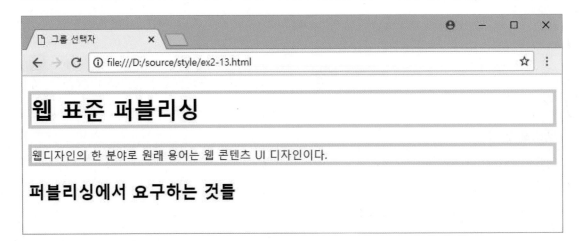

△ 결과 ex2-13.html

다음 종합예제를 통하여 지금까지 살펴보았던 여러 가지 선택자들이 어떻게 활용되는지 확인해 보겠습니다.

```
<!DOCTYPE html>
<html lang="ko">
<head>
    <meta charset="utf-8">
    <title>기본 선택자</title>
    <style type="text/css">
❶      * { margin: 10px; }
❷      #container { background: lightgray; }
❸      h1 { background: beige; }
❹      span { color: red; }
❺      h2 + p > span { color: blue; }
❻      .tea1 { background: beige ; }
    </style>
</head>
<body>
    <h1>건강한 하루</h1>
    <div id="container">
        <h2>건강해지는 차</h2>
        <p>머리와 피부에 좋은 차는 어떤 것들일까.
            <span>차의 종류</span> 에 대해 알아보도록 합니다</p>
        <ul>
            <li class="tea1">
                <h3>대나무차<span>15,000원</span></h3>
                <p>얼굴에 물을 주는 효과가 있다.</p>
            </li>
            <li class="tea2">
                <h3>감잎차<span>14,000원</span></h3>
                <p>빈혈있는 사람에게 효과가 있다.</p>
            </li>
            <li class="tea3">
                <h3>결명자차<span>20,000원</span></h3>
                <p>눈을 밝혀주는 효과가 있다.</p>
                <p>보리차와 비슷하나 맛이 더 은은하고 구수하다.</p>
            </li>
        </ul>
    </div>
</body>
</html>
```

❶ 모든 요소의 밖 여백을 사방 10px로 합니다.

❷ id가 container인 박스의 배경색을 연회색으로 합니다.

❸ h1 요소의 글자색을 베이지색으로 합니다.

❹ span 요소의 글자색을 빨간색으로 합니다.

❺ h2 바로 다음에 나오는 p 요소 속에 있는 span 요소의 글자색을 파란색으로 합니다.

❻ class가 tea1인 요소의 배경색을 베이지색으로 합니다.

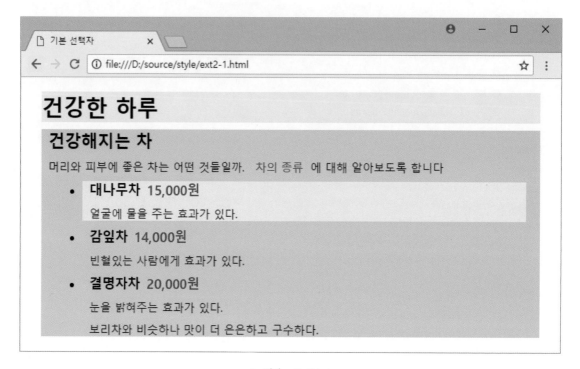

△ 결과 ext2-1.html

2.2.10 / 속성 선택자

HTML 요소의 속성 유무 또는 속성값을 중괄호 [ ] 안에 넣어 선택자로 사용할 수 있습니다.

속성 값	설명
h1[class]	class명을 가진 h1 요소
img[alt]	alt 속성을 가진 img 요소
p[class="abc"]	class명이 유일하게 'abc'인 p 요소

속성명	설명
p[class~="abc"]	class명이 유일하게 'abc'이거나 여러 개의 class명 중 하나가 'abc'인 p 요소
p[class|="abc"]	class명이 'abc'이거나 'abc-'로 시작하는 p 요소
p[class^="abc"]	class명이 철자 'abc'로 시작하는 p 요소
p[class$="abc"]	class명이 철자 'abc'로 끝나는 p 요소
p[class*="abc"]	class명에 철자 'abc'가 포함되어 있는 p 요소
a[href^="mailto"]	href 속성값이 'mailto'로 시작하는 a 요소

다음 예제에서는 각종 속성 선택자의 쓰임을 테스트하고 있는데, CSS의 ❷~❻은 한 줄씩 주석을 풀어서
실행해 보아야 이해하기 쉽습니다.

[예제 ex2-14.html]

```
<!DOCTYPE html>
<html lang="ko">
<head>
    <meta charset="utf-8">
    <title>속성 선택자</title>
    <style type="text/css">
        ❶ h3[class] { color: blue; }
        ❷ p[class="icox"] { color: red; }
        /*
        ❸ p[class~="icox"] { color: red; }
        ❹ p[class|="icox"] { color: red; }
        ❺ p[class^="icox"] { color: red; }
        ❻ p[class$="icox"] { color: red; }
        ❼ p[class*="icox"] { color: red; }
        */
    </style>
</head>
<body>
    <h3 class="logo">서울특별시</h3>
    <h3>경기도</h3>
    <p class="icox">주소록을 작성합니다.</p>
    <p class="icoxpage">전화번호부를 작성합니다.</p>
    <p class="screenicox">건강기록부를 작성합니다.</p>
    <p class="I icox U">금전출납부를 작성합니다.</p>
```

```
        <p class="icox-1">손익계산서를 작성합니다.</p>
    </body>
    </html>
```

❶ class를 갖는 h3 요소, 즉 "서울특별시"가 파란색으로 나타남

❷ class명이 하나이면서 "icox"인 p 요소, 즉 "주소록 작성"이 빨간색으로 나타남

❸ class명이 "icox"인 p 요소, 즉 "주소록 작성"과 "금전출납부"가 빨간색으로 나타남

❹ class명이 "icox"이거나 "icox-"로 시작하는 p 요소, 즉 "주소록 작성"과 "손익계산서"가 빨간색으로 나타남

❺ class명이 "icox"로 시작하는 p 요소, 즉 "주소록 작성"과 "전화번호부"와 "손익계산서"가 빨간색으로 나타남

❻ class명이 "icox"로 끝나는 p 요소, 즉 "주소록 작성"과 "건강기록부"가 빨간색으로 나타남

❼ class명에 철자 "icox"가 포함되어 있는 p 요소, 즉 "주소록 작성", "전화번호부", "건강기록부", "금전출납부", "손익계산서"가 빨간색으로 나타남

△ 결과 ex2-14.html

앞의 결과 이미지는 ❶, ❷가 적용된 결과입니다. CSS에서 주석 표시(/* */)의 위치를 조정하거나, ❷의 속성 선택자를 변경하며 적용 결과를 하나씩 직접 확인해 보세요.

2.2.11 가상클래스 선택자

가상클래스 선택자란 링크가 걸린 문자에 스타일을 부여하는 것입니다.

속성 값	설명
a:link	링크가 걸린 문자에 속성을 부여하는 선택자
a:visited	링크를 클릭하여 해당 페이지에 갔다가 돌아온 경우의 속성을 부여하는 선택자
a:hover	링크가 걸린 문자에 마우스가 닿았을 경우의 속성을 부여하는 선택자
a:active	링크 걸린 글자가 활성화되었을 경우의 속성을 부여하는 선택자 (클릭했다가 돌아왔거나 클릭하려다 만 경우)
a:focus	링크 걸린 글자에 포커스가 생길 경우의 속성을 부여하는 선택자 (키보드의 [Tab] 키 등으로 포커스가 나타날 경우)

이 가상클래스를 둘 이상 사용할 경우 위 순서대로 기술합니다. HTML5에서는 일반요소도 :hover가 적용되어 실제 예제 작업에도 많이 사용합니다.

다음 예제에서는 링크가 걸린 글자는 파란색이며, 마우스가 닿으면 빨간색으로 변경되는 속성을 부여하고 있습니다.

[예제 ex2-15.html]

```html
<!DOCTYPE html>
<html lang="ko">
<head>
    <meta charset="utf-8">
    <title>가상클래스</title>
    <style type="text/css">
        a { color: dodgerblue; }
        a:hover { color: red; }
    </style>
</head>
<body>
    <ul>
        <li><a href="#">COMPANY</a></li>
        <li><a href="#">PRODUCT</a></li>
        <li><a href="#">SERVICE</a></li>
        <li><a href="#">CUSTOMER</a></li>
```

```
        <li><a href="#">COMMUNITY</a></li>
    </ul>
</body>
</html>
```

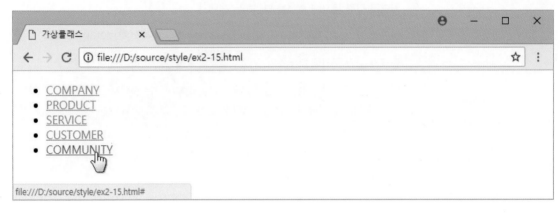

△ 결과 ex2-15.html

2.2.12 가상요소 선택자

가상요소 선택자는 요소에 id명이나 class명을 부여하지 않고도 위치를 찾아서 선택할 수 있는 선택자입니다.

속성 값	설명
:first-letter	요소의 첫 글자
:first-line	요소의 첫 줄
:first-child	같은 요소 중 첫 번째 요소
:last-child	같은 요소 중 마지막 요소
:nth-child(n)	같은 요소 중 n번째 요소
:before	요소 안 맨 앞에 배치될 요소 (마크업에는 없는 가상 요소)
:after	요소 안 맨 뒤에 배치될 요소 (마크업에는 없는 가상 요소)

:before 나 :after 는 마크업할 당시에는 없었던 요소를 CSS에서 넣어줄 때 사용할 수 있습니다. 새로 생성된 공간에 내용을 넣어 줄때에는 content 속성을 이용하여 content="~" 와 같이 기술합니다.

:before와 :after는 선택한 요소의 자식 요소 맨 처음과 맨 마지막에 생성됩니다.

또, 이렇게 생성된 가상 요소들은 인라인의 특성을 가지고 있습니다. 가상 요소를 잘 이용하면 이름을 부여하지 않은 요소라도 정확히 선택할 수 있어 활용도가 높습니다.

다음 예제에서는 p 태그에 이름을 주지 않고도, 어느 p 태그에든 원하는 속성을 부여할 수 있음을 알 수 있습니다.

[예제 ex2-16.html]

```
<!DOCTYPE html>
<html lang="ko">
<head>
    <meta charset="utf-8">
    <title>가상요소 선택자</title>
    <style type="text/css">
      ❶ p:first-letter { font-size: 150%; }
      ❷ p:first-child { color: blue; }
      ❸ p { background: lightgray; }
      ❹ p:last-child { background: palegoldenrod; }
      ❺ p:nth-child(3) { color: red; }
      ❻ p:before {content: "★";}
      ❼ .box:after {
          content: "항목을 선택해주세요." ;
          color: red ;
        }
    </style>
</head>
<body>
    <div class="box">
        <p>COMPANY</p>
        <p>PRODUCT</p>
        <p>SERVICE</p>
        <p>COMMUNITY</p>
    </div>
</body>
</html>
```

❶ p 태그 안의 문자 중 첫 글자만 글자크기 1.5배

❷ p 태그들 중 첫 번째 요소만 파란색

❸ 모든 p 태그들의 배경색을 lightgray로 지정

❹ p 태그들 중 마지막 요소의 배경색을 palegoldenrod로 지정

❺ p 태그들 중 세 번째 p 태그만 빨간색

❻ 모든 p 태그의 안쪽 맨 앞에 "★" 문자를 생성

❼ class명이 "box"인 요소 안쪽 맨 뒤에 빨간색 글자로 "항목을 선택해주세요."라는 문장을 생성

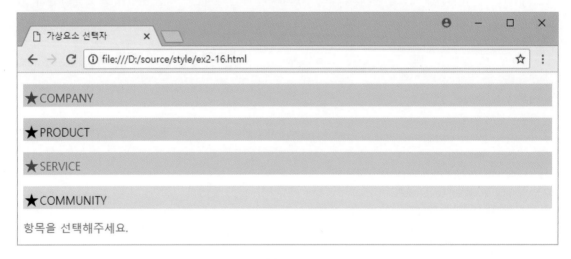

△ 결과 ex2-16.html

2.2.13 종속 선택자

종속 선택자는 type 선택자와 id 선택자, class 선택자가 결합된 형태입니다.

```
<p id="atxt">선택자의 다양한 표현</p>
```

마크업이 위와 같을 때 #atxt 와 p#atxt 는 같은 선택자입니다. 다만 이후에 나오겠지만 둘의 우선순위는 다릅니다. p#atxt가 #atxt 보다 높은 우선순위를 가지게 됩니다.

2.2. **14** 선택자의 우선순위

같은 선택자가 여러 CSS 명령을 중복으로 받으면 어떤 일이 일어날까요? 일반적으로 우선순위가 같은 선택자라면 나중에 기술한 것이 먼저 기술한 것보다 우선순위가 높습니다.

선택자마다 우선순위를 값으로 매겨본다면 다음과 같습니다.

선택자	우선순위
전체 선택자 (*)	0
type 선택자 (p, h1, ul, ...)	1
가상 선택자 (:first-child, ...)	10
class 선택자 (.abc, ...)	10
id 선택자 (#abc, ...)	100

요소에 직접 style=" " 형식으로 CSS를 기술하는 **인라인 스타일**(inline style)은 위의 모든 선택자보다 우선으로 실행됩니다. 지금까지 나온 방법보다 최우선으로 CSS를 적용해야 할 경우에는 선택자에 속성을 부여하는 마지막에 "!important"를 붙이면 됩니다.

```
p { color: red !important; }
```

따라서, 전체 우선순위는 다음과 같습니다.

Type 선택자 < class 선택자, 가상 선택자 < id 선택자 < inline style < !important

우선순위 수치를 모두 합한 값으로 우선순위가 결정됩니다. 같은 요소라도 값이 높은 선택자가 부여한 속성이 우선으로 적용되는 것입니다.

다음 예문에서 ul 요소를 지칭하는 선택자는 여러 종류가 있을 수 있습니다.

```
<div id="toparea">
    <ul class="gnb">
        <li><a href="#">menu1</a></li>
        <li><a href="#">menu1</a></li>
        <li><a href="#">menu1</a></li>
    </ul>
</div>
```

그 여러 종류의 선택자 우선순위 값을 계산해보면 다음과 같습니다.

선택자	우선순위 계산
ul	1
.gnb	10
ul.gnb	1 + 10 = 11
#toparea ul	100 + 1 = 101
#toparea .gnb	100 + 10 = 110
#toparea ul.gnb	100 + 11 = 111

합한 값이 가장 큰 #toparea ul.gnb 선택자가 가장 우선순위가 높은 것을 알 수 있습니다. 이것은 반드시 우선순위 값이 가장 높은 선택자를 사용하라는 것이 아닙니다. 다만 **부여한 속성이 적용되지 않는다면 혹시 이전에 작성한 CSS 중 더 높은 순위를 갖는 선택자가 있었는지 의심**해봐야 한다는 것입니다.

다음 예제에서는 같은 요소가 우선순위에 따라 어떻게 속성을 부여받게 되는지 보여줍니다.

[예제 ex2-17.html]

```
<!DOCTYPE html>
<html lang="ko">
<head>
    <meta charset="utf-8">
    <title>선택자의 우선순위</title>
    <style type="text/css">
        ❶ p { color: pink; }
        ❷ #ctxt { color: orange; }
        ❸ p.atxt { color: blue !important; }
        ❹ p.atxt.btxt { color: magenta; }
        ❺ p:first-child { color: red; }
    </style>
</head>
<body>
    <p id="ctxt" class="atxt btxt" style="color:green;">
        한국인은 비타민 D가 부족한 사람이 많다.
    </p>
    <p>비타민D는 햇빛에 있다.</p>
</body>
</html>
```

❶ type 선택자로서 우선순위 값이 1

❷ id 선택자로서 우선순위 값이 100

❸ type 선택자 + class 선택자로서 우선순위 값이 11

❹ type 선택자 + class 선택자 + class 선택자로서 우선순위 값이 21

❺ type 선택자 +가상 선택자로서 우선순위 값이 11

첫번째 p 요소는 우선순위 값이 가장 큰 orange색으로 나타나야겠지만, 그보다 더 우선순위가 높은 inline style을 따라 green색으로 나타나야 합니다. 하지만 그보다 더 높은 !important를 가진 선택자 ❸번을 따라 파란색으로 나타나게 됩니다.

△ 결과 ex2-17.html

선택자의 우선순위로 인해 많은 난관에 부딪히기도 하고, 반대로 잘 이용하면 어려운 문제의 해법이 되기도 하니 반드시 숙지해야 합니다.

2.3 | 문자 관련 스타일

2.3.01 font-family

문자의 글꼴을 지정하는 속성입니다.

여러 단어이거나 한글 글꼴인 경우는 따옴표로 감싸고 여러 개의 글꼴을 쉼표로 구분하여, 지정한 글꼴이 없을 경우 그 다음 글꼴로 지정할 수 있습니다.

```
font-family: '돋움', Dotum, Arial, Helvetica, sans-serif ;
```

2.3.02 font-size, 단위의 고찰

문자의 글자 크기를 지정하는 속성입니다.

글자 크기는 명시하지 않을 경우 16px이 기본값입니다. CSS에서 유용하게 사용하는 단위에는 다음과 같은 것들이 있습니다.

▶ px

해상도에 따라 상대적으로 달라지는 기본 단위로서, 다음과 같이 표현합니다.

```
font-size: 12px;
```

▶ %

부모 요소의 글자 크기를 100% 기준으로 계산한 % 단위로서, 다음과 같이 표현합니다.

```
font-size: 150%;
```

특별한 설정이 없다면 16px이 100%가 되므로, 150%는 24px이 됩니다. 만약 부모 요소가 10px이었다면 150%는 15px이 될 것입니다.

▶ em

부모 요소의 글자 크기를 100% 기준으로 계산한 100 분의1 단위로서, 다음과 같이 표현합니다.

```
font-size: 1.5em;
```

특별한 설정이 없다면 16px이 1em이 되므로, 1.5em은 24px(16px×1.5=24px)이 됩니다. 만약 부모 요소가 10px이었다면 1.5em은 15px이 될 것입니다.

글자 크기를 각 단위로 환산하면 다음과 같습니다.

px	%	em	pt
6 px	37.50%	0.375 em	5 pt
7 px	43.80%	0.438 em	5 pt

px	%	em	pt
8 px	50%	0.500 em	6 pt
9 px	56.30%	0.563 em	7 pt
10 px	62.50%	0.625 em	8 pt
11 px	68.80%	0.688 em	8 pt
12 px	75.00%	0.750 em	9 pt
13 px	81.30%	0.813 em	10 pt
14 px	87.50%	0.875 em	11 pt
15 px	93.80%	0.938 em	11 pt
16 px	100%	1.000 em	12 pt
17 px	106.30%	1.063 em	13 pt
18 px	112.50%	1.125 em	14 pt
19 px	118.80%	1.188 em	14 pt
20 px	125.00%	1.250 em	15 pt
21 px	131.30%	1.313 em	16 pt
22 px	137.50%	1.375 em	17 pt
23 px	143.80%	1.438 em	17 pt
24 px	150.00%	1.500 em	18 pt

▶ rem

rem은 em과 비슷하지만 부모 요소가 아닌 **최상위 요소**의 크기를 100% 기준으로 계산합니다. rem의 r 은 root 즉, html 요소를 뜻하므로, html 요소에서 지정한 글자 크기가 1rem이 됩니다.

```
font-size: 1.5rem;
```

다음 예제에서는 em과 rem이 어떻게 다른지 보여주고 있습니다.

[예제 ex2-18.html]

```
<!DOCTYPE html>
<html lang="ko">
```

```
<head>
    <meta charset="utf-8">
    <title>글자의 단위</title>
    <style type="text/css">
        ❶ html { font-size: 24px; }
        ❷ ul { font-size: 12px; }
        ❸ li { font-size: 1.5em; }
        ❹ li:nth-child(4) { font-size: 1.5rem; }
    </style>
</head>
<body>
    <p>오늘의 진료는 본관에서 실시합니다.</p>
    <ul>
        <li>내과</li>
        <li>이비인후과</li>
        <li>정형외과</li>
        <li>피부과</li>
    </ul>
</body>
</html>
```

❶ root - 최상위 요소의 글자 크기를 24px로 지정

❷ ul의 글자 크기는 12px로 지정

❸ 모든 li의 글자 크기는 부모 요소인 ul의 글자 크기 12px의 1.5배 즉, 18px

❹ 네 번째 li의 글자 크기는 최상위 요소인 html의 글자 크기의 1.5배 즉, 36px

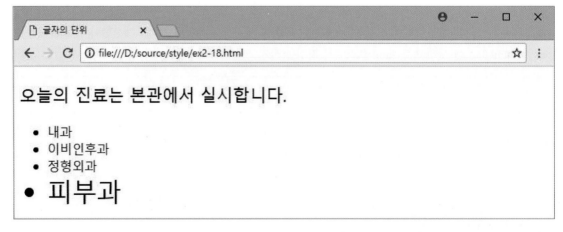

△ 결과 ex2-18.html

▶ vw, vh

vw는 뷰포트 너비값의 100분의 1 단위, vh는 뷰포트 높이값의 100분의 1 단위이며, 다음과 같이 표현합니다.

```
font-size: 10vw;
```

위 예문은 글자 크기가 뷰포트 너비의 10% 크기라는 의미입니다.

다음 예제에서는 h3는 뷰포트의 5%에 해당하는 글자 크기를 갖게 되고, p는 뷰포트의 50%에 해당하는 가로 크기를 가지게 됩니다.

[예제 ex2-19.html]

```html
<!DOCTYPE html>
<html lang="ko">
<head>
    <meta charset="utf-8">
    <title>뷰포트 기준 단위</title>
    <style type="text/css">
        h3 {font-size: 5vw;}
        p { width: 50vw; background: lime; }
    </style>
</head>
<body>
    <h3>과일</h3>
    <p>여름 복숭아는 장마철에 재배했을 때 비를 맞아서 당도가 떨어지는 경우가 많다.</p>
</body>
</html>
```

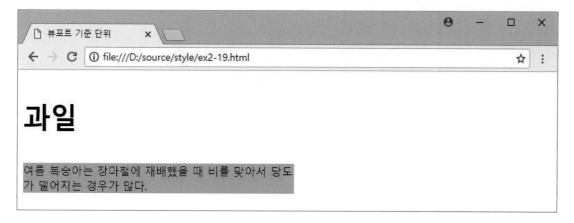

△ 결과 ex2-19.html

2.3. 03 font-weight

문자를 굵게 하거나 굵은 문자를 보통으로 재설정하는 속성으로, 다음과 같이 표현합니다.

굵은 문자로 설정	보통 문자로 설정
font-weight: bold;	font-weight: normal;

2.3. 04 font-style

문자를 기울어지게 하거나 기울어지지 않게 재설정하는 속성으로, 다음과 같이 표현합니다.

기울어지게 설정	기울어지지 않게 설정
font-style: italic;	font-style: normal;

2.3. 05 font-variant

문자를 작은 대문자로 설정하거나 원래 문자로 재설정하는 속성으로, 다음과 같이 표현합니다.

작은 대문자로 설정	원래대로 설정
font-variant: small-caps;	font-variant: normal;

2.3. 06 line-height

줄간격을 px, %, em 등의 단위로 지정할 수 있으며, 다음과 같이 표현합니다.

```
line-height: 1.4;
```

단위를 생략하면 em으로 처리됩니다. 1.4em은 140%입니다. 줄간격 없이 딱 붙이고자 할 경우에는 100%, 또는 1em 값을 지정하면 됩니다.

부모 요소의 font-size를 기준으로 계산되며, height와 같은 수치를 주면 세로 중앙정렬을 할 수 있습니다.

```
height: 50px;
line-height: 50px;
```

다음 예제에서는 p 태그에 크기, 두께, 기울임, 작은 대문자, 줄간격 속성을 부여하거나 취소하는 법을 알
수 있습니다.

[예제 ex2-20.html]

```html
<!DOCTYPE html>
<html lang="ko">
<head>
    <meta charset="utf-8">
    <title>font 관련 속성</title>
    <style type="text/css">
        p {
            font-size: 18px;
            font-weight: bold;
            font-style: italic;
            font-variant: small-caps;
            line-height: 1;
        }
        .font2 {
            font-size: 16px;
            font-weight: normal;
            font-style: normal;
            font-variant: normal;
            line-height: 1.4;
        }
    </style>
</head>
<body>
    <p>
        일회용 mask의 기본적인 기능으로는 <br>
        김서림 방지 기능, <br>
        편안한 ear band  등이 있다.
    </p>
    <p class="font2">
        일회용 mask의 특수한 기능으로는<br>
        입술이 닿지 않는 접이식 구조, <br>
        외부 유해물질로 부터의 효과적인 보호(MB가공) 등이 있다.
    </p>
</body>
</html>
```

.font2 선택자는 우선순위에 따라 p 보다 우선으로 적용됩니다.

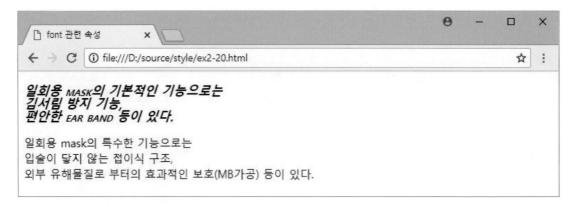

△ 결과 ex2-20.html

address 요소를 기울어지지 않게 표현하고자 할 때에도 address {font-style:normal;} 로 처리할 수 있을 것입
니다.

2.3.07 font

'font-' 로 시작하는 속성들은 line-height 와 함께 'font: ~' 한 줄로 붙여 쓸 수 있는데 그럴 경우 반드시 다
음 세 가지 순서에 맞추어 써야 하며, 글자 크기와 글꼴은 결코 생략할 수 없습니다!

font: [font-weight, font-style, font-variant] [font-size/line-height] [font-family] ;

```
body { font: 12px/1.4 '굴림', Gulim; }
```

맞는 예	틀린 예
font: 12px Times;	font: bold 12px/1.5; (글꼴을 쓰지 않았음)
	font: 12px/1.5 bold Times; (bold를 맨 앞에 써야 함)

[예제 ex2-21.html]

```
<!DOCTYPE html>
<html lang="ko">
<head>
    <meta charset="utf-8">
    <title>font 한줄 표현</title>
```

```
<style type="text/css">
❶ body { font: 20px/1.6 "궁서", Gungseo; }
❷ h3 { font-size: 23px; }
   p { color: brown; }
❸ .ps { font: bold 13px/1.3 "맑은 고딕", 'Malgun Gothic', Helvetica; color: black; }
</style>
</head>
<body>
   <h3>기회의 땅</h3>
   <p>땡볕을 지고 가까스로 도착한 곳엔 도무지 기회라곤 찾아볼 수 없었던 것이다.</p>
   <p class="ps">고국 생각이 간절했다<br>배도 고팠다.</p>
</body>
</html>
```

❶ body의 모든 요소는 글자 크기 20px, 줄간격 160%, 글꼴 궁서체로 지정됩니다.

❷ h3는 23px로 새롭게 지정되고, 나머지(줄간격, 글꼴)는 이전 그대로입니다.

❸ class가 ps인 요소만 굵은 글자, 13px, 줄간격 130%, 맑은고딕체로 새롭게 지정됩니다.

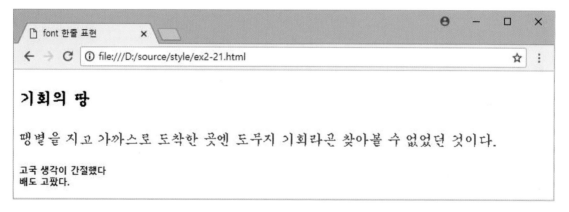

△ 결과 ex2-21.html

2.3.08 / 웹폰트

기본 글꼴이 아닌 경우 글꼴 파일이 없는 사용자의 화면에서는 페이지에 사용한 글꼴이 제대로 표시되지 않을 수 있으므로, 언제 어디서나 원하는 글꼴로 페이지가 표시되도록 하려면 웹폰트를 사용하는 것이 좋습니다. 웹폰트는 라이센스가 필요한 유료 폰트도 많이 있으므로 반드시 확인하고 사용하도록 합니다.

▶ @font-face

CSS3에서는 글꼴 파일을 업로드하여 사용하는 @font-face를 사용할 수 있습니다. 글꼴 파일의 용량이 크면 로딩되는 속도가 느리고, 용량이 적으면 글자가 약간 뭉개져 보일 수 있으므로 여러 번 테스트하여 결정합니다. 무료 글꼴인 '나눔고딕'을 예로 들어 IE8 이하를 제외한 모든 브라우저에서 지원 가능한 woff(Web Open Format Font) 포맷으로 지정해 보겠습니다. 절차는 다음과 같습니다.

❶ 글꼴을 다운로드하거나 구매한 뒤 업로드할 폴더를 정해 올립니다.

```
font/NanumGothic.woff
font/NanumGothicBold.woff
font/NanumGothicExtraBold.woff
```

❷ CSS에서 다음과 같이 글꼴 이름, 파일경로, 파일유형을 설정합니다.

```
@font-face { font-family:'NG'; src: url('font/NanumGothic.woff') format('woff');}
@font-face { font-family:'NGB'; src: url('font/NanumGothicBold.woff') format('woff');}
@font-face { font-family:'NGEB'; src: url('font/NanumGothicExtraBold.woff')
format('woff');}
```

❸ 선택자에 글꼴 이름을 부여합니다.

```
p { font-family: NG; }
```

다음 예제에서는 업로드한 나눔고딕 파일로 글꼴명을 지정하고, 페이지 내의 요소에 글꼴을 부여하는 절차를 확인할 수 있습니다.

[예제 ex2-22.html]

```
<!DOCTYPE html>
<html lang="ko">
<head>
    <meta charset="utf-8">
    <title>web font</title>
    <style type="text/css">
        @font-face { font-family:'NG'; src:url('font/NanumGothic.woff') format('woff');}
```

```
        @font-face { font-family:'NGB'; src:url('font/NanumGothicBold.woff') format('woff');}
        @font-face { font-family:'NGEB'; src:url('font/NanumGothicExtraBold.woff')
format('woff');}
        p {font-size: 2em;}
        .gt {font-family:'NGB';}
    </style>
</head>
<body>
    <p>오늘의 날씨를 말씀드리겠습니다.</p>
    <p class="gt">오늘의 날씨를 말씀드리겠습니다.</p>
</body>
</html>
```

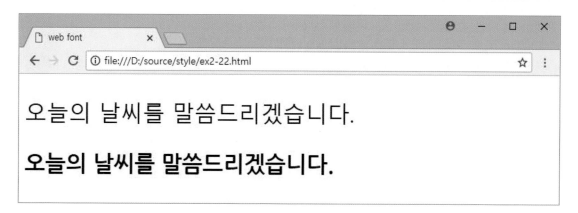

△ 결과 ex2-22.html

▶ 구글 웹폰트

글꼴 파일을 구해 업로드하지 않고도 구글 웹폰트를 이용하면 이미 업로드되어 있는 경로를 통하여 무료 웹폰트를 사용할 수 있습니다. 절차는 다음과 같습니다.

❶ 구글 웹폰트를 검색하여 https://fonts.google.com 에 접속하여 검색창에 'nanum'으로 검색합니다.

❷ [Nanum Gothic]을 클릭하여 들어가서 [SELECT THIS FONT]를 클릭하면 하단에 'Family Selected'라는 팝업이 표시됩니다.

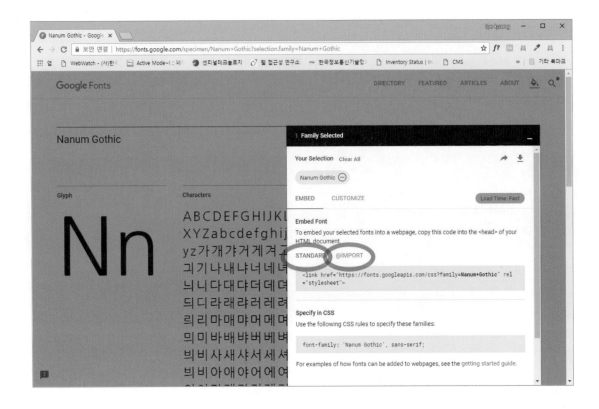

❸ [STANDARD] 아래에 나눔고딕 구글 웹폰트를 연결해주는 link 구문을 복사하여 사용할 수 있습니다.

```
<link href="https://fonts.googleapis.com/css?family=Nanum+Gothic" rel="stylesheet">
```

〈link href="https://fonts.googleapis.com/css?family=Nanum+Gothic" rel="stylesheet"〉

또는 @IMPORT 아래에 나눔고딕 구글 웹폰트를 선언해주는 CSS를 복사하여 사용할 수 있습니다.

```
<style>
    @import url('https://fonts.googleapis.com/css?family=Nanum+Gothic');
</style>
```

❹ 바로 아래 CSS를 기술하는 예가 나옵니다.

```
font-family: 'Nanum Gothic', sans-serif;
```

사이트가 리뉴얼되면 화면 구성은 조금씩 달라지겠지만, 구글 웹폰트는 이런 식으로 찾아 들어가 사용하는데 어려움이 없을 것입니다. 다음 예제에서는 CSS 내에 구글 웹폰트를 선언하여 요소에 나눔고딕 글꼴을 부여하고 있습니다.

[예제 ex2-23.html]

```
<!DOCTYPE html>
<html lang="ko">
<head>
    <meta charset="utf-8">
    <title>google web font</title>
    <style type="text/css">
        @import url('https://fonts.googleapis.com/css?family=Nanum+Gothic');
        body {font-size: 25px;}
        .st1 {font-family: "Nanum Gothic";}
    </style>
</head>
<body>
    <p>축구 선수는 노래를 잘 한다?</p>
    <p class="st1">축구 선수는 노래를 잘 한다?</p>
</body>
</html>
```

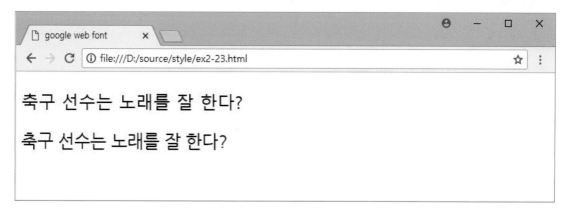

△ 결과 ex2-23.html

어떤 글꼴은 특정 브라우저에서 구글 웹폰트가 적용되지 않는 경우가 있는데, 그럴 때에는 글꼴을 다운 받아 @font-face로 웹폰트를 적용합니다.

2.3.09 color, 색상 코드 고찰

글자의 색상을 지정하는 속성으로 다음과 같이 표현합니다.

```
color: blue;
```

CSS의 색상은 글자색(color) 뿐 아니라 배경색(background), 테두리색(border) 등 다양한 CSS 속성들에 적용됩니다. 색상을 표현하는 방법에 대해 어떤 것들이 있는지 알아보겠습니다.

▶ 색상명

해당 색상을 의미하는 고유명사를 속성값으로 사용합니다. 사용할 수 있는 속성값으로는 red, green, blue, aqua, corel, … 등 여러 가지가 있으나 해당 색상값을 의미하는 단어를 미리 알고 있어야 합니다. https://www.w3schools.com에 접속하여 Learn Colors > Color Names 를 클릭하면 등록된 색상명을 확인할 수 있습니다.

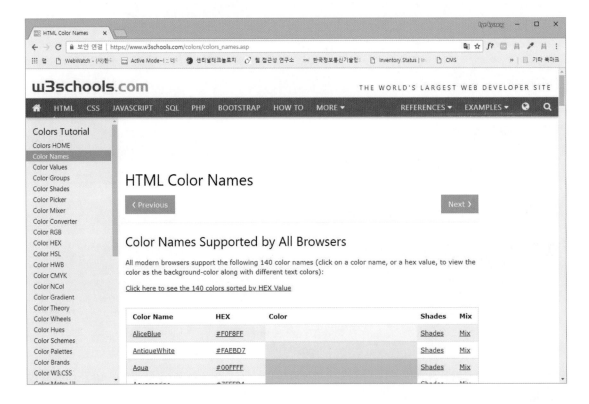

색상명으로 색상 속성을 부여한 예입니다.

속성 값	속성 설명
color: orange;	글자를 오렌지색으로 표현
background: beige;	배경을 베이지색으로 표현
border-color: tomato;	테두리를 토마토색으로 표현

▶ HEX값

red, green, blue의 세 가지 색을 16진수 00~ff 사이의 수치로 표현하는 것으로서 #rrggbb형태로 기술합니다. #aabbcc와 같이 세 가지 색 모두 두 자리 값이 같으면 #abc라고 한자리로 줄여 쓸 수 있습니다. red, green, blue는 빛의 3원색이므로 값이 커지면 더 밝은 색이 됩니다. 따라서 최대값 #ffffff는 흰색을 의미하고, 최소값 #000000은 검정색을 의미하며, 가운데 자리만 최대값인 #00ff00 은 green색을 의미합니다. 이와 같이 red, green, blue의 16진수 두 자리 값을 적절히 배합하면 어떤 색이 나올지 예상할 수 있습니다.

HEX 값	속성 설명
color: #000000;	red:0, green:0, blue:0 색상으로 표현 ■
color: #ff0000;	red:255, green:0, blue:0 색상으로 표현 ■
color: #00ff00;	red:0, green:255, blue:0 색상으로 표현 ■
color: #0000ff;	red:0, green:0, blue:255 색상으로 표현 ■
color: #ffff00;	red:255, green:255, blue:0 색상으로 표현 ▨
color: #00ffff;	red:0, green:255, blue:255 색상으로 표현 ▨
color: #ff00ff;	red:255, green:0, blue:255 색상으로 표현 ■
color: #ffffff;	red:255, green:255, blue:255 색상으로 표현 □

HEX값으로 색상 속성을 부여한 예입니다.

속성 값	속성 설명
color: #abcdef;	글자를 red:ab, green:cd, blue:ef 색상으로 표현

▶ RGB값

rgb(red, green, blue) 형태로 기술하며 red, green, blue는 10진수 0~255 사이의 수치로 표현합니다.

RGB값으로 색상 속성을 부여한 예입니다.

속성 값	속성 설명
color: rgb(255, 128, 0);	글자를 red:255, green:128, blue:0 색상으로 표현

▶ HSL값

hsl(hue, saturation, lightness) 형태로 기술하며 hue(색상)는 0~360 색상환 값, saturation(채도)과 lightness(명도)는 %값으로 표현합니다.

HSL값으로 색상 속성을 부여한 예입니다.

속성 값	속성 설명
color: hsl(300, 100%, 50%);	글자를 hue:300도, 채도:100%, 명도:50% 로 표현

색상의 HEX값이나 RGB값 등은 포토샵과 같은 그래픽 프로그램의 색상 피커(Color Picker)에서 확인할 수 있습니다.

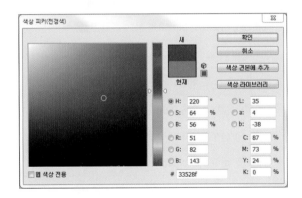

▶ RGBA값

rgba(red, green, blue, alpha) 형태로 기술하며 alpha는 0~1 사이의 투명도를 나타냅니다.

RGBA값으로 색상 속성을 부여한 예입니다.

속성 값	속성 설명
background: rgba(255, 0, 0, 0.5);	배경을 빨간색 반투명으로 표현

▶ HSLA값

hsla(hue, saturation, lightness, alpha) 형태로 기술하며 alpha는 0~1 사이의 투명도를 나타냅니다.

HSLA값으로 색상 속성을 부여한 예입니다.

속성 값	속성 설명
background: hsla(0, 100%, 100%, 0.5);	배경을 빨간색 반투명으로 표현

다음 예제에서는 지금까지 다룬 색상 표현법으로 요소에 색상을 부여하고 있습니다.

[예제 ex2-24.html]

```
<!DOCTYPE html>
<html lang="ko">
<head>
    <meta charset="utf-8">
    <title>색상의 표현</title>
    <style type="text/css">
      ❶ body { background: url(img/bg_grid2.gif); }
        p { padding: 5px; }
        .color1 { background: magenta; }
        .color2 { background: #9999ff; }
        .color3 { background: rgb(255,128,0); }
      ❷ .color4 { background: rgba(255,128,0,0.7); }
        .color5 { background: hsl(180,50%,80%); }
        .color6 { background: hsla(180,50%,80%,0.7); }
    </style>
</head>
<body>
    <p class="color1">시험 일정은 다음과 같습니다.</p>
    <p class="color2">필기시험 : 5월 10일~15일</p>
    <p class="color3">필기 합격 발표 : 5월 30일</p>
    <p class="color4">실기시험 : 6월 12일~17일</p>
    <p class="color5">실기 합격 발표 : 7월 20일</p>
    <p class="color6">행운을 빕니다.</p>
</body>
</html>
```

❶ 반투명이 잘 나타나도록 body에 다음과 같은 바둑판 이미지를 배경으로 깔았습니다.

bg_grid2.gif : ▧

→ | 2.5 | 배경(Background) 부분에서 자세히 다룹니다.

❷ class명이 color4인 p 요소의 배경을 주황색(r:255, g:128, b:0)이면서, 불투명도는 70%인 색상으로 지정합니다.

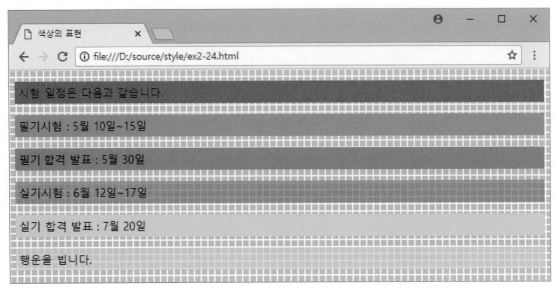

△ 결과 ex2-24.html

letter-spacing, word-spacing

글자 간의 간격은 letter-spacing, 단어 간의 간격은 word-spacing 속성으로 값을 부여합니다.

letter-spacing 에 음수를 부여하면 원래 자간이 떨어진 글꼴일 경우 더욱 밀착시킬 수 있습니다.

```
letter-spacing: -1px;
```

다음 예제에서는 자간과 단어 간격을 각종 단위로 부여하고 있습니다.

[예제 2-25.html]

```
<!DOCTYPE html>
<html lang="ko">
<head>
    <meta charset="utf-8">
    <title>자간과 단어 간격</title>
    <style type="text/css">
```

```
        ❶ .letter2 { letter-spacing: 5px; }
        ❷ .letter3 { word-spacing: 2em; }
    </style>
</head>
<body>
    <p> 1990년형 노트북은 안녕!<br> 잘가세요. 고생하셨소~ </p>
    <p class="letter2">
        1990년형 노트북은 안녕!<br> 잘가세요. 고생하셨소~ </p>
    <p class="letter3">
        1990년형 노트북은 안녕!<br> 잘가세요. 고생하셨소~ </p>
</body>
</html>
```

❶ class명이 letter2인 요소의 글자 간격을 5px로 지정합니다.

❷ class명이 letter3인 요소의 단어 간격을 원래의 2배 즉, 16×2=32px로 지정합니다.

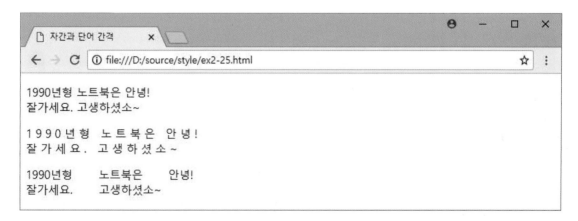

△ 결과 2-25.html

2.3. 11 text-decoration

글자에 밑줄, 윗줄, 가운데줄을 치거나 쳤던 줄을 없애줍니다.

속성 값	속성 설명
underline	밑줄

속성 값	속성 설명
overline	윗줄
line-through	가운데줄
none	줄 없음

2.3.12 text-transform

대소문자 변경을 실행합니다.

속성 값	속성 설명
uppercase	대문자
lowercase	소문자
capitalize	첫글자만 대문자

다음 예제에서는 원래 있던 밑줄을 제거하거나, 단어의 첫자를 대문자로 변경하는 속성을 부여하고 있습니다.

[예제 ex2-26.html]

```
<!DOCTYPE html>
<html lang="ko">
<head>
    <meta charset="utf-8">
    <title>글자의 줄 장식 및 대소문자 변경</title>
    <style type="text/css">
        a {
            text-decoration: none;
            color: crimson;
        }
        p {
            text-transform: capitalize;
            font: bold 25px Times;
            color: darkmagenta;
        }
    </style>
</head>
```

```
<body>
    <ul>
        <li><a href="#">현재상영작</a></li>
        <li><a href="#">상영예정작</a></li>
    </ul>
    <p>happy birth day!</p>
</body>
</html>
```

△ 결과 ex2-26.html

2.3. 13 / text-shadow

CSS3 에서는 그래픽 프로그램의 도움 없이도 글자에 그림자를 주는 속성을 부여할 수 있습니다.

```
text-shadow: 2px 3px 5px rgba(0,0,0,0.4);
```

위 예문의 의미는 다음과 같습니다.

속성 값	속성 설명
2px	그림자가 원본에서 떨어지는 가로 거리
3px	그림자가 원본에서 떨어지는 세로 거리
5px	그림자가 흐릿하게 퍼지는 정도 (쓰지 않으면 퍼지는 효과 없음)
rgba(0,0,0,0.4)	그림자의 색상(red, green, blue, alpha)

다음 예제에서는 각 요소에 다양한 형태로 그림자 속성을 부여하고 있습니다.

[예제 ex2-27.html]

```html
<!DOCTYPE html>
<html lang="ko">
<head>
    <meta charset="utf-8">
    <title>글자의 그림자 효과</title>
    <style type="text/css">
        .shadow1 {
            font: 30px "Arial Black";
            text-shadow: 4px 4px rgba(100,100,0,0.6);
        }
        .shadow2 {
            font: 30px "Arial Black";
            color: #135;
            text-shadow: 2px 2px #246,
                3px 3px #357,
                4px 4px #468,
                5px 5px #579,
                6px 6px #68a,
                7px 7px #79b,
                8px 8px #8ac;
        }
        p { text-shadow: 2px 3px 5px rgba(0,0,0,0.4); }
    </style>
</head>
<body>
    <h2 class="shadow1">SHADOW EFFECT</h2>
    <h2 class="shadow2">TEXT SHADOW</h2>
    <p>
        Internet Explorer 9 and earlier
        do not support the text-shadow property
    </p>
</body>
</html>
```

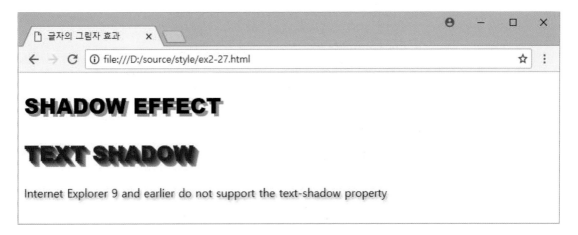

△ 결과 ex2-27.html

IE9는 text-shadow 속성을 지원하지 않습니다.

2.4 | 문단(paragraph) 관련 스타일

문단 관련 스타일은 그 적용 결과가 글자 개체 보다는 문단별로 보았을 때 더 두드러지게 나타나는 속성들로 구성되어 있습니다.

2.4.01 text-align

블록 요소에만 적용되는 속성으로서, 문단을 블록의 왼쪽, 가운데, 오른쪽, 양쪽 등으로 정렬시킵니다.

속성 값	속성 설명
left	왼쪽 정렬
center	중앙 정렬
right	오른쪽 정렬
justify	양쪽 정렬

다음 예제에서는 위 네 가지 값의 결과가 구체적으로 어느 부분이 다른지 보여줍니다.

```html
<!DOCTYPE html>
<html lang="ko">
<head>
    <meta charset="utf-8">
    <title>문단의 정렬</title>
    <style type="text/css">
        p {
            margin: 10px 110px; padding: 10px;
            border: 1px solid crimson;
        }
        .txt1 { text-align: left; }
        .txt2 { text-align: right; }
        .txt3 { text-align: center; }
        .txt4 { text-align: justify; }
    </style>
</head>
<body>
    <p class="txt1">한국형 웹콘텐츠 접근성 지침 2.0은 원칙, 지침, 검사 항목의 3단계로 구성되어 있다. 본
지침을 준수할 경우 비장애인, 노인 등이 장애인, 젊은이 등과 동등하게 웹사이트에서 제공하는 콘텐츠를 인식하고 이
를 운영하고 이해할 수 있게 되는 것이다</p>
    <p class="txt2">한국형 웹콘텐츠 접근성 지침 2.0은 원칙, 지침, 검사 항목의 3단계로 구성되어 있다. 본
지침을 준수할 경우 비장애인, 노인 등이 장애인, 젊은이 등과 동등하게 웹사이트에서 제공하는 콘텐츠를 인식하고 이
를 운영하고 이해할 수 있게 되는 것이다</p>
    <p class="txt3">한국형 웹콘텐츠 접근성 지침 2.0은 원칙, 지침, 검사 항목의 3단계로 구성되어 있다. 본
지침을 준수할 경우 비장애인, 노인 등이 장애인, 젊은이 등과 동등하게 웹사이트에서 제공하는 콘텐츠를 인식하고 이
를 운영하고 이해할 수 있게 되는 것이다</p>
    <p class="txt4">한국형 웹콘텐츠 접근성 지침 2.0은 원칙, 지침, 검사 항목의 3단계로 구성되어 있다. 본
지침을 준수할 경우 비장애인, 노인 등이 장애인, 젊은이 등과 동등하게 웹사이트에서 제공하는 콘텐츠를 인식하고 이
를 운영하고 이해할 수 있게 되는 것이다</p>
</body>
</html>
```

※ 정렬이 더 잘 보이도록 안여백 10px, 바깥 여백 세로 10px, 가로 110px을 부여한 것입니다.

→ 2.6 **02** padding, 2.6 **03** margin 부분에서 자세히 다룹니다.

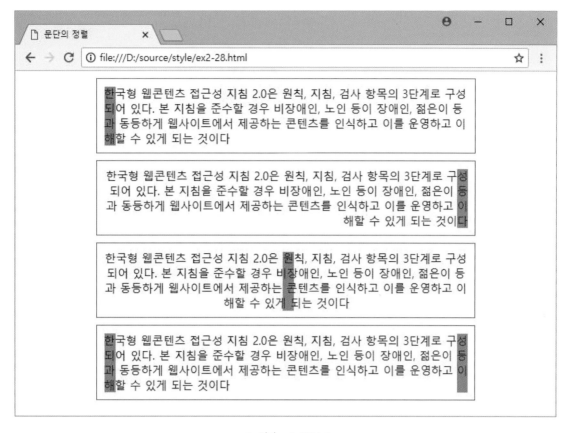

△ 결과 ex2-28.html

이미지나 폼 요소를 위, 가운데, 아래로 세로 정렬시켜 주는 속성으로 img, input, select, label, 테이블의 th, td 등에 사용합니다.

속성 값	속성 설명
top	위쪽 정렬
middle	세로 중앙 정렬
bottom	아래쪽 정렬

다음 예제에서는 이미지와 글자의 세로정렬을 가운데로 맞추는 속성을 부여하고 있습니다.

imfree.png :

[예제 ex2-29.html]

```html
<!DOCTYPE html>
<html lang="ko">
<head>
    <meta charset="utf-8">
    <title>요소간의 세로 정렬</title>
    <style type="text/css">
        p { border: 1px solid #000; }
        .valign img { vertical-align: middle; }
    </style>
</head>
<body>
    <p>
        나는 자유다
        <img src="img/imfree.png" width="150" alt="자유">
    </p>
    <p class="valign">
        나는 자유다
        <img src="img/imfree.png" width="150" alt="자유">
    </p>
</body>
</html>
```

vertical-align은 나란히 배치된 이미지와 폼 요소 등 인라인 요소들 사이의 세로정렬에도 유용합니다.

△ 결과 ex2-29.html

2.4.03 text-indent

문단의 첫머리를 들여쓰기 해주는 속성으로서, 블록 요소에만 적용됩니다.

다음 예제에서는 p 요소에 text-indent 속성을 부여하여 들여쓰기가 적용된 것을 알 수 있습니다.

[예제 ex2-30.html]

```
<!DOCTYPE html>
<html lang="ko">
<head>
    <meta charset="utf-8">
    <title>글자 들여쓰기</title>
    <style type="text/css">
        p { padding: 10px 50px; }
        .paper { text-indent: 15px; }
    </style>
</head>
<body>
```

```
    <p>
        최저임금 인상이 을과 을의 전쟁으로 이어지고 있다.양대 노총은 자영업자 보호대책 마련을 건의했다. 임대
료 상한제와 카드수수료, 가맹수수료가 문제가 되고 있는 가운데 최저임금만으로는 자영업자 문제도 임금노동자 문제
도 완전히 해결할 수 없다는 목소리가 높아지고 있다.
    </p>
    <p class="paper">
        최저임금 인상이 을과 을의 전쟁으로 이어지고 있다.양대 노총은 자영업자 보호대책 마련을 건의했다. 임대
료 상한제와 카드수수료, 가맹수수료가 문제가 되고 있는 가운데 최저임금만으로는 자영업자 문제도 임금노동자 문제
도 완전히 해결할 수 없다는 목소리가 높아지고 있다.
    </p>
</body>
</html>
```

△ 결과 ex2-30.html

text-indent 속성을 음수로 지정하면 어떤 결과가 나타날까요? 예를 들어 text-indent: −9000px;로 지정하면 글자가 왼쪽 멀리 가버리므로 보이지 않게 됩니다. 불가피하게 링크에 배경 이미지로 글자가 들어 있다면 이 방법을 이용할 수 있습니다. 즉 display: none;이나 visibility: hidden; 없이도 글자를 안보이게 할 수 있고, 링크 텍스트를 넣어 접근성을 높이기 때문에 정말 요소를 숨긴 것이 아니어서 스크린리더기에서는 읽어줄 수 있습니다.

```
a.imgbg {
    text-indent: -9000px;
    overflow: hidden;
}
```

overflow: hidden;은 구형 브라우저에서도 링크 영역이 밖으로 잡히는 오류를 방지해 줍니다.

2.4.04 word-wrap

영문을 띄어쓰기 없이 길게 입력하면 width 값을 주어도 박스 밖으로 튀어 나오게 됩니다. CSS3에서는 word-wrap 속성을 이용하여 이것을 가로 폭에 맞추어 적당히 잘라 다음 줄로 내려오도록 할 수 있는데, 다음과 같이 표현합니다.

```
word-wrap: break-word;
```

다음 예제에서는 철자가 긴 이메일 주소가 박스 밖으로 빠져 나가지 않도록, word-wrap 속성을 부여하고 있습니다.

[예제 ex2-31.html]

```
<!DOCTYPE html>
<html lang="ko">
<head>
    <meta charset="utf-8">
    <title>긴 문자 가로맞춤</title>
    <style type="text/css">
        ul {
            width: 200px;
            border: 1px solid #000;
        }
        .wrapping li { word-wrap: break-word; }
    </style>
</head>
<body>
    <ul>
        <li>
            <p>이름 : 홍길동</p>
        </li>
        <li>
            <p>이메일 : hongkildong20180101koreapublishing20181231@hanmail.net</p>
        </li>
    </ul>
    <ul class="wrapping">
        <li>
            <p>이름 : 홍길동</p>
        </li>
```

```
        <li>
            <p>이메일 : hongkildong20180101koreapublishing20181231@hanmail.net</p>
        </li>
    </ul>
</body>
</html>
```

△ 결과 ex2-31.html

CSS3에서는 줄 끝에서 어떻게 단어를 끊어주어야 하는지에 관하여 이 속성을 제공하고 있습니다.

속성 값	속성 설명
normal	기본값
break-all	글자가 넘치면 줄바꿈
keep-all	단어를 끊어 줄바꿈하지 않음

keep-all은 lang="ko"일 경우 mac 사파리에서는 작동하지 않습니다.

다음 예제에서는 위 세 가지 속성 값의 같은 점과 차이점을 보여주고 있습니다.

[예제 ex2-32.html]

```
<!DOCTYPE html>
<html lang="ko">
<head>
    <meta charset="utf-8">
    <title>긴 문자 가로맞춤2</title>
    <style type="text/css">
        p { width: 200px;
            text-align: center;
            border: 1px solid #000;
        }
        .breaking1 { word-break: normal; }
        .breaking2 { word-break: break-all; }
        .breaking3 { word-break: keep-all; }
    </style>
</head>
<body>
    <p class="breaking1">
        홍길동<br>
        한국사회역사연구회   고고학과 전임교수<br>
        notonlystartinggood@naver.com</p>
    <p class="breaking2">
        홍길동<br>
        한국사회역사연구회   고고학과 전임교수<br>
        notonlystartinggood@naver.com</p>
    <p class="breaking3">
        홍길동<br>
        한국사회역사연구회   고고학과 전임교수<br>
        notonlystartinggood@naver.com</p>
</body>
</html>
```

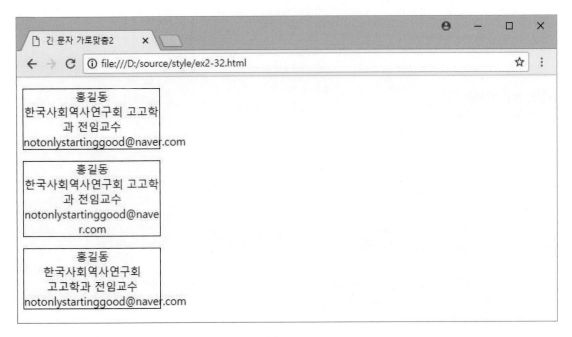

△ 결과 ex2-32.html

차이점은 알 수 있지만 모두 문제가 있습니다. 단어가 떨어지지 않는 세 번째가 가장 좋지만 이메일이 상자 밖으로 튀어 나갑니다 이럴 때 앞에서 배웠던 word-wrap: break-word;를 이용합니다.

```
.breaking3 { word-break: keep-all; word-wrap: break-word; }
```

그러면 다음과 같이 단어도 유지되고 이메일 주소도 밖으로 나가지 않습니다.

```
홍길동
한국사회역사연구회
고고학과 전임교수
notonlystartinggood@nave
r.com
```

2.4.06 white-space

마크업한 문자들 사이의 공백을 처리하여 내보내는 속성입니다.

속성 값	속성 설명
normal	연속 공백들과 줄바꿈이 하나의 공백으로 처리 ➡ 길면 줄바꿈 일어남
nowrap	연속 공백들과 줄바꿈이 하나의 공백으로 처리 ➡ 길어도 줄바꿈 없이 박스 밖으로 나감
pre	연속 공백들과 줄바꿈이 소스 그대로 표현됨
pre-wrap	연속 공백들과 줄바꿈이 소스 그대로 표현되나, 길면 줄바꿈 일어남
pre-line	연속 공백들이 하나의 공백으로 처리, 줄바꿈은 소스 그대로 표현되나, 길면 줄바꿈 일어남

다음 예제에서는 같은 소스가 어떻게 공백과 줄바꿈을 처리하는지 보여줍니다.

[예제 ex-33.html]

```html
<!DOCTYPE html>
<html lang="ko">
<head>
    <meta charset="utf-8">
    <title>공백 처리</title>
    <style type="text/css">
        p {
            width: 400px;
            border: 1px solid #000;
        }
        .white1 { white-space: normal; }
        .white2 { white-space: nowrap; }
        .white3 { white-space: pre; }
        .white4 { white-space: pre-wrap; }
        .white5 { white-space: pre-line; }
    </style>
</head>
<body>
    <p class="white1">언니는 푸르른 산보다 민둥산을 좋아한다.
    이마가 넓어서인지 모르겠지만 아무튼 산꼭대기는 비어 있어야 한다.</p>
    <p class="white2">언니는 푸르른 산보다 민둥산을 좋아한다.
    이마가 넓어서인지 모르겠지만 아무튼 산꼭대기는 비어 있어야 한다.</p>
    <p class="white3">언니는 푸르른 산보다 민둥산을 좋아한다.
    이마가 넓어서인지 모르겠지만 아무튼 산꼭대기는 비어 있어야 한다.</p>
    <p class="white4">언니는 푸르른 산보다 민둥산을 좋아한다.
    이마가 넓어서인지 모르겠지만 아무튼 산꼭대기는 비어 있어야 한다.</p>
    <p class="white5">언니는 푸르른 산보다 민둥산을 좋아한다.
```

```
        이마가 넓어서인지 모르겠지만 아무튼 산꼭대기는 비어 있어야 한다.</p>
    </body>
</html>
```

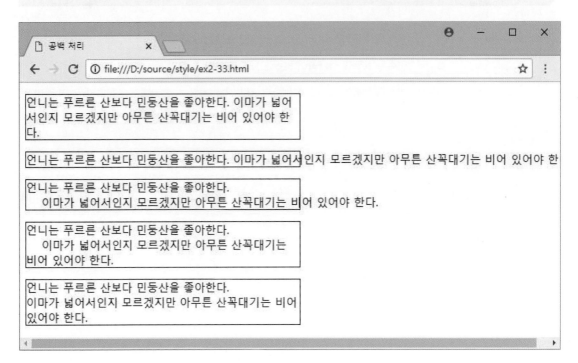

△ 결과 ex2-33.html

긴 텍스트에 말줄임 기호를 사용하고자 할 때, CSS3에서 제공하는 속성으로 다음과 같이 표현합니다.

```
    text-overflow: ellipsis;
```

다음 예제에서는 말줄임 기호를 달 때 어떤 속성을 함께 써야 하는지 알 수 있습니다.

[예제 ex2-34.html]

```
    <!DOCTYPE html>
    <html lang="ko">
```

```
<head>
    <meta charset="utf-8">
    <title>말줄임 기호</title>
    <style type="text/css">
        ul, li, h3 { margin: 0; padding: 0; }
        a {
            display: block;
            margin: 10px;
            text-decoration: none;
            color: darkblue;
        }
        .notice a h3 {
            width: 200px;
            overflow: hidden;
            white-space: nowrap;
            text-overflow: ellipsis;
            border: 1px solid #aaa;
        }
    </style>
</head>
<body>
    <ul class="notice">
        <li><a href="#">
            <h3>시간 배분을 위하여 현명한 판단을 바랍니다. </h3></a></li>
        <li><a href="#">
            <h3>욕심껏 내용을 채우는 것도 좋겠습니다. </h3></a></li>
        <li><a href="#">
            <h3>결과물을 볼 수 있어야 하는 것이 우선입니다.</h3></a></li>
    </ul>
</body>
</html>
```

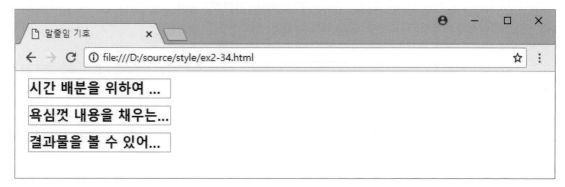

△ 결과 ex2-34.html

요소의 성격을 바꿔주는 속성으로서, display가 어떻게 설정되어 있는지에 따라 그 후 사용할 수 있는 속성이 달라지므로 주의를 집중하여 살펴보기 바랍니다.

▶ 블록, 인라인 요소 변경

html 요소들은 block 또는 inline의 기본값들을 가지고 있는데, 그 기본값을 변경해 줄 수 있습니다.

속성 값	속성 설명
block	inline 요소의 성격을 block으로 변경함 ➡ 줄바꿈이 일어남
inline	block 요소의 성격을 inline 으로 변경함 ➡ 줄바꿈이 일어나지 않음
inline-block	inline 요소의 성격을 inline-block으로 변경함 ➡ 줄바꿈은 일어나지 않으나 block 요소만 사용할 수 있는 text-align 등의 속성들을 사용할 수 있게 됨
none	요소를 보이지 않게 숨기고 흔적도 숨김

HTML5의 요소를 인식하지 못하는 구형 브라우저를 대비하여 CSS 앞단에 다음과 같이 블록을 선언할 때 필요합니다.

```
article, aside, details, figcaption, figure, footer, header, hgroup, menu, nav, section {
    display: block;
}
```

block 요소를 inline 요소로 변경하면 줄바꿈이 일어나지 않게 됩니다. 또한 inline 요소를 inline-block으로 변경하면, 줄바꿈은 하지 않으면서 block 요소에만 줄 수 있는 속성을 적용할 수 있습니다.

다음 예제에서는 a 요소에 inline-block을 부여하여 padding(안여백), text-align 등을 적용하고, height와 line-height를 동일하게 주어 세로중앙정렬을 적용하고 있습니다.

[예제 ex2-35.html]

```
<!DOCTYPE html>
<html lang="ko">
<head>
    <meta charset="utf-8">
    <title>블록과 인라인</title>
```

```
<style type="text/css">
    li { list-style-type: none; }
    .gnb li { display: inline; }
    .gnb li a {
        display: inline-block;
        background: brown; color: #fff;
        width: 100px; height: 35px; line-height: 35px;
        text-align: center;
        text-decoration: none;
    }
    .gnb li a:hover {
        text-decoration: underline;
        background: #369;
    }
</style>
</head>
<body>
    <ul class="gnb">
        <li><a href="#">Company</a></li>
        <li><a href="#">Product</a></li>
        <li><a href="#">Service</a></li>
        <li><a href="#">Community</a></li>
    </ul>
</body>
</html>
```

△ 결과 ex2-35.html

▶ table-cell, flex, grid

display는 또한 요소의 성격을 table이나 table 내의 요소들처럼 변경할 수 있고, flex 레이아웃을 선언할 때나 grid 레이아웃을 선언할 때 사용하기도 합니다. flex나 grid는 ⌐2.11│그 밖의 layout┐ 부분에서 설명하도록 하고, 여기서는 테이블에 관련된 속성 중 td의 역할을 하는 table-cell에 대해서만 알아보겠습니다.

요소 안의 문자를 세로 중앙 정렬하려면 height와 line-height 값을 동일하게 주면 됩니다. 그러나 내용이 여러 줄일 경우에는 동일하게 line-height를 지정할 수가 없는데, 이 때 table-cell을 이용하여 해결할 수 있습니다.

다음 예제에서는 요소에 display 속성을 table-cell로 지정한 후 vertical-align을 이용하여 세로 중앙 정렬을 하고 있음을 알 수 있습니다.

[예제 ex2-36.html]

```
<!DOCTYPE html>
<html lang="ko">
<head>
    <meta charset="utf-8">
    <title>table-cell</title>
    <style type="text/css">
        p {
            padding: 10px;
            background-color: antiquewhite;
        }
        .valign1 {
          ❶ height: 50px; line-height: 50px;
        }
        .valign2 {
            height: 100px;
            vertical-align: middle;
        }
        .valign3 {
            ❷ height: 100px;
            ❸ display: table-cell;
            ❹ vertical-align: middle;
        }
    </style>
</head>
<body>
```

```
<p class="valign1">잉여인간이 행복한 나라</p>
<p class="valign2">정부는 아이를 많이 낳으라고 하지만 그 아이들을 다 살릴 수도 없는 게 지금의 현실이
다. 돈을 주는 것 외에 행복한 삶을 살도록 해주는 것이 선진국으로 가는 길일 것이다.</p>
<p class="valign3">정부는 아이를 많이 낳으라고 하지만 그 아이들을 다 살릴 수도 없는 게 지금의 현실이
다. 돈을 주는 것 외에 행복한 삶을 살도록 해주는 것이 선진국으로 가는 길일 것이다.</p>
</body>
</html>
```

❶ 문장이 한 줄일 경우에는 높이와 줄 간격을 동일하게 주어 세로 중앙 정렬 할 수 있음

❷ 세로로 정렬되는 것을 알아보기 위해 높이 값을 넉넉히 줌

❸ 요소에 td 의 성격을 부여함

❹ 세로 중앙 정렬을 명령함

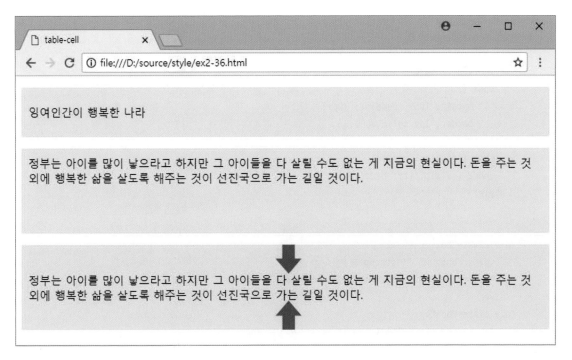

△ 결과 ex2-36.html

2.4.09 / visibility

요소를 숨기거나 보이도록 해주는 속성입니다.

속성 값	속성 설명
visible	요소를 보이도록 함
hidden	요소를 숨김 (내용이 있던 자리는 남아 있음)

다음 예제에서는 display와 visibility로 요소를 숨긴 결과를 비교하여 보여주고 있습니다.

[예제 ex2-37.html]

```html
<!DOCTYPE html>
<html lang="ko">
<head>
    <meta charset="utf-8">
    <title>숨기기</title>
    <style type="text/css">
        .box {
            margin: 10px; padding: 10px;
            border: 1px solid #000;
        }
        .hdd { display: none; }
        .hdd2 { visibility: hidden; }
    </style>
</head>
<body>
    <div class="box">
        <p><strong>이름 :</strong>홍길동</p>
        <p><strong>연락처 :</strong>서울 종로구 세검정 </p>
    </div>
    <div class="box">
        <p><strong class="hdd">이름 :</strong>홍길동</p>
        <p><strong class="hdd">연락처 :</strong>서울 종로구 세검정 </p>
    </div>
    <div class="box">
        <p><strong class="hdd2">이름 :</strong>홍길동</p>
        <p><strong class="hdd2">연락처 :</strong>서울 종로구 세검정 </p>
    </div>
</body>
</html>
```

△ 결과 ex2-37.html

두 번째 박스의 display: none;으로 숨겨진 요소들은 흔적도 없지만 마지막 박스의 visibility: hidden;으로 숨겨진 요소들의 자리가 빈칸으로 남아 있는 것을 알 수 있습니다.

> **NOTE**
>
> display: none;과 visibility: hidden;은 차이점은 있으나 둘 다 콘텐츠를 숨기는 기능이므로 스크린리더기에서도 읽어주지 않는 것을 기본으로 하고 있습니다. 웹접근성을 준수하기 위해 읽어주기는 하되 시각적으로만 숨겨야 할 경우에는 이 속성들을 사용하지 않습니다. 그 대신 뒤에 나올 position 등을 이용하여 해결할 수 있습니다.
>
> → **2.9.01** position 부분에서 자세히 다룹니다.

2.4.10 overflow

요소 안의 내용이 요소의 크기보다 많을 경우 넘치는 부분을 처리하는 속성입니다.

속성 값	속성 설명
hidden	넘치는 콘텐츠를 숨김
auto	콘텐츠가 넘칠 경우에만 스크롤바를 생성함

속성 값	속성 설명
scroll	콘텐츠가 넘치지 않아도 스크롤바를 생성함 scroll-x, scroll-y : 한 방향으로만 스크롤바 생성 가능
visible	넘치는 콘텐츠가 그대로 노출됨

각 속성별 요소를 출력하는 양상을 다음처럼 비교해볼 수 있습니다.

다음 예제에서는 overflow를 이용하여 약관 등과 같은 다량의 내용을 짧은 박스에 출력하는 것을 보여줍니다.

[예제 ex2-38.html]

```
<!DOCTYPE html>
<html lang="ko">
<head>
    <meta charset="utf-8">
    <title>overflow</title>
    <style type="text/css">
        .agree {
            width: 550px; height: 80px;
            border: 1px solid #000;
            overflow-y: scroll;
        }
    </style>
</head>
<body>
    <h3>서비스 이용약관</h3>
    <p class="agree">
        제17조 (서비스의 변경 및 내용수정)<br>
        ① 회원은 회사가 제공하는 서비스를 이 약관 및 운영정책에 따라 이용할 수 있습니다.<br>
        ② 회사는 서비스를 통하여 회원에게 제공하는 컨텐츠에 대하여 제작, 변경, 유지, 보수에 관한 포괄적인
권한을 가집니다.<br>
        ③ 회사가 상당한 이유가 있는 경우에 운영상, 기술상의 필요에 따라 서비스를 수정할 수 있으며, 수정하는
경우에는 변경 후 서비스 초기화면이나 공지사항 게시판 등을 통하여 공지합니다.
```

```
        </p>
    </body>
</html>
```

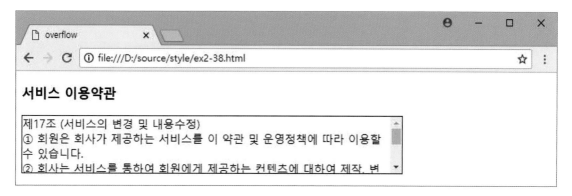

△ 결과 ex2-38.html

지금까지 나온 문단 관련 스타일을 종합예제를 통해 살펴보겠습니다.

[종합예제 ext2-2.html]

```
<!DOCTYPE html>
<html lang="ko">
<head>
    <meta charset="utf-8">
    <title>문단 관련 스타일</title>
    <style type="text/css">
        h1 { ❶ letter-spacing: 5px; }
        p {
            ❷ width: 500px;
            ❸ text-align: justify;
            ❹ text-indent: 15px;
            ❺ text-transform: lowercase;
        }
    </style>
</head>
<body>
    <h1>영상과 인쇄의 공존</h1>
        <p>영상의 발달로 인해 인쇄는 곧 사라질 것처럼 생각했지만 예상을 뒤집고 인쇄물들은 점점 고급화를 향해 달리
고 있다. e-book의 출현과 함께 서점에서 책을 사모으는 취미는 여전하고 FACEBOOK의 도전에도 불구하고 많은 사람
들은 책장을 손으로 넘기고 있다. 좋은 인쇄물을 갖는 것은 큰 즐거움이며 스마트폰을 두드리는 손가락에 의해 흥미로
운 책장도 계속 넘어간다.</p>
    </body>
</html>
```

❶ h1 요소의 내용은 글자 사이 간격이 5px 떨어짐

❷ p 요소의 내용은 가로폭 500px 으로 지정하고,

❸ 양쪽으로 정렬되고,

❹ 첫줄이 15px 밀려 들어가고,

❺ 영문은 모두 소문자로 표기한다. (FACEBOOK → facebook)

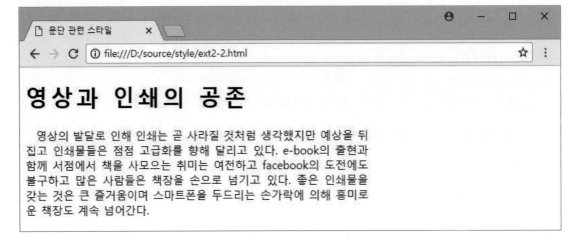

△ 결과 ext2-2.html

2.4.11 / opacity

요소에 투명도를 부여할 수 있는 속성으로 다음과 같이 표현합니다.

```
opacity: 0.5;
```

속성 값은 투명에서 불투명까지를 0~1로 표현하므로 0.5는 반투명에 해당됩니다.

opacity: 1.0;   opacity: 0.8;   opacity: 0.5;   opacity: 0.2;

2.5 | 배경(background)

배경의 색상, 이미지, 반복 여부, 위치, 고정 여부 등을 각각 따로 기술할 수도 있고, 이 모든 속성을 한 줄로 표기할 수도 있습니다.

2.5 01 background-color

요소의 배경 색상을 지정하는 속성으로, 다음과 같이 표현합니다.

```
background-color: #abcdef;
```

속성 값	속성 설명
색상값	색상명, HEX 값, RGB 값, HSL 값, RGBA 값, HSLA 값
transparent	투명 (기본값)

2.5 02 background-image

요소의 배경에 들어갈 이미지를 지정하는 속성으로, 다음과 같이 표현합니다.

```
background-image: url(img/bgimg.png);
```

용량이 큰 이미지는 속도를 저하시키는 요인이 되므로, 배경에 해상도가 크거나 크기가 큰 이미지는 꼭 필요한 경우가 아니면 사용하지 않도록 합니다.

속성 값	속성 설명
url(~)	이미지의 경로와 파일명을 기술함
none	배경 이미지 없음 (기본값)

다음 예제에서는 배경 이미지를 지정하고, 그대로 두면 배경 이미지가 반복된다는 것을 알 수 있습니다.

bgimg.png (100px × 96px) :

```
<!DOCTYPE html>
<html lang="ko">
<head>
    <meta charset="utf-8">
    <title>배경이미지</title>
    <style type="text/css">
        p {
            width: 500px; padding: 20px;
            background-color: aliceblue;
            background-image: url(img/bgimg.png);
        }
    </style>
</head>
<body>
    <p>
        어니스트... <br>
        헤밍웨이가 한때 좌익의 편에 있었다는 것은 몰랐었다. 그는 인간이 위대한 것은 위험을 감수한다는 데 있
다고 했다. 사자도 호랑이도 위험을 감수하겠지만 왠지 그 말이 마음에 들었다. 글을 쓰지 못하는 그의 손을 보며 아
이러니하게도 쓸게 너무 많은 나는 행복해야겠구나... 싶었다.
    </p>
</body>
</html>
```

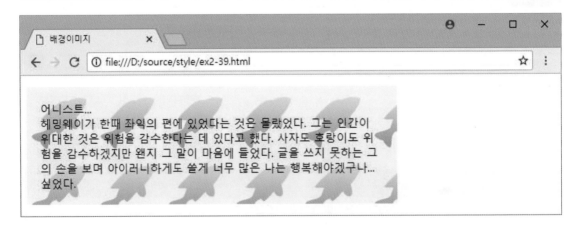

△ 결과 ex2-39.html

배경 이미지를 어떻게 반복시킬지를 지정하는 속성으로, 다음과 같이 표현합니다.

```
background-repeat: no-repeat;
```

속성 값	속성 설명
repeat	배경 이미지를 가로 세로로 반복하여 배치함 (기본값)
no-repeat	배경 이미지를 한 개만 배치함
repeat-x	배경 이미지를 가로로만 반복하여 배치함
repeat-y	배경 이미지를 세로로만 반복하여 배치함
space	배경 이미지를 반복하다가 마지막 이미지가 가로로 잘리지 않도록 배치하기 위해 이미지 사이가 벌어짐
round	배경 이미지를 반복하다가 이미지가 세로로 잘리지 않도록 배치하기 위해 이미지가 납작하게 찌그러짐

다음 예제에서는 배경 이미지를 반복시키지 않도록 속성을 부여하고 있습니다. 배경 이미지가 요소 안의 콘텐츠와 겹치지 않도록 하기 위해서는 안여백 padding 속성과 함께 사용합니다.

[예제 ex2-40.html]

```html
<!DOCTYPE html>
<html lang="ko">
<head>
    <meta charset="utf-8">
    <title>배경이미지의 반복여부</title>
    <style type="text/css">
        p {
            padding: 100px;
            background-color: antiquewhite;
            background-image: url(img/bg_flower.png);
            background-repeat: no-repeat;
        }
    </style>
</head>
<body>
    <p>
        장미를 닮은 꽃<br>
```

원예업도 이제는 큰 사업으로 확장되는 경우가 많다. 작은 화분부터 다육 식물에 이르기까지 그 종류도 다양하지만 원래 존재하던 품종만 고집하지 않고 많은 개량종들을 선보이고 있기 때문이다. 이제는 원예업은 유전자 공학과도 밀접한 관련을 갖게 되었다.

```
    </p>
</body>
</html>
```

※ padding: 100px;은 요소의 내부에 위, 아래, 왼쪽, 오른쪽 모두 100px 여백을 주라는 뜻입니다.

→ **2.6.02** padding 부분에서 자세히 다룹니다.

bg_flower.png (100px × 96px) :

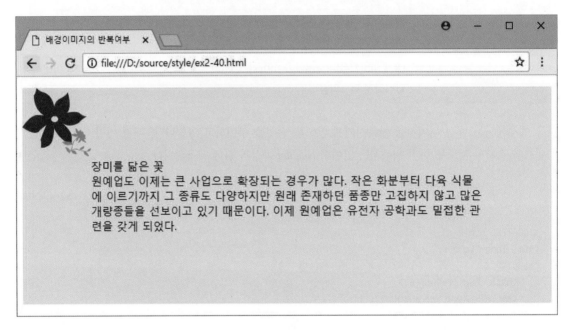

△ 결과 ex2-40.html

2.5 **04** / background-position

배경 이미지를 원하는 위치로 옮겨주는 속성으로, 다음과 같이 표현합니다.

```
background-position: 50% top;
```

배경 이미지를 반복시키지 않고 한 개만 배치할 경우 기본적으로 요소 안의 좌측 상단에 나타나게 되는데 background-position을 이용하여 가로 위치와 세로 위치를 지정할 수 있습니다. 위 예문은 배경 이미지를 가로로는 가운데, 세로로는 상단에 위치시킨다는 의미를 갖고 있습니다.

위치	속성 값
가로 위치	left, right, center, px값, %값 등 (기본값 : left)
세로 위치	top, bottom, center(middle 아님), px값, %값 등 (기본값 : top)

위치 속성을 %로 부여했을 때 한 가지 주의할 점이 있는데, %가 가지는 정확한 의미에 주목해야 합니다.

px과 %를 비교해 보는 것이 좋습니다.

```
background-position: 150px 130px;
```

이 예문은 배경 이미지가 요소의 좌측으로부터 150px, 상단으로부터 130px 떨어진다는 뜻입니다.

```
background-position: 50% 30%;
```

이 예문은 **배경 이미지의 가로 50% 지점을 요소의 가로 50% 지점**에 배치하고, **배경 이미지의 세로 30% 지점을 요소의 세로 30% 지점**에 배치한다는 뜻입니다.

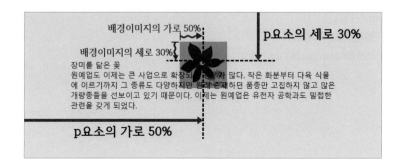

예를 들어 background-position: 100% 100%;라는 문장은 이미지의 가로 세로 끝이 요소의 가로 세로 끝에 붙도록 배치하라는 뜻이므로, 즉 background-position: right bottom;과 같은 결과가 됩니다.

다음 예제에서는 순서 없는 목록들에 글머리 기호를 붙이기 위해 background-position 속성을 부여하고, 요소 바닥에 패턴을 깔기 위해 background-repeat 속성을 부여하고 있습니다. 글머리 기호를 배경 이미지로 붙이기 위해 콘텐츠와 겹쳐지지 않도록 자리를 확보해야 하므로 안여백(padding)을 주어야 합니다.

예제에 사용된 각 이미지는 다음과 같습니다.

bg_bullet.png : ·   bg_linepttn.png : ▤   bg_ar.png : ➡

[예제 ex2-41.html]

```
<!DOCTYPE html>
<html lang="ko">
<head>
    <meta charset="utf-8">
    <title>배경이미지의 위치</title>
    <style type="text/css">
        ul {
            padding-bottom: 30px;
        ❶ background-image: url(img/bg_linepttn.png);
        ❷ background-repeat: repeat-x;
        ❸ background-position: bottom;
        }
        li {
        ❹ list-style-type: none;
            padding: 0 20px;
        ❺ background-image: url(img/bg_bullet.png);
        ❻ background-repeat: no-repeat;
        ❼ background-position: 0 50%;
        }
        ❽ ul:nth-child(2) li {
            padding: 10px 30px;
        ❾ background-image: url(img/bg_ar.png);
        }
    </style>
</head>
```

```
<body>
    <h3>최근 게시물</h3>
    <ul>
        <li>PC 사양 알아보기</li>
        <li>미니타워와 미들타워의 차이</li>
        <li>어깨의 통증과 발목의 통증</li>
    </ul>
    <ul>
        <li>PC 사양 알아보기</li>
        <li>미니타워와 미들타워의 차이</li>
        <li>어깨의 통증과 발목의 통증</li>
    </ul>
</body>
</html>
```

※ padding-bottom: 30px;은 하단의 배경 자리 확보를 위해 아래 여백을 30px 주라는 뜻입니다.

※ padding: 0 20px;은 좌측의 배경 자리 확보를 위해 좌우 여백을 각각 20px 주라는 뜻입니다.

※ padding: 10px 30px;은 세로 간격을 벌리기 위해 내부에 상하 여백 10px을, 좌측 배경 자리 확보를 위해 좌우 여백 30px 주라는 뜻입니다.

→ **2.6.02** padding 부분에서 자세히 다룹니다.

❶ ul 요소의 배경 이미지를 bg_linepttn.png로 지정하고,

❷ ul 요소의 배경 이미지를 가로로만 반복하도록 지정하고,

❸ ul 요소의 배경 이미지를 바닥에 배치함

❹ li에 새로운 글머리 기호를 달기 위해 원래 기본으로 붙어 있는 글머리 기호를 제거함

❺ li 요소의 배경 이미지를 bg_bullet.png로 지정하고,

❻ li 요소의 배경 이미지를 반복 없이 한 개만 배치하고,

❼ li 요소의 배경 이미지를 가로로는 왼쪽에, 세로로는 가운데 배치함

❽ 두 번째 요소였던 ul의 li에만 따로 속성을 부여함

❾ 두 번째 요소였던 ul의 li에만 배경 이미지를 bg_ar.png로 지정함

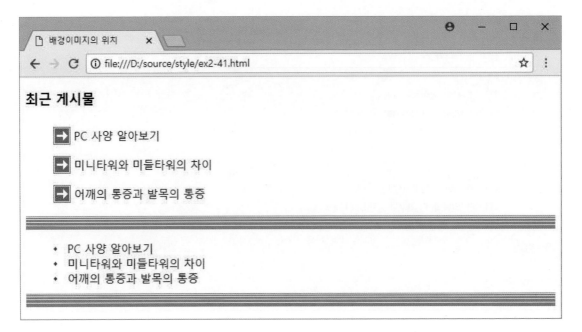

△ 결과 ex2-41.html

배경 이미지를 요소 내에 고정시킬지 화면에 고정시킬지에 대한 속성으로, 다음과 같이 표현합니다.

```
background-attachment: fixed;
```

속성 값	속성 설명
scroll	배경 이미지가 요소 바닥에 붙은 것처럼 화면을 스크롤하면 따라감 (기본값)
fixed	배경 이미지가 화면 바닥에 붙은 것처럼 화면을 스크롤해도 따라가지 않음

다음 예제에서는 화면을 스크롤했을 때 마치 카메라를 이용하여 이미지를 상하 방향으로 촬영하는 듯한 효과를 주기 위해 background-attachment 속성을 부여하고 있습니다.

bg_fixed.png (1000px × 750px) :

```
<!DOCTYPE html>
<html lang="ko">
<head>
    <meta charset="utf-8">
    <title>배경이미지 고정</title>
    <style type="text/css">
        p { padding: 20px; }
        .bg_fixed {
            min-height: 200px;
            background-image: url(img/bg_fixed.png);
            background-position: center;
            background-attachment: fixed;
        }
        .btm {
            min-height: 200px;
            background: #595;
        }
    </style>
</head>
<body>
    <p>패션의 완성은 자연이다.<br>멋지고도 순수한 자연만큼 패셔너블한게 있을까! <br>강렬하고 화려해서가 아
니라 적절한 시기와 적절한 장소, 그리고 풍요로운 볼거리를 제공해주고 있지 않나.<br>
    조심스럽게 살펴보면 자연이 보여주고 있는 모든것이 옷이고 장신구, 신발들이다..</p>
    <p class="bg_fixed"></p>
    <p class="btm">최고의 패션, 자연을 팝니다... </p>
</body>
</html>
```

△ 결과 ex2-42.html

화면을 스크롤해보면 위처럼 배경 이미지의 사진 자체는 요소들을 따라 올라가지 않고 배경이 보이는 창(영역)만 올라가는 것을 알 수 있습니다.

지금까지의 배경 관련 속성들을 띄어쓰기 하는 것만으로 한 줄로 기술할 수 있는데, 다음과 같이 background 속성으로 기술하면 됩니다.

```
background: #f00 url(bg.png) no-repeat 50px 100px fixed;
```

이 예문은 배경색은 빨간색, 배경 이미지 bg.png, 배경은 반복하여 좌측에서 50px, 위에서 100px 떨어진 곳에 배치하고 화면에 고정한다는 뜻입니다. 또한 background:를 사용하면서 속성을 생략할 경우 앞에 기술한 대로 각 속성은 기본값을 가지므로 다음 두 문장은 같은 결과를 갖게 됩니다.

```
background: url("images/bg.png");
background: transparent url("images/bg.png") repeat left top scroll;
```

다음은 background: 의 틀린 예문입니다.

```
background: #ffdddd url ("images/bg.png")no-repeat 50px;
```

이 예문에서는 url과 괄호 사이가 떨어져 배경 이미지가 나타나지 않을 것입니다. 또한 no-repeat 앞에 띄어쓰기 하지 않을 경우에도 IE 구버전에서 배경 이미지가 나타나지 않을 수 있으므로 주의해야 합니다.

2.5 06 / background-size

CSS3에서 배경 이미지의 크기를 변경할 수 있는 속성으로, 다음과 같이 표현합니다.

```
background-size: 120px 90px;
```

속성 값	속성 설명
background-size: 80px 60px;	• 배경 이미지의 가로 크기 80px, 세로 크기 60px • 이미지의 원래 비율이 찌그러질 수 있음
background-size: 150px;	• 배경 이미지의 가로 크기 150px, 세로 크기 150px • 이미지의 원래 비율이 찌그러질 수 있음
background-size: 50% 100%;	• 배경 이미지의 크기를 요소의 크기의 가로 50%, 세로 100% • 이미지의 원래 비율이 찌그러질 수 있음
background-size: auto;	• 배경 이미지를 원래 크기로 배치하고 남는 공간은 비움 • 이미지의 원래 비율을 유지함
background-size: contain;	• 배경 이미지를 잘리지 않도록 배치하고 남는 공간은 비움 • 이미지의 원래 비율을 유지함
background-size: cover;	• 배경 이미지를 빈공간 없이 요소에 꽉 채우고 나머지는 잘림 • 이미지의 원래 비율을 유지함

> **NOTE**
>
> 배경 이미지의 크기를 고정된 px 값으로 지정하는 것은 어려울 게 없으나, 모바일 App을 만들 경우 기기의 사이즈도 나날이 다양해지는 현실에서 단순하게 px 값으로만 지정할 수가 없습니다. 여타의 이유로 인해 cover 또는 contain도 유용하게 사용되고 있습니다.

다음 예제에서는 위 속성 값을 비교해 볼 수 있습니다.

bg_size.png (700px × 698px) :

[예제 ex2-43.html]

```html
<!DOCTYPE html>
<html lang="ko">
<head>
    <meta charset="utf-8">
    <title>배경이미지의 크기</title>
    <style type="text/css">
        .who {
            height: 150px; margin-bottom: 10px;
            background: #677582 url("img/bg_size.png") no-repeat;
        }
        .who1 { ❶ background-size: 100px 200px; }
        .who2 { ❷ background-size: auto; }
        .who3 { ❸ background-size: 80% 150%; }
        .who4 { ❹ background-size: cover; }
        .who5 { ❺ background-size: contain; }
    </style>
</head>
<body>
    <div class="who who1"></div>
    <div class="who who2"></div>
    <div class="who who3"></div>
    <div class="who who4"></div>
    <div class="who who5"></div>
</body>
</html>
```

❶ 배경 이미지 크기를 100px 200px로 줄여 나타내고 남는 공간은 비움

❷ 배경 이미지 크기를 원래 크기대로 나타내고, 남는 공간은 비우고 넘치는 부분은 잘림

❸ 배경 이미지의 가로 크기는 요소 영역의 80%, 세로 크기는 요소 영역의 150% 크기로 나타내다 보니 이미지가 찌그러 지고 남는 공간은 비우고 넘치는 부분은 잘림

❹ 배경 이미지는 길쭉한 이미지여서 가로 100% 로 채우고 넘치는 부분은 잘림 (납작한 이미지는 반대)

❺ 배경 이미지가 조금도 가려지지 않도록 축소하여 나타내고 남는 공간은 비움

△ 결과 ex2-43.html

background-size 속성은 아래와 같이 background:의 맨 뒤에 '/'로 구분하여 지정할 수 있습니다.

```
background: url(bg_box.png) no-repeat center / cover;
```

그러나 구형 브라우저와 구형 모바일 기기에서 작동이 안 될 수 있으니 반드시 확인한 후 사용하고 고객의 크로스브라우징 요청이 명확하지 않다면 그냥 background-size로 사용하기 바랍니다.

2.5 07 / background-origin

CSS3 에서 배경 이미지의 시작점을 정하는 속성으로, 다음과 같이 표현합니다.

```
background-origin: border-box;
```

속성 값	속성 설명
border-box	배경 이미지가 테두리의 좌측 상단 모퉁이에서 시작함
padding-box	배경 이미지가 안여백의 좌측 상단 모퉁이에서 시작함 (기본값)
content-box	배경 이미지가 콘텐츠의 좌측 상단부터 시작함

다음 예제에서는 위 세 영역이 구체적으로 어디인지 보여주고 있습니다.

bg_origin.png (107px × 107px) :

[예제 ex2-44.html]

```
<!DOCTYPE html>
<html lang="ko">
<head>
    <meta charset="utf-8">
    <title>배경이미지의 원점</title>
    <style type="text/css">
        div {
            width: 550px; padding: 25px; margin-bottom: 20px;
            ❶ border: 15px double rgba(0,0,0,0.6);
            background: url(img/bg_origin.png) no-repeat;
        }
        .ori1 { ❷ background-origin: border-box; }
        .ori2 { ❸ background-origin: padding-box; }
        .ori3 { ❹ background-origin: content-box; }
```

```
        </style>
    </head>
    <body>
        <div class="ori1">It's impossible not only starting good but also keeping it firm!!</
div>
        <div class="ori2">It's impossible not only starting good but also keeping it firm!!</
div>
        <div class="ori3">It's impossible not only starting good but also keeping it firm!!</
div>
    </body>
</html>
```

❶ ※ border: 15px double rgba(0,0,0,0.6); 는 반투명한 검정색으로 15px 굵기의 테두리를 치라는 의미입니다.

→ 2.6.**04** border 부분에서 자세히 다룹니다.

❷ 배경 이미지가 좌측 상단 테두리를 포함한 영역부터 채워짐

❸ 배경 이미지가 좌측 상단 테두리를 제외한 안쪽부터 채워짐

❹ 배경 이미지가 좌측 상단 여백을 제외한 안쪽부터 채워짐

△ 결과 ex2-44.html

CSS3에서 배경의 영역을 정하는 속성으로, 다음과 같이 표현합니다.

```
background-clip: border-box;
```

속성 값	속성 설명
border-box	배경이 테두리를 포함한 영역에 배치 (기본값)
padding-box	배경이 테두리를 제외한 안쪽 영역에 배치됨
content-box	배경이 안여백을 제외한 콘텐츠 영역에만 배치됨

다음 예제에서는 위 세 영역이 구체적으로 어디인지 보여주고 있습니다.

[예제 ex2-45.html]

```
<!DOCTYPE html>
<html lang="ko">
<head>
    <meta charset="utf-8">
    <title>배경이미지의 영역</title>
    <style type="text/css">
        div {
            width: 550px; padding: 25px; margin-bottom: 20px;
            border: 15px double rgba(0,0,0,0.6);
            background: #e5cadd;
        }
        .clip1 { ❶ background-clip: border-box; }
        .clip2 { ❷ background-clip: padding-box; }
        .clip3 { ❸ background-clip: content-box; }
    </style>
</head>
<body>
    <div class="clip1">It's impossible not only starting good but also keeping it firm!!</
div>
    <div class="clip2">It's impossible not only starting good but also keeping it firm!!</
div>
    <div class="clip3">It's impossible not only starting good but also keeping it firm!!</
div>
</body>
</html>
```

❶ 배경이 테두리를 포함한 영역에 채워짐

❷ 배경이 테두리를 제외한 안쪽 영역에 채워짐

❸ 배경이 여백을 제외한 콘텐츠 영역에 채워짐

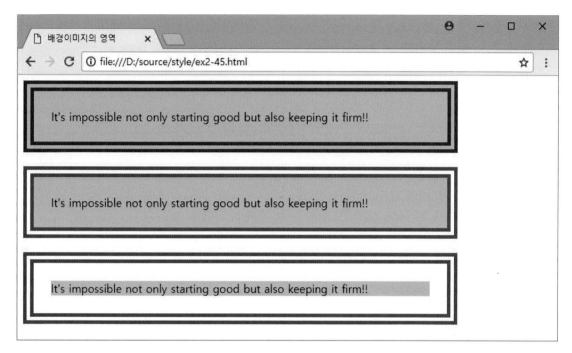

△ 결과 ex2-45.html

2.5 09 / Image Sprite

이미지가 많아지면 웹페이지의 로딩 속도도 느려집니다. 웹페이지의 로딩 속도를 줄여주기 위해 배경으로 사용할 여러 이미지들을 하나로 저장하고 background-position을 이용하여 잘라 사용하는 것이 image sprite입니다.

다음은 내비게이션에 글머리 기호를 붙일 목적으로 저장한 이미지입니다.

bg_sprite.png :
(52px × 352px)

네 개의 아이콘이 들어있는 하나의 이미지이며,
각 아이콘은 세로로 100px 떨어져 있습니다.

만약 세 번째 이미지만 추출하여 사용하려 할 때 background−position은 몇일까요? 많은 사람들이 0 200px; 일거라고 생각하지만 반대입니다.

세로 값 양수는 이미지 판을 아래 방향으로 밀어 내린다는 뜻이고, 음수는 위로 밀어 올린다는 뜻입니다. 이미지를 잘라내기 위한 칼은 그대로 있고 바닥 이미지를 움직이는 격입니다. 따라서 세 번째 아이콘을 잘라낸다는 것은 이미지를 **위로 200px** 밀어야 한다는 뜻이기 때문에 정답은 background−position: 0 −200px;입니다.

[예제 ex2-46.html]

```html
<!DOCTYPE html>
<html lang="ko">
<head>
    <meta charset="utf-8">
    <title>IMAGE SPRITE</title>
    <style type="text/css">
        li { ❶ list-style-type: none; margin: 5px;}
        .lnb li a {
            display: block;
            padding-left: 30px;
            text-decoration: none;
            font: 25px Times;
            color: #000;
            background: url(img/bg_sprite.png) no-repeat;
            ❷ background-size: 26px 176px;
        }
        ❸ .lnb li:nth-child(1) a { background-position: 0 0; }
        ❹ .lnb li:nth-child(2) a { background-position: 0 -50px; }
        ❺ .lnb li:nth-child(3) a { background-position: 0 -100px; }
        ❻ .lnb li:nth-child(4) a { background-position: 0 -150px; }
    </style>
</head>
<body>
    <ul class="lnb">
        <li><a href="#">Theater</a></li>
        <li><a href="#">Secret Garden</a></li>
        <li><a href="#">Concert Hall</a></li>
        <li><a href="#">Animal Farm</a></li>
    </ul>
</body>
</html>
```

❶ 목록의 고유 글머리 기호를 제거함

※ a 요소는 원래 inline 요소인데 block 요소로 변경해야 배경 이미지를 사용할 수 있음 ➜ `2.4` **08** `display` 부분 참고

❷ 이미지의 크기를 원래 사이즈 52px × 352px의 1/2로 줄임

❸ 첫 번째 메뉴 Theater 앞의 보라색 배경 이미지가 이미지의 좌측 상단에 있으므로 0 0

❹ 두 번째 메뉴 Secret Garden 앞의 남색 배경 이미지가 상단으로부터 100px 아래에 있으므로 0 −100px이어야겠지만 이미지 사이즈를 반으로 줄였으므로 이 길이도 반으로 줄어서 0, −50px

❺ 같은 맥락에서 세 번째 메뉴는 0 −200px이 아닌 0 −100px

❻ 네 번째 메뉴도 0 −300px이 아닌 0 −150px

△ 결과 ex2–46.html

NOTE

웹페이지의 로딩 속도를 줄여주기 위해 Image Sprite 기법을 이용하는 것은 바람직합니다. 그러나 이것은 배경으로 적용되는 것이므로, 기호나 버튼 등의 이미지에 적합할 것입니다. 콘텐츠용 이미지를 다 붙여 저장하는 것은 유지보수를 힘들고 복잡하게 만듭니다.

`2.5` **10** 배경에 gradient 적용하기

CSS3에서는 배경에 gradient를 적용할 수 있습니다. 단색이 아닌 여러 가지 색상을 원형과 선형으로 점진적으로 채워줄 수 있으며, 색상의 위치나 영역도 조절할 수도 있습니다. 다양한 gradient의 형태들을 하나씩 살펴보고 한꺼번에 실습으로 확인해보도록 하겠습니다.

▶ 선형 gradient의 기본형

linear−gradient( ) 로 적용하며 기본형은 위에서 시작하여 아래쪽으로 채우는 세로 방향입니다.

```
background: linear-gradient(red, yellow, green);
```

앞의 예문은 요소의 배경을 위에서 아래로 빨간색 → 노란색 → 녹색 순서로 채워줍니다. red, yellow, green 뒤에도 색상 값을 원하는 개수만큼 써넣을 수 있습니다.

기본형에 인수를 추가하면 시작 위치를 바꿀 수 있으며, 색상값 앞에 'to top'을 삽입하면 아래에서 시작하여 위쪽으로 채우게 됩니다.

```
background: linear-gradient(to top, red, yellow, green);
```

▶ 가로 방향 gradient

기본형인 세로 방향을 가로 방향으로 변경하기 위해서는 'to right' 또는 'to left'를 삽입합니다.

```
background: linear-gradient(to right, yellow, green, indigo);
```

위 예문은 요소의 배경을 좌측에서 우측으로 노란색 → 녹색 → 보라색 순서로 채워줍니다.

▶ 사선 방향 gradient

사선 방향으로 변경하기 위해서는 'to right bottom'과 같이 두 개의 방향을 인수로 삽입합니다.

```
background: linear-gradient(to bottom right, yellow, green);
```

위 예문은 요소의 배경을 좌측 상단에서 우측 하단으로 노란색 → 녹색 순서로 채워줍니다.

▶ 각도를 이용한 gradient

원하는 각도의 방향으로 변경하기 위해서는 '100deg'와 같이 각도 값을 인수로 삽입합니다. 각도는 아래가 0°이고 시계 방향으로 돌아가며 올라갑니다.

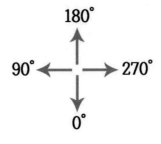

```
background: linear-gradient(200deg, blue, red);
```

앞의 예문은 요소의 배경을 약 1시 방향에서 7시 방향으로 파란색 → 빨간색 순서로 채워줍니다.

▶ 투명도 gradient

gradient에 사용하는 색상값은 고유 색상명뿐 아니라 color에서 적용되는 모든 속성 값을 다 사용할 수 있으므로, rgba( ) 또는 hsla( )를 이용하여 투명도 gradient를 표현할 수 있습니다.

```
background: linear-gradient(to right, rgba(0,0,255,0), rgba(0,0,255,1));
```

위 예문은 요소의 배경을 좌측 상단에서 우측 하단으로 파란색 투명 → 파란색 불투명 순서로 채워줍니다.

▶ gradient의 반복

일정한 패턴의 gradient를 반복시키기 위해 repeating-linear-gradient( )를 사용할 수 있습니다.

```
background: repeating-linear-gradient(red, yellow 10%, green 20%);
```

요소의 꼭대기는 빨간색, 아래로 10% 지점은 노란색, 아래로 20% 지점은 녹색으로 gradient를 적용하고, 나머지 아래 공간은 이 패턴을 반복시킵니다. 전체적으로 이 패턴이 5번 반복될 것입니다. (100% ÷ 20% = 5)

▶ 원형 gradient

radial-gradient( )로 적용하며, 기본형은 타원형이고 안쪽에서 시작하여 밖으로 채웁니다.

```
background: radial-gradient(red, yellow, green);
```

위 예문은 요소의 안쪽에서 바깥쪽 방향으로 빨간색 → 노란색 → 녹색 순서로 채워줍니다.

▶ gradient 색상 영역 변경

원하는 색상을 더 넓게 보여주기 위해 %로 지점을 명시할 수 있습니다.

```
background: radial-gradient(red 5%, yellow 15%, green 60%);
```

%값을 기술하지 않은 기본형이라면 빨간색, 노란색, 녹색의 지점은 0%~50%~100%로 볼 수 있습니다. 그런데 5%~15%~60%로 지정하였으므로, 빨간색의 영역은 줄어들었어도 붉은 부분이 더 선명할 것이고, 노란색은 중앙 부분으로 위치가 이동되었을 것이며, 녹색 부분은 나머지를 모두 차지하게 되었을 것입니다.

▶ 정원형 gradient

타원형이 아닌 정원형의 gradient를 만들기 위해 'circle' 을 삽입합니다.

```
background: radial-gradient(circle, red, yellow, green);
```

gradient의 형태가 동그란 정원의 형태로 나타나며, 요소가 직사각형일 경우 부분적으로 잘리는 면이 생깁니다.

▶ 원형 gradient의 반복

원형 gradient를 반복시키기 위해서는 repeating-radial-gradient( )를 사용합니다.

```
repeating-radial-gradient(red, yellow 25%, green 50%);
```

요소의 중앙은 빨간색, 바깥쪽으로 25% 지점은 노란색, 바깥쪽으로 50% 지점은 녹색으로 gradient를 적용하고 나머지 바깥 공간은 이 패턴을 반복시킵니다. 전체적으로 이 패턴이 4번 반복될 것입니다. (100% ÷ 25% = 4)

다음 예제에서는 지금까지 나온 10가지 형태의 gradient를 모두 확인할 수 있습니다.

[예제 ex2-47.html]

```
<!DOCTYPE html>
<html lang="ko">
<head>
    <meta charset="utf-8">
    <title>gradient의 표현</title>
    <style type="text/css">
        p { padding: 60px; background: red;}
        .g1 { background: linear-gradient(red, yellow, green); }
        .g2 { background: linear-gradient(to right, yellow, green, indigo); }
        .g3 { background: linear-gradient(to bottom right, yellow, green); }
        .g4 { background: linear-gradient(200deg, blue, red); }
        .g5 { background: linear-gradient(to right, rgba(0,0,255,0), rgba(0,0,255,1)); }
        .g6 { background: repeating-linear-gradient(brown, yellow 15%, green 30%); }
        .g7 { background: radial-gradient(red, yellow, green); }
        .g8 { background: radial-gradient(red 5%, yellow 15%, green 60%); }
```

```
        .g9 { background: radial-gradient(circle, red, yellow, green); }
        .g10 { background: repeating-radial-gradient(brown, yellow 15%, green 30%); }
    </style>
</head>
<body>
    <p class="g1">It's impossible not only starting good but also keeping it firm!!</p>
    <p class="g2">It's impossible not only starting good but also keeping it firm!!</p>
    <p class="g3">It's impossible not only starting good but also keeping it firm!!</p>
    <p class="g4">It's impossible not only starting good but also keeping it firm!!</p>
    <p class="g5">It's impossible not only starting good but also keeping it firm!!</p>
    <p class="g6">It's impossible not only starting good but also keeping it firm!!</p>
    <p class="g7">It's impossible not only starting good but also keeping it firm!!</p>
    <p class="g8">It's impossible not only starting good but also keeping it firm!!</p>
    <p class="g9">It's impossible not only starting good but also keeping it firm!!</p>
    <p class="g10">It's impossible not only starting good but also keeping it firm!!</p>
</body>
</html>
```

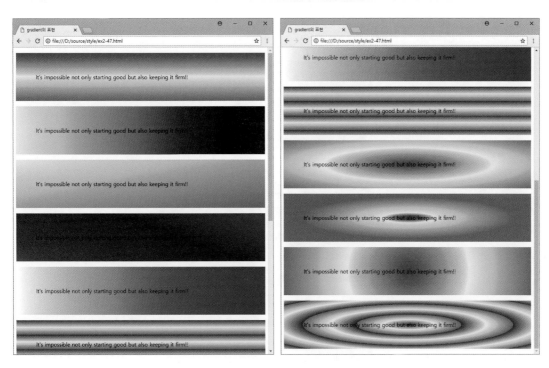

△ 결과 ex2-47.html

▶ 중심점 이동

원형 gradient의 중심 위치를 이동할 수 있는데, 모두 4가지 형태의 인수를 사용할 수 있습니다.

```
background: radial-gradient(farthest-side at 30% 30%, red, yellow, green);
```

원형 gradient의 시작점은 요소의 좌측에서 30%, 상단에서 30% 교차지점이고, 끝점은 시작점에서 멀리 떨어진 쪽의 면이라는 뜻입니다.

중심 위치에 따른 4가지 종류의 차이점을 구분하기 쉽도록 그림으로 설명해 보겠습니다.

중심 이동 기준	속성 설명
closest-side at 30% 30%	시작점에서 **가까운 쪽의 면까지** 점진적으로 채움
closest-corner at 30% 30%	시작점에서 **가까운 쪽의 꼭지점까지** 점진적으로 채움
farthest-side at 30% 30%	시작점에서 멀리 떨어진 쪽의 면까지 점진적으로 채움
farthest-corner at 30% 30%	시작점에서 **멀리 떨어진 쪽의 꼭지점까지** 점진적으로 채움

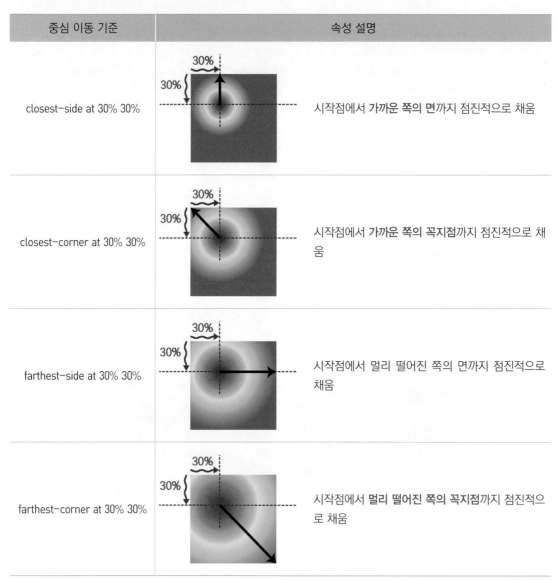

```
<!DOCTYPE html>
<html lang="ko">
<head>
    <meta charset="utf-8">
    <title>중심점 변경</title>
    <style type="text/css">
        p { padding: 60px; background: red;}
        .rg1 { background: radial-gradient(closest-side at 30% 30%, red, yellow, green); }
        .rg2 { background: radial-gradient(closest-corner at 30% 30%, red, yellow, green); }
        .rg3 { background: radial-gradient(farthest-side at 30% 30%, red, yellow, green); }
        .rg4 { background: radial-gradient(farthest-corner at 30% 30%, red, yellow, green);
}
    </style>
</head>
<body>
    <p class="rg1"></p>
    <p class="rg2"></p>
    <p class="rg3"></p>
    <p class="rg4"></p>
</body>
</html>
```

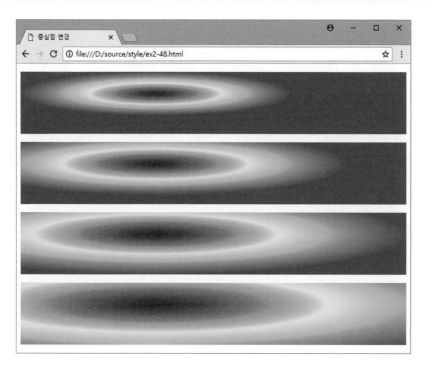

△ 결과 ex2-48.html

IE9는 gradient 속성을 지원하고 있지 않습니다.

2.5 11 / multiple background

CSS3에서는 여러 개의 배경 이미지를 동시에 적용할 수 있는데, 배경 이미지의 위치나 반복 여부 등도 개수만큼 지정할 수 있습니다. 이렇게 여러 배경을 다중으로 지정하면 먼저 기술한 이미지가 가장 앞에 배치되고 뒤로 갈수록 바닥에 배치됩니다.

다음 예제에서는 세 개의 배경 이미지를 원하는 위치에 배치하고 있습니다.

bg_tree.png (111px × 155px) :   bg_sun.png (111px × 111px) :

[예제 ex2-49.html]

```
<!DOCTYPE html>
<html lang="ko">
<head>
    <meta charset="utf-8">
    <title>다중 배경이미지</title>
    <style type="text/css">
        p {
            padding:100px;
          ❶ background-image: url(img/bg_tree.png), url(img/bg_sun.png),
             linear-gradient(to right, rgba(0, 100, 0, 0),  rgba(0, 100, 0, 1));
          ❷ background-repeat: no-repeat, no-repeat, no-repeat;
          ❸ background-position: bottom left, 97% 15%, left;
        }
    </style>
</head>
<body>
    <p>It's impossible not only starting good but also keeping it firm!!</p>
</body>
</html>
```

❶ 나무 이미지가 가장 위에, 그 밑에 태양 이미지, 맨 밑바닥에 그라디언트가 깔림

❷ 세 이미지 모두 반복하지 않음

❸ 나무 이미지는 좌측 하단에 배치되고, 태양 이미지는 요소의 가로 97% 지점에 이미지의 97% 지점이 닿고, 요소의 세로 15% 지점에 이미지의 15% 지점이 닿도록 배치됨

△ 결과 ex2-49.html

2.6 | BOX MODEL

BOX 관련 속성은 웹표준 CSS에서도 매우 중요한 부분이며, 이 부분을 마스터했는지가 CSS를 어느 정도 이해하느냐의 척도가 될 것입니다. 여기서 말하는 BOX란 콘텐츠가 자리하는 영역을 말하는 것으로 여기 나올 속성들은 너비(width), 높이(height), 안 여백(padding), 바깥여백(margin), 테두리(border) 등 주로 블록 요소에서 적용됩니다.

2.6 01 / width, height

요소의 가로 크기, 세로 크기를 말하며 기본적으로 여백과 테두리를 포함하지 않습니다. px, %, em 등 각종 단위를 사용할 수 있습니다. 이와 함께 min-width, min-height, max-width, max-height 등이 있습니다.

속성 값	속성 설명
width: 800px;	요소의 가로 폭을 800px로 지정함
height: 100%;	요소의 높이 값을 100%로 지정함
min-width: 1024px;	요소의 가로 폭을 1024px 이상으로 지정함
min-height: 200px;	요소의 높이 값을 200px 이상으로 지정함
max-width: 414px;	요소의 너비 값을 414px 이하로 지정함
max-height: 591px;	요소의 높이 값을 591px 이하로 지정함

max-width: 414px; 의 의미는 브라우저의 가로폭이 414px 이상에서는 요소의 가로길이가 414px로 고정되며 브라우저의 가로폭이 413px 이하부터는 요소의 길이가 가변이 된다는 뜻입니다. 콘텐츠의 양이 적더라도 일정 크기 이상의 공간을 유지하고자 할 경우에 min-width(최소 너비), min-height(최소 높이)를 사용할 수 있습니다. 반대로 브라우저의 크기를 아무리 늘려도 박스가 일정 크기 이상 늘어나지 않기를 바란다면 max-width(최대 너비), max-height(최대 높이)를 사용할 수 있습니다.

다음 예제에서는 가로 폭에 테두리가 포함되지 않는 것과 최소 높이 값에 대한 결과를 볼 수 있습니다. 요소의 크기와 위치를 정확히 확인할 수 있도록 10px 간격의 모눈 이미지를 배경으로 적용하겠습니다.

bg_grid.gif :

[예제 ex2-50.html]

```
<!DOCTYPE html>
<html lang="ko">
<head>
    <meta charset="utf-8">
    <title>요소의 크기</title>
    <style type="text/css">
        body { ❶ background: url(img/bg_grid.gif); }
        p {
            background: rgba(255,0,0,0.5);
            ❷ width: 600px;
            ❸ min-height: 100px;
            ❹ border: 20px solid rgba(0,255,0,0.5);
        }
```

```
        </style>
    </head>
    <body>
        <h3>BOX MODEL</h3>
        <p>언어란 무엇인가? 음성으로 의사를 표현하는 것.<br> 의지를 관철시키려는 의도가 있건 없건 음성으로 의사
를 표현하기만 하면 그것은 언어인가?</p>
    </body>
</html>
```

❶ 바닥에 깔린 그리드를 보고 요소의 크기를 잴 수 있도록 함

❷ 가로 크기 600px을 빨간 반투명 배경 영역으로 확인

❸ 내용이 적은데도 높이가 100px 확보된 것을 확인

❹ 녹색 반투명, 두께 20px인 테두리가 가로 600px, 세로 100px에 포함되지 않았다는 것을 확인

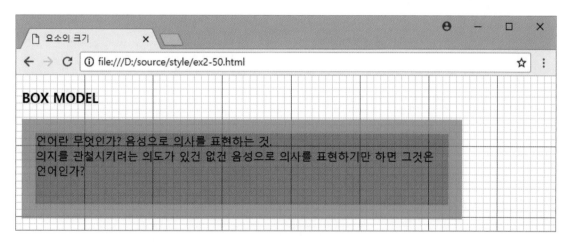

△ 결과 ex2-50.html

2.6 02 / padding

요소의 안쪽 여백 즉, 내용과 테두리 사이의 여백을 의미합니다. 기본적으로 width 값이 100px인 요소의
padding이 10px이면 박스의 가로 크기는 10 + 100 + 10 = 120px입니다.

속성 값	속성 설명
padding: 10px;	위쪽, 아래쪽, 왼쪽, 오른쪽 모두 각 10px
padding: 10px 20px;	위쪽, 아래쪽 : 10px, 왼쪽, 오른쪽 : 20px
padding: 10px 20px 30px;	위쪽 : 10px, 왼쪽, 오른쪽 : 20px, 아래쪽 : 30px
padding: 10px 20px 30px 40px;	위쪽 : 10px, 오른쪽 : 20px, 아래쪽 : 30px, 왼쪽 : 40px (시계 방향)
padding-top: 10px;	위쪽 : 10px
padding-right: 10px;	오른쪽 : 10px
padding-bottom: 10px;	아래쪽 : 10px
padding-left: 10px;	왼쪽 : 10px

다음 예제에서는 padding이 width에 포함되지 않는다는 것을 알 수 있습니다.

[예제 ex2-51.html]

```
<!DOCTYPE html>
<html lang="ko">
<head>
    <meta charset="utf-8">
    <title>요소의 안 여백</title>
    <style type="text/css">
        body {
            background: url(img/bg_grid.gif);
            font: 16px "Malgun Gothic";
        }
        p {
            background: rgba(200,200,0,0.5);
            width: 600px;
            padding: 50px 70px;
        }
    </style>
</head>
<body>
    <h3>BOX</h3>
    <p>철수가 영희에게 퍼블리셔란 무슨 일을 하는 직업이니? 하고 물었다.</p>
    <p>그러자 영희는 철수에게 아~ 그건 다 함께 잘 살기 위해 인터넷 선장이 되는 일이야 라고 말했다.</p>
</body>
</html>
```

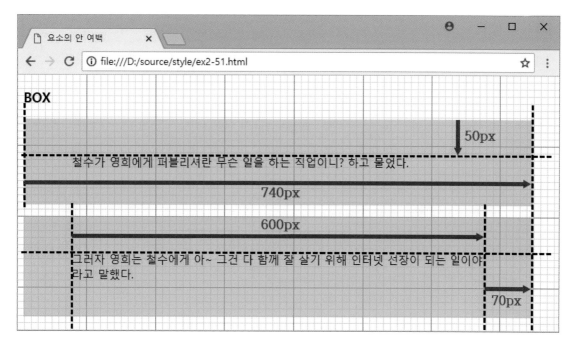

△ 결과 ex2-51.html

결과 화면의 정밀한 확인을 위해 점선과 화살표, 수치를 그래픽으로 추가했으니 예상과 일치하는지 확인하기 바랍니다.

요소의 바깥 여백 즉, 테두리와 다음 박스 사이의 여백을 의미합니다. margin은 당연히 width에 포함되지 않으며, 블록 요소에 width값을 명시하지 않고 margin 좌우를 주면 가로 길이가 줄어들게 됩니다. 값을 여러 번 쓸 때의 방향은 padding과 같습니다.

속성 값	속성 설명
margin: 10px;	위쪽, 아래쪽, 왼쪽, 오른쪽 모두 각 10px
margin: 10px 20px;	위쪽, 아래쪽 : 10px, 왼쪽, 오른쪽 : 20px
margin: 10px 20px 30px;	위쪽 : 10px, 왼쪽, 오른쪽 : 20px, 아래쪽 : 30px
margin: 10px 20px 30px 40px;	위쪽 : 10px, 오른쪽 : 20px, 아래쪽 : 30px, 왼쪽 : 40px (시계 방향)
margin-top: 10px;	위쪽 : 10px
margin-right: 10px;	오른쪽 : 10px

속성 값	속성 설명
margin-bottom: 10px;	아래쪽 : 10px
margin-left: 10px;	왼쪽 : 10px

박스의 바깥쪽 여백을 담당하는 margin은 '**세로 margin 겹침**'이 일어납니다. 즉, 세로로 나열된 두 박스 사이의 간격은 두 margin의 합이 아니라 둘 중 큰 값이 됩니다.

박스의 중앙정렬을 위해 **margin: 0 auto;**를 사용할 수 있습니다. 풀어서 쓴다면 margin: 0 auto 0 auto;가 될 텐데, 오른쪽과 왼쪽의 바깥 여백을 auto 즉, 자동으로 남은 여백의 반으로 계산하여 배치한 결과를 가져옵니다. 중앙 정렬을 위해 전용 클래스를 만들어 사용하기도 합니다.

```
.box_inner { width: 1000px; margin: 0 auto; }
```

지금까지 예제들의 결과를 보면 margin을 적용한 적이 없었는데도 불구하고 요소들이 페이지의 좌측 상단에서 떨어져 배치되는 것을 보았을 것입니다. 브라우저마다 기본적으로 요소에 여백을 가지고 있기 때문입니다. 그래서 디자인 시안을 정확히 퍼블리싱에 적용하기 위해 CSS 상단에 **margin: 0; padding: 0;** 구문을 넣어주고 시작하도록 합니다.

다음 예제에서는 '세로 margin 겹침'과 margin: 0 auto;를 이용한 요소의 중앙정렬을 볼 수 있습니다. 결과가 똑같이 나오는 것보다 왜 그렇게 나왔는지, 맞는 것인지 확인 할 수 있어야 합니다. 정확한 측정을 위해 바닥에 모눈을 깔고, 모든 요소에 margin: 0; padding: 0;을 주었으니 주의 깊게 분석해 보기 바랍니다.

[예제 ex2-52.html]

```
<!DOCTYPE html>
<html lang="ko">
<head>
    <meta charset="utf-8">
    <title>요소의 바깥 여백</title>
    <style type="text/css">
      ❶ * { margin: 0; padding: 0; }
        body {
            background: url(img/bg_grid.gif);
        }
        p {
```

```
            background: rgba(0,100,200,0.3);
            width: 700px; padding: 10px;
            ❷ margin: 20px;
        }
        .art2 { ❸ margin:0 auto; }
    </style>
</head>
<body>
    <p>유래없이 뜨거운 날씨이다. 섭씨 38도를 웃도는 온도에서 에어콘은 이제 살기 위한 도구가 되었다.</p>
    <p class="art2">달걀을 사다 놓기만 해도 병아리로 부화된다는 농담같은 이야기가 현재 대한민국의 실화
다.</p>
    <p>드디어 섭씨 40도가 넘었다. 엄마 뱃속보다 뜨거운 날씨, 감사해야 할까? 해가 뜨거울 뿐인데 오존층이 파
괴되어 오존주의보가 발령되었다.</p>
</body>
</html>
```

❶ 정확한 측정을 확인하기 위해 여백 초기화

❷ 바깥 여백 20px을 적용했는데 요소들 간의 세로 여백이 40px이 아니고 세로 margin은 겹치므로 20px인 것에 주의

❸ 두 번째 요소만 가로로 페이지 중앙에 정렬되었음

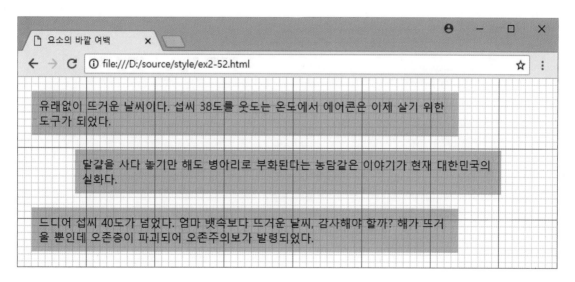

△ 결과 ex2-52.html

실제로 프로젝트를 수행할 때에는 박스의 중앙 정렬을 위하여 다음과 같이 전용 클래스를 만들어 사용할
수 있습니다.

```
.box_inner { width: 1000px; margin: 0 auto; }
...
<div id="container" class="box_inner">
```

이런 식으로 중앙 정렬이 필요한 요소마다 box_inner 클래스를 붙여 사용하는 것입니다.

[종합예제 ext2-3.html]

본문의 내용이 적을 경우 footer가 공중에 뜬 것처럼 위에 붙어 있으면 오류인 듯 보이고 디자인 컨셉에 맞지 않아 어색할 것입니다. 많은 UI 디자이너들은 이 때 아무리 내용이 없어도 footer가 화면 하단에 붙어 있기를 바랍니다. 내용이 넘치면 그때 화면 하단으로 밀려 내려가기를 원합니다.

이 시나리오의 조건은 콘텐츠를 담고 있는 container의 최소 높이를, 헤더와 푸터 높이를 제외한 화면의 세로 높이로 설정하는 것입니다. 콘텐츠가 짧을 때에도 footer가 따라 올라오지 않고 바닥에 있도록 하기 위해서입니다.

```
<!DOCTYPE html>
<html lang="ko">
<head>
    <meta charset="utf-8">
    <title>똑똑한 FOOTER</title>
    <style type="text/css">
        ❶ body,header,div,footer,h1,p,ul,li {margin: 0; padding: 0;}
        li {list-style-type: none;}
        a {text-decoration: none; color: #444;}
        header { ❷ height: 40px; line-height: 40px; background: cornflowerblue;}
        #container {width: 600px; margin: 0 auto; ❸ min-height: calc( 100vh - 80px );}
        .lnb {background: lightblue;}
        .lnb li {display: inline;}
        .lnb li a {display: inline-block; padding: 5px 20px; text-align: center;}
        .content_area {background: dodgerblue;}
        footer { ❹ height: 40px; line-height: 40px; text-align: center; background:
lightgray;}
    </style>
</head>
<body>
    <div id="wrap">
        <header>
            <h1><a href="#">How many contents is there?</a></h1>
        </header>
```

```
        <div id="container">
            <ul class="lnb">
                <li><a href="#">s1</a></li>
                <li><a href="#">s2</a></li>
                <li><a href="#">s3</a></li>
            </ul>
            <div class="content_area">
                <p>1내용<br> 2smart footer...<br> 3smart footer...<br> 4smart footer...<br>
5smart footer...<br> 6smart footer...<br> 7smart footer...<br> 8smart footer...<br> 9smart
footer...<br> last...</p>
            </div>
        </div>
        <footer>
            <p>copyright</p>
        </footer>
    </div>
</body>
</html>
```

❶ 정확한 레이아웃의 표현을 위해 블록들의 안 여백, 바깥 여백을 초기화

❷ header의 높이를 명시함

❸ container의 최소 높이를 화면높이(100vh) − 헤더 높이(40px) − 푸터 높이(40px) 로 지정함

❹ footer의 높이를 명시함

△ 결과 ext2-3.html

콘텐츠가 많아 브라우저 길이에 비해 길면 footer가 평상시처럼 밀려 내려가게 됩니다.

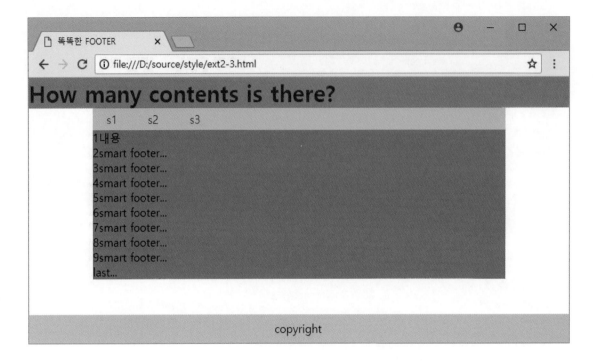

콘텐츠가 적어 브라우저 길이에 비해 짧으면 footer가 하단에 붙어 있는 것을 확인할 수 있습니다.

박스의 테두리를 말합니다. 테두리의 색상, 모양, 굵기를 정할 줄 알아야 하며 한꺼번에 지정할 줄 알아야 합니다.

▶ border-style, width, color

테두리의 형태, 굵기, 색상을 각각 따로 지정할 수도 있고 한 줄로 지정할 수도 있습니다.

속성 값 예문	속성 설명
border-color: blue;	테두리의 색상은 파란색으로 지정 (색상명, HEX, RGB, RGBA, HSL, HSLA 모두 가능)
border-width: 2px;	테두리의 굵기는 2px로 지정
border-style: solid;	테두리의 선모양은 실선으로 지정
border-top: 1px solid red;	위쪽 테두리만 1px 굵기의 빨간색 실선으로 지정
border-left: 1px solid red;	왼쪽 테두리만 1px 굵기의 빨간색 실선으로 지정
border-right: 1px solid red;	오른쪽 테두리만 1px 굵기의 빨간색 실선으로 지정
border-bottom: 1px solid red;	아래쪽 테두리만 1px 굵기의 빨간색 실선으로 지정
border: 1px solid red;	테두리 사방 모두 1px 굵기의 빨간색 실선으로 지정

테두리 선모양의 종류는 다양합니다.

선의 종류	속성 설명
solid	실선
dotted	점선
dashed	긴 점선
double	두 줄 실선 (굵기가 적어도 3px 이상)
none	테두리를 치지 않음
groove, ridge, inset, outset	각종 액자 형태의 테두리

다음 예제에서는 border를 표기하는 일반적인 방법을 볼 수 있으며, 다양한 선 모양을 확인할 수 있습니다.

```html
<!DOCTYPE html>
<html lang="ko">
<head>
    <meta charset="utf-8">
    <title>테두리 모양</title>
    <style type="text/css">
        .brdr {
            ❶ border-top: 1px solid #000;
            border-bottom: 1px dashed #000;
        }
        p {
            ❷ display: inline-block;
            ❸ width: 120px;  padding: 10px;
            margin: 10px 8px;
            text-align: center; font: 23px Times;
            background: #f1f1f1;
        }
        ❹ .p1 {border: 13px solid #abcdef; }
        .p2 {border: 13px dotted #800; }
        .p3 {border: 13px dashed #357; }
        .p4 {border: 13px double brown; }
        .p5 {border: 13px groove #06c; }
        .p6 {border: 13px ridge crimson; }
        .p7 {border: 13px inset #0c3; }
        .p8 {border: 13px outset #c63; }
    </style>
</head>
<body>
    <div class="brdr">
        <p class="p1">solid</p>
        <p class="p2">dotted</p>
        <p class="p3">dashed</p>
        <p class="p4">double</p>
        <p class="p5">groove</p>
        <p class="p6">ridge</p>
        <p class="p7">inset</p>
        <p class="p8">outset</p>
    </div>
</body>
</html>
```

❶ div 상자에 검정색 실선 윗줄 테두리, 검정색 긴 점선 아랫줄 테두리

❷ p 요소들의 테두리를 쉽게 비교해볼 수 있도록 옆으로 배치하기 위해 블록요소 성격을 해제함

❸ 요소의 가로 폭과 안 여백을 합치면 진정한 너비 값은 140px인데, 테두리는 거기 포함되지 않는다는 것을 확인할 것

❹ 8가지 선 모양 비교

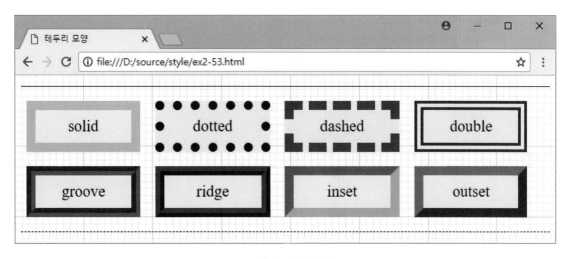

△ 결과 ex2-53.html

border를 잘 활용하면 기호를 만들 수 있습니다. 가로 세로 길이가 없는 요소에 두껍게 border를 주면 딱지 모양이 생성되는데 위, 아래, 왼쪽, 오른쪽 중 원하는 한부분만 보이도록 하면 삼각형 글머리 기호를 만들 수 있습니다. 다음 순서대로 속성을 부여해 보십시오. 이해를 돕기 위해 위쪽과 아래쪽 테두리 색상을 변경하는 속성을 추가했습니다.

```
width: 0; height: 0;
border: 10px solid #000;
border-top-color: red;
border-bottom-color: lime;
border-right: none;
border-top-color: #fff;
border-bottom-color: #fff;
```

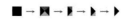

이렇게 이미지 없이도
글머리 기호를 얻을 수 있습니다.

▶ border-radius

CSS3에서는 박스의 네 모서리를 둥글게 만들 수 있습니다.

```
border-radius: 5px;
```

요소의 테두리에 border-radius를 적용하면 텍스트 필드나 div 등 각종 요소의 테두리를 좀더 세련되게 표현할 수 있습니다. 그 외에 네 모서리 중 원하는 부분만 둥글게 표현하여 원, 반원, 4분의 1조각짜리 원 등을 표현해 낼 수도 있습니다.

먼저 값이 하나인 경우에는 네 모서리가 동일한 값으로 둥글게 처리됩니다.

```
border-radius: 30px;
```

위의 예문은 border-radius: 30px 30px 30px 30px;과 같은 의미입니다. 즉, 네 모서리가 30px인 둥근 박스를 만들어줍니다. 아래 그림과 같이 둥근 모서리를 동그란 원의 테두리로 생각했을 때 그 원의 반지름을 radius값으로 표현합니다.

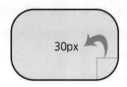

다음은 값이 네 개인 경우입니다.

```
border-radius: 10px 20px 30px 40px;
```

위의 예문은 다음 네 개의 문장을 줄인 것입니다.

```
border-top-left-radius: 10px;
border-top-right-radius: 20px;
border-bottom-right-radius: 30px;
border-bottom-left-radius: 40px;
```

좌측 상단 모서리 반지름이 10px, 우측 상단 모서리 반지름이 20px, 우측 하단 모서리 반지름이 30px, 좌측 하단 모서리 반지름이 40px인 박스를 만들어줍니다. 네 개의 수치는 좌측 상단부터 시계방향이고 값은 박스의 크기보다 적게 설정해야 합니다.

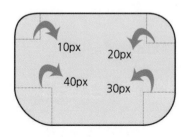

이것을 이용하여 각종 도형을 만들 수 있습니다.

```
width: 100px; height: 100px; border-radius: 100px;
```

위의 예문과 같이 border-radius, width, height를 같은 값으로 지정하면 동그란 박스를 표현할 수 있습니다.

```
width: 200px; height: 100px; border-radius: 100px 100px 0 0;
```

가로가 긴 박스이므로 네 모서리 중 양쪽의 둥글게 처리할 부분만 border-radius 값을 width 값의 1/2로 지정하여 반원 모양의 박스를 표현할 수 있습니다.

```
width: 100px; height: 100px; border-radius: 200px 0 0 0;
```

네 모서리 중 한쪽의 둥글게 처리할 부분만 border-radius 값을 width, height 값의 2배로 지정하여 1/4 원 모양의 박스를 표현할 수 있습니다.

다음 예제에서는 네 모서리의 border-radius 값을 이용하여 원하는 형태의 도형을 만들고 있습니다.

[예제 ex2-54.html]

```
<!DOCTYPE html>
<html lang="ko">
<head>
<meta charset="utf-8">
<title>둥근 테두리</title>
<style type="text/css">
    ❶ .radius {
        ❷ display: inline-block; text-align: center; line-height: 100px;
    }
    .radius1 {
        width: 100px; height: 100px; background-color: #C60;
        ❸ border-radius: 100px;
    }
    .radius2 {
        width: 200px; height: 100px; background-color: #090;
        ❹ border-radius: 100px 100px 0 0;
    }
```

```
        .radius3 {
            width: 100px; height: 100px; background-color: #06C;
            ❺ border-radius : 200px 0 0 0;
        }
        .radius4 {
            width: 200px; height: 100px; background-color: #99a;
            ❻ border-radius: 40px 15px 40px 15px;
            border: 4px dotted #808;
        }
</style>
</head>
<body>
    <span class="radius radius1">radius1</span>
    <span class="radius radius2">radius2</span>
    <span class="radius radius3">radius3</span>
    <span class="radius radius4">radius4</span>
</body>
</html>
```

❶ 공통으로 적용할 속성들은 따로 빼서 공통 클래스에 부여함

❷ span은 inline요소이므로 크기나 행간 등 박스 모델 속성을 부여하기 위해 inline-block으로 변경, 세로 중앙 정렬 효과를 주기 위해 행간을 높이와 같은 값으로 부여함

❸ border-radius를 크기와 같은 값으로 부여하여 네모서리 모두 둥글게 처리

❹ 가로를 세로보다 2배로 하고 border-radius를 좌측 상단, 우측 상단 모서리만 둥글게 처리

❺ 가로, 세로 길이를 동일하게 하고 border-radius를 좌측 상단 모서리만 둥글게 처리

❻ border-radius를 좌측 상단과 우측 하단은 40px 만큼 둥글게 처리하고, 우측 상단과 좌측 하단은 15px 만큼 둥글게 처리

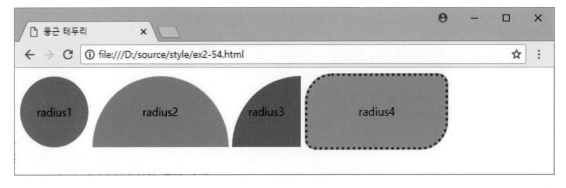

△ 결과 ex2-54.html

사실 border-radius: 10px;은 border-radius: 10px / 10px;을 줄인 표현입니다. '/' 앞쪽 수치는 모서리 중 가로 방향 반지름이고, '/' 뒤쪽 수치는 세로 방향 반지름입니다.

```
border-radius: 10px / 70px;
```

위 예문은 모서리를 둥글게 할 때 가로 방향보다 세로 방향을 더 많이 기울어지게 한다는 의미로 다음 네개의 문장을 줄인 것입니다.

```
border-top-left-radius: 10px 70px;
border-top-right-radius: 10px 70px;
border-bottom-right-radius: 10px 70px;
border-bottom-left-radius: 10px 70px;
```

다음 예제에서는 이 값들을 살짝 바꾸어 손 그림 같은 테두리를 만들어 줍니다.

[예제 ex2-55.html]

```
<!DOCTYPE html>
<html lang="ko">
<head>
    <meta charset="utf-8">
    <title>둥근 테두리</title>
    <style type="text/css">
        .radius {
            display: inline-block;
            padding: 40px 0; text-align: center;
            background-color: #07d;
        }
        .radius1 {
            width: 230px; margin: 10px;
            ❶ border-radius: 15px / 70px;
        }
        .radius2 {
            width: 490px;
            ❷ border-radius: 15px 70px 15px 70px / 70px 15px 70px 15px;
        }
    </style>
</head>
```

```
<body>
    <span class="radius radius1">border-radius: 20px / 70px;</span>
    <span class="radius radius2">border-radius: 15px 70px 15px 70px / 70px 15px 70px 15px;</
span>
</body>
</html>
```

❶ 네 모서리의 반지름 값을 모두 가로 15px, 세로 70px로 지정

❷ 네 모서리의 반지름 값을 번갈아 다르게 지정

   좌측 상단 : 가로 15px, 세로 70px   우측 상단 : 가로 70px, 세로 15px

   우측 하단 : 가로 15px, 세로 70px   좌측 하단 : 가로 70px, 세로 15px

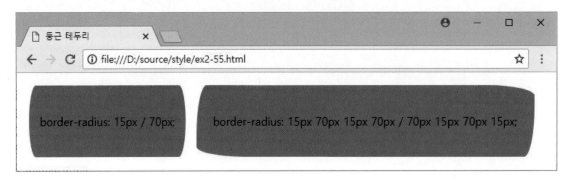

△ 결과 ex2–55.html

▶ border-image

CSS3에서는 테두리에 무늬를 입힐 수 있습니다.

```
border-image: url(border.png) 20 round;
```

수치 20은 원래 이미지의 입자가 20px일 경우 같은 수치를 쓸 때 가장 정확하게 나타나고 줄일 수도 있습니다.

border-image-repeat는 round, repeat, stretch 세 가지가 있습니다. round와 repeat은 모서리 처리만 약간 다르게 나타날 뿐 이미지 패턴을 반복하는 형태인데, stretch는 이미지 패턴 하나를 늘려서 채워주는 것입니다.

다음 예제에서는 세가지 border-image-repeat의 형태들을 확인할 수 있습니다.

border.png (81px × 81px) :

[예제 ex2-56.html]

```
<!DOCTYPE html>
<html lang="ko">
<head>
    <meta charset="utf-8">
    <title>테두리 이미지</title>
    <style type="text/css">
        body{ margin: 20px; }
        div {
            width: 600px; height: 50px; padding: 15px;
            margin-bottom: 20px;
        ❶ border: 10px solid transparent;
        }
        .round {
        ❷ border-image: url(img/border.png) 27 round;
            -webkit-border-image: url(img/border.png) 27 round;
        }
        .repeat {
        ❷ border-image: url(img/border.png) 27 repeat;
            -webkit-border-image: url(img/border.png) 27 repeat;
        }
        .stretch {
        ❷ border-image: url(img/border.png) 27 stretch;
            -webkit-border-image: url(img/border.png) 27 stretch;
        }
    </style>
</head>
<body>
    <div class="round">
        It's impossible not only starting good but also keeping it firm!!</div>
    <div class="repeat">
        It's impossible not only starting good but also keeping it firm!!</div>
    <div class="stretch">
        It's impossible not only starting good but also keeping it firm!!</div>
</body>
</html>
```

❶ 먼저 테두리 두께를 10px로 설정

❷ round, repeat, stretch 의 결과를 확인하고 수치도 바꾸어 확인, safari 브라우저를 위해 −webkit− vendor prefix를 추가했습니다.

△ 결과 ex2−56.html

IE10는 border−image 속성을 지원하고 있지 않습니다.

2.6 05 / outline

border 영역 외곽에 테두리를 치는 속성입니다.

```
outline: 5px solid red;
```

outline은 두께가 늘어나도 주변에 공간을 확보하지 않으므로 레이아웃이 흐트러지지 않게 그저 영역 밖에 테두리를 표시할 뿐입니다. outline−style, outline−width, outline−color라는 속성들을 따로 부여할 수 있으나 위, 아래, 왼쪽, 오른쪽 따로 적용할 수 없고 네 면 공동으로 적용됩니다.

```
    outline-offset: 2px;
```

border 와 outline 사이의 간격을 줄 때 outline-offset 속성을 사용할 수 있습니다.

```
    border: 10px solid #aaa;
    outline: 5px solid red;
    outline-offset: 2px;
```

따라서 위 예문의 결과는 다음과 같습니다.

It's impossible not only starting good but also keeping it firm!!

기본적으로 width, height 값에 padding 값이나 border 값은 포함되지 않습니다. 그러면 width가 100%로 설정되어 있을 경우 padding이나 border 속성을 추가할 수가 없습니다. CSS3에서는 박스의 크기가 여백과 테두리를 포함해도 원래 크기를 넘지 않도록 하기 위해 box-sizing 속성을 이용할 수 있습니다.

```
    box-sizing: border-box;
```

속성 값 예문	속성 설명
box-sizing: content-box;	요소의 전체크기에 padding, border 값을 포함시키지 않음
box-sizing: border-box;	요소의 전체크기에 padding, border 값을 포함시킴

다음 예제에서는 width, height에 padding, border를 포함하는 box-sizing: border-box;의 기본적인 효과를 알 수 있습니다.

[예제 ex2-57.html]

```
<!DOCTYPE html>
```

```
<html lang="ko">
<head>
    <meta charset="utf-8">
    <title>box-sizing</title>
    <style type="text/css">
        * { margin: 0; padding: 0; }
        ❶ body { background: url(img/bg_grid.png); }
        p {
            ❷ width: 600px; height: 100px; padding: 30px;
            margin-bottom: 10px;
            background: rgba(255,255,0,0.5);
            ❸ border: 10px solid rgba(0,0,0,0.5);
        }
        .sizing { ❹ box-sizing: border-box; }
        .sizing_list { ❺ width: 500px; margin-top: 20px;}
        .sizing_list li {
            list-style-type: none;
            ❻ float: left; width: 25%; padding: 10px;
            ❼ box-sizing: border-box;
            text-align: center; background: rgba(0,0,100,0.3);
        }
        .sizing_list li:nth-child(even) { background: rgba(0,0,100,0.15); }
        .sizing_list li a { text-decoration: none; color:#000;}
        .sizing_list li a:hover { text-decoration: underline; }
    </style>
</head>
<body>
    <p>It's impossible not only starting good but also keeping it firm!!</p>
    <p class="sizing">It's impossible not only starting good but also keeping it firm!!</p>
    <ul class="sizing_list">
        <li><a href="#">Company</a></li>
        <li><a href="#">Service</a></li>
        <li><a href="#">Custommer</a></li>
        <li><a href="#">Community</a></li>
    </ul>
</body>
</html>
```

❶ 정확한 측정을 위해 배경에 그리드를 깔았으니 눈금을 보며 확인

❷ 가로 600px, 세로 100px, 안여백 30px

❸ 테두리 10px 결과적으로 가로 600+30+30+10+10 = 680px, 세로 100+30+30+10+10 = 180px

❹ 여백과 테두리가 width, height에 포함될 수 있도록 box-sizing: border-box; 부여

　　sizing 요소에 width는 여전히 600px, height는 여전히 100px임을 확인

❺ 메뉴 리스트의 가로 폭을 500px로 설정

❻ 각 메뉴들을 가로로 배열 (float은 요소의 가로 나열 속성 ➜ 2.8 **01** float 부분에서 다룹니다.

　　가로 크기를 전체의 1/4로 설정, 여백은 사방 10px

❼ 여백과 테두리가 width, height에 포함될 수 있도록 box-sizing: border-box; 부여

　　여백이 10px 있으나 가로 세로 크기가 늘어나지 않았음을 확인

△ 결과 ex2-57.html

> **NOTE**
>
> 개발 작업을 위한 각종 프레임워크를 사용할 경우 블록 요소에 box-sizing: border-box;가 이미 적용되어있을 수 있습니다. 프레임워크를 작업 진행 중에 변경한다면 레이아웃이 틀어지는 경우가 생길 수 있으므로 정확하게 확인한 후에 작업하는 것이 좋습니다.

CSS3에서는 요소에 그림자를 발생시킬 수 있습니다.

```
box-shadow: 8px 15px 10px 7px inset rgba(0,0,50,0.4);
```

위 예문에 포함된 속성 값을 자세히 살펴보면 다음과 같습니다.

속성 값	속성 설명
8px	그림자가 원본과 가로로 떨어진 간격
15px	그림자가 원본과 세로로 떨어진 간격
10px	그림자의 흐릿한 정도 (blur)
7px	그림자의 확장 (spread – 양수는 확장, 음수는 축소)
inset	그림자가 물체의 안쪽에 나타남 (mac 사파리와 IE에서는 적용 안됨)
rgba(0,0,50,0.4)	그림자의 색상

다음 예제에서 결과를 확인할 수 있습니다.

[예제 ex2-58.html]

```html
<!DOCTYPE html>
<html lang="ko">
<head>
    <meta charset="utf-8">
    <title>box-shadow</title>
    <style type="text/css">
        p {
            display: inline-block; margin: 20px 10px;
            width: 300px; padding: 20px;
            border-radius: 55px 10px / 10px 55px;
            background: #abcdef;
        }
        .shadow1 { box-shadow: 8px 15px; }
        .shadow2 { box-shadow: 8px 15px rgba(0,0,50,0.4); }
        .shadow3 { box-shadow: 8px 15px 10px rgba(0,0,50,0.4); }
        .shadow4 { box-shadow: 8px 15px 10px 7px rgba(0,0,50,0.4); }
        .shadow5 { box-shadow: 8px 15px 10px inset rgba(0,0,50,0.4); }
```

```
        .shadow6 { ❶ box-shadow: 5px 5px 5px darkred, 10px 10px 5px yellow, 15px 15px 5px
darkblue;
        }
    </style>
</head>
<body>
    <p class="shadow1">It's impossible not only starting good but also keeping it firm!!</p>
    <p class="shadow2">It's impossible not only starting good but also keeping it firm!!</p>
    <p class="shadow3">It's impossible not only starting good but also keeping it firm!!</p>
    <p class="shadow4">It's impossible not only starting good but also keeping it firm!!</p>
    <p class="shadow5">It's impossible not only starting good but also keeping it firm!!</p>
    <p class="shadow6">It's impossible not only starting good but also keeping it firm!!</p>
</body>
</html>
```

❶ 그림자를 원하는 옵션으로 여러 개 발생시킬 수 있습니다. 여기서는 세 개 붙인 것입니다.

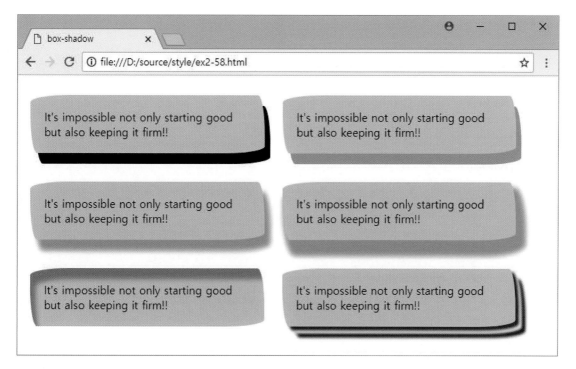

△ 결과 ex2-58.html

박스의 모서리를 마우스로 잡아당겨 크기를 조절하거나 못하게 할 수 있습니다.

```
resize: both;
```

속성 값	속성 설명
horizontal	박스의 가로 방향으로 크기를 조절할 수 있도록 함
vertical	박스의 세로 방향으로 크기를 조절할 수 있도록 함
both	박스의 가로, 세로 양방향으로 크기를 조절할 수 있도록 함
none	박스의 크기를 조절할 수 없도록 함

overflow 속성과 함께 써야 하며 overflow: visible;은 사용할 수 없습니다. resize가 가능해지면 요소의 우측 하단 모서리에 빗살무늬 표식이 생깁니다.

다음 예제에서는 textarea 요소의 resize 속성을 변경하는 것을 확인할 수 있습니다.

[예제 ex2-59.html]

```
<!DOCTYPE html>
<html lang="ko">
<head>
    <meta charset="utf-8">
    <title>BOX의 크기조절</title>
    <style type="text/css">
        textarea { border: 1px solid #000; }
   ❶ .memo2 { resize: none; }
        p {
           width:300px; padding: 30px;
            border: 1px solid #000;
            ❷ resize: horizontal;
            ❸ overflow: auto;
        }
    </style>
</head>
<body>
    <textarea class="memo1" cols="70" rows="5"></textarea>
    <textarea class="memo2" cols="70" rows="5"></textarea>
    <p>It's impossible not only starting good but also keeping it firm!!</p>
</body>
</html>
```

❶ textarea는 원래 resize 속성을 both로 가지고 있는데 이것을 조절할 수 없게 됨

❷ p 요소의 크기를 가로로 늘릴 수 있게 됨

❸ overflow와 함께 사용함

△ 결과 ex2–59.html

resize는 IE에서는 지원하지 않는 속성입니다.

2.6 09 / appearance

form 관련 요소들 중에는 이미 가지고 있는 디자인 속성들이 있어, PC 또는 모바일 기기별로 그 모양이 다르게 나타나는 경우가 종종 있습니다. 고유하게 적용되어 있는 속성들을 모두 제거하여 초기화시키고자 할 때 접두어를 붙여 사용할 수 있습니다.

```
input, textarea, select {
    -webkit-appearance: none;
    border: 1px solid #ccc;
    ...
}
```

이 구문을 붙이고 CSS를 부여하면 mac 사파리 등 다양한 브라우저에서 해당 요소에 대한 동일한 디자인을 얻을 수 있습니다.

2.7 | 기타 CSS3 속성

2.7 01 | 이차원 변형(2D transform)

CSS3 에서는 박스를 회전(rotate), 확대 축소(scale), 이동(translate), 찌그러뜨리기(skew)할 수 있습니다.

속성 값	속성 설명
translate(20px, 30px)	• 우측으로 20px, 아래로 30px 이동 • translateX( ), translateY( ) 둘로 사용 가능
rotate(30deg)	• 30도 회전
scale(0.7, 1.3)	• 가로 70%로 축소, 세로 130% 확대 • scaleX( ), scaleY( ) 둘로 사용 가능
skew(30deg, 20deg)	• 가로 30도 찌그러뜨림, 세로 20도 찌그러뜨림 • skewX( ), skewY( ) 둘로 사용 가능
matrix(1, −0.3, 0, 1, 0, 0)	• scaleX( ), skewY( ), skewX( ), scaleY( ), translateX( ), translateY( )와 같은 순서대로 한꺼번에 적용함

실습으로 확인해 봅니다.

[예제 ex2-60.html]

```
<!DOCTYPE html>
<html lang="ko">
<head>
    <meta charset="utf-8">
    <title>TRANSFORM</title>
    <style type="text/css">
    body { margin-left: 100px; }
        p {
            width: 500px; padding: 15px; background: #78a;
            border: 5px solid rgba(0, 0, 0, 0.5);
            font: 21px Times;
        }
        .t1 {
            -ms-transform: translate(30px, 20px);
            transform: translate(30px, 20px);
```

```
            background: #89b; }
        .t2 {
            -ms-transform: rotate(60deg);
            transform: rotate(60deg);
            background: #9ac; }
        .t3 {
            -ms-transform: scale(0.7, 1.3);
            transform: scale(0.7, 1.3);
            background: #abd; }
        .t4 {
            -ms-transform: skew(15deg, 10deg);
            transform: skew(15deg, 10deg);
            background: #bce; }
        .t5 {
            -ms-transform: matrix(1, -0.1, 0, 1, 0, 0);
            transform: matrix(1, -0.1, 0, 1, 0, 0);
            background: #cdf;
        }
    </style>
</head>
<body>
    <p>Original</p>
    <p class="t1">translate(30px, 20px)</p>
    <p class="t2">rotate(50deg)</p>
    <p class="t3">scale(0.7, 1.3)</p>
    <p class="t4">skew(15deg, 10deg)</p>
    <p class="t5">matrix(1, -0.1, 0, 1, 0, 0)</p>
</body>
</html>
```

NOTE

구형 브라우저를 위한 Vendor Prefix

지금은 최신 브라우저가 CSS3 속성을 거의 지원하고 있지만 아직도 구형 브라우저를 고집하는 고객들이 있다면 속성 앞에 브라우저를 식별할 수 있는 접두사 vendor prefix를 붙여서 사용합니다. 위의 예제의 경우를 보면 IE9에서의 실행을 위해서 Vendor Prefix -ms-를 붙여 주었습니다.

-webkit-	Safari, Chrome
-moz-	Firefox
-ms-	Internet Explorer
-o-	Opera

브라우저가 계속 버전업되고 있으므로 반드시 확인 후 사용하도록 합니다.

https://www.w3schools.com에 접속하여 CSS 쪽으로 가면 어느 브라우저의 몇 버전에서 vendor prefix가 필요한지 알려줍니다.

Property	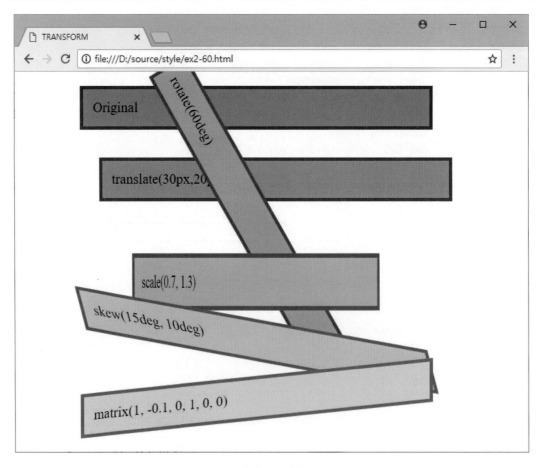	e			O
transform (2D)	36.0 4.0 -webkit-	10.0 9.0 -ms-	16.0 3.5 -moz-	9.0 3.2 -webkit-	23.0 15.0 -webkit- 10.5 -o-

vendor prefix를 사용할 때에는 접두어가 없는 표준 속성을 뒤에 꼭 붙여줍니다.

    -webkit-transform: translate(30px, 20px);
    -moz-transform: translate(30px, 20px);
    -ms-transform: translate(30px, 20px);
    -o-transform: translate(30px, 20px);
    transform: translate(30px, 20px);

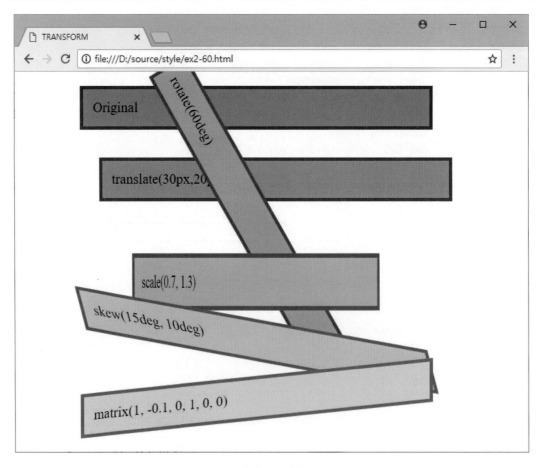

△ 결과 ex2-60.html

CSS3에서는 background, color, height, width, transformation 등의 속성 값을 지정한 시간 동안 부드럽게 변경할 수 있습니다. 예를 들어 하이퍼링크의 색상을 마우스 오버할 때 속성전환 시키고 싶다면 먼저 하이퍼링크에 글자 색상 속성을 부여합니다.

```
a { color: #000; }
```

색상을 2초 동안 전환시키기 위해 설정하려면 적어도 두 가지 속성이 필요합니다.

속성 값 예문	속성 설명
transition-property: color;	글자색상 속성을 전환하도록 설정
transition-duration: 2s;	2초 동안 전환되도록 설정

거기에 효과를 더하고 싶다면 두 가지 속성을 더 추가할 수 있습니다.

속성 값 예문	속성 설명
transition-timing-function: ease-in;	변화의 속도는 점점 빨라지게 설정
transition-delay: 1s;	1초 기다렸다가 변화가 시작되도록 설정

그리고 변화가 일어나게 하려면 원하는 선택자에 전환될 글자 색상 속성을 부여합니다.

```
a:hover { color: red; }
```

transition-timing-function에는 속도 변화를 지정하는데, 큰 차이를 느끼기 어렵지만 다음과 같은 항목들이 있습니다.

속성 값 예문	속성 설명
linear	등속, cubic-bezier(0,0,1,1)
ease	느린 시작으로 전환 효과를 지정한 다음 빠르게 실행한 다음 천천히 종료, cubic-bezier(0.25,0.1,0.25,1)와 같음 (기본값)
ease-in	점점 빨라짐, cubic-bezier(0.42,0,1,1)와 같음
ease-out	점점 느려짐, cubic-bezier(0,0,0.58,1)와 같음
ease-in-out	느린 시작과 끝으로 효과를 지정, cubic-bezier(0.42,0,0.58,1)와 같음
cubic-bezier(N,N,N,N)	값을 입력하여 가속/감속을 지정

두 개의 속성을 동시에 전환할 때 한 줄로 표현할 수 있습니다.

```
transition: width 1s, color 1s;
```

다음 예제에서는 마우스 오버할 때 하이퍼링크의 영역과 색상이 동시에 전환되는 예를 볼 수 있습니다.

[예제 ex2-61.html]

```
<!DOCTYPE html>
<html lang="ko">
<head>
    <meta charset="utf-8">
    <title>TRANSITION</title>
    <style type="text/css">
        .menu li { list-style-type: none; }
        .menu li a {
            display: block; width: 300px; height: 20px;
            padding: 10px; margin-bottom: 2px;
            background: #abc; text-indent: 10px;
            ❶ transition: width 1s, color 1s;
            color: #000; text-decoration: none;
        }
        .menu li a:hover {
            ❷ width: 450px;
            ❸ color: #c00;
        }
    </style>
</head>
<body>
    <h3>Moving menu</h3>
    <ul class="menu">
        <li><a href="#">Company</a></li>
        <li><a href="#">Product</a></li>
        <li><a href="#">Service</a></li>
        <li><a href="#">Customer Support</a></li>
        <li><a href="#">Community</a></li>
    </ul>
</body>
</html>
```

❶ width와 color를 1초 동안 속성전환하기로 설정함

❷ 마우스 오버하면 width는 300px에서 450px로 전환되는지 확인

❸ 마우스 오버하면 글자 색상은 검정색에서 빨간색으로 전환되는지 확인

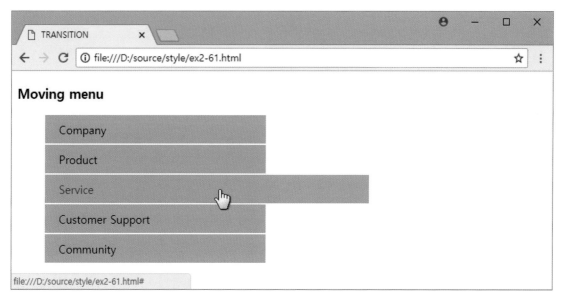

△ 결과 ex2–61.html

IE9는 transition 속성을 지원하고 있지 않습니다.

2.7 03 애니메이션(animation)

CSS3에서는 애니메이션을 사용하여 요소가 한 스타일에서 다른 스타일로 점진적으로 변경할 수 있도록 합니다. 원하는 만큼 많은 CSS 속성을 변경할 수 있는데, 먼저 애니메이션의 일부 키프레임을 지정해야 합니다.

```
@keyframes sample {
    from { background-color: blue; }
    to { background-color: yellow; }
}
```

위 예문은 'sample'이라는 애니메이션을 선언하고 있는데, 처음에 배경색이 파란색이었다가 노란색으로 변경된다는 내용입니다. sample을 요소에 연결해야 변경이 일어납니다.

```
div {
    background-color: red;
    animation-name: sample;
    animation-duration: 4s;
}
```

이렇게 하면 sample 파란색 배경이 4초 동안 노란색으로 변경됩니다. 더 많은 단계를 만들려면 키프레임 설정에서 from, to 대신 백분율을 사용하여 스타일 변경을 원하는 만큼 추가할 수 있습니다.

```
@keyframes sample {
    0%   { background: blue; }
    25%  { background: green; }
    50%  { background: red; }
    100% { background: yellow; }
}
```

4초 동안 배경색이 파란색(처음) → 녹색(1초 지점) → 빨간색(2초 지점) → 노란색(4초 지점)으로 변경됩니다. 키프레임에는 한 가지 속성만 정의할 수 있는 것이 아닙니다.

```
@keyframes sample {
    0%   { background: red;  transform: translate(0,0); }
    50%  { background: yellow;  transform: translate(30px,20px); }
    100% { background: lime;  transform: translate(0,0); }
}
```

위 예문에서는 배경색과 위치 값 두 가지를 변경하고 있습니다. 원래 위치에서 빨간색으로 출발하여 가로 30px, 세로 20px 위치로 이동하면서 노란색으로 변경되고, 마지막에는 원래 위치로 돌아오며 초록색으로 변경됩니다.

하지만 애니메이션은 구간을 다 돌고 나면 처음 속성으로 돌아옵니다. 다시 말해 빨간색에서 노란색, 초록색으로 점진적 변경을 하고 난 후에는 갑자기 다시 빨간색으로 확 바뀌어 버립니다. 이를 방지하기 위해 animation-fill-mode 속성을 사용할 수 있습니다.

```
animation-fill-mode: forwards;
```

forwards는 애니메이션이 끝나고 난 뒤 마지막 키프레임에 의해 설정된 스타일 값을 유지합니다. 즉, 빨간색에서 노란색, 초록색으로 색상이 변경되고 난 뒤 원래대로 돌아가지 않고 초록색이 그대로 계속 유지됩니다.

여기까지의 기본 사항을 실습으로 알아보겠습니다.

[예제 ex2-62.html]

```
<!DOCTYPE html>
<html lang="ko">
<head>
    <meta charset="utf-8">
    <title>ANIMATION</title>
    <style type="text/css">
    ❶ @keyframes sample {
        ❷ 0%   {background: firebrick; transform: translate(0,0); }
        ❸ 50%  {background: cornflowerblue; transform: translate(30px, 20px); }
        ❹ 100% {background: forestgreen; transform: translate(0,0); }
        }
        p {
            width: 100px; height: 100px;
            padding: 10px; background: firebrick;
            ❺ animation-name: sample;
            ❻ animation-duration: 4s;
            ❼ animation-fill-mode: forwards;
        }
    </style>
</head>
<body>
    <p>
        Animation..
    </p>
</body>
</html>
```

❶ 'sample' 애니메이션의 키프레임을 세 지점 선언함

❷ 첫 번째 키프레임 : 배경색은 firebrick (붉은색), 위치는 변경 없음

❸ 두 번째 키프레임 : 배경색은 cornflowerblue (푸른색), 위치는 가로 30px, 세로 20px 지점으로 변경

❹ 세 번째 키프레임 : 배경색은 forestgreen (초록색), 위치는 원래 위치로 변경

❺ p 요소의 애니메이션을 sample이라고 등록된 키프레임으로 설정

❻ 애니메이션 기간은 4초 동안

❼ 애니메이션 끝나고 나면 마지막 속성 유지

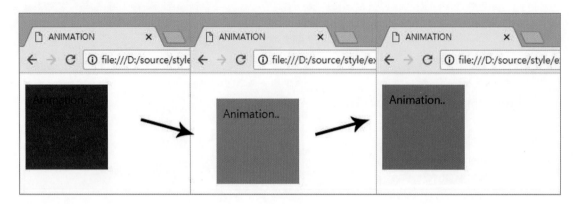

△ 결과 ex2-62.html

animation-delay 속성은 애니메이션의 시작에 대한 지연을 지정합니다.

```
animation-delay: 2s;
```

애니메이션을 2초 기다렸다가 실행한다는 의미입니다. 음수 값을 사용하면 이미 N초 동안 재생됐었던 것처럼 진행됩니다.

animation-iteration-count 속성은 애니메이션이 실행 횟수를 지정하거나 계속 반복하게 합니다.

```
animation-iteration-count: infinite;
```

위와 같이 수치를 쓰는 대신 infinite 값을 사용하면 애니메이션을 영원히 계속되게 만듭니다.

animation-direction 속성은 애니메이션의 재생의 방향을 지정하거나 또는 변경합니다.

```
animation-direction: reverse;
```

이렇게 하면 애니메이션 방향이 역방향이 됩니다. animation-direction의 값에 대해 알아봅니다.

속성 값	속성 설명
normal	순방향 재생 (기본값)
reverse	역방향 재생
alternate	순방향 ↔ 역방향 순으로 지그재그 재생됩니다. (infinite인 경우 실행됨)
alternate-reverse	역방향 ↔ 순방향 순으로 지그재그 재생됩니다. (infinite인 경우 실행됨)

animation-timing-function 속성은 애니메이션의 속도 곡선을 지정 또는 변경합니다.

```
animation-timing-function: ease;
```

animation-timing-function 속성의 값은 속성전환의 transition-timing-function과 같습니다.

이 속성들을 한 줄로 표기할 수 있습니다.

```
animation: sample 5s linear 2s infinite alternate;
```

'sample' 애니메이션을 5초 동안, 등속으로, 2초 기다렸다가, 영원히, 지그재그로 재생하라는 의미입니다.

다음 예제에서는 점점 확대되며 사라지는 스페이드 아이콘의 제작 과정을 알아볼 수 있습니다.

bg_animation.png (80px × 80px) :

ani_spade.png (80px × 80px) :

[예제 ex2-63.html]

```html
<!DOCTYPE html>
<html lang="ko">
<head>
    <meta charset="utf-8">
    <title>ANIMATION2</title>
    <style type="text/css">
```

```
        .ani_box {
            position: relative;
            width: 100px; height: 100px;
            ❶ background:url(img/bg_animation.png) no-repeat center;
        }
        .flower {
            ❷ position: absolute; left: 10px; top: 9px;
        }
        .flower1 { ❸ animation: myani1 3s infinite; }
        .flower2 { ❹ animation: myani2 3s infinite; }
        @keyframes myani1 {
            ❺ 0% { transform: scale(0.3, 0.3); opacity: 0.5;}
            ❻ 100% { transform: scale(1.2, 1.2); opacity: 0;}
        }
        @keyframes myani2 {
            ❼ 0% { transform: scale(0.5, 0.5); opacity: 1;}
            ❽ 100% { transform: scale(1.4, 1.4); opacity: 0;}
        }
    </style>
</head>
<body>
    <div class="ani_box">
        ❾ <img class="flower flower1" src="img/ani_spade.png" alt="flower1">
        ❿ <img class="flower flower2" src="img/ani_spade.png" alt="flower2">
    </div>
</body>
</html>
```

❶ 중앙에는 배경 이미지를 배치. 움직이지 않음

❷ 두 개의 이미지를 겹치도록 배치하기 위해 position으로 배치 ➡ | **2.9** | 레이아웃 II (position) 에서 자세히 다룸

❸ class명이 flower1인 요소에 'myani1' 애니메이션을 3초 짜리로 계속 반복시킴

❹ class명이 flower2인 요소에 'myani2' 애니메이션을 3초 짜리로 계속 반복시킴

❺ 'myani1' 애니메이션은 원래의 30% 크기, 반투명으로 시작됨

❻ 'myani1' 애니메이션은 원래의 120% 크기, 투명으로 끝남

❼ 'myani2' 애니메이션은 원래의 50% 크기, 불투명으로 시작됨

❽ 'myani2' 애니메이션은 원래의 140% 크기, 투명으로 끝남

❾,❿ 같은 이미지를 같은 곳에 배치함

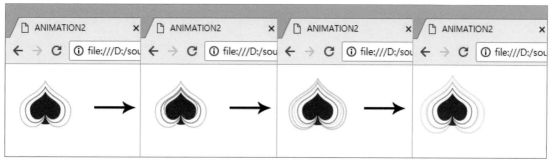

△ 결과 ex2-63.html

IE9는 animation 속성을 지원하고 있지 않습니다.

2.7 **04** 다단편집(multi-column)

CSS3에서는 신문의 기사와 같은 텍스트의 다단 편집을 쉽게 만들 수 있습니다.

```
column-count: 3;
```

단수를 3단으로 편집한다는 의미입니다. 다른 속성들을 알아보겠습니다.

속성 값	속성 설명
column-count	가로로 나열될 텍스트의 단의 개수
column-gap	단과 단사이의 여백
column-rule: 1px solid red;	단과 단 사이의 구분선 구분선의 모양, 두께, 색상을 각각 따로 지정할 수 있음 (column-rule-style, column-rule-width, column-rule-color)
column-span: all;	다단 안에 포함된 요소를 다단 편집에서 해제시킴 (제목을 나타내는 h2 요소 등)
column-width	브라우저에 대한 최소 너비

다음 예제에서는 웹진에 들어갈 연재소설을 3단으로 편집하는 것을 볼 수 있습니다.

```html
<!DOCTYPE html>
<html lang="ko">
<head>
    <meta charset="utf-8">
    <title>다단편집</title>
    <style type="text/css">
    ❶ div, h2, p { margin: 0; padding: 0; }
        body { margin: 10px; }
        h2 { padding: 0 0 20px; text-align: center; }
        .gmother {
        ❷ text-align: justify; padding: 20px; background:#f5f3eb;
        ❸ column-count: 3;
        ❹ column-gap: 30px;
        ❺ column-rule: 2px dashed chocolate;
        }
        .gmother h2 { column-span: all; }
    </style>
</head>
<body>
    <div class="gmother">
        <h2>우리 형수님 <sup>발꿈치</sup> 땅에 닿기를... </h2>
        <p>증조할머니께서는 몹시 아프셨다. 선비인 증조할아버지는 세 번째 부인마저 잃을까 봐 한번 올린 반찬을
그 이후로는 올리지 못하게 할 정도로 부인을 아꼈다.<br />  할머니는 선비 시아버지와 병든 시어머니가 돕지 않는
일을 혼자 맡아 가사를 꾸리셨다. 할머니의 시동생 되는 이도 "우리 형수님 발뒤꿈치가 땅에 닿는 것 좀 보았으면 좋
겠다." 라고 할 정도로 늘 바쁘게 종종걸음으로 다니셨다. 농사일은 물론이고 여자의 몸으로 소까지 몰며 시장에 가
서 잡다한 먹거리를 사는 일까지 모두가 할머니 몫이었다.<br /> 게다가 배다른 큰 동서의 푸념을 들어야 했다. 제
사 때마다 시아버지가 따로 지어 나온 새집에 와서 돌아가신 시어머니 제사를 지어야 했던 동서는 새집에서 시부모를
모시고 있는 할머니에 자신의 처지를 비교하며 헌 집에 사는 자기네를 "다 파먹은 김칫독에 빠졌다." 라고 표현하며
투덜대곤 하였다.<br /> 할머니는 가끔 그때 일을 이야기하시며 "제사 지낼 때는 묵묵히 조용히 지낼 뿐 군소리해서
좋을 게 없다." 라고 말씀하셨고 어머니와 작은어머니들에게 주지시키셨다.</p>
    </div>
</body>
</html>
```

❶ 블록들이 고유하게 가지고 있는 여백으로 다단이 틀어질 수 있어 초기화 함

  * 전체 선택자를 사용하면 불필요한 블록들까지 처리하는데 시간이 걸리므로 필요한 것만 기술함.

❷ 결과를 확인하기 쉽고, 다단의 취지에도 맞도록 양쪽 정렬함

❸ 다단은 3단으로 함

❹ 단 사이의 간격은 30px로 함

❺ 단 구분선은 2px 두께의 회색 긴 점선으로 함

△ 결과 ex2-64.html

IE9는 column 속성을 지원하고 있지 않습니다.

2.8 | 레이아웃 I : float

block 요소는 원래 세로로만 나열되지만 float을 이용하여 가로로 배치할 수 있습니다.

float은 레이아웃을 완성하기 위한 필수적인 속성이므로 주의를 집중하여 학습하기 바랍니다. float을 지정하는 방법과 함께 **float을 해제하는 방법**도 알아두어야 나머지 레이아웃을 완료할 수 있습니다.

2.8.01 / float

float은 요소를 좌측이나 우측에 붙이고 아래 내용이 그 주변을 흐르게 하는 속성인데, 세로로만 나열되던 블록들을 가로로 서로 어울리게 배치하려 할 때 매우 유용합니다. float한 박스에 가로 사이즈를 지정해 주어야 크로스브라우징 됩니다. 그러나 heading 요소나 인라인 요소들은 가로 사이즈 없이 float해도 레이아웃이 흐트러지지 않습니다.

```
float: left;
```

속성 값	속성 설명
left	요소를 왼쪽에 배치하고 나머지 콘텐츠는 그 주변을 흐르도록 함
right	요소를 오른쪽에 배치하고 나머지 콘텐츠는 그 주변을 흐르도록 함

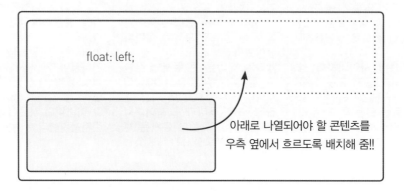

옆으로만 배치한 콘텐츠 내용이 많으면 아래로 흐릅니다. float을 취소할 때에는 float:none; 합니다.

다음 예제에서는 제목을 float: left;한 이후 나머지 내용들이 주변을 감싸며 흐르는 것을 볼 수 있습니다.

[예제 ex2-65.html]

```html
<!DOCTYPE html>
<html lang="ko">
<head>
    <meta charset="utf-8">
    <title>float</title>
    <style type="text/css">
        ❶ h1, p { margin: 0; padding: 0; }
        h1 {
            ❷ float: left;
            ❸ margin: 5px 10px 5px 0;
            ❹ padding: 3px 10px;
            font-size: 200%; background: brown; color: #fff;
        }
        p { width: 500px; text-align: justify; color: darkgreen; }
        p strong { font-size: 120%; }
    </style>
</head>
```

```
<body>
    <h1>금 연<br>일 지</h1>
    <p><strong>첫날</strong>은 담배 냄새가 나지 않아서 좋았고, 다음 날은 <strong>눈</strong>이 맑아진
것 같아 좋았고 그 다음 날은 <strong>아들</strong>에게 당당하게 담배 피우지 말라고 말할 수 있어서 좋았다.
개인적인 기호를 법적으로만 관리할 수도 없는 것이고 금연을 일사불란하게 실행한다는 것은 말도 안되는 일이지만,
애연가들 덕분에 그들과 더불어 원치 않게 죽어가는 많은 사람들의 넋은 누가 달래야 할 것인가...</p>
</body>
</html>
```

❶ 정확한 레이아웃의 표현을 위해 블록들의 안 여백, 바깥 여백을 초기화 함

❷ h1 요소를 float: left;로 지정하여 뒤 이은 내용들을 옆으로 끌어 올림

❸ h1 요소가 내용들과 너무 붙지 않도록 위, 아래 여백은 5px, 오른쪽 여백은 10px로 지정

❹ h1 요소의 안쪽 디자인을 위해 여백 지정

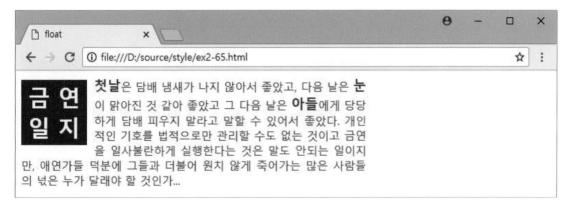

△ 결과 ex2-65.html

float: right;는 어떤 차이가 있을까요. 좌측이 아닌 우측에 붙는다는 것 외에 큰 차이가 없습니다.

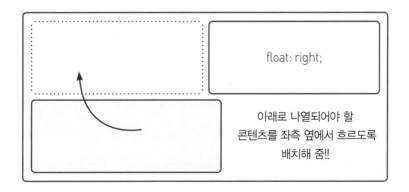

단순한 하나의 요소가 아닌 하위 요소를 포함하고 있는 박스를 float 해보도록 합니다. 요소가 많아져 CSS 가 늘어날 뿐 방법은 같습니다. 다음 예제에서는 div.toomany 박스 안에서 이미지와 텍스트를 포함하는 div.lotus를 우측으로 붙이고, 나머지 내용이 좌측으로 흐르도록 하는 레이아웃을 위해 float을 사용합니다.

lotus.png (750px × 925px) :

[예제 ex2-66.html]

```html
<!DOCTYPE html>
<html lang="ko">
<head>
    <meta charset="utf-8">
    <title>float</title>
    <style type="text/css">
        ❶ body, h3, div, p { margin: 0; padding: 0; }
        h3 {
            padding: 10px 70px 10px;
            border-bottom: 1px dotted #aaa;
            color: #357;
        }
        .toomany { width: 75%; max-width: 600px; margin: 20px; ❷ text-align: justify; }
        .lotus {
            ❸ float: right;
            ❹ width: 150px;
            ❺ padding: 10px; border: 1px solid #aaa;
            ❻ margin-left: 20px;
        }
        .lotus p { font-size: 10px; }
    </style>
</head>
<body>
    <h3>써니초록농장 - 연꽃과 함께 포근하고 건강하게...</h3>
    <div class="toomany">
        <div class="lotus">
            <img src="img/lotus.png" width="100%" alt="연꽃">
            <p>쌍떡잎식물 미나리아재비목 연꽃과 연꽃속의 여러해살이 식물. 부용(芙蓉)이라고도 부른다.</p>
        </div>
        <p> 꽃말은 소외된 사랑.<br>
        연꽃(Nelumbo)과 수련(Nymphaea)은 학술적 기준으로 목 단위가 완전히 다릅니다. 흔히 생각하는 연꽃은
        프로테아목 연꽃과이고 수련은 수련목 수련과입니다. 인도가 원산지인 연꽃은 연못 위에 둥둥 떠 있는 수생식물이라는 이미
        지만 떠올리기 쉽지만, 실은 논이나 늪지의 진흙 속에서도 자라고 관상용뿐만 아니라 식용, 약용으로 쓰이기도 해서
```

연의 줄기인 연근은 반찬으로 자주 이용됩니다. 이런 까닭으로 가끔 여름철 농촌에 가면 벼 대신에 연꽃을 대량으로 재배하는 곳을 찾을 수 있는데 꽃도 아름답고 향기도 좋아서 축제도 자주 열립니다.

        이집트 원산인 수련과의 구별법은, 연꽃은 잎과 꽃이 모두 수면 위로 튀어나와 있지만 수련은 잎과 꽃이 모두 수면에 바짝 붙어 있고, 연꽃 씨앗은 생명력이 대단한데, 오래된 연꽃이 발아한 사례도 있습니다.

        전라북도 전주에 큰 연꽃 연못이 있고 중앙에 전망대도 있습니다. 자세히 들여다보면 빨려 들어갈 수 있으니 주의 요망! 서울에는 봉원사나 조계사 등 연꽃 축제가 열리는 시즌이 있습니다.</p>

    </div>

</body>

</html>

❶ 정확한 레이아웃의 표현을 위해 블록들의 안 여백, 바깥 여백을 초기화 함

❷ float되는 요소와 닿아 있는 면의 텍스트는 주로 가지런히 정렬하여 가독성을 높임

❸ 이미지와 텍스트를 포함하는 상자를 float: right;하여 나머지 요소들을 좌측으로 끌어 올려 흐르게 함

❹ float하는 div는 가로 사이즈를 명시해야 함

❺ float하는 div에 안 여백과 테두리를 지정해 액자처럼 디자인 함

❻ float하는 div가 좌측 콘텐츠와 붙지 않도록 좌측에 바깥 여백을 줌

△ 결과 ex2-66.html

만약 콘텐츠들을 연속적으로 float하면 어떻게 될까요? 계속 옆에 붙어 가로로 나열되는 결과를 얻을 것입니다. 다음 예제에서는 제목과 내용을 포함하는 박스를 모두 float하여 가로로 나열시키고 있습니다.

[예제 ex2-67.html]

```
<!DOCTYPE html>
<html lang="ko">
<head>
    <meta charset="utf-8">
    <title>float</title>
    <style type="text/css">
      ❶ h1, p, ul { margin: 0; padding: 0; }
        li { list-style-type: none; }
        .gallery { padding: 0; }
        .gallery li {
          ❷ float: left; width: 150px;
          ❸ margin-right: 10px;
            text-align: center;
        }
        .gallery h3 { padding: 5px;}
        .gallery li h3 { background: #daa; }
        .gallery li + li h3 { background: #abc; }
        .gallery li + li + li h3 { background: #eba; }
        .gallery li + li + li + li h3 { background: #aa7; }
        .gallery li p {
            padding: 10px; text-align: justify; font-size: 14px;
        }
    </style>
</head>
<body>
    <h1>나의 아름다운 정원</h1>
    <p>사람들이 선호하는 꽃들은 어떤 것들일까.. <br>
아마 스스로에게 <strong>자신감을 북돋워 주는</strong> 표정 있는 꽃들일 것이다. </p>
    <ul class="gallery">
        <li><h3>튜울립</h3>
            <p>너무 화려하지 않으며 고귀한 느낌을 가지고 있다. 붉은 색이 단연 으뜸이며 한 송이만 있어도 빼
어나다.</p></li>
        <li><h3>제비꽃</h3>
            <p>드물게 푸른색을 띠고 있으며 작지만 시원해 보이는 어린 꽃이라고 할 수 있다. 여럿이 함께 있을
때 더욱 아름답다.</p></li>
        <li><h3>호박꽃</h3>
```

```
        <p>색도 모양도 화려하며 이름과 걸맞지 않게 아름다운 꽃으로 매우 완숙한 이미지를 풍기는 꽃이
다.</p></li>
        <li><h3>해바라기</h3>
        <p>태양만 바라보는 일편단심의 꽃으로 얼굴이 큰 편에 속하며 송이가 적어야 제격이다.</p></li>
    </ul>
</body>
</html>
```

❶ 정확한 레이아웃의 표현을 위해 블록들의 안 여백, 바깥 여백을 초기화 함

❷ .gallery 의 목록들을 float: left;하여 가로로 나열함. 가로 사이즈를 지정함

❸ 목록들이 서로 붙지 않도록 우측 바깥 여백을 10px로 지정함

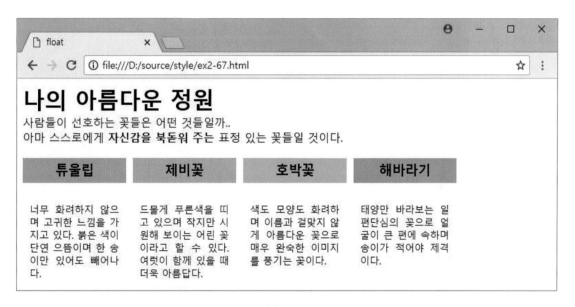

△ 결과 ex2-67.html

2.8.02 / clear

만약 float로 레이아웃을 설정하고 난 뒤에 콘텐츠가 계속 또 있으면 어떻게 될지 다음 예제로 알아봅시다.

[예제 ex2-68.html]

```
<!DOCTYPE html>
```

```
<html lang="ko">
<head>
    <meta charset="utf-8">
    <title>float</title>
    <style type="text/css">
        body { margin: 20px 30px;  max-width: 800px; }
        p { padding: 10px; text-align: justify; font-size: 13px; }
        .skate { float: left; width: 50%; background: #ddd; }
        .football { float: right; width: 46%; background: #ddd; }
        .olympic { background: #cff; }
    </style>
</head>
<body>
    <div class="skate">
        <p>우리의 자랑 스포츠의 꽃 김은호 선수의 요즘 행보에 대해 일부의 사람들이 불만을 토로하고 있다. 그
녀의 주류광고가 문제 된 것인데 그렇다면 김은호는 미성년자도 아닌데 왜 주류광고에 나오면 안 되고 다른 스타들은
되는... 이런 우스운 경우가 있을 수 있을까? 다른 스타들도 김은호처럼 소중한 우리의 스타고 김은호도 다른 사람들
처럼 인형이 아닌 성인의 한 사람인데 말이다.</p>
    </div>
    <div class="football">
        <p>스포츠스타 박지수는 스타라는 말이 좀 퇴폐적으로 여겨지던 시절 그 말을 완전히 깨끗이 세척해서 원래
뜻 그대로 만들어 놓은 사람이다. 사람이 어쩌면 저렇게 참될 수 있을까 라고 생각하게 한 장본인. 그의 과거와 현재
의 행동거지를 보며 노력과 지성의 결정체라고 감탄해 마지않던 행복한 기억을 되살린다. 어떤 약보다도 강하고 부작
용 없는 정신강장제가 되어준 진정한 스타인 그를 존경하지 않을 사람이 있을까, 과연!!!</p>
    </div>
    <div class="olympic">
        <p>이번 올림픽은 기록에 남을 '판정번복 올림픽'이 될 것 같다. 김지훈 선수의 어이없는 실격을 바로잡기
위한 이의 제기가 이렇게 많은 말도 안 되는 판정번복의 길을 열어주다니 이래서 올림픽의 판정번복은 거의 없었나 보
다. 이 일을 기뻐해야 할까 슬퍼해야 할까.. 아무도 억울하지 않은 진정한 판정이 올림픽에서만이라도 보여지기를...
</p>
    </div>
</body>
</html>
```

좌측 박스를 float: left;하고 우측 박스는 float: right;했더니 다음과 같은 결과가 나타났습니다.

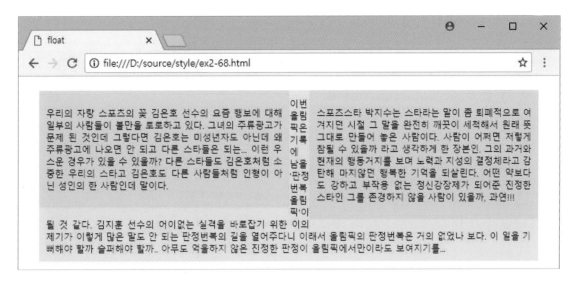

△ 결과 ex2-68.html

왜 이런 결과가 표시된 것일까요? float을 왜 해제해야 하는지 위의 결과 이미지가 말해주고 있습니다. 두 번째 박스가 float함으로써 아래쪽 콘텐츠를 끌어 올렸기 때문입니다.

clear 속성은 float된 박스들의 바로 다음 박스에게 주변을 흐르지 않고 원래대로 아래에 배치되도록 합니다. 즉, float을 해제시켜주는 중요한 역할을 하는데, 이 요소는 블록이어야 합니다.

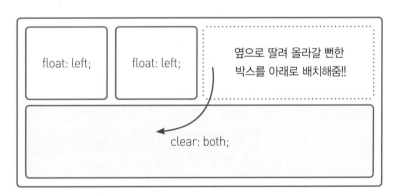

```
clear: both;
```

속성 값	속성 설명
left	float된 박스 중 좌측이 짧을 때 좌측의 빈 공간부터 채워 내려옴
right	float된 박스 중 우측이 짧을 때 우측의 빈 공간부터 채워 내려옴
both	float된 박스 중 어느 쪽도 채우지 않고 다시 한단으로 배치

.olympic 요소에 clear: both;를 추가하고 나면 결과는 다음과 같이 표시됩니다.

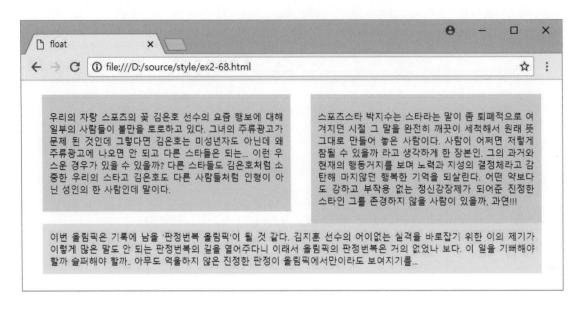

float이 해제되어 한 줄에 한 단만 나타나고 있습니다.

위쪽 두 박스의 너비를 조절하 여 좌측을 짧게 하고 clear: left; 를 한 결과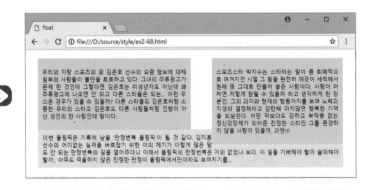

위쪽 두 박스의 너비를 조절하 여 우측을 짧게 하고 clear: right; 를 한 결과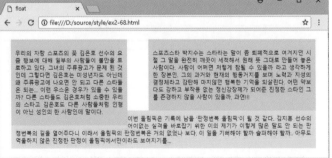

앞의 결과에서 확인해본 바와 같이 clear는 left, right 할 경우가 거의 없습니다.

float한 박스 뒤에 콘텐츠가 없어서 clear: both;할 선택자가 없으면 어떻게 될지 예제로 알아봅시다.

[예제 ex2-69.html]

```
<!DOCTYPE html>
<html lang="ko">
<head>
    <meta charset="utf-8">
    <title>float</title>
    <style type="text/css">
        .mydrink {
            padding: 30px; background: #eee;
            border: 5px solid #bbb;
        }
        h1 { margin: 0 0 10px; text-align: center; }
        p {
            ❶ box-sizing: border-box; padding: 15px 25px;
            text-align: justify; background: rgba(255,255,255,0.8);
        }
        .greentea { ❷ float: left; width: 47%; border: 3px solid green; }
        .coffee { ❷ float: right; width: 47%; border: 3px solid #a50;}
    </style>
</head>
<body>
    <div class="mydrink">
        <h1>녹차와 커피</h1>
        <p class="greentea">
        녹차는 은은한 향을 좋아하는 사람들이 애용하는 차이다. 녹차를 마실 줄 모르는 사람들은 티백들을 모두
뜯어 주전자에 넣고 끓이기도 하는데 강한 차의 향기도 견디기 힘들겠지만 보관도 힘들고 그때그때 방금 끓인 듯한 맛
을 느끼지 못하게 되며 진한 카페인 덕에 밤에 잠들기도 힘들 것이다.</p>
        <p class="coffee">
        커피는 독한 향을 좋아하는 사람도 매우 좋아하며 심한 경우 태어나기 전부터 커피를 마신 듯 강한 중독 증
세를 보이는 경우가 많다. 심지어 원두를 씹어서 향에 자신을 담그는 사람도 있고 설탕, 시럽 등 다른 조미를 절대로
허락하지 않는 오직 커피맛만을 고집하는 마니아들이 늘고 있다.</p>
    </div>
</body>
</html>
```

❶ width값을 %로 주었기 때문에 padding의 px값이 width에 포함되도록 box-sizing를 border-box;로 지정

❷ .greentea는 좌측에, .coffee는 우측에 각 47% 크기로 가로로 배치함

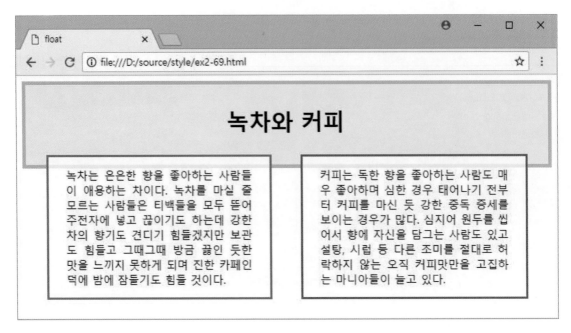

△ 결과 ex2-69.html

float된 요소들을 감싸고 있는 .mydrink의 레이아웃이 깨졌습니다. 원인은 float한 뒤 clear: both;할 요소가 없어 방치했기 때문입니다. 이럴 때에는 .mydrink 요소 안에 가상으로 요소를 만들어 거기에 clear: both;합니다.

```
.mydrink:after { content: ""; display: block; clear: both; }
```

박스 안에 가짜로 요소를 만들어 내용은 없지만 블록 속성을 부여하여 clear: both;하는 것입니다. 이것이 float을 해제하는 가장 일반적인 방법입니다. 보통은 저런 속성을 미리 하나의 클래스로 등록하여 float을 해제해야 하는 요소마다 그 클래스를 붙여줍니다.

```
.clear:after { content: ""; display: block; clear: both; }
.....
<div class="mydrink clear">
```

이렇게 수정한 코딩은 다음과 같습니다.

```
… 생략 …
    <style type="text/css">
        .clear:after { content: ""; display: block; clear: both; }
```

```
        .mydrink {
            max-width: 800px; padding: 30px;
            border: 5px solid #bbb; background: #eee;
        }
        h1 { margin: 0 0 10px; text-align: center; }
        p {
            box-sizing: border-box; padding: 15px 25px;
            text-align: justify; background: rgba(255,255,255,0.8);
        }
        .greentea { float: left; width: 47%; border: 3px solid green; }
        .coffee { float: right; width: 47%; border: 3px solid #a50; }
    </style>
</head>
<body>
    <div class="mydrink clear">
… 생략 …
```

결과는 다음과 같습니다.

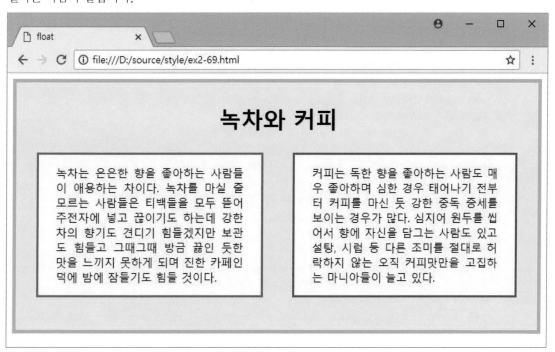

이제야 float 한 세트가 완료되었습니다. 레이아웃에 가장 많이 동원되는 float도 clear가 없이는 오류뿐이라
는 점을 기억하기 바랍니다.

그 외 float 해제하는 몇 가지 방법

지금까지 알아본 바로 float을 해제하지 않으면 다음 박스들에 레이아웃이 틀어지며, 또한 float된 박스를 감싸는 박스에 부여된 배경, 테두리 여백 등이 제대로 나타나지 않았습니다. 따라서 레이아웃을 제대로 표현하는데 float 해제는 반드시 필요합니다. clear 를 쓰지 않아도 해제되는 경우들을 알아봅니다.

방법	속성 설명
1	• float된 요소를 감싸는 박스가 이미 float 되어 있는 경우 • 우연히 일어난 경우가 드물며, 어차피 감싸는 박스의 float을 해제해야 함
2	• float된 요소를 감싸는 박스에 overflow: auto;한다. • 세로 스크롤바가 생길 경우 사용할 수 없으며 width값 주어야 크로스 브라우징 됨
3	• float된 박스들을 감싸는 박스에 height값을 준다. • 본문 내용엔 높이를 주지 않으므로 세로 사이즈가 불변일 경우 아니면 사용불능

float을 이용하여 초간단 웹페이지 템플릿을 구성해 보겠습니다.

[종합예제 ext2-4.html]

```html
<!DOCTYPE html>
<html lang="ko">
<head>
    <meta charset="utf-8">
    <title>WEB PAGE TEMPLATE</title>
    <style type="text/css">
        ❶ body,header,div,footer,h1,p,ul,li { margin: 0; padding: 0; }
        li { list-style-type: none; }
        ❷ .clear:after { content: ""; display: block; clear: both; }
        ❸ body { font: 14px 'Malgun Gothic','맑은고딕'; }
        a { text-decoration: none; color: #444; }
        a:hover { text-decoration: underline; }
        #wrap { background: #cfc; }
        header { background: crimson; }
        header h1 { ❹ float: left; margin-right: 40px; }
        header .gnb { ❺ float: left; padding-top: 10px; }
        header .gnb li { ❻ float: left; }
        header .gnb li a { display: block; width: 50px; text-align: center; font-size: 16px;
}
        .lnb { ❼ float: left; width: 20%; background: lightgreen; }
        .lnb li a { display: block; padding: 5px 20px; }
        .content_area { ❽ float: left; width: 80%; background: forestgreen; }
        .content_area p {}
        footer { padding: 10px; background: lightgray; }
```

```
            footer p { text-align:center; }
        </style>
</head>
<body>
    <div id="wrap">
        ❾ <header class="clear">
            <h1><a href="#">logotype</a></h1>
            ❾ <ul class="gnb clear">
                <li><a href="#">m1</a></li>
                <li><a href="#">m2</a></li>
                <li><a href="#">m3</a></li>
                <li><a href="#">m4</a></li>
            </ul>
        </header>
        ❾ <div id="container" class="clear">
            <ul class="lnb">
                <li><a href="#">s1</a></li>
                <li><a href="#">s2</a></li>
                <li><a href="#">s3</a></li>
                <li><a href="#">s4</a></li>
            </ul>
            <div class="content_area">
            <p>content<br> content<br> content<br> content<br> content<br> content<br>
content<br> content<br> content<br> content<br> content<br> content<br>
content<br> content<br> content</p>
            </div>
        </div>
        <footer>
            <p>copyright</p>
        </footer>
    </div>
</body>
</html>
```

❶ 정확한 레이아웃의 표현을 위해 블록들의 안 여백, 바깥 여백을 초기화

❷ float를 해제하기 위한 장치로 clear 클래스 선언

❸ 대표 글꼴 선언 (안하면 맑은고딕, IE에서 굴림으로 나옴)

❹ header 안에 로고와 주메뉴를 가로로 배치하기 위해 h1에 float 속성 부여

❺ header 안에 로고와 주메뉴를 가로로 배치하기 위해 .gnb에 float 속성 부여

❻ .gnb 안에 m1, m2 등 메뉴들을 가로로 배치하기 위해 li에 float 속성 부여

❼ #container 안에 서브메뉴와 콘텐츠를 가로로 배치하기 위해 .lnb에 float 속성 부여

❽ #container 안에 서브메뉴와 콘텐츠를 가로로 배치하기 위해 .content_area에 float 속성 부여

❾ float을 감싸는 요소에 float 해제를 위해 마련한 clear 클래스를 부여

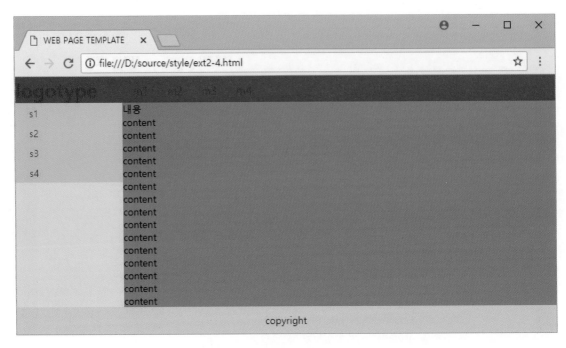

△ 결과 ext2-4.html

2.9 | 레이아웃 II : position

레이아웃을 배치하거나 요소 위치를 지정하는 또 하나의 중요한 속성이 position입니다. CSS의 여러 실무
팁들이 position으로 완성되고 있습니다. position에서는 세로 배열, 가로 배열이 문제가 아니라 주로 부모
박스의 좌표를 기준으로 요소의 위치가 결정됩니다. 따라서 부모 박스가 어떤 요소인지가 매우 중요합니
다. 기본적인 속성의 의미를 알아본 뒤 예제를 통해 자세히 살펴보도록 하겠습니다.

2.9 01 position

position에는 static, relative, absolute, fixed 네 가지의 속성 값이 있으며 다음과 같이 표현합니다.

```
position: relative;
```

기능을 정리하자면 다음과 같습니다.

속성 값	속성 설명
static	• 요소를 이동하거나 겹칠 수 없는 원래 그대로의 상태 • relative, absolute, fixed 했던 박스를 원상태로 회복
relative	• left, top 속성으로 이동을 할 수 있음 • psition: absolute로 지정된 요소의 '부모 요소' 역할을 할 수도 있음
absolute	• 원래 위치에서 따로 떼어내 독립적으로 새로운 위치를 설정함 • left, right, top, bottom 속성으로 위치 지정할 수 있음 • 부모 박스를 기준으로 위치를 지정함
fixed	• 요소의 위치를 screen 기준으로 지정함 • left, right, top, bottom 속성으로 위치 지정할 수 있음

우리가 지금까지 사용해 온 블록들은 이미 position: static; 상태였습니다. position은 매우 다양한 형태로 활용될 수 있는데, 어떤 요소를 원래 위치에서 약간 이동해야 하거나 제이쿼리 등으로 애니메이션을 지정해야 할 때에 position: relative; 할 수 있으며, 다른 요소와 겹쳐야 할 때나 마크업 순서와 다르게 위치를 설정해야 할 때 position: absolute;할 수 있습니다.

position: absolute; 된 요소의 부모 박스는 반드시 position:relative; 이거나 position:absolute;, 또는 position:fixed; 되어야 하며, 부모 박스를 지정하지 않으면 body가 부모가 됩니다.

2.9 02 / left, right, top, bottom

position 속성이 relative, absolute, fixed일 경우 위치를 지정해 줍니다.

속성 값	속성 설명
left: 100px;	요소를 부모 박스의 좌측에서 우측 방향으로 100px 떨어진 곳에 배치함
right: 10px;	요소를 부모 박스의 우측에서 좌측 방향으로 10px 떨어진 곳에 배치함
top: 150px;	요소를 부모 박스의 상단에서 아래로 150px 떨어진 곳에 배치함
bottom: 100px;	요소를 부모 박스의 바닥에서 위로 100px 떨어진 곳에 배치함
left: auto;	left 값을 취소함
right: auto;	right 값을 취소함
top: auto;	top 값을 취소함
bottom: auto;	bottom 값을 취소함

만약 left 와 right를 함께 사용하면 어떻게 될까요?

```
left: 100px;
right: 100px;
```

위와 같이 하면 안 됩니다. 둘 중에 하나만 써야 합니다. 그러나 어떤 이유에서 이 순서대로 속성을 기술해야 할 필요가 있다면, 그럴 경우에는 right: 100px;을 쓰기 전에 left: auto;하여 left에 들어있던 속성 값을 초기화해 줍니다.

```
left: 100px;
left: auto;
right: 100px;
```

이렇게 하면 left: 100px;이 실행되었다가 left 값을 취소하고 다시 right: 100px;이 실행됩니다.

2.9 03 / z-index

z-index는 겹쳐 있는 요소들의 계층을 변경할 때 사용하는 속성입니다. 어떤 요소가 바닥에 깔리고 어떤 요소가 겉으로 올라오는지를 결정해줍니다. z-index 값이 큰 요소가 적은 요소보다 겉으로 올라오게 됩니다. z-index: −1;을 사용하면 보통 요소를 가장 바닥으로 깔아 배치합니다.

다음 예제에서 position, left, right, top, bottom, z-index 속성 값을 자세히 살펴보겠습니다. 절차대로 코드를 변경하며 테스트하는 방식이니 주의를 기울여 살펴보기 바랍니다.

[예제 ex2-71.html]

```
<!DOCTYPE html>
<html lang="ko">
<head>
    <meta charset="utf-8">
    <title>POSITION</title>
    <style type="text/css">
        body, div, p { margin: 0; padding: 0; }
        body { margin: 20px; background: url("img/bg_grid.gif"); }
        .box {
            width: 650px;
            background: rgba(0,0,0,0.3);
```

```
        p {
            width: 250px; height: 100px;
            box-sizing: border-box; padding: 10px; font-weight: bold;
        }
        .red { background: crimson; }
        .green { background: lime; }
        .blue { background: dodgerblue; }
    </style>
</head>
<body>
    <div class="box">
        <p class="red">박스의 크기와 위치를 잘 살펴보아야 합니다.</p>
        <p class="green">박스의 포지션 속성을 바꿔가며 테스트해 보아야 합니다.</p>
        <p class="blue">포지션을 이해하기 위해서는 시험해보고 관찰해 보는 것이 절대적으로 필요합니다.</p>
    </div>
</body>
</html>
```

body에는 그리드 배경을 깔고, .box는 위치가 잘 보이도록 검정 반투명 처리하고, 문서 가장자리 20px 여백을 주어 안쪽 세 상자의 위치가 잘 보이도록 준비했습니다. red, green, blue 세 상자는 배경색만 주었을 뿐입니다.

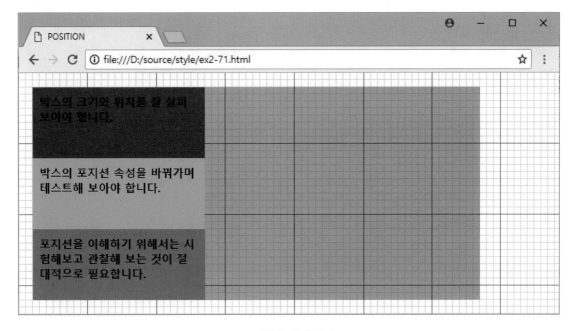

△ 결과 ex2-71.html

예상대로 박스들이 세로로 나열되었습니다. 이제 속성의 변경을 시도해 보겠습니다.

1 코드를 추가하겠습니다.

```
.green {
    background: lime; position: absolute;
}
```

.green 요소에 position: absolute; 된 모습을 먼저 결과 화면으로 확인합니다.

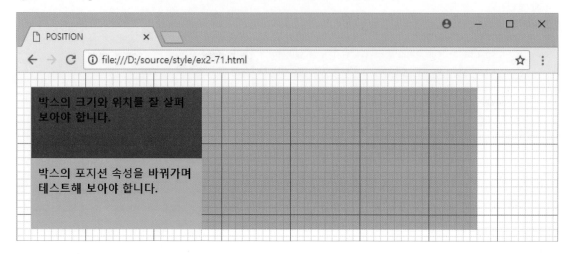

.green 요소에 position: absolute; 되어 본래의 레이아웃에서 떨어져 나와 떠있게 됩니다. .green이 없었다면 .red 아래 .blue가 붙어 있게 되겠죠? 지금 그렇게 된 것입니다. 다만 .green 아래 .blue가 깔려 안보일 뿐입니다. absolute 요소는 위치 값을 주지 않으면 이렇게 그 자리에서 떠버리게 됩니다.

2 absolute된 .green 요소의 위치를 변경하겠습니다.

```
.green {
    background: lime; position: absolute;
    left: 70px; top: 50px;
}
```

위치가 변경된 .green 요소의 모습을 결과 화면으로 확인합니다.

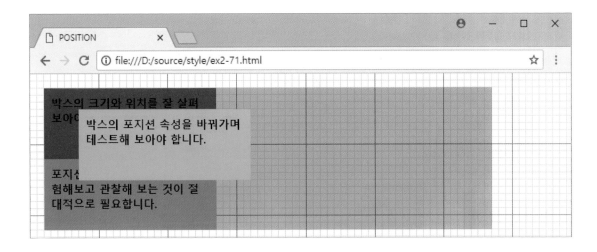

일단 요소의 위치가 변경된 것을 알 수 있습니다. .blue가 아래에 있었다는 것도 알 수 있습니다만, 변경된 위치가 맞는지 주의 깊게 관찰하십시오. .green은 어디에서 70px, 50px 떨어져서 배치가 되었다는 것인가요? .box의 좌측 상단에서가 아니라 body의 좌측 상단에서 70px, 50px 떨어진 위치로 배치되었습니다. 모든 요소들이 body를 기준으로만 배치된다면 웹표준 이전의 테이블 코딩과 다를 바 없습니다. 당연히 부모 요소를 기준으로 좌표를 잡아야 부모 요소가 이동할 때 함께 이동됩니다.

3 .green 요소가 부모 박스를 기준으로 좌표를 잡도록 코드를 변경하겠습니다.

```
.box {
    position: relative; width: 650px;
    background: rgba(0,0,0,0.3);
}
```

.box 요소가 .green 요소의 부모 박스가 된 모습을 결과 화면으로 확인합니다.

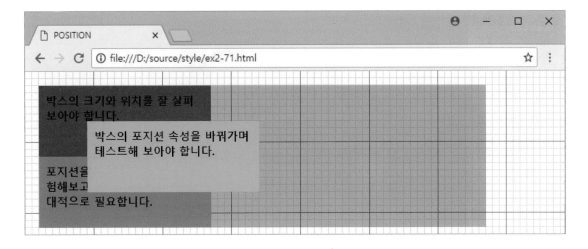

녹색 상자의 위치가 이전과 바뀐 것을 확인할 수 있나요? .green은 .box의 좌측 상단으로부터 70px, 50px 떨어진 곳에 자리 잡았습니다.

4 .blue 요소의 position을 relative 로 변경하고 비교해 보겠습니다.

```
.blue {
    background: dodgerblue;
    position: relative;
}
```

.blue 요소가 position: relative된 모습을 결과 화면으로 확인합니다.

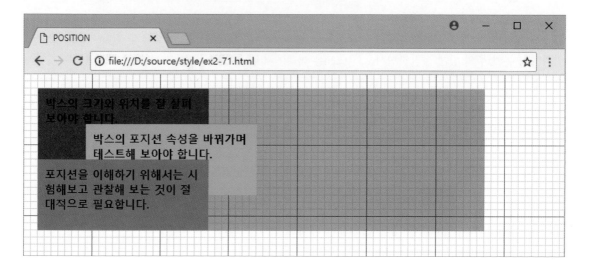

.blue를 position: relative; 하여도 다른 콘텐츠들의 위치에 영향을 미치지 않습니다. absolute처럼 레이아웃을 크게 망가뜨리지 않습니다. 그러나 요소의 계층이 달라져 .blue가 가장 겉으로 나오게 됩니다.

5 .blue 요소에 위치 변경을 해봅니다.

```
.blue {
    background: dodgerblue;
    position: relative; left: 100px; top: 40px;
}
```

.blue 요소의 위치가 변경된 모습을 결과 화면으로 확인합니다.

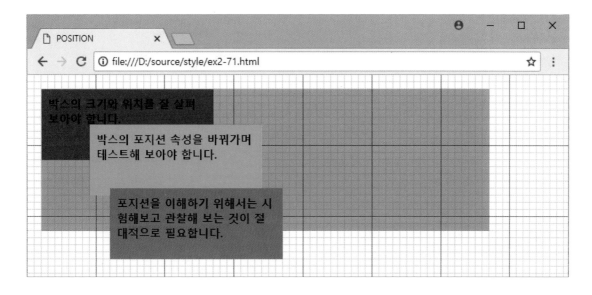

.blue 요소의 위치는 어디를 기준으로 100px, 40px 이동된 것인지 자세히 살펴보기 바랍니다. body도 아니고 부모 박스도 아닙니다. relative 요소는 absolute 요소와 달리 자기 자신을 기준으로 이동합니다. 따라서 파란 상자는 주변 요소들의 신변에 변화를 주지 않고 원래 있던 위치에서 100px, 40px 이동한 것입니다.

6 이번엔 요소들의 계층을 변경해 보겠습니다. .blue 보다 아래에 깔려 있는 .green 을 다시 위로 끌어 올리려면 z-index 속성을 이용합니다.

```
.green {
    background: lime; position: absolute;
    left: 70px; top: 50px; z-index: 1;
}
```

.green 요소의 계층이 변경된 모습을 결과 화면으로 확인합니다.

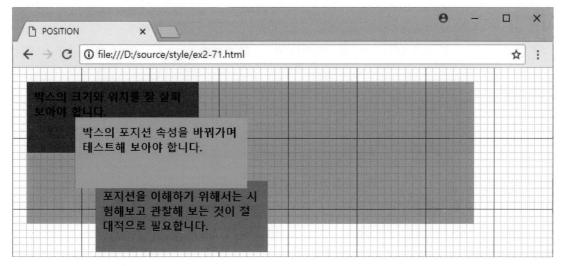

파란상자 아래 깔려 있던 .green 요소가 겉으로 올라온 것을 확인할 수 있습니다.

지금까지 살펴보았던 CSS의 완성된 코드는 다음과 같습니다.

```
<style type="text/css">
    body, div, p { margin: 0; padding: 0; }
    body { margin: 20px; background: url("img/bg_grid.gif"); }
    .box {
        position: relative; width: 650px;
        background: rgba(0,0,0,0.3);
    }
    p {
        width: 250px; height: 100px;
        box-sizing: border-box; padding: 10px; font-weight: bold;
    }
    .red { background: crimson; }
    .green {
        background: lime; position: absolute;
        left: 70px; top: 50px; z-index: 1;
    }
    .blue {
        background: dodgerblue;
        position: relative; left: 100px; top: 40px;
    }
</style>
```

> **NOTE**
>
> z-index 값의 최대치가 2147483647 이라고는 하지만 처음부터 큰 값을 사용하지 않는 것이 좋습니다. 퍼블리싱을 진행하다보면 계획 또는 예상하지 못한 요소도 발생합니다. 10단위나 100단위 등 가이드를 미리 정하고 증가시켜 나가다가 중간에 끼워 넣을 요소가 생겼을 때 중간 값을 사용할 수 있도록 계획합니다.

이번에는 position: fixed의 경우를 살펴봅시다. 요소가 화면을 기준으로 배치된다는 것은 스크롤이 일어나도 화면에서 움직이지 않고, 화면 좌측 상단을 0, 0 기준으로 하여 자리를 잡는다는 뜻입니다. 스크롤이 되어도 어느 정도 따라 올라가다가 상단에 고정되는 메뉴들이 흔히 position: fixed;로 지정되어 있습니다.

다음 예제는 [종합예제 ext2-4.html] 의 소스를 활용한 것입니다. 스크롤이 일어날 수 있도록 콘텐츠 부분에 내용을 몇 줄 추가합니다.

[예제 ex2-72.html]

```
    ...
            <div class="content_area">
```

```
          <p>내용<br> 헤더를 상단에 고정<br> 헤더를 상단에 고정<br> 헤더를 상단에 고정<br> 헤더
를 상단에 고정<br> 헤더를 상단에 고정<br> 헤더를 상단에 고정<br> 헤더를 상단에 고정<br> 헤더를 상단에 고정
<br> 헤더를 상단에 고정<br> 헤더를 상단에 고정<br> 헤더를 상단에 고정<br> 헤더를 상단에 고정<br> 헤더를 상
단에 고정<br> 헤더를 상단에 고정<br> 헤더를 상단에 고정</p>
        </div>
    ...
```

그리고 주메뉴 CSS 부분에 속성을 추가합니다.

```
header {
    background:crimson;
    position:fixed; top:0; left:0; width:100%; height:40px;
}
```

헤더를 화면 상단에 고정시키기 위해 position: fixed;로 변경하고 위치와 크기를 명시합니다. height 값을
주어야 #container에 그만큼 위 여백을 줄 수 있습니다.

```
#container {margin-top:40px;}
```

header의 높이만큼 #container에 위 여백을 지정하면 됩니다.

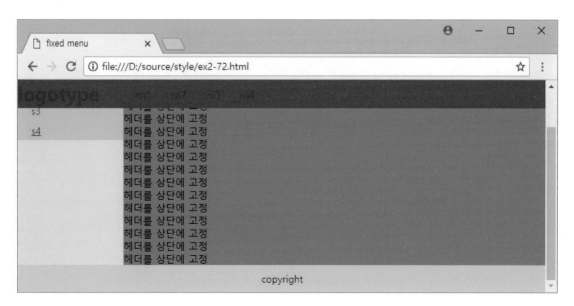

△ 결과 ex2-72.html

화면을 스크롤하여 내용이 올라가도 header는 따라 올라가지 않는 것을 확인하십시오.

어떤 레이아웃에는 float을 쓰고 어떤 레이아웃에는 position만 써야 하는 법칙이 있는 것은 아닙니다. 속성을 정확히 알고 구현하면 그것이 정답일 것입니다.

position: relative와 float: left;는 함께 쓸 수 있습니다. 둘 다 주변과 어울리게 해주죠. 그러나 position: absolute;와 float: left;는 함께 쓸 수 없습니다. absolute는 어울림의 반대 즉, 따로 떨어져 나온 독립된 요소이기 때문에 부모 박스가 자동으로 감싸주지 않습니다.

▶ 2단 레이아웃을 완성하는 몇 가지 방법

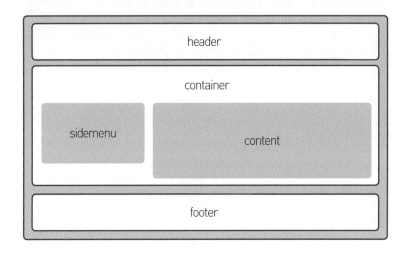

지금까지 배운 것을 활용하여 위의 스토리 보드를 기준으로 2단 레이아웃을 완성하는 방법을 정리하겠습니다. 더 많은 방법이 있겠지만 가장 많이 쓸 것 같은 네 가지의 경우를 살펴봅니다. 여기서 2단은 container 안의 가로로 나열된 두 박스, sidemenu와 content입니다.

float 방식	• sidemenu는 float: left; 하고, content는 float: right; • float의 해제가 필요함
position – 절대, 상대 위치	• sidemenu는 position: absolute; 하고, content는 position: relative; • 세로로 긴 쪽을 relative해야 container가 포함할 수 있음 • 부모 박스를 지정해 주어야 함
position – 절대, 마진 방식	• sidemenu는 position: absolute; 하고 content는 margin-left를 줌 • 부모 박스를 지정해 주어야 함
float + position	• sidemenu는 position: absolute; 하고, content는 float: right; • float의 해제가 필요하고 부모 박스를 지정해 주어야 함

1 float 방식

float된 두 개의 박스를 해제하기 위해 그들을 감싸는 container의 가상요소 :after에 clear: both; 합니다.

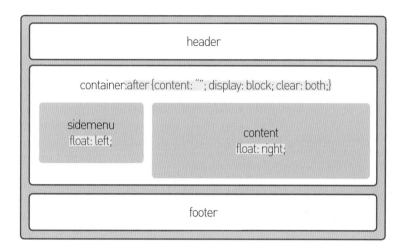

2 position – 절대, 상대 위치

가로로 나열될 두 박스 중 **세로로 짧은** 쪽에 absolute를 주고 세로로 **긴** 쪽에 relative를 줍니다. absolute는 레이아웃 에서 주변과 독립된 박스이고 relative는 주변과 어울린 박스이므로, 긴 쪽에 absolute를 주면 container가 그를 감싸지 못합니다. 또한, content 박스를 왼쪽 박스만큼 우측으로 밀어 배치해야 할 것에 주의합니다.

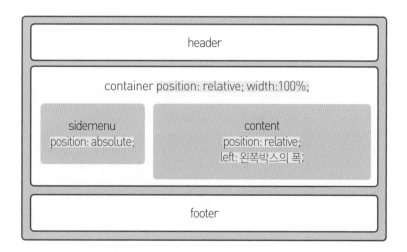

3 position - 절대, 마진 방식

절대, 상대 위치 방식에서 파생된 방식으로, 세로로 긴 박스에 position을 하지 않고 그대로 바깥 여백을 주어 미는 것입니다.

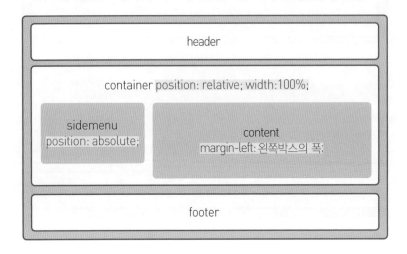

4 float + position

가로로 나열될 두 박스 중 세로로 짧은 쪽에 absolute를 주고 세로로 긴 쪽에 float을 합니다. 길이가 긴 박스가 float 되어 어울려져 있어야 모든 박스의 위치가 흔들리지 않습니다.

content의 float을 해제하기 위해 그들을 감싸는 container에도 float하고, 그 float을 해제하기 위해 그 다음 박스인 footer에 clear:both; 하는 방식도 가능합니다.

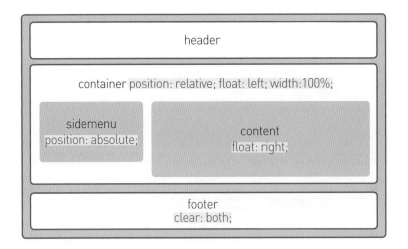

▶ 3단 레이아웃을 완성하는 몇 가지 방법

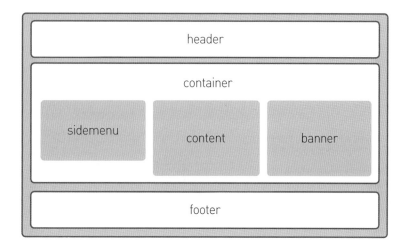

3단 레이아웃을 완성하는 방법을 정리해 보겠습니다.

float 방식	• sidemenu와 content는 float: left; 하고, banner만 float: right; • float의 해제가 필요함
position – 절대, 상대 위치	• sidemenu와 banner는 position: absolute; 하고, • content는 position: relative; • 부모 박스를 지정해 주어야 함
position – 절대, 마진 방식	• sidemenu와 banner는 position: absolute; 하고, • content는 margin-left • 부모 박스를 지정해주어야 함
float + position	• sidemenu는 float: left; 하고, banner는 float: right; • content는 position: absolute; (내용이 길면 부모 박스에 height 지정) • float의 해제가 필요하고 부모 박스를 지정해 주어야 함

주의할 점은 float 한 박스엔 width값을 기본적으로 반드시 지정해야 한다는 점입니다.

1 float 방식

float된 세 개의 박스를 해제하기 위해 그들을 감싸는 container의 가상요소 :after에 clear:both; 합니다.

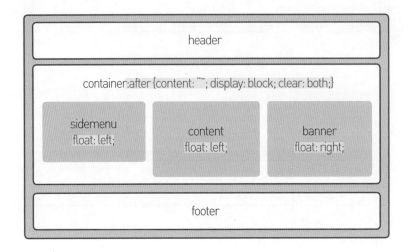

2 position – 절대, 상대 위치

position 방식에서 absolute인 박스는 부모박스와 left, top값을 주어야 하며, 부모 박스에 가로 사이즈를 명시합니다.

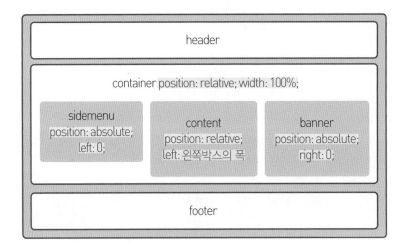

3 position — 절대, 마진 방식

양쪽 두 개의 박스를 absolute 하고 중앙의 콘텐츠 박스는 가로폭과 좌측 여백을 줍니다.

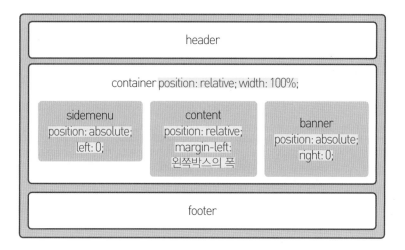

4 float + position

float이 있으니 해제도 해주어야 하고, absolute 박스가 있으니 부모도 설정해주어야 하고, 가운데 상자가 absolute 박스이니 양쪽 박스보다 가운데 길이가 긴 레이아웃에는 적합하지 않습니다.

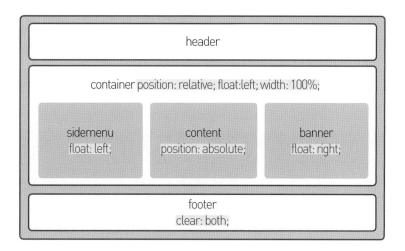

이제 position을 포함하여 지금까지 살펴본 CSS를 가지고, 몇 가지 예를 다루어 보도록 하겠습니다.

▶ 건너뛰기 링크 스타일

웹페이지 상단에는 메뉴를 건너뛰고 본문 내용으로 직접 가게 해주는 건너뛰기 링크가 있습니다. 그 스타일은 어떻게 처리하는 게 좋을까요? 디자인을 해치지 않는다면 그대로 노출하는 것도 좋습니다. 여기서는 건너뛰기 링크가 처음에는 숨겨져 안보이다가 포커스가 있을 때 나타나는 것으로 해봅시다.

다음 종합예제는 [예제 ex2-73.html] 의 소스를 활용한 것입니다.

[종합예제 ext2-5.html]

* 먼저 body 안에 건너뛰기 링크를 마크업 합니다.
* 주메뉴를 건너뛰어 본문으로 직행하는 링크를 모든 요소의 위에 코딩합니다.

```
    ...
 <body>
    <ul class="skipnavi">
        <li><a href="#container">본문내용</a></li>
    </ul>
    <div class="wrap">
        <header>
            <h1 class="box_inner">
                <strong>호랑이</strong>를 <span>주제</span>로 한 <em>민화</em>
            </h1>
        </header>
        <div id="container" class="box_inner">
 ...
```

그 다음 건너뛰기 링크의 처음에 안 보이는 스타일과, 탭 키를 눌러 포커스가 나타난 경우의 스타일을 부여합니다.

```
    <style type="text/css">
        ...
        .skipnavi {
            ❶ position: absolute; left: 0; top: -50px;
            ❷ text-indent: -9999px; font-size: 0;
            ❸ width: 100%;
```

```
      ❹ z-index: 999;
   }
   .skipnavi li a:focus,
   .skipnavi li a:active {
      ❺ position: absolute; left: 0; top: 50px;
      ❻ display: block; width: 100%; padding: 5px 0; text-align: center;
      ❼ text-indent: 0px; font-size: 12px;
      ❽ font-weight: bold; background: #f2f2f2;
   }
   ...
</style>
```

건너뛰기 링크를 숨기는 속성을 작성할 때 혹시 있을지 모를 크로스브라우징 문제를 우려하여 퍼블리싱에 서는 숨길 수 있는 가능한 모든 속성을 총 동원합니다.

❶ 요소를 레이아웃에서 떼어내 (position: absolute;) 화면에서 숨도록 위로 50px 위치를 올려 지정

❷ text-indent 값도 음수로 지정하고 글자 크기마저 0으로 지정

❸ 가로 폭은 나중에 링크가 노출되었을 때를 대비하여 100%로 준 것

❹ z-index는 숨기기 위한 것이 아니라 다른 어떤 요소보다도 위에 떠서 나타날 때 가려지지 않도록 큰 값으로 설정, 포커스가 있는 경우에는 숨겼던 속성들을 반대로 적용

❺ position: absolute; 하여 top 값을 줌. 위치를 화면 위로 올린만큼 다시 내려주기 위해 top: 50px;

❻ 블록 요소로 변경하여 가로 폭과 여백, 정렬도 지정

❼ 상속받은 text-indent 값도 원래대로 돌려주고 글자 크기도 재설정

❽ 기타 원하는 디자인 속성을 부여

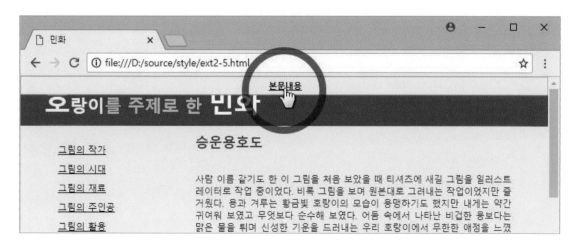

△ 결과 ext2-5.html

페이지의 처음에 링크가 보이지 않다가 **키보드의 탭 키를 눌러 링크가 노출되는 것을** 확인합니다.

▶ position으로 하는 이미지맵

큰 이미지의 일부분에 링크를 걸기 위해 이미지맵 역할을 하는 position을 설정할 수 있습니다.

다음 예제에서는 자동차의 'click!'이라고 쓰인 부분과 집의 'click!'이라고 쓰인 부분에 각각 다른 링크를 걸어볼 것입니다. 모바일 앱이라면 기기의 가로 크기가 다 다르므로 크기나 위치를 px로 줄 수가 없어 이미지맵 태그를 쓸 수 없습니다. 링크 걸릴 부분이 전체에서 가로, 세로 몇% 지점인지 알아내어 position으로 위치와 크기를 잡아줄 것입니다.

insure.png (470px × 315px) :

[종합예제 **ext2-6.html**]

```
<!DOCTYPE html>
<html lang="ko">
<head>
    <meta charset="utf-8">
    <title>POSITION - 이미지 부분 링크</title>
    <style type="text/css">
      ❶ .hdd {
          width: 0; height: 0; font-size: 0; line-height: 0;
          text-indent: -9999px; overflow: hidden;
          position: absolute; left: -9999px;
      }
      .insure { ❷ position: relative; max-width: 700px; }
      .insure img { width:100%; }
      .insure a {
          ❸ position: absolute;
          ❹ display: block;
          ❺ background: rgba(0,255,0,0.5);
      }
      .insure a.car {
          ❻ width: 25%; height: 29.7%; left: 8%; top: 64%;
      }
      .insure a.house {
          ❼ width: 28%; height:33.5%; left: 60%; top: 59%;
```

```
        }
    </style>
</head>
<body>
    <div class="insure">
        ❽ <img src="img/insure.png" alt="남자는 32.1%, 여자는 30.4%이다">
        ❾ <a href="#" class="car"><span class="hdd">자동차 보험</span></a>
        ❾ <a href="#" class="house"><span class="hdd">주택 보험</span></a>
    </div>
</body>
</html>
```

❶ 이미지 안의 링크 텍스트를 읽어주기는 하고 보이지는 않도록 CSS 설정함(접근성)

   • 글자 크기, 가로 크기, 세로 크기, 행간을 0 으로 지정

   • text-indent: -9999px; + overflow: hidden; 세트를 설정

   • position: absolute; + left: -9999px; 세트를 설정

❷ 내부에 있는 링크들의 위치 지정 때문에 좌표의 기준을 제공해야 하므로 부모 요소를 명시함

❸ 링크들에게 위치를 부여하기 위해 absolute로 포지셔닝함

❹ 박스 모델 속성을 부여하기 위해 block으로 변경함

❺ 링크 영역을 육안으로 확인하기 위해 반투명 바탕색을 입힘 - 나중에 투명하게 수정

❻ a.car의 크기와 위치를 지정

❼ a.house의 크기와 위치를 지정

❽ 이미지의 내용을 보지 않아도 이해할 수 있도록 짧은 설명으로 대체 텍스트를 작성합니다.

❾ 링크안의 텍스트에만 보이지 않지만 읽어줄 수 있도록 제작한 클래스를 부여합니다.

△ 결과 ext2-6.html

녹색 반투명 사각형은 링크 영역을 확인해보기 위해 넣은 CSS입니다. 확인이 끝나면 투명하게 수정하기로 하고, 브라우저를 축소하여 이미지가 작아져도 링크 영역이 움직이거나 흐트러지지 않는지 확인합니다.

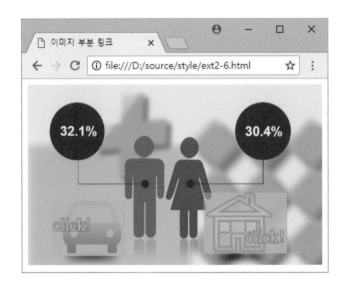

브라우저를 축소해도 링크 영역이 정상 비율로 유지됩니다. 이제 .insure a에 들어간 background를 투명하게 수정하고 링크가 정상 작동하는지 클릭하여 확인합니다.

```
background: rgba(0,255,0,0);
```

배경을 아예 제거할 수도 있겠지만 IE9에서는 배경을 제거하면 링크가 걸리지 않는 오류가 있으니 완전투명으로 수정합니다.

링크영역이 정상 작동하는 것을 손모양 커서로 확인할 수 있습니다.

▶ 체크박스에 이미지 입히기

라디오 버튼, 체크 박스 등 폼 요소들은 그 모양이 브라우저마다 크로스브라우징이 안되기 때문에 퍼블리싱에서는 디자인대로 스타일을 구현하기 위해 노력하고 있습니다. 그 중에서 지금까지 배운 내용을 이용하여 체크박스에 디자인을 입혀보도록 하겠습니다.

bg_checkbox.png (30px × 60px) :

[종합예제 ext2-7.html]

```
<!DOCTYPE html>
<html lang="ko">
<head>
    <meta charset="utf-8">
```

```
        <title>이미지 체크박스</title>
        <style type="text/css">
    ❶ input[type=checkbox].css-checkbox {
            border: none; background: none;
        ❷ position: absolute; left: -9999px;
        }
    ❸ input[type=checkbox].css-checkbox + label {
        ❹ display: inline-block;
        ❺ padding: 0 0 0 30px;
        ❻ height:20px; line-height:20px;
            background: url(img/bg_checkbox.png) no-repeat 0 0;
        ❼ background-size: 20px 40px;
            vertical-align:middle;
        }
    ❽ input[type=checkbox].css-checkbox:checked + label {
        ❾ background-position:0 -20px;
        }
        </style>
</head>
<body>
    <h2>약관동의</h2>
    <input type="checkbox" class="css-checkbox" id="chk1">
    <label for="chk1">서비스 이용약관 동의</label><br>
    <input type="checkbox" class="css-checkbox" id="chk2" checked>
    <label for="chk2">개인정보 취급방침 동의</label><br>
    <input type="checkbox" class="css-checkbox" id="chk3">
    <label for="chk3">위치정보 활용 동의</label>
</body>
</html>
```

❶ class 명이 css-checkbox인 체크박스를 가리키는 선택자

❷ 디자인 체크박스를 달기 위해 진짜 체크박스는 앞쪽으로 날려, 보이지는 않고 기능은 유지하도록 함

❸ class 명이 css-checkbox인 체크박스 바로 뒤에 인접한 label을 가리키는 선택자

❹ label을 inline-block으로 하여 배경, 여백 등이 적용되도록 함

❺ label의 좌측 여백을 20px 보다 크게 주어 체크박스와 글자가 달라붙지 않도록 함

❻ 배경 이미지의 크기를 20px로 줄일 계획이므로 그에 맞게 높이 값을 줌
줄간격을 동일하게 주어 세로 중앙 정렬 효과를 줌

❼ 고화질을 위해 크게 디자인 된 원래 이미지의 2/3 정도 크기로 줄임

❽ class 명이 css-checkbox이며 체크가 된 체크박스 바로 뒤에 인접한 label을 가리키는 선택자

❾ 체크하면 배경 이미지를 위로 20px 밀어 올려 빨간색 체크 부분이 보이도록 해줌

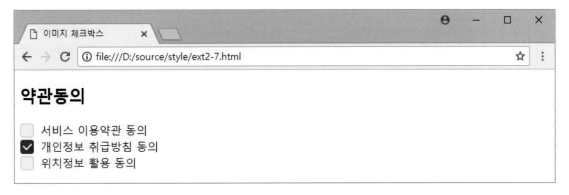

△ 결과 ext2-7.html

2.10 | 미디어쿼리(media query)

뷰포트의 해상도에 따라 CSS를 분기시키는 미디어쿼리는 반응형 프로젝트에서 반드시 필요한 기법입니다.

2.10 01 〈link ~ media="">

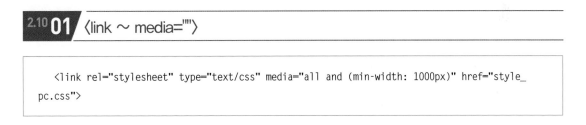

```
<link rel="stylesheet" type="text/css" media="all and (min-width: 1000px)" href="style_
pc.css">
```

최소 가로폭이 1000px, 즉 1000px 보다 넓은 해상도일 때에 style_pc.css를 연결한다는 뜻입니다.

태블릿이나 모바일 기기마다 가로폭이 다른데, 크롬 브라우저에서 개발자 도구를 열고 Toggle device Toolbar를 누르면 기기마다의 해상도도 확인할 수 있고 기기 모델도 추가할 수 있습니다.

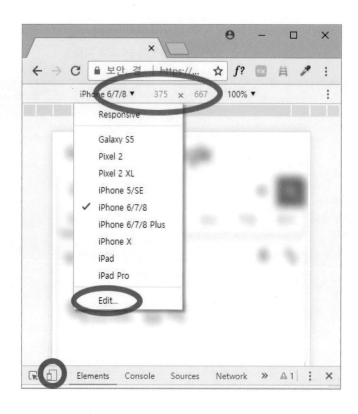

또한 다음 트로이(http://troy.labs.daum.net/)에서는 기기별 해상도를 제공하고 실제 작동 화면을 확인할 수 있는 VIEW를 제공합니다.

모바일 기기	가로	세로
iPhone X	375	812
iPhone 6,7,8	375	667
iPhone 6,7,8 plus	414	736
iPhone 5	320	568
Galaxy S5, S8	360	640
Galaxy Note 8	360	640
iPad Pro	1024	1366
⋮	⋮	⋮

처음 로딩할 때 성능이 저하되지 않도록 CSS 파일을 하나로 만들어서 CSS 내부에서 조건에 따라 분기시키는 것이 일반적인 형태의 반응형웹 CSS입니다.

```
@media all and (min-width: 1000px) {
        모든 기기에서 해상도가 최소 1000px 인 경우 적용할 속성들 ...
}
```

all은 Media Type을 나타냅니다. and 전, 후에 띄어 씁니다.

Media Type	설명
all	모든 미디어 장치에 사용 (기본값)
print	프린터에 사용
screen	PC, 태블릿, 스마트폰에 사용
speech	스크린리더기가 페이지를 읽는데 사용

```
body { color: red; }
@media only screen and (max-width: 768px) {
    body { color: blue; }
}
```

위 구문은 원래 글자색이 빨간색인데, 화면이 768px보다 작아졌을 때는 파란색으로 지정한다는 뜻이므로 PC에서는 글자 색상이 빨간색으로, 모바일에서는 파란색으로 나타나게 됩니다.

작은 장치에서 페이지를 더 빠르게 표시되게 하려면 모바일 우선으로 설계합니다.

```
body { color: blue; }
@media only screen and (min-width: 768px) {
    body { color: red; }
}
```

위 구문은 원래 글자색이 파란색인데, 화면이 768px보다 커지면 글자색을 빨간색으로 지정한다는 뜻이므로 모바일 우선으로 하면서도 같은 결과를 가져옵니다.

미디어쿼리를 이용하여 브라우저의 방향에 따라 다른 레이아웃을 제공할 수 있습니다.

```
@media only screen and (orientation: portrait) {
    body { background: skyblue; }
}
```

위 구문은 모바일 기기를 세워 세로가 가로보다 긴 세로방향이 되면 배경색을 하늘색으로 지정한다는 뜻입니다.

```
@media only screen and (orientation: landscape) {
    body { background: lightgreen; }
}
```

위 구문은 모바일 기기를 눕혀 가로가 세로보다 긴 가로방향이 되면 배경색을 연두색으로 지정한다는 뜻입니다.

쉼표로 구분하여 조건을 추가할 수 있습니다.

```
@media screen and (max-width: 900px) and (min-width: 600px), (min-width: 1100px) {
    body { color: red; }
}
```

위 구문은 가로가 600px에서 900px 사이일 때, 그리고 1100px 이상일 때에만 글자색을 빨간색으로 한다는 뜻입니다.

반응형 웹이라고 해서 LukeW의 5가지 패턴대로만 디자인해야 하는 것은 아니지만, 해상도 구분은 지금까지 그대로 참고해도 될 것 같으니, 모바일과 태블릿 그리고 PC의 경계를 768px, 1024px, 1280px로 하여 레이아웃이 달라지는 media query를 실습해 봅시다.

레이아웃 템플릿은 다음과 같이 계획하겠습니다.

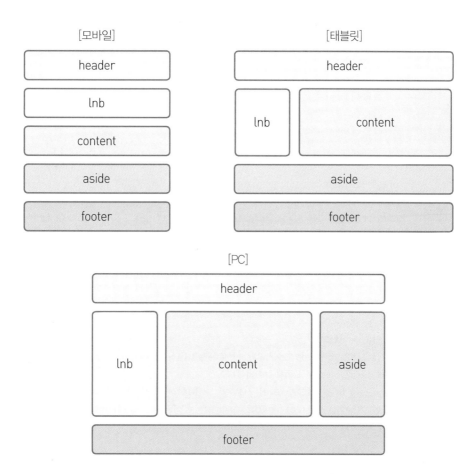

[예제 ex2-75.html]

```html
<!DOCTYPE html>
<html lang="ko">
<head>
    <meta charset="utf-8">
    <title>오르세미술관</title>
    <style type="text/css">
    </style>
</head>
<body>
    <div class="wrap">
        <header>
            <h1>Musee d'Orsay</h1>
        </header>
```

```
<div id="container" class="clear">
    <div class="lnb">
        <ul>
            <li><a href="#">작가의 작품</a></li>
            <li><a href="#">작가의 시대</a></li>
            <li><a href="#">작가의 일생</a></li>
        </ul>
    </div>
    <div class="content">
        <h2>PICTURES</h2>
        <p><a href="#">피리부는 소년</a> <br><a href="#">고흐의 방</a><br><a href="#">
황색 그리스도가 있는 화가의 자화상</a><br><a href="#">오페라좌의 관현악단</a><br><a href="#">만종
</a><br><a href="#">제비꽃 장식을 단 베르트모리조</a><br><a href="#">피리부는 소년</a> <br><a
href="#">고흐의 방</a><br><a href="#">황색 그리스도가 있는 화가의 자화상</a><br><a href="#">오페라좌
의 관현악단</a><br><a href="#">만종</a><br><a href="#">제비꽃 장식을 단 베르트모리조</a></p>
    </div>
    <div class="aside">
        <ul class="ext">
            <li><h2>Workshop Go</h2><a href="#">Life drawing workshop</a></li>
            <li><h2>Summer Exhibition</h2>
                <a href="#">A-level Summer Exibition Online 2010</a></li>
            <li><h2>RA Collection</h2><a href="#">RA Collections</a></li>
        </ul>
    </div>
</div>
<footer>
    <p>&copy;2018 Les Amis du Musee d'Orsay. All rights reserved.</p>
</footer>
</div>
</body>
</html>
```

나중에 float 될 것을 대비하여 미리 clear 클래스를 붙입니다.

이제 CSS를 작성합니다. 모바일 우선으로 코딩합니다.

```
<!DOCTYPE html>
<html lang="ko">
<head>
    <meta charset="utf-8">
    <title>오르세미술관</title>
    <style type="text/css">
     ❶ h1, h2, ul, li, p, div {margin:0; padding:0; box-sizing: border-box;}
```

```
❷ li {list-style-type:none;}
❸ .clear:after {content:""; display:block; clear:both;}
❹ a {line-height: 1.5; color: #333;}
body {background:#f1f1f1; font-size:13px;}
header {background: coral;}
h1 {font-size: 25px; color: #cc0; padding: 10px; color: #fff;}
.lnb li {margin: 10px; padding: 10px; background: lightgreen;}
.content {padding: 20px;}
h2 {font-size: 20px;}
.ext {margin: 10px; padding: 20px; background: lightgreen;}
footer {padding: 10px; background: #aaa;}
```

모바일 레이아웃은 모두 100%이니 요소들에 어떤 요소에도 float 또는 position이 없고 width를 지정할 필요가 없습니다.

❶, ❷, ❸, ❹ 까지는 디자인에 상관없이 기본적으로 들어가는 스타일입니다. box-sizing: border-box;를 기본 속성으로 부여한 것은 가로 폭과 계산 없이 편하게 여백을 주려는 의도 때문입니다.

△ 결과 ex2-75.html

이제 태블릿 사이즈의 레이아웃을 위한 미디어쿼리를 추가합니다.

```
@media all and (min-width: 768px) and (max-width: 1024px) {
    .lnb {float: left; width: 25%;}
    .content {float: left; width: 75%;}
    .aside {clear: both;}
}
```

가로 폭이 최소 768px부터 최대 1024px까지의 레이아웃입니다. 계획했던 대로 lnb와 content를 가로로 배치하고 float 해제까지 해줍니다.

브라우저를 넓혀 레이아웃을 확인합니다. 결과는 다음과 같습니다.

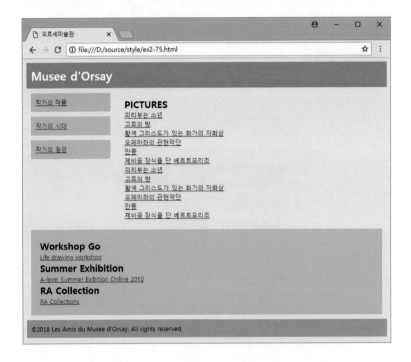

계속해서 이번에는 PC 사이즈의 레이아웃을 위한 미디어쿼리를 추가합니다.

```
@media all and (min-width: 1025px) {
    .wrap {max-width: 1280px; margin: 0 auto;}
    .lnb {float: left; width: 20%;}
    .content {float: left; width: 50%;}
    .aside {float: right; width: 30%;}
}
```

가로 폭이 최소 1025px 이상의 레이아웃입니다.

lnb 와 content, aside 를 가로로 배치하고 float 해제는 〈div id="container" class="clear"〉 할 때 이미 준비되어 있었습니다. .wrap의 최대 폭이 1280인 것은 브라우저를 더 가로로 길게 확대해도 콘텐츠들은 더 이상 확대되지 않고 여전히 1280px 안에 있도록 한다는 뜻입니다.

브라우저를 넓혀 레이아웃을 확인합니다. 결과는 다음과 같습니다.

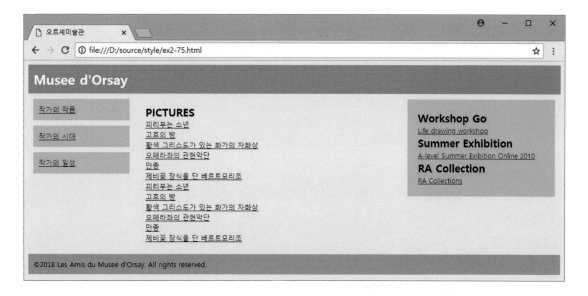

브라우저를 가로로 더 늘리면 다음과 같습니다. 1025px에서 1280px까지는 계속 가로로 확대되다가 그 이후에는 1280px로 고정됩니다.

이 외에 반응형 form 요소의 구현은 [제5장 반응형 프로젝트 실무]에서 다루도록 하겠습니다.

```
function initLayout() {
    var widthWin = $(window).width();
    if (widthWin < 1000) $('body').addClass('mob').removeClass('pc');
    else $('body').removeClass('mob').addClass('pc');
}
```

창의 가로 크기를 재고 1000px 보다 좁으면 body에 mob 클래스를 붙이고 pc 클래스는 제거하고, 1000px 이상이면 body에 pc 클래스를 붙이고, mob 클래스는 제거한다는 뜻입니다.

```
$(window).resize(function() {
    initLayout();
});
```

미리 만들어둔 스크립트를 창 크기가 바뀔 때마다 실행합니다.

```
...
    body.mob { max-width: 720px; }
...
```

css에서 body.mob에 속성을 추가하면 모바일일 때의 속성이 등록되는 것입니다.

> **NOTE**
>
> IE10부터는 조건주석문을 지원하지 않습니다. 아직 IE9는 사용 중이기에 잠시 언급한다면, 과거에 IE 버전별 이슈가 많았을 때에는 조건 주석문을 종종 사용했습니다.
>
> ```
> <!--[if lte IE 9]>
>     <link rel="stylesheet" type="text/css" href="ie9.css" />
> <![endif]-->
> ```
>
> 'IE9 이하 버전일 경우 ie9.css를 연결하시오' 라는 뜻으로 위처럼 기술했던 것입니다.

2.11 | 그 밖의 layout

지금은 레이아웃을 구성할 때 float이나 position을 사용하지만 앞으로는 브라우저 이슈들이 좀 더 개선되는 가까운 미래에 flexbox 또는 grid layout 방식도 즐겨 쓰는 날이 오게 될 것입니다. 아직은 최신 브라우저들에서만 실행되는 등 많이 활성화되어 있지는 않지만 곧 일어날 변화를 위해 간단히 소개합니다.

2.11 01 / flex layout

flex layout은 요소들이 포함된 큰 박스에 flex를 선언하고, 안에 있는 요소들에게는 유연하게 배치하는 속성들을 부여하여 레이아웃을 잡는 것입니다.

```
display: flex;
display: -webkit-flex;
display: -ms-flexbox;
```

위의 구문은 해당 요소에 flex로 레이아웃을 설계한다고 선언한다는 뜻입니다.

사파리 낮은 버전을 위해 vendor prefix를 사용했고, IE10에서는 vendor prefix를 사용해야 할 뿐 아니라 flexbox라고 써야합니다. IE9는 flex 속성을 지원하고 있지 않습니다.

▶ flex

지금은 float으로 세 개의 요소를 가로로 나열할 수 있습니다. flex로 구현한다면 다음과 같이 표현합니다.

```
flex: 1;
```

[예제 ex2-76.html]

```html
<!DOCTYPE html>
<html lang="ko">
<head>
    <meta charset="utf-8">
    <title>flexbox</title>
    <style type="text/css">
        .flexbox {
```

```
            display: flex;
            display: -webkit-flex;
            display: -ms-flexbox;
            height: 200px;
            background: #ccc;
        }
        .flexbox > div {
            flex: 1;
            -webkit-flex: 1;
            -ms-flex: 1;
            background: darkcyan;
            margin: 10px;
        }
    </style>
</head>
<body>
    <div class="flexbox">
        <div><img src="img/flex.png" alt="flex"></div>
        <div><img src="img/flex.png" alt="flex"></div>
        <div><img src="img/flex.png" alt="flex"></div>
    </div>
</body>
```

이렇게만 했는데 가로로 나열됩니다.

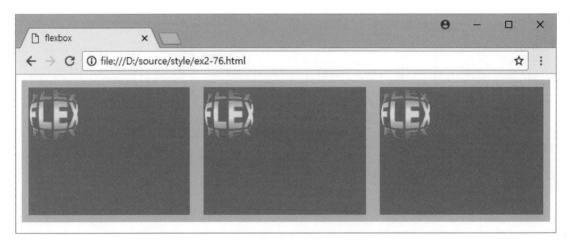

△ 결과 ex2-76.html

flex: 1;은 원래 flex: 1 1 0;의 줄인 표현입니다.

지금은 1 1 auto와도 같습니다. 또 1 1 100px과도 같죠. 앞이 1이면 뒤가 뭐든 같은데, 이 세 값은 flex-grow, flex-shrink, flex-basis입니다.

속성 값	속성 설명
flex : 1 0 100px ;	1 : flex-grow (생략 불가능) → **1**
	0 : flex-shrink (생략 가능) → **2**
	100px : flex-basis (생략 가능) → **3**

1 flex-grow

자식 요소가 적거나 그 크기가 작아 **공간이 남을 때** 항목의 크기를 늘려 채워주는 방법을 정의합니다.

속성 값	속성 설명
0	(기본값)
1	항목들이 모두 1 이면 같은 크기임
양수	값을 높게 줄수록 더 늘어남 공간이 부족할 때는 어떤 값도 무의미

앞에서 살펴본 [예제 ex2-76.html]에서 flex 자식 요소 셋이 width도 없이 모두 1/3씩 차지한 것이 신기하지 않나요? 이게 바로 셋이 모두 1을 가졌으니 가로 크기가 1:1:1이라는 뜻입니다. 만약 1:2:1이면 가운데 요소만 두 배의 크기였을 것입니다.

2 flex-shrink

자식 요소가 많거나 그 크기가 커서 **공간이 부족할 때** 각 항목의 크기를 줄여 채워주는 방법을 정의합니다.

속성 값	속성 설명
0	공간이 부족해도 항목의 크기를 줄일 수 없음
1	(기본값) – 자식 요소들이 많아서 컨테이너를 넘치면 안 넘치게 알아서 좁아짐
양수	값을 높게 줄수록 더 좁아짐. (내부적으로 수축지수가 자동 계산됨) 공간이 남을 때는 어떤 값도 무의미

flex-shrink 속성의 기본값은 '1'이기 때문에 자식 요소는 기본적으로 좁아집니다.

[예제 ex2-76.html]에서 자식 요소에게 width: 200px을 추가하고, 자식 요소를 10개로 늘려도 각자 사이즈를 좁혀 한 줄로 들어갑니다.

[예제 ex2-77.html]

```html
<!DOCTYPE html>
<html lang="ko">
<head>
    <meta charset="utf-8">
    <title>flexbox</title>
    <style type="text/css">
        .flexbox {
            display: flex;
            display: -webkit-flex;
            display: -ms-flexbox;
            height: 200px;
            background: #ccc;
        }
        .flexbox > div {
            flex: 1;
            -webkit-flex: 1;
            -ms-flex: 1;
            width: 200px;
            background: darkcyan;
            margin: 10px;
        }
    </style>
</head>
<body>
    <div class="flexbox">
        <div><img src="img/flex.png" alt="flex"></div>
        <div><img src="img/flex.png" alt="flex"></div>
        <div><img src="img/flex.png" alt="flex"></div>
        <div><img src="img/flex.png" alt="flex"></div>
        <div><img src="img/flex.png" alt="flex"></div>
        <div><img src="img/flex.png" alt="flex"></div>
        <div><img src="img/flex.png" alt="flex"></div>
    </div>
</body>
```

flex:1은 flex:1 1;과 같고 두 번째 1이 flex-shrink 값입니다. 그래서 7개로 늘어난 자식 요소들이 가로 크기를 200px이나 지정했는데도 무시하고 알아서 줄었습니다.

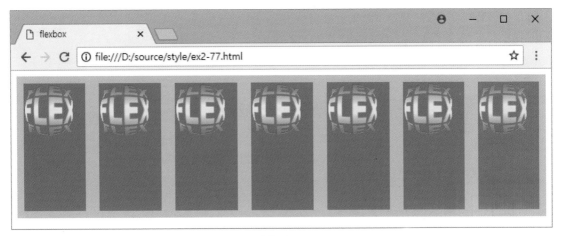

△ 결과 ex2-77.html

3 flex-basis

flex 자식 요소들의 초기 길이를 지정하는 속성입니다. flex에서는 앞의 [예제 ex2-77.html]처럼 width 속성을 주지 않고, 대신 flex-basis를 사용합니다.

속성 값	속성 설명
auto	(기본값)
50px, 100px, …	원하는 가로 크기를 부여함

자식 요소들이 늘어나지도 줄어들지도 않고 원래의 크기(100px)를 가지기 원한다면 flex: 0 0 100px로 지정합니다.

[예제 ex2-78.html]

```
<!DOCTYPE html>
<html lang="ko">
<head>
    <meta charset="utf-8">
    <title>flexbox</title>
    <style type="text/css">
        .flexbox {
            display: flex;
            display: -webkit-flex;
            display: -ms-flexbox;
            height: 200px;
            background: #ccc;
```

```
        }
        .flexbox > div {
            flex: 0 0 100px;
            -webkit-flex: 0 0 100px;
            -ms-flex: 0 0 100px;
            background: darkcyan;
            margin: 10px;
        }
    </style>
</head>
<body>
    <div class="flexbox">
        <div><img src="img/flex.png" alt="flex"></div>
        <div><img src="img/flex.png" alt="flex"></div>
        <div><img src="img/flex.png" alt="flex"></div>
    </div>
</body>
```

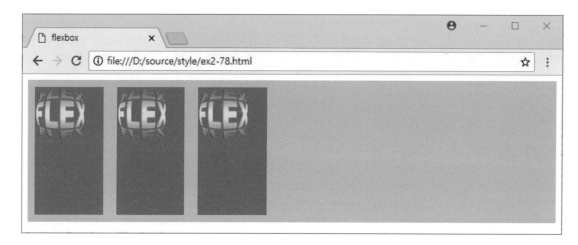

△ 결과 ex2-78.html

flex: 〈flex-grow〉 〈flex-shrink〉 〈flex-basis〉의 생략은 다음과 같습니다.

속성값	생략 속성	속성 설명
flex: none;	모두 생략	flex: 0 0 auto;
flex: 1;	flex-shrink, flex-basis 생략	flex: 1 1 0;과 같음
flex: 100px;	flex-grow, flex-shrink 생략	flex: 1 1 100px;과 같음
flex: 1 1;	flex-basis 생략	flex: 1 1 0;과 같음
flex: 1 100px;	flex-shrink 생략	flex: 1 1 100px;과 같음

이상의 세 가지 속성이 당장 이해가 되지 않겠지만 flex-grow: 1;을 이용하면 공간이 남아도 한줄 가득 꽉 채울 수 있고, flex-shrink: 1;을 이용하면 공간이 넘쳐도 한 줄로 줄여서 채울 수 있다는 것을 알았습니다. 자식 요소들이 더 많아지면 정렬과 배치의 문제가 발생합니다. 이번엔 그와 관련된 속성을 알아봅시다.

▶ flex-direction

자식 요소를 나열하는 방향을 지정하는 속성입니다. 부모 요소에게 지정합니다.

속성 값	속성 설명
column	위에서 아래로 나열
column-reverse	아래에서 위로 나열
row (기본값)	좌측에서 우측으로 나열
row-reverse	우측에서 좌측으로 나열

[예제 ex2-78.html]에는 이 속성이 없었으므로 기본값, 즉 flex-direction: row;가 지정되어 가로로 나열되었던 것입니다. 다른 값도 알아봅시다.

[예제 ex2-79.html]

```
<!DOCTYPE html>
<html lang="ko">
<head>
    <meta charset="utf-8">
    <title>flexbox</title>
    <style type="text/css">
        .flexbox {
            display: flex;
            display: -webkit-flex;
            display: -ms-flexbox;
            flex-direction: column-reverse;
            -webkit-flex-direction: column-reverse;
            -ms-flex-direction: column-reverse;
            height: 200px;
            background: #ccc;
        }
        .flexbox > div {
            flex: 1;
            -webkit-flex: 1;
            -ms-flex: 1;
            background: darkviolet;
            margin: 10px;
            font-size: 30px;
```

```
            color: #fff;
        }
    </style>
</head>
<body>
    <div class="flexbox">
        <div>child-1</div>
        <div>child-2</div>
        <div>child-3</div>
    </div>
</body>
```

부모 요소에게 flex-direction: column-reverse; 를 지정하여 자식 요소들이 아래에서 위 방향으로 나열되었습니다. 그리고 flex: 1; 로 인하여 세로로 꽉 차게 배치되었습니다.

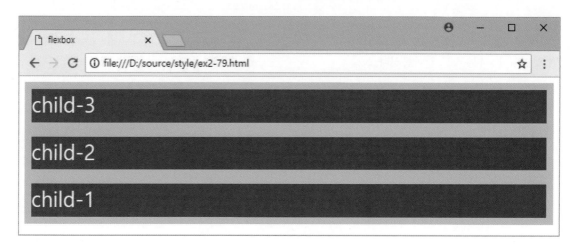

△ 결과 ex2-79.html

▶ justify-content

공간이 남을 때, 즉 flex-grow: 0;일 때 자식 요소들을 가로 정렬하는 속성입니다.

속성 값	속성 설명
flex-start (기본값)	시작쪽으로 정렬 (보통 왼쪽, flex-direction: row-reverse일 때는 오른쪽)
flex-end	끝쪽으로 정렬 (보통 오른쪽, flex-direction: row-reverse일 때는 왼쪽)
center	중앙으로 정렬
space-between	양쪽 정렬
space-around	요소 좌우 동일 간격

다음 예제를 통하여 space-between과 space-around에 대해 살펴보겠습니다.

[예제 ex2-80.html]

```html
<!DOCTYPE html>
<html lang="ko">
<head>
    <meta charset="utf-8">
    <title>flexbox</title>
    <style type="text/css">
        .flexbox {
            display: flex;
            display: -webkit-flex;
            justify-content: space-between;
            -webkit-justify-content: space-between;
            height: 200px;
            background: #ccc;
        }
        .flexbox > div {
            flex: 0 0 100px;
            -webkit-flex: 0 0 100px;
            background: darkviolet;
            margin: 10px;
            font-size: 30px;
            color: #fff;
        }
    </style>
</head>
<body>
    <div class="flexbox">
        <div>child-1</div>
        <div>child-2</div>
        <div>child-3</div>
    </div>
</body>
```

flex-basis 를 100px로 하고, justify-content: space-between;했으므로 text-align: justify; 처럼 양쪽 정렬됩니다.

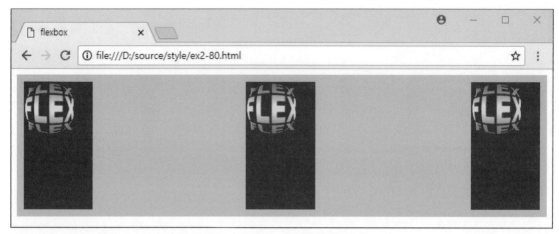

△ 결과 ex2-80.html

justify-content: space-between;를 justify-content: space-around;로 변경해보면 다음과 같이 요소의 좌우 여백이 같아집니다.

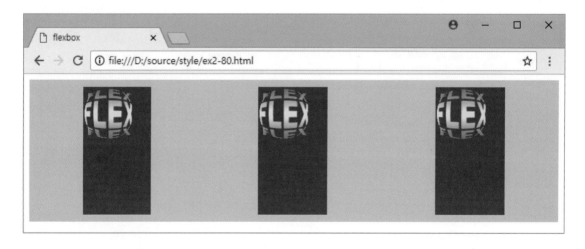

IE10은 justify-content 속성을 지원하지 않고 있습니다.

지금까지 나온 속성을 사용하여 반응형 주메뉴를 flex로 구현해 봅시다. 모바일에서는 메뉴들이 세로로 나열되고, 태블릿에서는 가로로 양쪽 정렬되고, PC에서는 좌측 정렬되도록 할 것입니다.

[종합예제 ext2-8.html]

```
<!DOCTYPE html>
<html lang="ko">
<head>
```

```
<meta charset="utf-8">
<title>flexbox</title>
<style type="text/css">
    ul {padding: 0; margin: 0;}
    li {list-style-type: none;}
    h1 {padding: 10px 20px; background: darkblue; color: #fff; font-size: 20px;}
    .gnb {
        ❶ display: flex;
        display: -webkit-flex;
        display: -ms-flexbox;
        ❷ flex-direction: column;
        -webkit-flex-direction: column;
        -ms-flex-direction: column;
    }
    .gnb > li {
        ❸ flex: 1;
        -webkit-flex: 1;
        -ms-flex: 1;
        margin: 2px;
    }
    .gnb li a {
        display: block; padding: 10px; text-decoration: none;
        background: lightblue; color: darkblue;
    }
</style>
</head>
<body>
    <header>
        <h1>regarding FLEX...</h1>
        <ul class="gnb">
            <li><a href="#">company</a></li>
            <li><a href="#">service</a></li>
            <li><a href="#">custommer</a></li>
            <li><a href="#">community</a></li>
        </ul>
    </header>
</body>
```

❶ .gnb 를 flex 박스로 선언

❷ 자식 요소들을 세로로 나열

❸ flex: 몇이든 flex-basis 값이 지정되지 않았으니 상관이 없습니다.

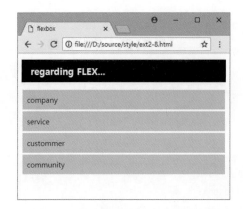

△ 결과 ext2-8.html

미디어쿼리로 태블릿일 경우의 CSS를 추가합니다.

```
❶ @media all and (min-width:768px) {
    .gnb {
        ❷ flex-direction: row;
        -webkit-flex-direction: row;
        -ms-flex-direction: row;
        ❸ justify-content: space-around;
        -webkit-justify-content: space-around;
        background: lightblue;
    }
    .gnb > li {
        ❹ flex: 0 0 80px;
        -webkit-flex: 0 0 80px;
        -ms-flex: 0 0 80px;
        margin: 10px;
    }
    .gnb li a {padding: 0;}
}
```

❶ 가로폭 768px 이상이면 이 스타일을 적용

❷ 세로로 나열되던 자식 요소를 가로로 나열하도록 변경

❸ 자식 요소를 요소 좌우 동일하게 정렬

❹ 메뉴들의 기본 가로폭을 80px로 지정

위 CSS를 추가한 결과는 다음과 같습니다.

이번에는 미디어쿼리로 PC일 경우의 CSS를 추가합니다.

```
❶ @media all and (min-width:1025px) {
    .gnb {
        ❷ justify-content: flex-start;
        -webkit-justify-content: flex-start;
    }
}
```

❶ 가로폭 1025px 이상이면 이 스타일을 적용

❷ 자식 요소를 좌측 정렬

결과는 다음과 같습니다.

▶ flex-wrap

flex 자식 요소들의 줄바꿈 방식을 지정하는 속성입니다.

속성 값	속성 설명
wrap	자식 요소들이 많으면 다음 줄로 넘침
nowrap (기본)	자식 요소들이 많아도 한줄 안에 배치됨
wrap-reverse	자식 요소들이 많으면 다음 위 줄로 넘침

```html
<!DOCTYPE html>
<html lang="ko">
<head>
    <meta charset="utf-8">
    <title>flexbox</title>
    <style type="text/css">
        .flexbox {
            width: 750px;
            display: flex;
            display: -webkit-flex;
            display: -ms-flexbox;
            flex-wrap: wrap;
            -webkit-flex-wrap: wrap;
            -ms-flex-wrap: wrap;
            height: 200px;
            background: #ccc;
        }
        .flexbox > div {
            flex: 0 1 100px;
            -webkit-flex: 0 1 100px;
            -ms-flex: 0 1 100px;
            background: darkblue;
            margin: 10px;
            font-size: 20px;
            color: #fff;
        }
    </style>
</head>
<body>
    <div class="flexbox">
        <div>child1</div>
        <div>child2</div>
        <div>child3</div>
        <div>child4</div>
        <div>child5</div>
        <div>child6</div>
        <div>child7</div>
        <div>child8</div>
    </div>
</body>
```

flex-wrap: wrap;이 추가됨으로써 한 줄에 좁게 들어 있던 자식 요소들이 원래의 초기값 100px로 펴져 두 줄로 나타났습니다.

```
flex: 0 1 100px; → 팽창하지 말 것, 수축해도 됨, 기본 가로폭 100px 이라는 뜻
```

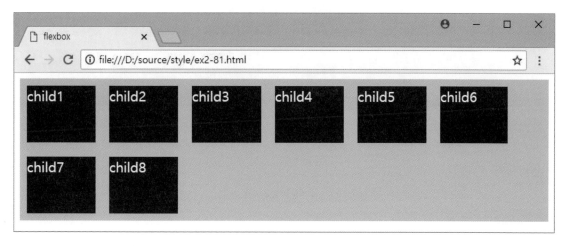

△ 결과 ex2-81.html

flex: wrap;이 없었다면 처음처럼 이렇게 되었을 것입니다.

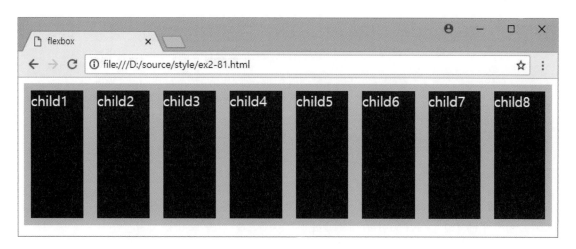

flex: 0 1 100px을 팽창 허용하도록 flex: 1 1 100px;로 변경해 봅시다. 다음과 같이 넓어집니다.

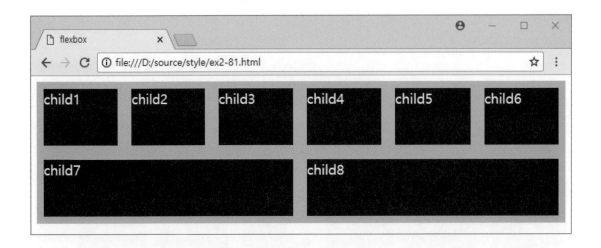

▶ flex-flow

flex-direction과 flex-wrap을 나란히 붙여 하나의 속성처럼 쓸 수 있습니다. 그러므로 기본값은 flex-flow:
row nowrap;입니다.

▶ align-items

자식 요소들을 세로 정렬하는 속성입니다.

속성 값	속성 설명
flex-start	시작쪽으로 정렬 (보통 위쪽, flex-direction: column-reverse일 때는 아래쪽)
flex-end	끝쪽으로 정렬 (보통 아래쪽, flex-direction: column-reverse일 때는 위쪽)
center	세로 중앙 정렬
baseline	글자의 baseline 기준으로 정렬
stretch(기본값)	부모 요소의 세로 크기를 따라 확장됨

지금까지 자식 요소들이 height도 없이 부모의 세로 영역을 다 차지한 것이 신기하지 않나요? 바로 stretch
가 기본 값이기 때문에 그랬던 것입니다. 속성의 확실한 구분을 위해 두 번째 자식 요소에 h2를 추가하겠
습니다.

[예제 ex2-82.html]

```
<!DOCTYPE html>
<html lang="ko">
<head>
```

```
<meta charset="utf-8">
<title>flexbox</title>
<style type="text/css">
    .flexbox {
        display: flex;
        display: -webkit-flex;
        align-items: flex-start;
        -webkit-align-items: flex-start;
        height: 200px;
        background: #ccc;
    }
    .flexbox > div {
        flex: 1 1 100px;
        -webkit-flex: 1 1 100px;
        background: darkblue;
        margin: 10px;
        font-size: 20px;
        color: #fff;
    }
</style>
</head>
<body>
    <div class="flexbox">
        <div>child1</div>
        <div><h2>child2</h2></div>
        <div>child3</div>
    </div>
</body>
```

align-items: flex-start;의 결과 세로 위쪽으로 정렬됩니다. 결과는 다음과 같습니다.

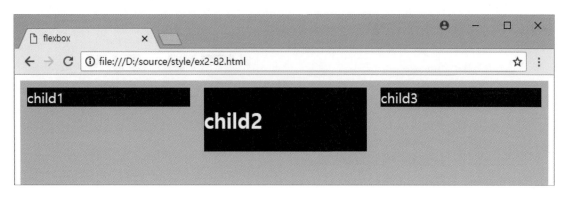

△ 결과 ex2-82.html

다른 속성들의 결과는 다음과 같습니다.

- align-items: flex-end;

- align-items: center;

- align-items: baseline;

- align-items: stretch;

IE10은 align-items 속성을 지원하지 않고 있습니다.

▶ order

자식 요소들의 순서를 바꿔주는 속성입니다. 몇 번째에 배치할지 순서를 지정합니다.

속성 값	속성 설명
0 (기본값)	순서를 바꾸지 않음
양수	원하는 순서를 지정
음수	좌측으로 자리를 바꾸는 횟수

〈예제 ex2-82.html〉에서 마크업을 다음과 같이 바꿔봅니다.

```
<div class="flexbox">
    <div style="order: 3;">child1</div>
    <div style="order: 4;"><h2>child2</h2></div>
    <div style="order: 2;">child3</div>
    <div style="order: 5;">child4</div>
    <div style="order: 1;">child5</div>
</div>
```

child1은 3번째로, child2는 4번째로, child3는 2번째로, child4는 5번째로, child5는 1번째로 자리 이동이 일어납니다. 결과는 다음과 같습니다.

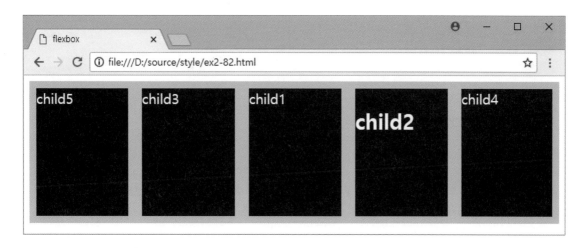

IE10은 order 속성을 지원하지 않고 있습니다.

▶ align-self

자식 요소 중 선택된 항목에 대해서만 세로로 다시 정렬하는 속성입니다. 속성들은 align-items의 속성들과 같습니다.

[예제 ex2-83.html]

```html
<!DOCTYPE html>
<html lang="ko">
<head>
    <meta charset="utf-8">
    <title>flexbox</title>
    <style type="text/css">
        .flexbox {
            display: flex;
            display: -webkit-flex;
            height: 200px;
            background: #ccc;
            align-items: flex-start;
            -webkit-align-items: flex-start;
        }
        .flexbox > div {
            flex: 1;
```

```
            -webkit-flex: 1;
            background: darkblue;
            margin: 10px;
            font-size: 20px;
            color: #fff;
        }
        .flexbox > div:nth-child(3) {
            align-self: flex-end;
            -webkit-align-self: flex-end;
        }
    </style>
</head>
<body>
    <div class="flexbox">
        <div><img src="img/flex.png" alt="flex"></div>
        <div><img src="img/flex.png" alt="flex"></div>
        <div><img src="img/flex.png" alt="flex"></div>
        <div><img src="img/flex.png" alt="flex"></div>
        <div><img src="img/flex.png" alt="flex"></div>
    </div>
</body>
```

자식 요소들이 모두 align-items: flex-start;로 상단에 정렬되어 있는 가운데 세 번째 요소만 align-self: flex-end;로 하단에 정렬하는 것입니다.

△ 결과 ex2-83.html

IE10은 align-self 속성을 지원하지 않고 있습니다.

▶ align-content

flex-wrap: wrap;일 경우 여러 줄을 세로로 정렬하는 속성입니다. 속성들은 align-items의 속성들과 같습니다.

[예제 ex2-84.html]

```
<!DOCTYPE html>
<html lang="ko">
<head>
    <meta charset="utf-8">
    <title>flexbox</title>
    <style type="text/css">
        .flexbox {
            max-width: 750px;
            display: flex;
            display: -webkit-flex;
            flex-wrap: wrap;
            -webkit-flex-wrap: wrap;
            height: 270px;
            background: #ccc;
            align-content: flex-start;
            -webkit-align-content: flex-start;
        }
        .flexbox > div {
            flex: 0 0 100px;
            -webkit-flex: 0 0 100px;
            background: darkblue;
            margin: 10px;
            font-size: 20px;
            color: #fff;
        }
    </style>
</head>
<body>
    <div class="flexbox">
        <div><img src="img/flex.png" alt="flex"></div>
        <div><img src="img/flex.png" alt="flex"></div>
        <div><img src="img/flex.png" alt="flex"></div>
        <div><img src="img/flex.png" alt="flex"></div>
        <div><img src="img/flex.png" alt="flex"></div>
        <div><img src="img/flex.png" alt="flex"></div>
        <div><img src="img/flex.png" alt="flex"></div>
        <div><img src="img/flex.png" alt="flex"></div>
    </div>
</body>
```

flex-wrap: wrap;을 하여 여러줄로 나타나도록 하고, align-content: flex-start; 하면 상단으로 정렬된 것을
확인 할 수 있습니다.

△ 결과 ex2-84.html

만약 align-content: flex-start;을 제거하면 다음과 같이 기본값인 stretch로 나타날 것입니다.

IE10은 align-content 속성을 지원하지 않고 있습니다.

grid layout은 비교적 직관적이어서 다른 레이아웃보다 사전지식이 덜 필요합니다. 일단 원하는 레이아웃을 먼저 스케치하고 그것을 위해 필요한 속성을 추가하는 방식으로 설명해보겠습니다. 현재 IE에서는 지원하고 있지 않으니 chrome이나 firefox 또는 opera 최신버전에서 확인하기 바랍니다.

다음과 같이 우리가 가장 많이 접해본 레이아웃으로 시작합니다.

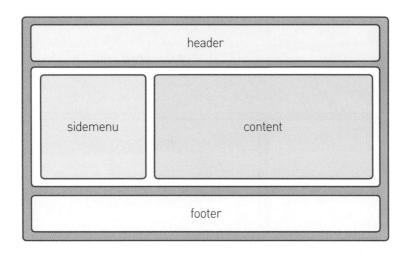

네 개짜리 박스를 마크업합니다.

```
<body>
    <div class="wrap">
        <div class="grid1">header</div>
        <div class="grid2">sidemenu</div>
        <div class="grid3">content</div>
        <div class="grid4">footer</div>
    </div>
</body>
```

이 박스에 grid layout을 사용한다고 선언합니다.

```
.wrap {
    display: grid;
}
```

가로로 2칸 세로로는 3칸 이므로 grid-template-columns 에 두 개의 가로 크기를 차례로 지정하고 grid-template-rows 에는 위부터 아래까지 세 개의 세로 크기를 지정합니다.

```
.wrap {
      display: grid;
      grid-template-columns: 30% 70%;
      grid-template-rows: 50px 150px 50px;
   }
```

그런 다음에는 각 칼럼의 경계선 번호를 알아내야 합니다. 칼럼이 2개이므로 경계선 번호는 1, 2, 3까지 있습니다.

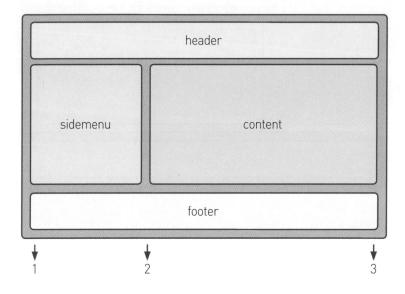

```
.grid1 { grid-column-start: 1; grid-column-end: 3; }
.grid2 { grid-column-start: 1; grid-column-end: 2; }
.grid3 { grid-column-start: 2; grid-column-end: 3; }
.grid4 { grid-column-start: 1; grid-column-end: 3; }
```

header의 grid column은 1~3,

sidemenu의 grid column은 1~2,

content의 grid column은 2~3,

footer의 grid column은 1~3으로 설정하면 됩니다. 이 레이아웃에서는 행이 합쳐진 칸이 없으니 row의 경계선은 필요하지 않습니다.

예제를 통해 완성된 코드를 살펴보겠습니다.

```
<!DOCTYPE html>
<html lang="ko">
<head>
    <meta charset="utf-8">
    <title>flexbox</title>
    <style type="text/css">
        .wrap {
            display: grid;
            grid-template-columns: 30% 70%;
            grid-template-rows: 50px 150px 50px;
        }
        .wrap > div {margin: 1px; padding: 10px; font-size: 20px;}
        .grid1 {
            grid-column-start: 1; grid-column-end: 3;
            background: lightgreen;
        }
        .grid2 {
            grid-column-start: 1; grid-column-end: 2;
            background: lightpink;
        }
        .grid3 {
            grid-column-start: 2; grid-column-end: 3;
            background: lightblue;
        }
        .grid4 {
            grid-column-start: 1; grid-column-end: 3;
            background: bisque;
        }
    </style>
</head>
<body>
    <div class="wrap">
        <div class="grid1">header</div>
        <div class="grid2">sidemenu</div>
        <div class="grid3">content</div>
        <div class="grid4">footer</div>
    </div>
</body>
```

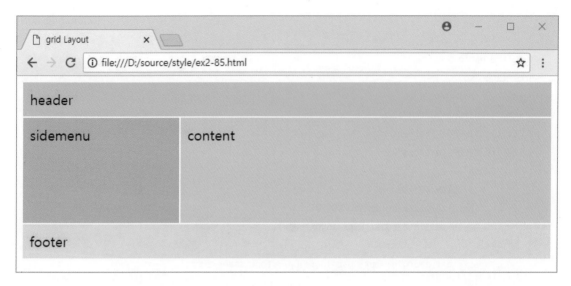

△ 결과 ex2-85.html

이번엔 세로로 합쳐진 칸이 있는 레이아웃을 만들어 봅시다. 경계선도 생각해 봅시다.

6개의 박스 중에서 세로로 합쳐진 칸은 grid3입니다. grid3에 grid-column-start와 grid-column-end를 지정해야 합니다. 경계선이 2~4이므로 다음과 같이 지정합니다.

```
.grid3 {
    grid-column-start: 1; grid-column-end: 2;
    grid-row-start: 2; grid-row-end: 4;
}
```

예제를 통해 완성된 코드를 살펴봅니다.

[예제 ex2-86.html]

```html
<!DOCTYPE html>
<html lang="ko">
<head>
    <meta charset="utf-8">
    <title>grid Layout</title>
    <style type="text/css">
        .wrap {
            display: grid;
            grid-template-columns: 33% 34% 33%;
            grid-template-rows: 100px 100px 100px;
        }
        .wrap > div { margin: 2px; padding: 10px; font-size: 20px; }
        .grid1 {
            grid-column-start: 1; grid-column-end: 3;
            background: #579;
        }
        .grid2 {
            grid-column-start: 3; grid-column-end: 4;
            background: #68a;
        }
        .grid3 {
            grid-column-start: 1; grid-column-end: 2;
            grid-row-start: 2; grid-row-end: 4;
            background: #79b
        }
        .grid4 {
            grid-column-start: 2; grid-column-end: 4;
            background: #8ac;
        }
        .grid5 {
            grid-column-start: 2; grid-column-end: 3;
            background: #9bd;
        }
        .grid6 {
            grid-column-start: 3; grid-column-end: 4;
            background: #ace;
        }
```

```
        </style>
    </head>
    <body>
        <div class="wrap">
            <div class="grid1">GRID1</div>
            <div class="grid2">GRID2</div>
            <div class="grid3">GRID3</div>
            <div class="grid4">GRID4</div>
            <div class="grid5">GRID5</div>
            <div class="grid6">GRID6</div>
        </div>
    </body>
```

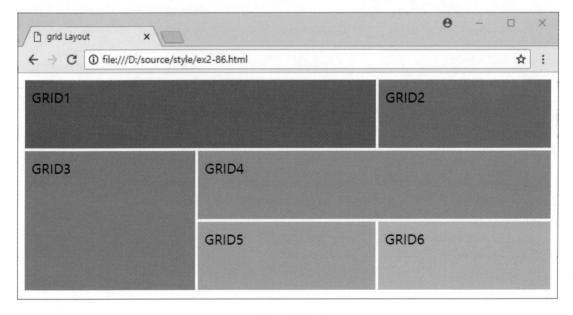

△ 결과 ex2-86.html

03장

자바스크립트

3.1 | 자바스크립트 기본 형식 및 적용 방법

3.1 01 자바스크립트의 기본 형식

```
<!DOCTYPE HTML>
<html lang="ko">
<head>
    <meta charset="UTF-8">
    <title>Javascript의 형식</title>
    <script>
        자바스크립트 실행문;
    </script>
    <script src='자바스크립트 파일.js'></script>
</head>
<body>
</body>
</html>
```

3.1 02 기본 규칙

1 하나의 실행문이 끝나면 마지막에 세미콜론(;)를 붙여 줍니다.

세미콜론(;)을 붙여 주지 않아도 상관은 없으나, 자바스크립트를 처음 학습하는 경우에는 하나의 실행문을 확인하고 넘어가는 차원에서 세미콜론(;) 붙여서 코딩하는 것이 좋습니다.

```
var num = 5;
document.write(num);
```

2 대소문자를 구분합니다.

var num = 5;	
document.write(num);	✓
document.write(Num);	✗

3 가독성을 위해 들여쓰기를 사용합니다.

```javascript
var avgDistance = function(){
    var speed = distance * time;
}
```

4 주석(comment) 처리 방법에는 한 줄 주석처리와 여러 줄 주석처리가 있습니다.

```javascript
// 한 줄 주석 처리 방법입니다.
```

```javascript
/* 여러 줄
   주석 처리 방법입니다. */
```

3.1 **03** / 적용 방법

1 HTML 문서 내부에서 적용할 수 있습니다.

[예제 ex3-1.html]

```html
<!DOCTYPE html>
<html lang="ko">
<head>
    <meta charset="UTF-8">
    <title>내부에서 적용하기</title>
    <script>
        document.write('자바스크립트');
    </script>
</head>
<body>
</body>
</html>
```

△ 결과 ex3-1.html

2 HTML 문서 외부에서 적용 할 수 있습니다.

[예시 3-1]과 같이 작성한 후 같은 경로에 ex3-2.html와 write.js의 파일명으로 각각 저장합니다.

[예시 3-1]

ex3-2.html	write.js

``html
<!DOCTYPE html>
<html lang="ko">
<head>
    <meta charset="UTF-8">
    <title>외부에서 적용하기</title>
    <script src="write.js"></script>
</head>
<body>
</body>
</html>
``
	``js
	document.write('자바스크립트 불러오기');
	``

[예제 ex3-2.html]

```html
<!DOCTYPE html>
<html lang="ko">
<head>
    <meta charset="UTF-8">
    <title>외부에서 적용하기</title>
    <script src="write.js"></script>
</head>
<body>
</body>
</html>
```

△ 결과 ex3-2.html

1 ⟨head⟩ 태그 내에 위치할 수 있습니다.

2 ⟨/body⟩ 위에 위치할 수 있습니다.

[예시 3-2]

```
<!DOCTYPE html>
<html lang="ko">
<head>
    <meta charset="UTF-8">
    <title>적용 위치</title>
    <script>
        자바스크립트 실행문;
    </script>
    <script src="자바스크립트 파일.js">
    </script>
</head>
<body>
</body>
</html>
```

[예시 3-3]

```
<!DOCTYPE html>
<html lang="ko">
<head>
    <meta charset="UTF-8">
    <title>적용 위치</title>
</head>
<body>
    <script>
        자바스크립트 실행문;
    </script>
    <script src="자바스크립트 파일.js">
    </script>
</body>
</html>
```

[예제 ex3-3.html]

```
<!DOCTYPE html>
<html lang="ko">
<head>
    <meta charset="UTF-8">
    <title>적용 위치</title>
    <script>
        var num1 = 10;
        var num2 = 20;
    </script>
</head>
<body>
    <script>
        document.write(num1 + num2);
    </script>
</body>
</html>
```

△ 결과 ex3-3.html

05 기본 명령어

분류	명령어
입력	prompt('입력 제목', '입력 내용')
출력	document.write('출력 내용')
	alert('출력 내용')
	console.log('출력 내용')
확인	confirm('확인 내용')

[예제 ex3-4.html]

```
<!DOCTYPE html>
<html lang="ko">
<head>
    <meta charset="UTF-8">
    <title>기본 명령어</title>
    <script>
        prompt('출력 페이지 수를 입력하세요!',''); // ''는 작은따옴표 두 개 입니다.
        alert('자바스크립트');
        document.write('자바스크립트');
        console.log('자바스크립트');
        confirm('정말 삭제 하시겠습니까?');
    </script>
</head>
<body>
</body>
</html>
```

console.log( ) 명령어의 결과는 크롬 브라우저 개발자 도구(F12)의 console 탭에서 확인할 수 있습니다.

△ 결과 ex3-4.html

3.2 | 변수와 상수

3.2 01 변수 선언(var, let)

변수는 '데이터를 저장하는 장소'를 의미합니다. 예시를 통해 변수의 선언 방법과 주의점에 대해 알아보겠습니다.

▶ var(variable)를 이용한 변수 선언 방법

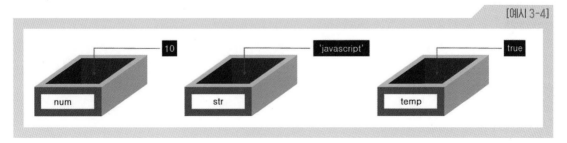

[예시 3-4]

[예시 3-4]을 실제 변수로 선언해 보도록 하겠습니다.

```
var num = 10;
var str = 'javascript';
var temp = true;
```

var : 변수 선언을 의미합니다.
num, str, temp : 변수를 구분하는 이름(변수명)입니다.
10, 'javascript', true : 변수에 저장 되는 데이터(값)입니다.

변수는 데이터를 저장할 뿐만 아니라 저장되어 있는 데이터를 호출할 수도 있습니다.

[예시 3-5]

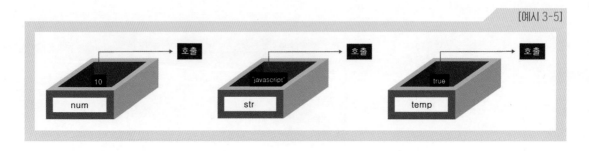

[예시 3-5]처럼 변수에 저장되어 있는 데이터를 호출하여 출력해 보도록 하겠습니다.

[예제 ex3-5.html]

```
<!DOCTYPE html>
<html lang="ko">
<head>
    <meta charset="UTF-8">
    <title>변수</title>
    <script>
        var num = 10;
        var str = 'javascript';
        var temp = true;
        document.write(num + '<br>' + str + '<br>' + temp);
    </script>
</head>
<body>
</body>
</html>
```

△ 결과 ex3-5.html

자바스크립트에서는 [예제 ex3-5.html]의 '〈br〉'처럼 HTML 태그들을 문자(' ')로 표현합니다.

1 여러 개의 변수를 선언할 경우 다음과 같은 방법으로 선언할 수 있습니다.

```
var num, str, temp;

var num = 10, str = 'javascript', temp = true;
```

2 변수는 새로운 데이터가 저장되면 기존 데이터는 사라집니다.

```
var num = 0;
num = 10;
document.write(num); // 10
```

▶ **변수명 관련 주의사항**

1 변수명은 띄어쓰기할 수 없습니다.

```
var n um = 10;                                                    ✗
```

2 변수명의 첫 글자에는 숫자나 특수문자가 올 수 없으나 예외적으로 특수문자 중 '_'나 '$'는 사용할 수 있습니다.

`var 1num = 10;`	✗
`var %num = 10;`	✗
`var _num = 10;`	✔
`var $num = 10;`	✔

3 예약어(reserved word)는 자바스크립트에서 특별한 용도를 가진 키워드를 의미하며, 변수명으로 사용할 수 없습니다.

```
[자바스크립트 예약어]
break case catch continue default delete do else finally for function if in instanceof new
return switch this throw try typeof var void while debugger with ...
```

```
var break = 10;                                                          ✕

var continue = 10;                                                       ✕
```

4 명명 규칙

변수, 함수, 객체 등을 선언할 때는 변수명, 함수명, 객체명과 같이 이름이 필요합니다. 이러한 이름에 일정한 규칙을 부여하면 코드에 대한 가독성을 높일 수 있습니다.

표기법	설명
camelCase(카멜) 표기법	첫 번째 단어의 첫 문자는 소문자, 두 번째 단어 이후부터는 첫 문자만 대문자로 표시합니다. → userAge, createElement( )
Pascal(파스칼) 표기법	각 단어의 첫 글자를 대문자로 표시합니다. → UserAge, SpeedDirection( )
underscore(언더스코어) 표기법	각 단어를 언더바(_)로 이어줍니다. → user_age, time_process( )

코딩을 하기 전에 '변수명과 함수명은 Camel 표기법으로, 객체는 Pascal 표기법으로 한다.'와 같이 일정한 규칙을 만들어 사용하면 좋습니다. 또, 변수는 명사, 함수는 동사로 표현하는 것이 좋습니다.

▶ **let을 이용한 변수 선언 방법**

ECMAScript 2015(ES6)(https://www.ecma-international.org/ecma-262/6.0)부터는 var를 이용한 변수 선언의 단점을 보완하기 위해 let이 추가 되었습니다.

```
let num = 10;
let str = 'javascript';
let temp = true;
```

let은 앞에서 설명한 var와 같은 변수 선언의 기능을 가지고 있지만, 다음과 같은 차이점이 있습니다.

```
var num = 10;                          let num = 10;
var num = 20;                          let num = 20;
document.write(num); // 20             document.write(num); // 에러
```

var는 동일한 변수를 중복해서 선언할 수 있지만 let 이미 선언한 변수를 중복해서 선언할 수 없습니다. 그 외에 var와 let은 앞으로 학습할 제어문이나 함수의 **블록{ }에서도 차이점**이 있습니다.

이 부분은 3.5. **04** 전역변수와 지역변수에서 자세히 설명하도록 하겠습니다.

[예제 ex3-6.html]

```html
<!DOCTYPE html>
<html lang="ko">
<head>
    <meta charset="UTF-8">
    <title>변수</title>
    <script>
        let num = 10;
        let num = 20;
        document.write(num);
    </script>
</head>
<body>
</body>
</html>
```

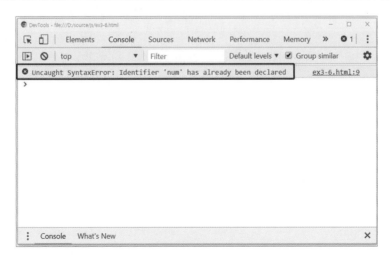

△ 결과 ex3-6.html

변수(var, let)가 변경되는 데이터를 선언하는 반면, 상수(const)는 변경하지 않을 데이터를 선언합니다. 다음 예시를 보면서 상수(const)에 대한 설명을 하도록 하겠습니다.

[예시 3-6]

```
let cm = 200;
let m = cm / 100;
document.write(m); // 2
```

cm을 100으로 나누어 주면 m의 단위로 환산됩니다. cm의 값이 변경 되더라도 나누는 값은 항상 100이 됩니다. 이런 경우 100을 상수(const)로 선언해 줍니다.

```
let cm = 200;
const DIVSION_VALUE = 100;
let m = cm / DIVSION_VALUE;
document.write(m); // 2
```

const는 이미 선언한 상수에 대해 중복해서 선언할 수 없고 상수의 값을 재지정할 수도 없습니다. 이렇게 함으로써 한번 선언된 상수 값을 변경할 수 없도록 만듭니다. 만약 상수의 값을 변경하려면 처음 선언한 상수에서 변경해야 합니다.

```
const DIVSION_VALUE = 100;          const DIVSION_VALUE = 100;
const DIVSION_VALUE = 100;          DIVSION_VALUE = 1000;
document.write(m); // 상수 중복선언 에러   document.write(m); // 상수 값 재지정 에러
```

변경하지 않을 데이터를 상수로 선언함으로써 중복 선언이나 값의 재지정에 대한 코딩 실수를 줄일 수 있습니다.

[예제 ex3-7.html]

```
<!DOCTYPE html>
<html lang="ko">
<head>
    <meta charset="UTF-8">
    <title>상수</title>
```

```
<script>
    const DIVSION_VALUE = 100;
    let cm = prompt('cm를 입력하세요!', ''); // ''는 작은따옴표 두 개 입니다.
    let m = cm / DIVSION_VALUE;
    document.write(m + 'm입니다.');
</script>
</head>
<body>
</body>
</html>
```

△ 결과 ex3-7.html

브라우저에서 결과를 확인한 후 F5를 누르면 새로운 값으로 테스트할 수 있습니다.

3.2 03 / 데이터 타입(Data Type)

데이터 타입(Data Type)은 변수에 저장되는 데이터의 유형으로 Primitive(원시) 데이터 타입과 Object(객체) 데이터 타입으로 나눌 수 있습니다. Primitive(원시) 데이터 타입으로는 number, string, boolean, undefined, null, symbol 등이 있으며, Object(객체) 데이터 타입에는 function, object, array 등이 있습니다.

symbol 데이터와 Object(객체) 데이터 타입은 ｜3.5｜함수｜ 와 ｜3.6｜객체｜ 에서 자세히 다루도록 하고, 여기에서는 Primitive(원시) 데이터 타입에 대해서만 설명하도록 하겠습니다.

▶ number(숫자) 데이터

number 데이터는 정수, 소수점, 지수를 표현할 수 있습니다.

```
var num1 = 10;
var num2 = 10.5;
var num3 = 1e+2;
console.log(num1); // 10
```

```
console.log(num2); // 10.5
console.log(num2); // 100, 1e+2는 1*10의 2승을 의미합니다.
```

▶ string(문자) 데이터

string 데이터는 ' ' 또는 " "으로 표현할 수 있습니다. **보통 문자 데이터는 작은따옴표로 많이 표현합니다.**

```
var str1 = '문자';
var str2 = "문자";
console.log(str1); // 문자
console.log(str2); // 문자
```

문자 안에 문자가 들어갈 경우에는 다음과 같이 표현합니다.

```
var str1 = '문자는 "문자"';
var str2 = "문자는 '문자'";
console.log(str1); // 문자는 "문자"
console.log(str2); // 문자는 '문자'
```

바깥쪽을 작은따옴표로 처리하였으면 안쪽에는 큰따옴표로 처리하고, 반대로 바깥쪽을 큰따옴표로 처리하였으면 안쪽에는 작은따옴표로 처리합니다.

특수한 목적을 위해 '\'(역슬래시) 문자를 사용하는 경우도 있는데, 이것을 이스케이프 시퀀스(Escape Sequence)라고 합니다. 주요 이스케이프 시퀀스는 다음과 같습니다.

이스케이프 문자	설명
\n	행 바꿈
\t	탭 문자
\\	역슬래시
\'	작은따옴표
\"	큰따옴표

```
var str = 'you\'re too smart...';
console.log(str); // you're too smart...
```

참고로 document.write( )에서는 ⟨br⟩태그로 행을 바꿀 수 있지만 alert( )에서는 바꿀 수 없습니다. 이럴 때 이스케이프 문자 '\n'을 사용하면 행을 바꿀 수 있습니다.

▶ boolean(논리) 데이터

boolean 데이터는 true(참)와 false(거짓)의 값을 표현합니다.

```
var temp1 = (5 > 4);
var temp2 = (5 < 4);
console.log(temp1); // true
console.log(temp2); // false
```

boolean에서 0값은 false를 의미하며 0값 이외의 숫자나 문자 값은 true를 의미합니다.

```
var temp1 = 0; // 0의 boolean은 false를 의미합니다.
var temp2 = 1; // 1의 boolean은 true를 의미합니다.
console.log(Boolean(temp1)); // false
console.log(Boolean(temp2)); // true
```

Boolean( ) 명령어는 변수의 값을 false나 true로 변환시켜주는 명령어입니다.

▶ undefined 데이터

undefined 데이터는 변수는 선언하였으나 데이터 값을 지정하지 않았을 경우나 객체의 속성 값을 지정하지 않았을 경우에 자동으로 저장되는 값입니다. → **3.6 01** 사용자 정의 객체 부분 참고

```
var temp1 = 10;
var temp2;
console.log(temp1); // 10
console.log(temp2); // undefined → 변수에 데이터 값이 없기 때문에 undefined가 저장됩니다.
```

```
var obj = {};
obj.name = '홍길동';
obj.age;
console.log(obj.name); // 홍길동
console.log(obj.age); // undefined → 객체에 속성 값이 없기 때문에 undefined가 저장됩니다.
```

▶ null 데이터

null 데이터는 undefined와 유사하지만 변수를 빈(empty) 상태(초기화)로 만들거나, 데이터를 저장하였으나 값이 존재하지 않을 때 null값을 반환합니다.

```
var obj = 10;
obj = null;
console.log(obj); // null, 변수를 빈(empty) 상태로 만듭니다.
var obj = document.getElementById('gnb');
console.log(obj); // 변수에 데이터 값을 저장은 하였으나 값이 존재하지 않을 경우 null을 저장합니다.
```

undefined와 null의 boolean은 false입니다.

```
var obj1; // undefined
var obj2 = null; // null
console.log(Boolean(obj1)); // false
console.log(Boolean(obj2)); // false
```

▶ typeof 명령

변수에 저장 되어 있는 데이터의 타입을 알아보려면 typeof 명령을 사용합니다.

```
var num = 10;
var str = '문자';
console.log(typeof num); // number
console.log(typeof str); // string
```

앞에서도 언급한 바 있지만 console.log( )의 결과 확인은 크롬 실행 후 개발자 도구(F12) console 탭에서 확인할 수 있습니다.

[예제 ex3-8.html]

```
<!DOCTYPE html>
<html lang="ko">
<head>
    <meta charset="UTF-8">
    <title>Data Type</title>
    <script>
        // number
        var num1 = 10;
```

```javascript
        var num2 = 10.2;
        var num3 = 1e+2;
        console.log(num1 + "," + num2 + "," + num3);
        // string
        var str1 = '문자';
        var str2 = "문자는 '문자'";
        var str3 = '문자는 "문자"';
        var str4 = 'you\'re too smart...';
        console.log(str1 + ',' + str2 + ',' + str3 + ',' + str4);
        // boolean
        var com1 = (5 > 4);
        var com2 = (5 < 4);
        console.log(com1 + ',' + com2);
        // undefined
        var storage;
        console.log(storage);
        // null
        var gnb = document.getElementById('gnb');
        console.log(gnb);
        // typeof
        var type1 = 10;
        var type2 = '문자';
        var type3 = true;
        console.log(typeof type1 + ',' + typeof type2 + ',' + typeof type3);
    </script>
</head>
<body>
</body>
</html>
```

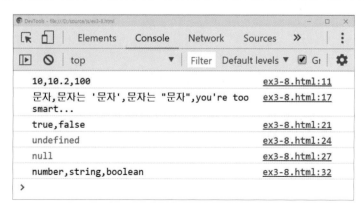

△ 결과 ex3-8.html

3.3 | 연산자

'3 + 5', '3 < 5' 등과 같이 프로그램에 필요한 수식을 만들 때 필요한 것이 연산자입니다. 연산자의 종류에는 산술 연산자, 대입 연산자, 비교 연산자, 논리 연산자, 비트 연산자, 삼항 연산자 등이 있습니다.

3.3 01 산술 연산자

▶ 산술 연산자의 종류

산술 연산자 종류	속성 설명
+	더하기 연산을 할 때 사용합니다.
	문자와 문자, 문자와 변수 등을 연결할 때 사용합니다.
-	빼기 연산을 할 때 사용합니다.
*	곱하기 연산을 할 때 사용합니다.
/	몫을 구 할 때 사용 합니다.
%	나머지를 구할 때 사용 합니다.
++	1씩 증가시킬 때 사용합니다.
--	1씩 감소시킬 때 사용합니다.

▶ '+' 연산자

산술 연산자 중 '+' 연산자는 '+'를 기준으로 좌변과 우변에 숫자가 아닌 문자나 변수 등이 오면 더하기 연산이 아닌 연결 연산을 합니다.

```
var subject = 'css';
var score = 100;
console.log(subject + '과목 성적은 ' + score); // css과목 성적은 100
```

ECMAScript 2015(ES6)에 추가된 **템플릿 문자열**을 이용하면 '+' 연산자를 사용하지 않고 문자나 변수를 연결할 수 있습니다. **문자열에 큰따옴표나 작은따옴표 대신 백틱/백쿼드(')를 사용하고 ${변수}로 표현합니다.**

※ 백틱/백쿼드의 키보드 위치 : ` 1 2 3 4

```
var subject = 'css';
var score = 100;
console.log(`${subject} 과목 성적은 ${score}`); // css과목 성적은 100
```

▶ %(나머지) 연산자

%(나머지) 연산자은 '반복적인 숫자 구간의 패턴', 조건문을 이용한 '짝·홀수 판단, 배수 판단' 등의 식을
만드는데 사용합니다. → 3.4 01 조건문 부분 참고

```
// var dividend = 0;
// var dividend = 1;
// var dividend = 2;
// var dividend = 3;
// var dividend = 4;
// var dividend = 5;
var remainder = dividend % 3;
console.log(remainder); // 0, 1, 2, 0, 1, 2
```

$$3\overline{)0} \quad 3\overline{)1} \quad 3\overline{)2} \quad 3\overline{)3} \quad 3\overline{)4} \quad 3\overline{)5}$$

```
// var dividend = 3;
// var dividend = 6;
// var dividend = 9;
var remainder = dividend % 3;
var comment;
if (remainder === 0) { // 나머지가 0이면
    comment = '3의 배수';
}
console.log(comment); // 3의 배수
```

$$3\overline{)3} \quad 3\overline{)6} \quad 3\overline{)9}$$

▶ ++, -- 연산자

++, -- 연산자는 변수의 값을 1씩 증가 시키거나 감소시키는데 사용하는 연산자입니다. '+'와 '+'사이,
'−'와 '−'사이에 공백이 있으면 안 됩니다.

++, -- 연산자는 변수의 앞쪽이나 뒤쪽에 붙여 사용할 수 있습니다.

```
var score = 10;
++score; // 11;
score++; // 12;
console.log(score); // 12
```

증가감 연산자가 변수와 단독으로 사용 될 때는 변수의 앞쪽이나 뒤쪽에서 붙여도 상관없지만 '=' **연산자와 같이 사용이 되면 결과 값에 영향을 줍니다.**

```
var score = 10;
var result = ++score;
console.log(result + ',' + score); // 11, 11
```

```
var score = 10;
var result = score++;
console.log(result + ',' + score); // 10, 11
```

이러한 결과는 연산자들의 우선순위 때문에 생기는 현상입니다.

- result = ++score의 경우

  ++score은 = 보다 우선순위가 높습니다. 따라서 '++score를 먼저 연산한 이후에 결과 값을 result 변수에 저장합니다.

  var result = ++score
  var result = score = 11
  var result = 11

- result = score++의 경우

  score++이 = 보다 우선순위가 낮습니다. 따라서 result = score가 먼저 연산된 후 score++이 연산됩니다.

  var result = score++
  var result = 10
  score++
  score = 11

++score를 '전치 연산자', score++를 '후치 연산자'라고 합니다. 우선순위의 예를 하나 더 보도록 하겠습니다.

[예시 3-7]

```
var calculation = 3 - 5 * 8 / 2 + 3;
```

[예시 3-7]에서 연산자의 우선순위는 '*, /' 중 좌측 연산자 우선, 그 다음 '+, -' 중 좌측 연산자 우선, 마지막이 '=' 연산자입니다.

```
[1] var calculation = 3 - 5 * 8 / 2 + 3;
[2] 5 * 8 = 40 → '*'와 '/' 중 '*'가 좌측에 있으므로 '*'를 먼저 연산한다.
[3] 40 / 2 = 20
[4] 3 - 20 = -17 → '+'와 '-' 중 '-'가 좌측에 있으므로 '-'를 먼저 연산한다.
[5] -17 + 3 = -14
[6] calculation = -14
```

만약 연산자에 대한 우선순위를 높여 주고 싶다면 그룹 연산자 '( )'를 사용하면 됩니다.

```
var calculation = (5 - 2) * 8;
```

```
[1] (5 - 2) = 3
[2] 3 * 8 = 24
[3] calculation = 24
```

[예제 ex3-9.html]

```html
<!DOCTYPE html>
<html lang="ko">
<head>
    <meta charset="UTF-8">
    <title>산술연산자</title>
    <script>
        // +, -, *, /
        var num1 = 20;
        var num2 = 10;
        var score1 = num1 + num2;
        var score2 = num1 - num2;
        var score3 = num1 * num2;
        var score4 = num1 / num2;
        console.log(score1 + ',' + score2 + ',' + score3 + ',' + score4);
        // %
        var evenOdd = 2; // 변수 값을 변경해서 테스트해 보기바랍니다.
        var result = evenOdd % 2;
        var comment;
        if (result === 0) {
            comment = evenOdd + '는(은) "짝수" 입니다.';
        } else {
            comment = evenOdd + '는(은) "홀수" 입니다.';
        }
        console.log(comment);
        // ++, --
        var increase = 0;
        var add = 0;
        ++increase;
        console.log(increase);
        increase++;
        console.log(increase);
        add = ++increase;
```

```
        console.log(add + ',' + increase);
        add = increase++;
        console.log(add + ',' + increase);
    </script>
</head>
<body>
</body>
</html>
```

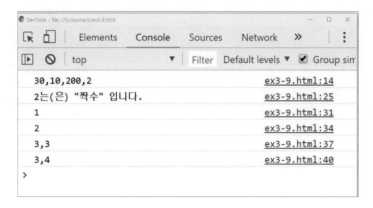

△ 결과 ex3-9.html

대입 연산자

▶ 대입 연산자의 종류

대입 연산자 종류	설명
=	num = 1은 우변의 1값을 좌변의 num 변수에 대입(저장)합니다.
+=	num += 2는 num = num + 2와 같습니다.
-=	num -= 2는 num = num - 2와 같습니다.
*=	num *= 2는 num = num * 2와 같습니다.
/=	num /= 2는 num = num / 2와 같습니다.
%=	num %= 2는 num = num % 2와 같습니다.

대입 연산자 '=' 는 '같다'의 의미가 아니라 변수에 대입(저장)을 의미합니다.

▶ '+=' 연산자

'+=' 연산자는 '+' 연산자처럼 좌변과 우변에 숫자가 아닌 문자나 변수 등이 오면 기존 데이터에 새로운 데이터를 연결하여 누적합니다.

```javascript
var str = '자바스크립트';
var str += ' 제이쿼리'; // str = '자바스크립트' + ' 제이쿼리'
console.log(str); // 자바스크립트 제이쿼리
```

[예제 ex3-10.html]

```html
<!DOCTYPE html>
<html lang="ko">
<head>
    <meta charset="UTF-8">
    <title>대입연산자</title>
    <style>
        table{
            border-collapse: collapse;
        }
        td{
            border: 1px solid #000;
        }
    </style>
    <script>
        // +=, -=, *=, /=, %=
        var num1 = 5;
        var num2 = 15;
        var num3 = 5;
        var num4 = 20;
        var num5 = 10;
        num1 += 10;
        num2 -= 10;
        num3 *= 10;
        num4 /= 10;
        num5 %= 10;
        console.log(num1 + ',' + num2 + ',' + num3 + ',' + num4 + ',' + num5);
        // += 연산자를 이용한 문자연결
        var table = '<table>';
        table += '<tr>';
        table += '<td>자바스크립트</td><td>제이쿼리</td>';
        table += '</tr>';
        table += '</table>';
```

```
            document.write(table);
        </script>
    </head>
    <body>
    </body>
</html>
```

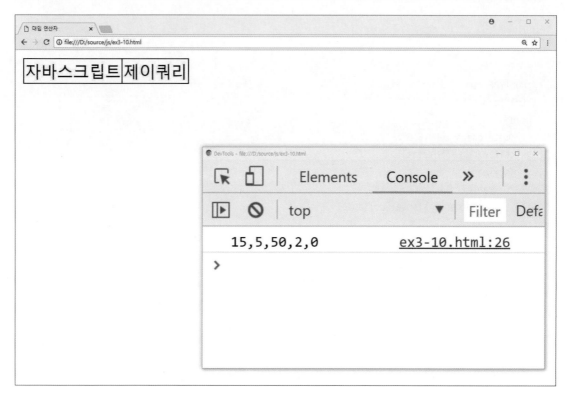

△ 결과 ex3–10.html

'=' 연산자는 연속 대입도 가능합니다.

```
var num  = 10;
var x = 0;
var y = 0;
x = y = num; // y = 10 → x = 10
console.log(x + ',' + y); // 10,10
```

▶ 비교 연산자의 종류

비교 연산자는 값을 비교하여 결과 값을 Boolean(논리)값인 'true'나 'false'로 반환합니다.

산술 연산자 종류	설명
〉	a 〉 b가 참이면 true, 거짓이면 false가 됩니다.
〈	a 〈 b가 참이면 true, 거짓이면 false가 됩니다.
〉=	a 〉= b가 참이면 true, 거짓이면 false가 됩니다.
〈=	a 〈= b가 참이면 true, 거짓이면 false가 됩니다.
==	a == b, a와 b가 같으면 true, 같지 않으면 false가 됩니다. == 연산자의 경우 데이터 타입은 비교하지 않습니다. → ex) 5 == '5'는 true가 나옵니다.
!=	a != b, a와 b가 같지 않으면 true, 같으면 false가 됩니다.
===	a === b, a와 b가 같고 데이터 타입도 같으면 true, 같지 않으면 false가 됩니다. → ex) 5 === '5'는 false가 나옵니다.
!==	a !== b, a와 b가 같지 않거나 데이터 타입이 같지 않지 않으면 true, 같으면 false가 됩니다.

▶ 이상, 초과, 이하, 미만 표현

이상	num 〉= 10, 10 이상을 의미 합니다.
초과	num 〉 10, 10 초과를 의미 합니다.
이하	num 〈= 10, 10 이하를 의미 합니다.
미만	num 〈 10, 10 미만을 의미 합니다.

[예제 ex3-11.html]

```
<!DOCTYPE HTML>
<html lang="ko">
<head>
    <meta charset="UTF-8">
    <title>비교연산자</title>
    <script>
```

```
        var comparison1 = (5 > 2);
        console.log(comparison1);
        var comparison2 = (5 < 2);
        console.log(comparison2);
        var comparison3 = (5 == 5);
        console.log(comparison3);
        var comparison4 = (5 == '5');
        console.log(comparison4);
        var comparison5 = (5 === '5');
        console.log(comparison5);
        var comparison6 = (5 != '5');
        console.log(comparison6);
        var comparison7 = (5 !== '5');
        console.log(comparison7);
    </script>
</head>
<body>
</body>
</html>
```

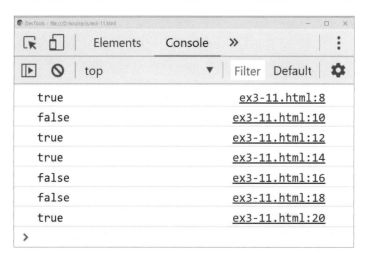

△ 결과 ex3-11.html

3.3 **04** / 논리 연산자

▶ 논리 연산자의 종류

논리 연산자 종류	설명
&& (AND연산자)	a && b, a와 b 모두 true(참)일 때 true(참)이 됩니다. → true && true = true　　　　　 true && false = false 　 false && true = false　　　　　 false && false = false
|| (OR연산자)	a || b, a와 b 중 하나만 true(참)이면 true(참)이 됩니다. → true || true = true　　　　　 true || false = true 　 false || true = true　　　　　 false || false = false
! (NOT연산자)	!a, a가 true이면 false, false이면 true로 바꾸어 줍니다.

※ || 연산자의 키보드 위치 : [\ ] 또는 [₩]

▶ **논리 연산자를 이용한 부등식 표현**

'x의 값이 20보다 크고 30보다 작다.'의 일반적인 부등식 표현은 '20 < x < 30'이지만 자바스크립트에서는 'AND 연산자'를 사용하여 표현합니다.

```
x > 20 && x < 30; // 20초과 30미만
```

```
x >= 20 && x <= 30; // 20이상 30이하
```

[예제 ex3-12.html]

```html
<!DOCTYPE HTML>
<html lang="ko">
<head>
    <meta charset="UTF-8">
    <title>논리연산자</title>
    <script>
        var logic1, logic2, logic3, logic4, logic5;
        logic1 = (3 > 2) && (5 > 3);
        console.log(logic1);
        logic2 = (3 < 2) && (5 > 3);
        console.log(logic2);
        logic3 = (3 > 2) || (5 > 3);
        console.log(logic3);
```

```
        logic4 = (3 < 2) || (5 < 3);
        console.log(logic4);
        logic5 = !(3 < 2);
        console.log(logic5);
        logic6 = !(3 > 2);
        console.log(logic6);
    </script>
  </head>
  <body>
  </body>
</html>
```

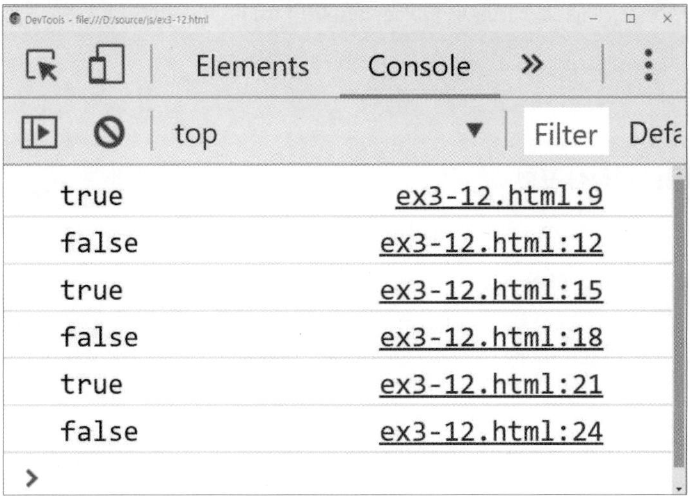

△ 결과 ex3-12.html

05 비트 연산자

▶ 비트 연산자의 종류

비트 연산자는 많이 쓰는 연산자는 아니기 때문에 기본적인 내용만 확인하고 넘어가거나 이런 연산자가 있다는 정도만 알고 넘어가도 됩니다. 비트 연산자의 경우 2진수에 대한 이해가 필요합니다. 10진수를 2진수로 변경하는 방법은 [예시 3-8]과 같습니다.

[예시3-8]

```
2 | 4  ----  0
2 | 2  ----  0
2 | 1  ----  1 ↑
    0  →
```

[예시 3-8]처럼 10진수 4를 2진수로 변경하면 0100이 됩니다.

비트 연산자 종류	설명
& (AND연산자)	1&1=1, 1&0=0, 0&1=0, 0&0=0

	1 & 3의 경우
	1의 2진수는 0001, 3의 2진수는 0011입니다.
	
	    0001
	& 0011 2진수 0001은 10진수 1입니다.
	─────
	    0001

| (OR연산자)	1|1=1, 1|0=1, 0|1=1, 0|0=0

	1 | 3의 경우
	
	    0001
	| 0011 2진수 0011은 10진수 3입니다.
	─────
	    0011

~ (NOT연산자)	~2의 경우(음수 만들기) 2의 2진수는 0010이고 부호를 음수로 바꾸기 위해 1을 더합니다. 0010 + 1 = 0011 2진수 0011은 10진수 3인데 부호가 반대가 되었기 때문에 -3이 됩니다.
^ (XOR연산자)	1^1=0, 1^0=1, 0^1=1, 0^0=0

	1 ^ 3의 경우
	
	    0001
	^ 0011 2진수 0010은 10진수 2입니다.
	─────
	    0010

<< (LEFT SHIFT)	왼쪽으로 이동시 오른쪽 끝자리는 0이 됩니다.
	1 << 2의 경우 1의 2진수는 0001, 왼쪽으로 2번 이동하면 0100 2진수 0100은 10진수 4입니다.
>> (RIGHT SHIFT)	오른쪽으로 이동시 왼쪽 끝자리는 0이 됩니다.
	8 >> 1의 경우 8의 2진수는 1000, 왼쪽으로 1번 이동하면 0100 2진수 0100은 10진수 4입니다.

```
<!DOCTYPE HTML>
<html lang="ko">
<head>
    <meta charset="UTF-8">
    <title>비트연산자</title>
    <script>
        var bit1, bit2, bit3, bit4, bit5, bit6;
        bit1 = 1 & 3;
        console.log(bit1);
        bit2 = 1 | 3;
        console.log(bit2);
        bit3 = ~2;
        console.log(bit3);
        bit4 = 1 ^ 3;
        console.log(bit4);
        bit5 = 1 << 2;
        console.log(bit5);
        bit6 = 8 >> 1;
        console.log(bit6);
    </script>
</head>
<body>
</body>
</html>
```

1	ex3-13.html:9
3	ex3-13.html:12
-3	ex3-13.html:15
2	ex3-13.html:18
4	ex3-13.html:21
4	ex3-13.html:24

△ 결과 ex3-13.html

삼항 연산자는 조건식의 결과(true, false)에 따라 결과 값을 다르게 나오게 해주는 연산자입니다.

▶ 삼항 연산자의 형식

조건식 ? 실행문1 : 실행문2

true
조건식 ? 실행문1 : 실행문2
false

실행문1은 조건식이 ture일 때 실행하며, 실행문2는 조건식이 false일 때 실행합니다.

[예제 ex3-14.html]

```html
<!DOCTYPE HTML>
<html lang="ko">
<head>
    <meta charset="UTF-8">
    <title>삼항연산자</title>
    <script>
        var num1 = 10;
        var num2 = -10;
        console.log(num1 > 0 ? '양수' : '음수');
        console.log(num2 > 0 ? '양수' : '음수');
    </script>
</head>
<body>
</body>
</html>
```

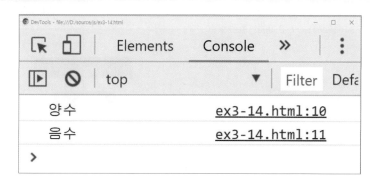

△ 결과 ex3-14.html

3.4 | 제어문

제어문이란 프로그램에서 필요한 결과 값을 도출하기 위해 실행문의 순서를 제어하거나 반복시키는 문장을 말합니다.

분류	제어문
조건문	if, switch
반복문	while, do while, for
중지, 건너뛰기	break, continue

3.4 01 조건문

▶ if 문

1 if 문의 형식

```
if (조건식) {
    실행문;
}
```

```
var age = 10;
var admissionFee = '';
if (age < 13) {
    admissionFee = '2,000원';
}
console.log(admissionFee); // 2,000원
```

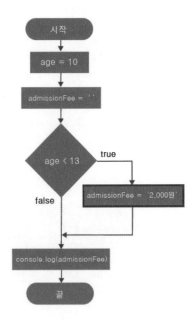

```
if (조건식) {
  실행문1;
} else {
  실행문2;
}
```

```
var age = 20;
var admissionFee = '';
if (age < 13) {
  admissionFee = '2,000원';
} else {
  admissionFee = '4,000원';
}
console.log(admissionFee); // 4,000원
```

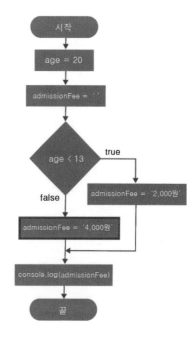

```
if (조건식1) {
  실행문1;
} else if (조건식2) {
  실행문2;
} else {
  실행문3;
}
```

```
var age = 20;
var admissionFee = '';
if (age < 13) {
  admissionFee = '2,000원';
} else if (age >= 13 && age < 20) { // 13~19
  admissionFee = '4,000원';
} else {
  admissionFee = '6,000원';
}
console.log(admissionFee); // 6,000원
```

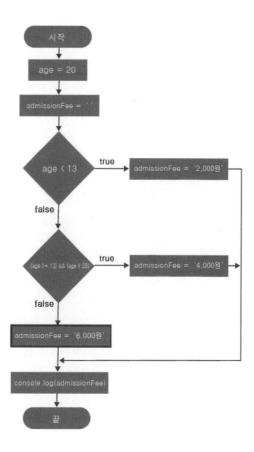

```
<!DOCTYPE HTML>
<html lang="ko">
<head>
    <meta charset="UTF-8">
    <title>if 문</title>
    <script>
        var age = prompt('나이입력',''); // ''는 작은따옴표 두 개 입니다.
        var admissionFee = '';
        if (age < 13 || age >= 65) {
            admissionFee = '2,000원';
        } else if (age >= 13 && age < 20) {
            admissionFee = '4,000원';
        } else {
            admissionFee = '6,000원';
        }
        document.write(admissionFee);
    </script>
</head>
<body>
</body>
</html>
```

△ 결과 ex3-15.html

2 if 문은 if 문안에 또 다른 if 문을 중첩하여 사용할 수 있습니다.

```
if (조건식1) {
  if (조건식2) {
    실행문;
  }
}
```

[예시3-9]

시험과목 - html, css, javascript
합격기준 - 100점 만점 기준, 과목당 40점 이상, 전
과목 평균 60점 이상이면 합격

[예시 3-9]의 조건을 if 문 안에 또 다른 if 문을 이용하여 코딩해 보도록 하겠습니다.

코딩에 앞서 prompt( )는 숫자로 입력한 데이터를 문자 데이터로 처리하기 때문에 '+' 연산자를 사용할 경
우 더하기 연산이 아니라 **연결 연산**이 됩니다. 이 문제를 해결하기 위해 숫자 변환 명령어 Number( )을 사
용하겠습니다.

```
<!DOCTYPE html>
<html lang="ko">
<head>
    <meta charset="UTF-8">
    <title>if 문</title>
    <script>
        var html = Number(prompt('html 점수입력', ''));
        var css = Number(prompt('css 점수입력', ''));
        var javascript = Number(prompt('javascript 점수입력', ''));
        var avg = (html + css + javascript) / 3;
        var comment;
        if (avg >= 60) {
            if (html < 40) {
                comment = 'HTML' + ' 40점 미만 불합격';
            } else if (css < 40) {
                comment = 'CSS ' + ' 40점 미만 불합격';
            } else if (javascript < 40) {
                comment = 'JAVASCRIPT' + ' 40점 미만 불합격';
            } else {
                comment = '평균 ' + avg + '점 합격';
            }
        } else {
            comment = '평균 ' + avg + '점 불합격';
        }
        document.write(comment);
    </script>
</head>
<body>
</body>
</html>
```

△ 결과 ex3-16.html

▶ switch 문

■ switch 문의 형식

switch(값)의 값과 case의 값들을 하나씩 비교하여 일치하는 case를 실행시켜 줍니다. switch 문은 if 문과 다르게 특정조건에 만족 했을 때 블록{ }을 스스로 빠져나가지 못합니다. 이 때문에 break 명령어를 주어 switch case 문의 블록{ }을 빠져 나가도록 합니다. default는 switch의 값과 일치하는 값이 없을 때 실행합니다.

```
switch (값) {
   case 값1 :
      실행문;
      break;
   case 값2 :
      실행문;
      break;
   default :
      실행문;
}
```

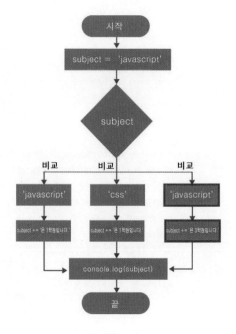

```
var subject = 'javascript';
switch (subject) {
   case 'html' :
      subject += '은 1학점입니다.';
      break;
   case 'css' :
      subject += '는 1학점입니다.';
      break;
   case 'javascript' :
      subject += '는 3학점입니다.';
      break;
   default :
      subject = '해당과목이 없습니다.';
}
console.log(subject); // javascript는 3학점입니다.
```

[예제 ex3-17.html]

```
<!DOCTYPE html>
<html lang="ko">
<head>
    <meta charset="UTF-8">
    <title>switch 문</title>
    <script>
        var classification = prompt('아동, 청소년, 성인 중 선택 입력','');
        switch (classification) {
            case '아동':
                classification += ': 입장료 무료';
                break;
            case '청소년':
                classification += ': 입장료 2,000원';
                break;
            case '성인':
                classification += ': 입장료 5,000원';
```

```
                break;
            default:
                classification = '입력 값을 다시 확인하세요';
        }
        document.write(classification);
    </script>
</head>
<body>
</body>
</html>
```

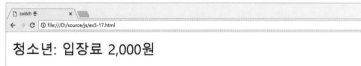

△ 결과 ex3-17.html

▶ while 문

■ while 문의 형식

```
초기 값
while (조건식) {
    실행문;
    증가감식;
}
```

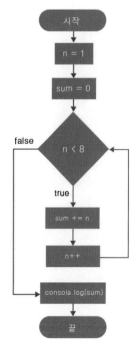

```
var n = 1;
var sum = 0;
while (n < 8) {
    sum += n;
    n++;
}
console.log(sum); // 28
```

▶ do while 문

■ do while 문의 형식

```
초기 값
do {
    실행문;
    증가감식;
} while (조건식)
```

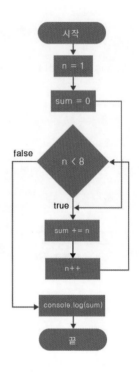

```
var n = 1;
var sum = 0;
do {
    sum += n;
    n++;
} while (n < 8 );
console.log(sum); // 28
```

* do while 문은 do를 먼저 실행하기 때문에 첫 번째 실행은 조건에 상관없이 실행합니다.

```
var n = 10;
do {
    n++;
} while (n < 8);
console.log(n); // 11
```

[예제 ex3-18.html]

```html
<!DOCTYPE html>
<html lang="ko">
<head>
    <meta charset="UTF-8">
    <title>while, do while 문</title>
    <script>
        var x = 0;
        var y = 0;
        var z = 6;
        var sum1 = 0;
        var sum2 = 0;
        while (x <= 5) {
            sum1 += x;
```

```
            x++;
        }
        console.log('x : ' + sum1);
        do {
            sum2 += y;
            y++;
        } while (y <= 5);
        console.log('y : ' + sum2);
        do {
            z++;
        } while (z <= 5);
        console.log('z : ' + z);
    </script>
</head>
<body>
</body>
</html>
```

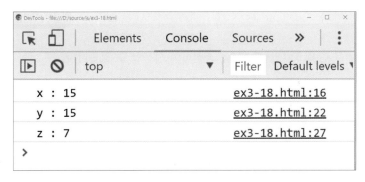

△ 결과 ex3-18.html

▶ for 문

■ for 문의 형식

```
for (초기 값; 조건식; 증가감식) {
    실행문;
}
```

```
var sum = 0;
for (var i = 1; i < 10; i++) {
    sum += i;
}
console.log(sum); // 45
```

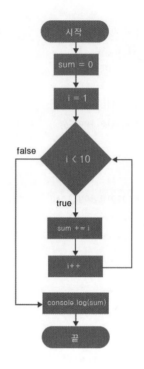

for 문도 if 문처럼 for 문 안에 또 다른 for 문을 중첩하여 사용할 수 있습니다.

[예시 3-10]

2*1=2	2*2=4	2*3=6	2*4=8	2*5=10	2*6=12	2*7=14	2*8=16	2*9=18
3*1=3	3*2=6	3*3=9	3*4=12	3*5=15	3*6=18	3*7=21	3*8=24	3*9=27

for 문 안에 또 다른 for 문을 이용하여 [예시 3-10]과 같이 구구단의 2단, 3단이 표 안에서 출력되는 프로그램을 코딩해 보겠습니다.

[예제 ex3-19.html]

```html
<!DOCTYPE html>
<html lang="ko">
<head>
    <meta charset="UTF-8">
    <title>for 문</title>
```

```
<style>
    table{
        border-collapse: collapse;
    }
    td{
        border: 1px solid #000;
    }
</style>
<script>
    var table = '<table>';
    for (var i = 2; i <= 3; i++){
        table += '<tr>';
        for (var j = 1; j <= 9; j++){
            table += '<td>' + i + '*' + j + '=' + i * j + '</td>';
        }
        table += '</tr>';
    }
    table += '</table>';
    document.write(table);
</script>
</head>
<body>
</body>
</html>
```

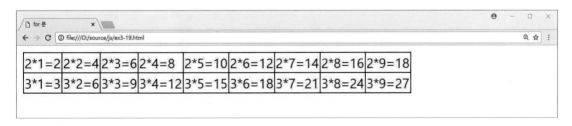

△ 결과 ex3-19.html

for 문 안에는 if 문이 들어갈 수 있고, 반대로 if 문 안에 for 문이 들어갈 수도 있습니다.

for 문 안에 if 문을 이용하여 1~20 중 3의 배수만 출력시키는 프로그램을 코딩해 보겠습니다.

```html
<!DOCTYPE html>
<html lang="ko">
<head>
    <meta charset="UTF-8">
    <title>for 문</title>
    <script>
        var multiple = '3의 배수는 ';
        for (var i = 1; i <= 20; i++){
            if (i % 3 === 0) {
                multiple += i + ' ';
            }
        }
        console.log(multiple);
    </script>
</head>
<body>
</body>
</html>
```

△ 결과 ex3-20.html

3.4 03 중지, 건너뛰기

▶ break 문

코드 실행 중 break 문을 만나게 되면 현재 실행문을 중지시키고 다음 실행문으로 넘어가게 합니다.

[예제 ex3-21.html]

```html
<!DOCTYPE html>
```

```
<html lang="ko">
<head>
    <meta charset="UTF-8">
    <title>break 문</title>
    <script>
        var limitNum = 5;
        var sum = 0;
        for (var i = 1; i <= 20; i++){
            sum += i;
            if (i === limitNum) {
                break;
            }
        }
        console.log(sum);
    </script>
</head>
<body>
</body>
</html>
```

for 문에 의해 1~20까지 합산하는 프로그램이지만, if 문의 **break**에 의해 1~5까지만 합산을 실행하고 for 문을 중지합니다.

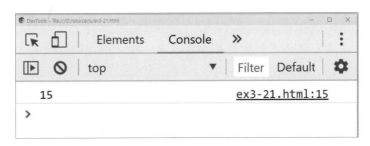

△ 결과 ex3-21.html

▶ continue 문

continue 문은 특정 조건을 만족 했을 때 그 해당하는 값만 건너뛰기 할 수 있습니다.

1부터 9까지 수에서 3의 배수만 빼고 합산하는 프로그램을 continue 문을 이용하여 코딩해 보겠습니다.

```
<!DOCTYPE html>
<html lang="ko">
<head>
    <meta charset="UTF-8">
    <title>continue 문</title>
    <script>
        var sum = 0;
        var num = '3의 배수 ';
        for (var i = 1; i < 10; i++) {
            if (i % 3 === 0){
                num += i + ' ';
                continue;
            }
            sum += i;
        }
        console.log(num + '제외 총합 : ' + sum);
    </script>
</head>
<body>
</body>
</html>
```

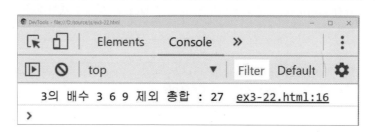

△ 결과 ex3-22.html

자바스크립트에는 코드 오류 발생 등을 처리하기 위한 **try...catch** 문도 있습니다.
변수를 정의하지 않아 발생되는 코드 오류 예를 만들어 보도록 하겠습니다.

```
<script>
        var subject = 'javascript';
        try{
            console.log('교과목 : ' + subject + ' / ' + score);
        } catch(e) {
            console.log(e.message); // score is not defined
        }
</script>
```

3.5 | 함수

함수는 프로그램에서 반복적으로 사용되는 기능을 만들어 내기 위한 코드들의 집합으로 이해하면 됩니다.

분류	종류	설명
사용자 정의 함수	• 선언적 함수 • 익명 함수	프로그램에서 필요한 기능을 사용자가 직접 정의해서 사용하는 함수입니다.
내장 함수	• 인코딩, 디코딩 함수 • 숫자 판별 함수 • 유 · 무한 값 판별 함수 • 숫자변환 함수 • 문자 변환 함수 • 자바스크립트 코드 변경 함수	프로그램 개발에서 자주 사용되는 기능들을 자바스크립트 내부적으로 제공해 주는 함수입니다.

3.5.01 / 선언적 함수

▶ **선언적 함수의 형식**

```
function 함수() {
    실행문;
}
```

```
function compute() {
    console.log('선언적 함수');
}
```

▶ **선언적 함수의 호출**

'선언적 함수'는 함수를 호출할 때 함수의 앞 또는 뒤에서 호출 가능합니다.

```
function compute() {
    console.log('선언적 함수');
}
compute();
```

```
compute();
function compute() {
    console.log('선언적 함수');
}
```

변수나 함수를 선언하지 않고 호출하였을 때는 에러가 발생해야 하는 것이 맞지만, var로 선언한 변수와 선언적 함수는 변수, 함수 선언 이전에 호출하여도 에러를 발생시키지 않습니다. 이러한 자바스크립트 성질을 '끌어 올리기' **호이스팅(Hoisting)**이라고 합니다.

```
console.log(num); // undefined, undefined는 데이터 타입의 종류이지 에러는 아닙니다.
var num = 10;

compute(); // 선언적 함수
function compute() {
    console.log('선언적 함수');
}
```

[예제 ex3-23.html]

```html
<!DOCTYPE html>
<html lang="ko">
<head>
    <meta charset="UTF-8">
    <title>선언적 함수</title>
    <script>
        //compute();
        function compute() {
            var x = 10;
            var y = 100;
            var result = x / y;
            console.log(result);
        }
        compute();
    </script>
</head>
<body>
</body>
</html>
```

△ 결과 ex3-23.html

▶ 익명 함수의 형식

익명 함수는 변수에 함수 데이터를 저장하여 변수를 마치 함수처럼 사용 할 수 있도록 만들어 줍니다.

```
var 변수 = function() {
    실행문;
};
```

```
var compute = function() {
    console.log('익명 함수');
};
```

▶ 익명 함수의 호출

익명 함수는 **변수 선언 이후에 호출**해야 합니다.

```
var compute = function() {
    console.log('선언적 함수');
};
compute();
```
✓

```
compute(); // 익명 함수는 변수 선언 이전에 함수를 호출 할 수 없습니다.
var compute = function() {
    console.log('선언적 함수');
};
```
✗

[예제 ex3-24.html]

```html
<!DOCTYPE html>
<html lang="ko">
<head>
    <meta charset="UTF-8">
    <title>익명 함수</title>
    <script>
        var compute = function() {
            var x = 0.5;
            var y = 10;
            var result = x * y;
            console.log(result);
        };
        compute();
```

```
        </script>
    </head>
    <body>
    </body>
</html>
```

△ 결과 ex3-24.html

▶ **즉시 실행 함수(Immediately-invoked function expression)**

익명 함수 중에는 필요에 따라 일회성으로 사용되는 함수도 있습니다. '즉시 실행 함수'는 **선언과 동시에 함수가 실행되며 함수명이 없기 때문에 재호출 할 수 없습니다.** 보통 처음 한번만 실행하는 초기화 코드에 사용됩니다.

■ 즉시 실행 함수의 형식

```
(function() {
    실행문;
})();
```

```
(function() {
    var sum = 10;
    console.log(sum);
})();
```

[예제 ex3-25.html]

```
<!DOCTYPE html>
<html lang="ko">
<head>
    <meta charset="UTF-8">
```

```
<title>즉시 실행 함수</title>
<script>
    (function() {
        iife();
    })();
    function iife() {
        console.log('즉시 실행 함수1');
    }
    var instant = (function() {
        console.log('즉시 실행 함수2');
    })();
</script>
</head>
<body>
</body>
```

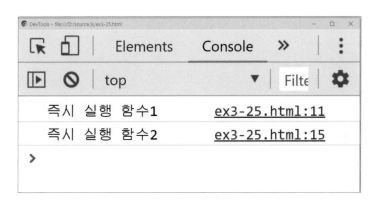

△ 결과 ex3-25.html

3.5.03 return, 매개변수

▶ return

함수를 통해 처리된 결과를 반환시켜주는 명령어입니다. [예시 3-11]는 함수의 return이 처리되는 과정을
보여줍니다.

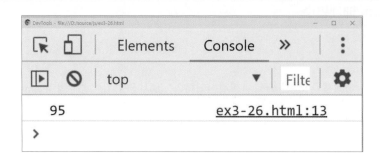

```
function process() {
    var kor = 90;
    var eng = 90;
    var math = 90;
    var avg = (kor + eng + math) / 3;
    return avg;           90
}

console.log('홍길동 학생의 평균은 ' + process());

console.log('홍길동 학생의 평균은 ' + 90);
```

- ❷ 함수 실행
- ❸ 90
- ❹ 반환 및 함수종료
- ❶ 함수호출
- ❺ 명령문 실행

[예제 ex3-26.html]

```html
<!DOCTYPE html>
<html lang="ko">
<head>
    <meta charset="UTF-8">
    <title>return</title>
    <script>
        function process() {
            var kor = 100;
            var eng = 90;
            var avg = (kor + eng) / 2;
            return avg;
        }
        console.log(process());
    </script>
</head>
<body>
</body>
</html>
```

DevTools - file:///D:/source/js/ex3-26.html

Elements   Console   »

top   ▼   Filte

95   ex3-26.html:13

△ 결과 ex3-26.html

함수 안에서 return을 만나게 되면 해당 함수를 호출한 곳으로 결과 데이터를 반환해 주고 함수는 종료가 됩니다.

▶ 매개변수

함수를 호출할 때 전달하는 변수를 '매개변수'라고 합니다.

■ 매개변수가 있는 함수의 형식

```\nfunction 함수명(매개변수1, 매개변수2,...) {\n 실행문;\n}\n함수명(매개변수1 값, 매개변수2 값,...);\n```	```\nfunction getAvg(s1, s2) {\n var avg = (s1 + s2) / 2;\n return avg;\n}\nconsole.log(getAvg(90, 80)); // 85\n```
```\nvar 변수명 = function(매개변수1, 매개변수2,...) {\n 실행문;\n};\n변수명(매개변수1 값, 매개변수2 값,...);\n```	```\nvar getAvg = function(s1, s2) {\n var avg = (s1 + s2) / 2;\n return avg;\n};\nconsole.log(getAvg(90, 80)); // 85\n```
```\n(function(매개변수1, 매개변수2,...) {\n 실행문;\n}\n)(매개변수1 값, 매개변수2 값,....);\n```	```\n(function(s1, s2) {\n var avg = (s1 + s2) / 2;\n console.log(avg); // 85\n}\n)(90, 80);\n```

[예시 3-12]는 함수의 매개변수가 전달되어 처리되는 과정을 보여줍니다.

[예시 3-12]

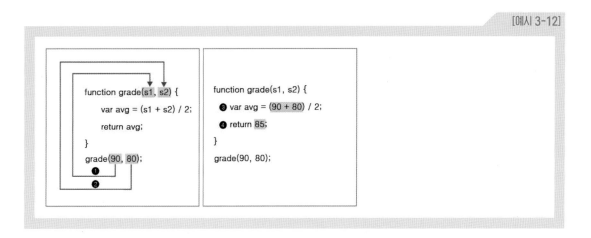

```html
<!DOCTYPE html>
<html lang="ko">
<head>
    <meta charset="UTF-8">
    <title>매개변수</title>
    <script>
        function examPass(name, h, c, j) {
            var comment = name + ' 학생은 ';
            if (h >= 60 && c >= 60 && j >= 60) {
                comment += '전과목 PASS';
            } else {
                if (h < 60) {
                    comment += 'html 재시험, ';
                }
                if (c < 60) {
                    comment += 'css 재시험, ';
                }
                if (j < 60) {
                    comment += 'javascript 재시험';
                }
            }
            return comment;
        }
        console.log(examPass('이함수', 80, 90, 70));
        console.log(examPass('저변수', 80, 50, 50));
    </script>
</head>
<body>
</body>
</html>
```

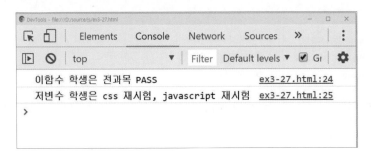

△ 결과 ex3-27.html

▨ 매개변수의 개수가 정해지지 않은 함수

매개변수가 있는 함수의 경우 보통 매개변수 개수가 정해져 있습니다. 그런데 경우에 따라서는 매개변수의 개수를 정할 수 없는 함수를 만들어야 하는 경우도 발생합니다. 이런 경우 함수에 전달되는 매개변수 값을 저장해주는 **arguments 객체**를 사용하여 함수를 만들 수 있습니다.

[예시 3-13]

```
function showSubject(){
        console.log(arguments[0] + ', ' + arguments[1]); // html, css
        console.log(arguments.length); // 2
}
showSubject('html', 'css');
```

함수 안에서 arguments 객체를 사용하면 매개변수 값들을 배열(Array 객체)이라는 형태로 저장합니다. 아직 배열을 학습하지 않은 상태이기 때문에 여기서는 함수에서 arguments 객체가 어떤 기능을 담당 하는지 정도만 알고 넘어 가면 될 것 같습니다. → **3.6. 02** **내장객체** 부분에서 자세히 다룹니다.

[예시 3-13]에서 매개변수 값들은 arguments 객체에 다음과 같은 형태로 저장 됩니다.

arguments	
[0]	[1]
'html'	'css'

```
function showSubject(){
        for (i = 0; i < arguments.length; i++) { // arguments.length = 4
            console.log(arguments[i]); // html css javascript jQuery
        }
}
showSubject('html', 'css', 'javascript', 'jQuery');
```

arguments.length는 arguments에 저장되어 있는 배열의 개수입니다.

▶ 화살표 함수(Arrow function)

ECMAScript 2015(ES6)에 추가된 내용으로 **'=>'을 이용하여 함수를 간결하게 표현할 때 사용**합니다.

화살표 함수는 function 키워드를 생략하고 부등호 '='과 '>'을 합쳐 코딩하며 항상 익명 함수 형식으로 표현합니다. **단일 명령문일 경우에는 함수의 중괄호{ }와 return을 생략**할 수 있습니다.

일반 함수	화살표 함수

``js
var doMultiplication = function(s1, s2) {
    return s1 * s2;
}
console.log(doMultiplication(2, 5)); // 10
``
	``js
	var doMultiplication = (s1, s2) => s1 * s2;
	console.log(doMultiplication(2, 5)); // 10
	``

``js
function doMultiplication(s1, s2) {
    var avg = (s1 + s2) / 2;
    return avg;
}
console.log(doMultiplication(2, 5)); // 3.5
``
	``js
	var doMultiplication = (s1, s2) => {
	    var avg = (s1 + s2) / 2;
	    return avg;
	}
	console.log(doMultiplication(2, 5)); // 3.5
	``

[예제 ex3-28.html]

```html
<!DOCTYPE html>
<html lang="ko">
<head>
    <meta charset="UTF-8">
    <title>화살표 함수</title>
    <script>
        const doAddition1 = (s1, s2) => s1 + s2;
        console.log(doAddition1(2, 5));
        const doAddition2 = (s1, s2) => {
            var result = (s1 + s2) / 2;
            return result;
        }
        console.log(doAddition2(2, 5));
    </script>
</head>
<body>
</body>
</html>
```

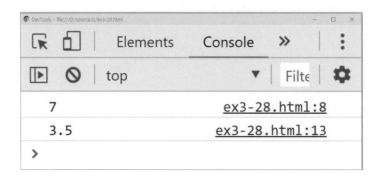

△ 예제 ex3-28.html

변수는 함수 블록{ }을 기준으로 변수의 선언 위치에 따라 '전역 변수'와 '지역 변수'로 나누어집니다.

'전역 변수'는 함수 블록{ } 밖이나 안에서 자유롭게 사용 가능하지만 '지역 변수'는 함수 블록{ } 내에서만 사용할 수 있습니다.

▶ 전역 변수와 지역 변수 선언 위치

전역 변수	지역 변수

`var 변수;`
`function 함수() {`
`}`
	`function 함수() {`
	`  var 변수;`
	`}`

[예시 3-14]

```
var kor = 90;
function getScore() {
    kor = 100; // 전역 변수
    console.log(kor); // 100
}
getScore();
console.log(kor); // 100
```

[예시 3-14]에서 함수 블록{ }안에 있는 kor 변수는 전역 변수입니다. 따라서 getScore( ) 함수를 호출하게 되면 kor 변수 값이 90에서 100으로 바뀌게 됩니다.

[예시 3-15]

```
var kor = 90;
function getScore() {
    var kor = 100; // 지역 변수
    console.log(kor); // 100
}
getScore();
console.log(kor); // 90
```

[예시 3-15]에서는 함수 블록{ }안의 kor 변수를 var로 정의하였습니다. 함수 블록{ }안에서 var로 선언된 변수는 지역 변수가 되며 함수 블록{ } 밖의 전역 변수 kor과 다른 별도의 변수가 됩니다.

함수 블록{ }안에 지역 변수는 반드시 var로 선언해 주어야 하며 함수의 지역 변수는 함수 블록{ } 밖에서 사용 할 수 없습니다.

```
function getScore() {
    var kor = 100;
    console.log(kor); // 100
}
```

```
getScore();
console.log(kor); // 에러
```

이렇게 블록{ }에 의해 변수의 범위가 달라지는 것을 **변수의 scope**라고 합니다. 전역 변수는 블록{ } 내외에서 사용할 수 있기 때문에 자칫 동일한 이름으로 덮어 써질 수 있는 문제점이 있습니다. 이런 이유로 전역 변수보다는 지역 변수가 안전합니다.

▶ **함수 레벨 스코프**(function level scope)**와 블록 레벨 스코프**(block level scope)

var는 함수 블록{ }에서만 지역 변수가 존재하며 블록{ }이나 제어문 블록{ }에서는 지역 변수가 존재하지 않습니다. ECMAScript 2015(ES6)에서 새로 추가된 **let과 const**는 블록{ }이나 제어문 블록{ }에서도 지역 변수를 선언 할 수 있습니다. → 3.2. **01** 변수 선언(var, let), 3.2. **02** 상수 선언(const) 부분 참고

[예시 3-16]

```
var num = 10;
{
    var num = 20; // num은 전역 변수입니다.
    console.log(num); // 20
}
console.log(num); // 20
```

```
let num = 10;
{
    let num = 20; // num은 지역 변수입니다.
    console.log(num); // 20
}
console.log(num); // 10
```

```
const num = 10;
{
    const num = 20; // num은 지역 변수입니다.
    console.log(num); // 20
}
console.log(num); // 10
```

블록{ } 안에서 let과 const로 선언된 변수는 [예시 3-16]처럼 블록{ }의 지역 변수로 인식합니다.

```
var num = 10;
if (num === 10) {
    var sum = 20; // 전역 변수
}
console.log(sum); // 20
```

```
let num = 10;
if (num === 10) {
    let sum = 20; // 지역 변수
}
console.log(sum); // 에러
```

var는 제어문 블록{ }에서 전역 변수만 존재하기 때문에 [예시 3-17]과 같이 sum 변수를 블록{ } 밖에서도 호출 할 수 있지만, **제어문 블록{ } 안에서 let으로 선언된 변수는 지역 변수이기 때문에 제어문 블록{ } 밖에서 호출할 수 없습니다.**

[예제 ex3-29.html]

```
<!DOCTYPE html>
<html lang="ko">
<head>
    <meta charset="UTF-8">
    <title>변수의 범위</title>
    <script>
        // 함수의 전역변수
        var sum1 = 10;
        function add1() {
            sum1 = 20;
        }
        add1();
        console.log('전역' + sum1);
        // 함수의 지역변수
        var sum2 = 30;
        function add2() {
            var sum2 = 40;
            console.log('지역' + sum2);
```

```
        }
        add2();
        console.log('전역' + sum2);
        // 블록의 지역변수
        var num1 = 50;
        if (num1 === 50) {
            var num1 =60;
        }
        console.log('전역' + num1);
        let num2 = 70;
        if (num2 === 70) {
            let num2 = 80;
            console.log('지역' + num2);
        }
        console.log('전역' + num2);
    </script>
</head>
<body>
</body>
</html>
```

전역20	ex3-29.html:13
지역40	ex3-29.html:18
전역30	ex3-29.html:21
전역60	ex3-29.html:27
지역80	ex3-29.html:31
전역70	ex3-29.html:33

△ 결과 ex3-29.html

■ var, let, const 비교 정리

변수 범위	변수 선언	특징
함수 레벨 스코프	var	• 변수를 중복해서 선언할 수 있습니다. • 함수 블록{ } 내에서만 지역 변수가 존재합니다.
블록 레벨 스코프	let	• var와 같지만 같은 블록{ }에서는 이미 선언한 변수를 중복해서 선언할 수 없습니다. • 블록{ }, 제어문 블록{ }에서도 지역 변수가 존재합니다.
	const	• 같은 블록{ }에서는 이미 선언한 변수를 중복해서 선언할 수 없고 저장된 값을 변경할 수도 없습니다. • 블록{ }, 제어문 블록{ }에서도 지역 변수가 존재합니다.

▶ 클로져(Closure)

일반적으로 함수 내 지역 변수는 함수 밖에서 참조할 수 없지만, 클로져는 함수 내 지역 변수를 함수 밖에서도 참조할 수 있게 해줍니다.

[예시 3-18]

```
function add() {
    var n = 0;
    return ++n;
}
console.log(add()); // 1
console.log(add()); // 1
```

[예시 3-18]는 add( ) 함수를 호출할 때마다 n = 0이 되어 같은 결과 값을 return합니다. add( ) 함수를 호출할 때 지역 변수 n값을 0으로 초기화 하지 않고 이전에 연산된 값으로 참조해야 할 때 클로져를 사용합니다.

[예시 3-19]

```
function add() {
    var n = 0;
    return function() {
        return ++n;
    }
}
var increase = add(); // var increase = function() {return ++n;}
console.log(increase()); // 1
console.log(increase()); // 2
```

[예시 3-19]에서 add( ) 함수의 function( ) {return ++n}을 increase 변수로 return 시켜주면 increase 변수는 익명 함수가 됩니다. 이러한 형태가 되면 add( ) 함수에서 연산된 지역 변수 n값을 increase( ) 함수에서 지속적으로 참조할 수 있게 만들어 줍니다.

[예제 ex3-30.html]

```html
<!DOCTYPE html>
<html lang="ko">
<head>
    <meta charset="UTF-8">
    <title>클로져</title>
    <script>
        function multiply(n) {
            return function(){
                return n *= n;
            }
        }
        var num1 = multiply(10);
        console.log(num1()); // 10 * 10 = 100
        console.log(num1()); // 100 * 100 = 10000
        var num2 = multiply(20);
        console.log(num2()); // 20 * 20 = 400
        console.log(num2()); // 400 * 400 = 160000
    </script>
</head>
<body>
</body>
</html>
```

△ 결과 ex3-30.html

재귀 함수는 함수 안에서 자신의 함수를 다시 호출하는 함수를 말합니다.

[예제 ex3-31.html]

```
<!DOCTYPE HTML>
<html lang="ko">
<head>
    <meta charset="UTF-8">
    <title>재귀함수</title>
    <script>
        function factorial(n){
            if(n === 0){
                console.log('호출 끝');
            }else{
                console.log('호출' + n);
                factorial(n-1);
            }
        }
        factorial(10);
    </script>
</head>
<body>
</body>
</html>
```

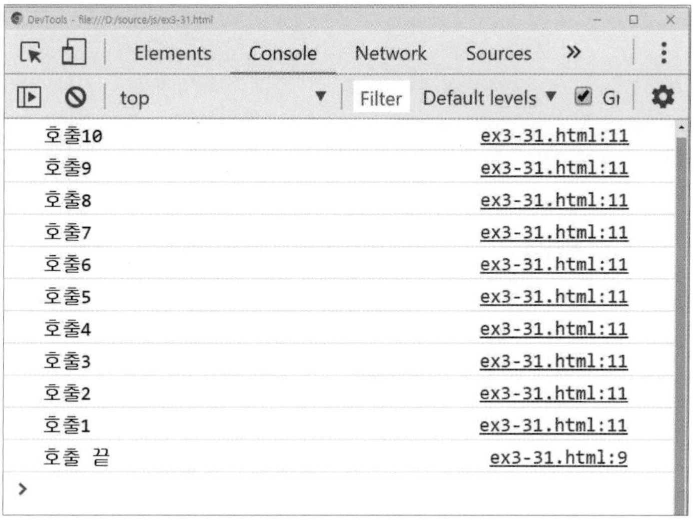

△ 결과 ex3-31.html

내장 함수는 자바스크립트에 기본적으로 내장되어 있는 함수들을 말합니다.

▶ **인코딩, 디코딩 함수**

'http://icoxpublish.com/search?query=**자바스크립트**'와 같이 URL주소에 쿼리 정보를 전송하여 데이터를 처리해야 되는 프로그램의 경우 한글과 같은 유니코드 문자가 포함되어 있으면 오류가 발생할 수 있습니다. 이런 경우 인코딩 함수를 이용하여 문자를 부호화시키고 부호화된 문자를 다시 디코딩 함수를 이용하여 원래 문자로 되돌릴 수 있습니다.

함수명	설명
encodeURIComponent( )	영문, 숫자와 ( ) - _ . ~ * ! ' 을 제외한 문자를 인코딩합니다.
decodeURIComponent( )	encodeURIComponent( )의 디코딩 함수

▶ **숫자, 유/무한 값 판별 함수**

함수명	설명
isNaN( )	숫자인지 아닌지를 판별하는 함수입니다. 숫자이면 false를 반환해 주고 숫자가 아니면 true를 반환해 줍니다. NaN은 Not a Number의 약자입니다.
isFinite( )	유한값인지 무한값인지 판별하는 함수입니다. 유한값이면 true를 반환하고, 무한값이면 false를 반환합니다.

▶ **숫자, 문자 변환 함수**

함수명	설명
Number( )	숫자로 변환해 주는 함수입니다.
parseInt( )	숫자와 문자가 포함되어 있을 경우 정수 부분만 숫자로 변환해 주는 함수입니다.
parseFloat( )	숫자와 문자가 포함되어 있을 경우 소수 부분까지 숫자로 변환해 주는 함수입니다.
String( )	문자로 바꾸어 주는 함수입니다.

▶ **자바스크립트 코드 변경 함수**

함수명	설명
eval( )	문자를 자바스크립트 코드로 변경해 주는 함수입니다.

```html
<!DOCTYPE HTML>
<html lang="ko">
<head>
    <meta charset="UTF-8">
    <title>내장함수</title>
    <script>
        // 인코딩, 디코딩함수
        var encodeStr = '자바스크립트';
        console.log(encodeURIComponent(encodeStr));
        var decodeStr = encodeURIComponent(encodeStr);
        console.log(decodeURIComponent(decodeStr));
        // 숫자, 유한무한 값 판별 함수
        var num1 = '숫자';
        if (!isNaN(num1)) {
            console.log('숫자');
        } else {
            console.log('숫자아님');
        }
        var num2 = 1 / 0;
        if (isFinite(num2)) {
            console.log('유한값');
        } else {
            console.log('무한값');
        }
        // 숫자, 문자 변환 함수
        var num3 = '10';
        console.log(Number(num3));
        var num4 = '100px';
        console.log(parseInt(num4));
        var num5 = '33.3%';
        console.log(parseFloat(num5));
        var num6 = 10;
        console.log(typeof num6);
        console.log(typeof String(num6));
        // 자바스크립트 코드 변경 함수
        var str1 = 'var num7 = 10';
        var str2 = 'var num8 = 20';
        eval(str1);
        eval(str2);
        console.log(num7 + num8);
    </script>
</head>
<body>
</body>
</html>
```

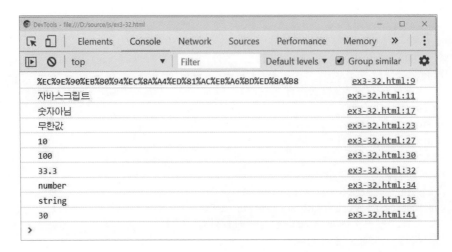

△ 결과 ex3-32.html

3.6 | 객체

변수는 데이터 값을 하나 밖에 저장하지 못하지만, 객체는 데이터 값을 필요한 대로 만들어 사용할 수 있습니다. **객체의 데이터는 '이름: 값'의 쌍으로 이루어 있으며 이것을 속성(Properties)이라고 합니다.**

변수에 {이름: 값, 이름: 값, ...}의 형태로 저장이 되면 변수는 객체가 됩니다.

```
var 변수 = {name: '홍길동', age: 20, nationality: '한국', ...};
```

객체의 속성(Properties)은 객체의 속성 값을 저장하는 **프로퍼티**와 객체의 함수 **메서드**로 나누어집니다.

```
var 변수 = {
    name: '홍길동', // 프로퍼티
    age: 20, // 프로퍼티
    printOut: function() { // 메서드
    },
    ...
};
```

객체도 함수처럼 사용자가 직접 정의하는 '사용자 정의 객체'와 자바스크립트에서 제공해 주는 '내장 객체'로 나누어집니다.

객체의 분류	종류	설명
사용자 정의 객체	• 객체 리터럴 • 객체 생성자 함수 • 클래스(ECMAScript 2015(ES6))	사용자가 직접 정의해서 사용하는 객체입니다.
내장 객체	• Number • String • Array • Math • Date • RegExp	자바스크립트에서 제공해 주는 객체입니다.

3.6.01 사용자 정의 객체

객체는 '객체 리터럴(object literal)'과 '객체 생성자 함수(Object constructor function)'로 만들 수 있습니다.

▶ 객체 리터럴(Object literal)

```
var 변수 = {프로퍼티: 값, 프로퍼티: 값, 메서드: function() {}, ...};
```

```
var 변수 = {
    프로퍼티: 값,
    프로퍼티: 값,
    메서드: function() {
    },
    ...
};
console.log(변수.프로퍼티);
console.log(변수.메서드());
```

[예시 3-20]

```
var info = {
    subject: 'css',
    credit: 1,
    printOut: function() {
        return info.subject + ', ' + info.credit + '학점';
    }
};
console.log(info.subject); // css
console.log(info.credit); // 1
console.log(info.printOut()); // css, 1학점
```

[예시 3-20]의 printOut( ) 메서드에서 {return info.subject + ',' + info.credit + '학점'} 부분의 info는 **자신의 객체**를 의미합니다. 이렇게 객체 안에서 '자신의 객체'를 의미할 때는 this 키워드를 사용할 수 있습니다.

```
info.subject + ', ' + info.credit + '학점' → this.subject + ', ' + this.credit + '학점'
```

■ '객체 리터럴'의 속성 추가, 삭제, 변경 방법

```javascript
var info = {
    subject: 'css',
    credit: 1,
    printOut : function() {
        return this.subject + ', ' + this.credit + '학점';
    }
};
info.days = 20; // 속성 추가
console.log(info.days); // 20

delete info.credit; // 속성 삭제
console.log(info.credit); // undefined

info.printOut = function() { // 속성 변경
    return this.subject + ', ' + this.days + '일';
};
console.log(info.printOut()); // css, 20일
```

■ Symbol(심볼) 데이터

심볼 데이터는 ECMAScript 2015(ES6)에서 **새로 추가된 원시 데이터 타입**으로 **유일한 식별자**를 의미합니다. 심볼 데이터를 이용하면 동일한 객체의 속성명에 대한 충돌을 방지할 수 있습니다. 심볼 데이터의 속성명은 '[ ]'으로 표현합니다.

```javascript
var info = {
    subjectName : '자바스크립트',
    subjectName : '제이쿼리'
}
console.log(info.subjectName); // 제이쿼리
```

subjectName의 속성명이 같기 때문에 마지막 subjectName이 이전의 subjectName을 덮어쓰는 문제가 발생됩니다.

```
var subjectName = Symbol();
var info = {
    [subjectName] : '자바스크립트',
    subjectName : '제이쿼리'
}
console.log(info[subjectName] + ', ' + info.subjectName); // 자바스크립트, 제이쿼리
```

▶ 객체 생성자 함수(Object constructor function)

```
function 함수(매개 변수1, 매개 변수2) {
    this.프로퍼티 = 매개 변수1;
    this.프로퍼티 = 매개 변수2;
    this.메서드 = function() {
    };
}
var 변수 = new 함수(매개 변수1 값, 매개 변수2 값);
```

[예시 3-21]

```
function Info(subject, credit) {
    this.subject = subject;
    this.credit = credit;
    this.printOut = function() {
        return this.subject + ', ' + this.credit + '학점';
    };
};
var sub1 = new Info('html', 1);
console.log(sub1.subject); // html
console.log(sub1.credit); // 1
console.log(sub1.printOut()); // html, 1학점

var sub2 = new Info('css', 2);
console.log(sub2.subject); // css
console.log(sub2.credit); // 2
console.log(sub2.printOut()); // css, 2학점
```

[예시 3-21]은 Info 함수(생성자 함수)를 통해 sub1 객체와 sub2 객체가 생성된 예입니다.

'생성자 함수'는 일반 함수와 차이를 두기 위해 **함수명의 첫 문자를 대문자로 표현**합니다.

Info 함수 안에 this는 함수를 통해 생성되는 객체를 의미합니다.

```
var sub1 = new Info('html', 1); → Info 함수 안에 this는 sub1 객체를 의미합니다.
var sub2 = new Info('css', 2); → Info 함수 안에 this는 sub2 객체를 의미합니다.
```

■ '생성자 함수'로 생성된 객체의 속성 변경, 추가, 삭제

'생성자 함수'로 생성된 객체의 속성 추가나 삭제, 변경은 다른 객체의 속성에는 영향을 주지 않습니다.

[예시 3-22]

```javascript
function Info(subject, credit) {
    this.subject = subject;
    this.credit = credit;
    this.printOut = function() {
        return this.subject + ', ' + this.credit + '학점';
    };
};
var sub1 = new Info('html', 1);
sub1.days = 20; // 속성추가
console.log(sub1.days); // 20
delete sub1.credit; // 속성제거
console.log(sub1.credit); // undefined
sub1.printOut = function() { // 속성변경
    return this.subject + ', ' + this.days + '일';
}
console.log(sub1.printOut()); // html, 20일

var sub2 = new Info('css', 2);
console.log(sub2.days); // undefined
console.log(sub2.credit); // 2
console.log(sub2.printOut()); // css, 2학점
```

sub1 객체에 추가, 제거, 변경된 속성들은 sub1 객체에만 적용되고 sub2 객체의 속성에는 영향을 주지 않습니다. 속성의 추가, 제거, 변경을 모든 객체에 적용하려면 Info 함수 안에 속성들을 수정해야 합니다.

```html
<!DOCTYPE html>
<html lang="ko">
<head>
    <meta charset="UTF-8">
    <title>객체 생성</title>
    <script>
        // 객체 리터럴
        var circle = {
            color : 'yellow',
            diameter : 100,
            radius : function() {
                return this.diameter / 2;
            }
        };
        console.log(circle.color);
        console.log(circle.diameter);
        console.log(circle.radius());
        // 객체 생성자 함수
        function Triangle(b, h) {
            this.base = b;
            this.height = h;
            this.area = function() {
                return  this.base * this.height / 2;
            };
        }
        var triangle1 = new Triangle(15, 15);
        console.log(triangle1.base);
        console.log(triangle1.height);
        console.log(triangle1.area());
        var triangle2 = new Triangle(25, 10);
        console.log(triangle2.base);
        console.log(triangle2.height);
        console.log(triangle2.area());
    </script>
</head>
<body>
</body>
</html>
```

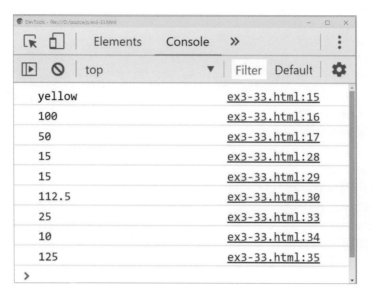

△ 결과 ex3-33.html

▶ prototype

'생성자 함수'로 생성된 객체들은 '생성자 함수'에서 정의한 속성을 그대로 상속받습니다.

객체의 메서드의 경우 다른 속성처럼 값의 변화가 없기 때문에 불필요하게 상속 시켜 메모리를 낭비 할 필요가 없습니다. prototype를 이용하면 객체의 메서드를 '생성자 함수'내에 정의하지 않고도 생성된 객체에서 호출하여 사용 할 수 있습니다.

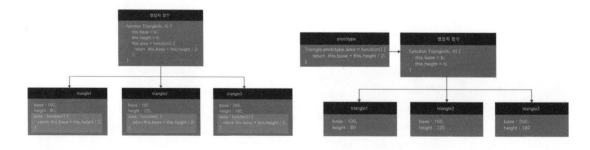

[예제 ex3-34.html]

```html
<!DOCTYPE html>
<html lang="ko">
<head>
    <meta charset="UTF-8">
     <title>prototype</title>
     <script>
```

```
        function Triangle(b, h) {
            this.base = b;
            this.height = h;
        }
        Triangle.prototype.area = function() {
            return  this.base * this.height / 2;
        };
        Triangle.prototype.printOut = function() {
            return '밑변:' + this.base + ' 높이:' + this.height + ' 넓이:' + this.area();
        };
        var triangle1 = new Triangle(30, 20);
        console.log(triangle1.area());
        var triangle2 = new Triangle(80, 40);
        console.log(triangle2.printOut());
    </script>
</head>
<body>
</body>
</html>
```

△ 결과 ex3-34.html

▶ for...in 문

for...in 문을 이용하면 객체의 속성에 쉽게 접근할 수 있습니다.

```
for(var 변수 in 객체명){
    실행문;
}
```

```
var info = {
    subject: 'javascript',
    credit: 3
```

```
};
for(var i in info) {
    console.log(i + ': ' + info[i]); // subject: javascript credit: 3
}
```

i 변수는 info 객체 속성의 이름이며 circle[i]는 속성의 값입니다.

[예제 ex3-35.html]

```
<!DOCTYPE html>
<html lang="ko">
<head>
    <meta charset="UTF-8">
    <title>for in 문</title>
    <script>
        var info = {
            subject: 'javascript',
            credit: 3,
            days: 20,
            tuition: 1000
        };
        for(var i in info) {
            console.log(i + ' : ' + info[i]);
        }
    </script>
</head>
<body>
</body>
</html>
```

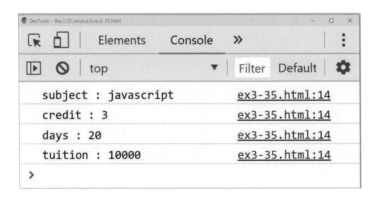

△ 결과 ex3-35.html

▶ class

ECMAScript 2015(ES6)에서 새로 추가된 class 구문입니다. 앞의 내용을 통하여 객체 생성과 상속에 관한 내용들을 학습해 보았습니다. class는 기존에 사용했던 객체 생성과 상속 구문을 체계적인 객체지향 구문으로 보완하였습니다.

■ class 정의 방법

```
class 클래스명 {
  constructor(매개변수1, 매개변수2, ...) {
      this.이름 = 매개변수1;
      this.이름 = 매개변수2;
      ...
  }
  메서드명() {
  }
  get 메서드명() {
  }
  set 메서드명(매개변수) {
  }
}
var 변수1 = new 클래스명(매개변수1 값, 매개변수2 값, ...);
var 변수2 = new 클래스명(매개변수1 값, 매개변수2 값, ...);
```

[예제 ex3-36.html]

```html
<!DOCTYPE html>
<html lang="ko">
<head>
    <meta charset="UTF-8">
    <title>class</title>
    <script>
        class SubjectInfo {
            constructor(subject, credit) {
                this.subject = subject;
                this.credit = credit;
                this.days = [80, 120, 140];
                this.day = this.days[0];
            }
            printOut() {
                return '과목 : ' + this.subject  + ', 학점 : ' + this. credit + ', 수업일 : ' +
this.day;
```

```
            }
            get lessonTime() {
                return this.day;
            }
            set lessonTime(num) {
                this.day = this.days[num];
            }
        }
        var sub1 = new SubjectInfo('html', 1);
        console.log(sub1.subject);
        console.log(sub1.printOut());
        console.log(sub1.lessonTime); // get lessonTime() → this.days[0]
        sub1.lessonTime = 1;          // set lessonTime(num) → this.days[1]
        console.log(sub1.lessonTime);
        var sub2 = new SubjectInfo('css', 2);
        console.log(sub2.subject);
        sub2.lessonTime = 2;
        console.log(sub2.printOut());
    </script>
</head>
<body>
</body>
</html>
```

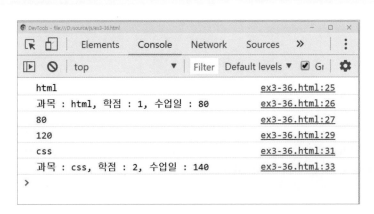

△ 결과 ex3-36.html

class는 호출 이전에 반드시 정의되어 있어야 합니다.

▶ Number 객체

▪ Number 객체 생성 방법

```
var num = new Number(10);

var num = 10;
```

▪ Number 객체 주요 메서드

메서드	설명
toFixed( )	toFixed(n)일 때 n값만큼 소수점 자릿수를 만들어 줍니다. (자릿수 이전 값은 반올림하여 문자로 반환합니다.)

	num = 328.575;
	console.log(num.toFixed( )); // 329
	console.log(num.toFixed(1)); // 328.6
	console.log(num.toFixed(2)); // 328.58

toString( )	toString(n)일 때 n값의 진수로 만들어 줍니다.

	num = 12;
	console.log(num.toString(2)) // 1100 (2진수 표현)
	console.log(num.toString(16)) // c (16진수 표현)

▪ 소수점 계산에 대한 문제점과 해결방법

```
console.log(46000*0.7); // 32199.999999999996
```

```
console.log(46000*(0.7*10)/10); // 32200
```

곱해지는 소수가 정수가 나오도록 소수의 자리수를 곱한 뒤 소수 자리수 만큼 다시 나누어 줍니다.

▶ String 객체

내장 객체 중 가장 많이 사용하는 객체입니다.

■ String 객체 생성 방법

```
var str = new String('자바스크립트');

var str = '자바스크립트';
```

■ String 객체 프로퍼티

프로퍼티	설명
length	문자열의 개수를 취득합니다.
	var str = 'Javascript'; console.log(str.length); // 10

■ String 객체 주요 메서드

문자열	J	a	v	a	s	c	r	i	p	t
index 번호	0	1	2	3	4	5	6	7	8	9

메서드	설명
charAt( )	charAt(n)인 경우 n과 같은 index 번호 문자를 반환합니다.
	var str = 'Javascript'; console.log(str.charAt(0)); // J
indexOf( )	indexOf('a')인 경우 'a'를 왼쪽 문자부터 검색하여 일치하는 index 번호를 반환합니다.

	var str = 'Javascript';
	console.log(str.indexOf('a')); // 1
	console.log(str.indexOf('q')); // −1, 일치하는 문자가 없으면 −1을 반환합니다.

lastIndexOf( )	lastIndexOf('a')인 경우 마지막 'a'를 오른쪽 문자부터 검색하여 일치하는 index 번호를 반환합니다.
	var str = 'Javascript'; console.log(str.lastIndexOf('a')); // 3
includes( )	ECMAScript 2015(ES6)에서 추가된 메서드입니다. includes('str')인 경우 해당 문자열에 'str' 문자를 포함하고 있으면 true를 반환합니다.
	var str = 'Javascript'; console.log(str.includes('script')); // true

메서드	설명
substring( )	substring(4, 9)인 경우 문자열의 index 번호 4번부터 index 번호 9번 이전까지의 문자를 반환합니다. substring(4)처럼 매개변수 값이 하나만 있는 경우 문자열의 index 번호 4번부터 이후의 모든 문자를 반환합니다.

	var str = 'Javascript';
	console.log(str.substring(4, 9)); // scrip
	console.log(str.substring(4)); // script

substr( )	substr(4, 6)인 경우 문자열 index 번호 4번부터 6개의 문자를 반환합니다.
	var str = 'Javascript'; console.log(str.substr(4, 6)); // script
split( )	split(' ')인 경우 ' '(공백) 문자를 기준으로 문자열을 분할하고 분할한 문자열들을 배열로 만들어 줍니다.

	var str = 'Javascript_jQuery';
	var division = str.split('_');
	console.log(division[0] + ', ' + division[1]); // Javascript, jQuery

replace( )	replace('x', 'y')인 경우 'x' 문자를 'y' 문자로 변경합니다.
	var str = 'Javascript'; console.log(str.replace('Java', 'jQuery')) // jQueryscript
concat( )	문자와 문자를 연결해 줍니다.
	var str1 = 'java'; var str2 = 'script'; console.log(str1.concat(str2)); // javascript
trim( )	문자열의 앞 뒤 공백을 제거해 줍니다.

	var str = ' javascript ';
	console.log('web' + str); // web javascript
	console.log('web' + str.trim()); // webjavascript

toLowerCase( )	소문자로 변경합니다.
toUpperCase( )	대문자로 변경합니다.

[예제 ex3-37.html]

```
<!DOCTYPE html>
<html lang="ko">
```

```
<head>
    <meta charset="UTF-8">
    <title>String 객체</title>
    <script>
        // charAt()
        var str = 'Javascript';
        console.log(str.charAt(0));
        // indexOf()
        var str = 'Javascript';
        console.log(str.indexOf('a'));
        console.log(str.indexOf('k'));
        // lastIndexOf()
        var str = 'Javascript';
        console.log(str.lastIndexOf('a'));
        // includes()
        var str = 'Javascript';
        console.log(str.includes('script'));
        // substring()
        var str = 'http://icoxpublish.com';
        console.log(str.substring(0, 4));
        console.log(str.substring(7));
        // substr()
        var str = 'http://icoxpublish.com';
        console.log(str.substr(7, 4));
        // split()
        var str = 'Javascript_jQuery';
        var division = str.split('_');
        console.log(division[0] + ', ' + division[1]);
        // replace()
        var str = 'm_out.gif';
        console.log(str.replace('out', 'over'));
        // concat()
        var str1 = 'nav';
        var str2 = '_bg';
        console.log(str1.concat(str2));
        // trim()
        var str = ' removeblank ';
        console.log(str.trim());
        // toLowerCase(), toUpperCase()
        var str = 'LowerCase';
```

```
        console.log(str.toLowerCase());
        var str = 'UpperCase';
        console.log(str.toUpperCase());
    </script>
</head>
<body>
</body>
</html>
```

△ 결과 ex3-37.html

▶ Array 객체

Array 객체는 '객체 리터럴(Object literal)'처럼 변수에 데이터 값을 필요한 대로 저장할 수 있습니다. 객체 리터럴(Object literal)은 데이터 값을 '이름: 값'으로 저장하는 반면 배열은 저장된 값에 자동으로 index를 부여합니다.

■ Array 객체 생성 방법

```
var subject = new Array(10, 20, 'javascript', 'jQuery', ...);
```

```
var subject = [10, 20, 'javascript', 'jQuery', ...];
```

```
var ary = [];
ary[0] = 10;ary[1] = 20;ary[2] = 'javascript';ary[3] = 'jQuery';...
```

index	0	1	2	3	...
값	10	20	'javascript'	'jQuery'	...

```
var subject = [10, 20, 'javascript', 'jQuery'];
console.log(subject[2]); // javascript
```

■ Array 객체 프로퍼티

프로퍼티	설명
length	배열의 개수를 취득합니다.
	`var subject = [html', 'css', 'javascript', 'jQuery'];` `console.log(subject.length); // 4`

■ Array 객체 주요 메서드

★ 표시가 붙은 메서드는 배열에 직접 영향을 주는 메서드입니다.

메서드	설명
slice()	slice(0, 3)인 경우 배열 index 0번부터 index 3번 이전까지의 배열을 반환합니다. slice(2)처럼 매개변수 값이 하나만 있는 경우 index 2번과 이후의 모든 배열을 반환합니다.

	`var alphabet = ['a', 'b', 'c', 'd', 'e'];`
	`console.log(alphabet.slice(0, 3)); // ['a', 'b', 'c']`
	`console.log(alphabet.slice(2)); // ['c', 'd', 'e']`

join()	join('-')인 경우 배열의 요소들을 '-'로 연결한 문자로 반환해 줍니다.

	`var alphabet = ['a', 'b', 'c', 'd', 'e'];`
	`console.log(alphabet.join('/')); // a/b/c/d/e`
	`console.log(typeof alphabet.join('/')) // string`

concat()	배열을 연결합니다.

	`var alphabet1 = ['a', 'b', 'c'];`
	`var alphabet2 = ['d', 'e'];`
	`console.log(alphabet1.concat(alphabet2)); // ['a', 'b', 'c', 'd', 'e']`

toString()	배열을 문자로 변환해 줍니다.
	`var alphabet = ['a', 'b', 'c', 'd', 'e'];` `console.log(alphabet.toString()); // a, b, c, d, e`

메서드	설명

shift( ) ★	첫 번째 배열을 삭제합니다.
	
	var alphabet = ['a', 'b', 'c', 'd', 'e'];
	alphabet.shift( );
	console.log(alphabet); // ['b', 'c', 'd', 'e']

unshift( ) ★	첫 번째 배열을 추가합니다.
	
	var alphabet = ['b', 'c', 'd', 'e'];
	alphabet.unshift('a');
	console.log(alphabet); // ['a', 'b', 'c', 'd', 'e']

pop( ) ★	마지막 배열을 삭제합니다.
	
	var alphabet = ['a', 'b', 'c', 'd', 'e'];
	alphabet.pop( );
	console.log(alphabet); // ['a', 'b', 'c', 'd']

push( ) ★	마지막 배열을 추가합니다.
	
	var alphabet = ['a', 'b', 'c', 'd', 'e'];
	alphabet.push('f');
	console.log(alphabet); // ['a', 'b', 'c', 'd', 'e', 'f']

splice( ) ★	지정된 부분의 배열을 추가, 삭제, 변경 할 수 있습니다.
	
	var alphabet1 = ['a', 'b', 'c', 'd', 'e'];
	alphabet1.splice(1, 0, 'f');
	console.log(alphabet1); // ['a', 'f', 'b', 'c', 'd', 'e']
	index 1번 배열에 0개를 삭제합니다. 삭제 개수가 없기 때문에 'f'가 추가됩니다.
	
	var alphabet2 = ['a', 'b', 'c', 'd', 'e'];
	alphabet2.splice(1, 1);
	console.log(alphabet2); // ['a', 'c', 'd', 'e']
	index 1번 배열 1개를 삭제합니다. 'b'가 삭제됩니다.
	
	var alphabet3 = ['a', 'b', 'c', 'd', 'e'];
	alphabet3.splice(1, 1, 'f');
	console.log(alphabet3); // ['a', 'f', 'c', 'd', 'e']
	index 1번 배열 1개를 삭제('b')하고 'f'로 변경합니다.
	
	var alphabet4 = ['a', 'b', 'c', 'd', 'e'];
	alphabet4.splice(0, 3, 'f', 'g', 'h');
	console.log(alphabet4); // ['f', 'g', 'h', 'd', 'e']
	index 0번 배열포함 3개의 배열('a', 'b', 'c')을 삭제하고 'f', 'g', 'h'로 변경합니다.

reverse( ) ★	배열의 순서를 바꾸어 줍니다.
	
	var alphabet = ['a', 'b', 'c', 'd', 'e'];
	console.log(alphabet.reverse( )); // ['e', 'd', 'c', 'b', 'a']

메서드	설명

sort( ) ★	배열을 오름차순으로 정렬해 줍니다.
	배열의 정렬은 문자열로 비교하기 때문에 [2, 41, 11]을 정렬할 경우 41→ 4, 11 → 1로 처리되어 [11, 2, 41] 순으로 정렬되는 문제가 발생됩니다. 이 문제는 다음과 같은 방법으로 해결 가능합니다.
	var num = [2, 41, 11];
	num.sort(function(a, b){
	   return a − b // [2, 11, 41] 오름차순 정렬
	});
	num.sort(function(a, b){
	   return b − a // [41, 11, 2] 내림차순 정렬
	});
	
	* 오름차순 정렬 a − b의 경우 배열의 값 2 − 41 = −39가 음수이므로 2가 41보다 작다고 판단하고 41 − 11 = 30이 양수이므로 41이 크다고 판단합니다. 이렇게 배열 값의 차를 이용하여 정렬을 하게 됩니다.

[예제 ex3-38.html]

```
<!DOCTYPE html>
<html lang="ko">
<head>
    <meta charset="UTF-8">
    <title>배열 sort()</title>
    <script>
        var info = [45, 11, 7, 32, 20, 19];
        info.sort(function(a, b) {
            return a - b;
        });
        console.log(info.toString());
    </script>
</head>
<body>
</body>
</html>
```

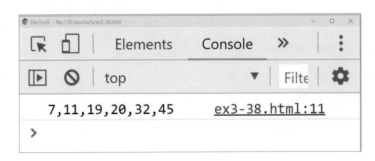

△ 결과 ex3-38.html

▶ 배열 요소 접근 명령문 및 메서드

▪ for...of 문

for...of 문은 ECMAScript 2015(ES6)에서 새로 추가된 명령문입니다. for...of 문을 이용하면 배열의 값들을 쉽게 취득할 수 있습니다.

for...of 문은 앞에서 학습한 for...in 문과 유사하지만 다음과 같은 차이점이 있습니다.

```javascript
var city = ['서울', '대구', '대전', '부산'];
for (var i in city) {
    console.log(i); // 0 1 2 3 → for...in 문에서 i 변수는 city 배열의 index입니다.
}
```

```javascript
var city = ['서울', '대구', '대전', '부산'];
for (var i of city) {
    console.log(i); // 서울, 대구, 대전, 부산 → for...of 문에서 i 변수는 city 배열의 값입니다.
}
```

▪ forEach( ) 메서드

배열 요소에 순차적으로 접근하여 필요한 값을 만들 때 사용하는 메서드입니다.

[예시 3-23]

```javascript
var num = [1, 2, 3];
num.forEach(function(value, index, array) {
    console.log(value); // 1 2 3 → num 배열의 값입니다.
    console.log(index); // 0 1 2 → num 배열의 index 번호입니다.
    console.log(array); // [1, 2, 3] → num 배열 자신입니다.
});
```

```javascript
var num = [1, 2, 3];
var sum = 0;
num.forEach(function(value) {
    return sum += value; // 0 + 1 + 2 + 3
});
console.log(sum); // 6
```

[예시 3-23]에서 num 배열의 첫 번째 index부터 마지막 index가 될 때까지 익명 함수(function(value, index, array) { ... })가 반복적으로 호출되어 실행하는 것을 확인 할 수 있습니다. 이렇게 함수의 매개변수로 전달되어 반복적으로 실행되는 함수를 **콜백(Callback) 함수**라고 합니다.

■ map( ) 메서드

map( ) 메서드는 기존의 배열을 이용하여 새로운 배열을 만들 수 있습니다.

```javascript
var base = [10, 20, 30];
base.map(function(value, index, array) {
    console.log(value); // 10 20 30 → base 배열의 값입니다.
    console.log(index); // 0 1 2 → base 배열의 index 번호입니다.
    console.log(array); // [10, 20, 30] → base 배열 자신입니다.
});
```

```javascript
var base = [10, 20, 30];
var area = base.map(function(value) {
    return value * 8; // area 변수의 배열 값으로 만들어줍니다.
});
console.log(area.toString()); // 80,160,240
```

■ filter( ) 메서드

조건에 맞는 배열 요소들만 새로운 배열로 만들어 줍니다.

```javascript
var data = ['javascript', 20, 30, 'jQuery'];
data.filter(function(value, index, array) {
    console.log(value); // javascript 20 30 jQuery → data 배열의 값입니다.
    console.log(index); // 0 1 2 3 → data 배열의 index 번호입니다.
    console.log(array); // ['javascript', 20, 30, 'jQuery'] → data 배열 자신입니다.
});
```

```javascript
var data = ['javascript', 20, 30, 'jQuery'];
var num = data.filter(function(value) {
    return typeof value === 'number'; // data의 배열 값 중 number 데이터만 num 변수의 배열로 만들어
줍니다.
});
console.log(num.toString()); // 20,30
```

▶ Math 객체

Math 객체는 수학 연산을 위한 객체입니다. Math 객체는 다른 내장 객체와 다르게 new 연산자로 객체를 생성하지 않습니다.

■ Math 객체 생성 방법

Math.프로퍼티
Math.메서드

■ Math 객체 프로퍼티

프로퍼티	설명
PI	원주율 값(3.14)입니다.
E	자연 로그 밑인 상수 e 2.718입니다.
LN2	2의 자연 로그 값 0.693입니다.
LN10	10의 자연 로그 값 2.302입니다.
LOG2E	밑이 2인 e의 로그 1.442입니다.
LOG10E	밑이 10인 e의 로그 0.434입니다.
SQRT1_2	1/2의 제곱근 0.707입니다.
SQRT2	2의 제곱근 1.414입니다.

```
console.log(Math.PI); // 3.14
console.log(Math.SQRT2); // 1.141
```

■ Math 객체 주요 메서드

메서드	설명
abs()	Math.abs(n)인 경우 n의 절대값을 반환합니다.
	console.log(Math.abs(-2)); // 2
max()	Math.max(n1, n2)인 경우 n1과 n2 중 큰 값을 반환합니다.
	console.log(Math.max(10, 20)); // 20
min()	Math.min(n1, n2)인 경우 n1과 n2 중 작은 값을 반환합니다.
	console.log(Math.min(10, 20)); // 10
round()	Math.round(n)인 경우 n의 소수점 이하가 5 이상이면 반올림, 미만이면 절삭한 정수 값을 반환합니다.
	console.log(Math.round(10.5)); // 11 console.log(Math.round(10.4)); // 10

메서드	설명
ceil( )	Math.ceil(n)인 경우 n의 소수점을 올림한 정수로 만든 값을 반환합니다.
	console.log(Math.ceil(10.2)); // 11
floor( )	Math.floor(n)인 경우 n의 소수점을 절삭한 정수 값을 반환합니다.
	console.log(Math.floor(10.5)); // 10
random( )	Math.random( )인 경우 0~1 사이의 난수값을 반환합니다.
	console.log(Math.random( ) * 3) // 0~0.99 * 3을 연산하면 0~2.999.. console.log(Math.floor(Math.random( )*3)) // 소수점을 절삭하면 0~2
sin( )	Math.sin(n)인 경우 n의 사인값을 반환합니다.
tan( )	Math.tan(n)인 경우 n의 탄젠트값을 반환합니다.
sqrt( )	Math.sqrt(n)인 경우 n의 제곱근값을 반환합니다.

[예제 ex3-39.html]

```html
<!DOCTYPE html>
<html lang="ko">
<head>
    <meta charset="UTF-8">
    <title>Math 객체</title>
    <script>
        var luckyNumber = [];
        var num = 0;
        for(var i = 1; i <= 100; i++) {
            luckyNumber.push(i); // 1(index 0) ~ 100(index 99)
        }
        num = Math.floor(Math.random() * luckyNumber.length);  // 0 ~ 99
        console.log(luckyNumber.toString());
        console.log('오늘 행운의 당첨번호은 ' + luckyNumber[num] + '입니다.');
    </script>
</head>
<body>
</body>
</html>
```

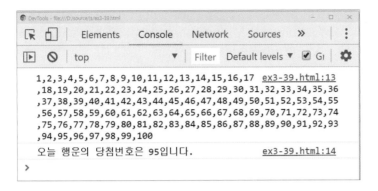

△ 결과 ex3-39.html

▶ Date 객체

날짜와 시간에 대한 정보 값을 얻거나 설정할 수 있습니다.

▦ date 객체 생성 방법

```
var date = new Date()

var date = new Date('년도/월/일')
날짜를 문자열 형식으로 설정할 수 있습니다.

var date = new Date(년도, 월, 일, 시, 분, 초, 밀리초)
년, 월, 일, 시, 분, 초, 밀리초를 설정할 수 있습니다.
```

▦ date 객체 주요 메서드

메서드	설명
getFullYear()	4자리 '연도' 값을 반환합니다.
getMonth()	'월' 값을 반환합니다. (0 ~ 11) 1월을 0으로 표현하기 때문에 +1을 해주어야 합니다.
getDate()	'일' 값을 반환합니다. (1 ~ 31)
getDay()	'요일' 값을 반환합니다. (0(일요일) ~ 6(토요일))
getHours()	'시간' 값을 반환합니다. (0 ~ 23)
getMinutes()	'분' 값을 반환합니다. (0 ~ 59)
getSeconds()	'초' 값을 반환합니다. (0 ~ 59)
getMilliseconds()	'밀리초(1/1000초)' 값을 반환합니다. (0 ~ 999)
getTime()	1970년 1월 1일 자정 이후부터 경과한 밀리초 값을 반환합니다.

메서드	설명
getTimezoneOffset( )	UTC(국제 표준시)와의 시차 값을 반환합니다.
setFullYear( )	setFullYear(2022) 4자리 '년도' 값을 설정합니다.
setMonth( )	setMonth(7) '월' 값을 설정합니다. (0 ~ 11)
setDate( )	setDate(26) '일' 값을 설정합니다. (1 ~ 31)
setHours( )	setHours(9) '시간' 값을 설정합니다. (0 ~ 23)
setMinutes( )	setMinutes(50) '분' 값을 설정합니다. (0 ~ 59)
setSeconds( )	setSeconds(20) '초' 값을 설정합니다. (0 ~ 59)
setMilliseconds( )	setMilliseconds(120) '1/1000 초' 값을 설정합니다. (0 ~ 999)
setTime( )	1970년 1월 1일 자정 이후부터 경과한 밀리초 값을 설정합니다.
getUTCFullYear( )	UTC(국제 표준시) 4자리 '연도' 값을 반환합니다.
getUTCMonth( )	UTC(국제 표준시) '월' 값을 반환합니다. (0 ~ 11)
getUTCDate( )	UTC(국제 표준시) '일' 값을 반환합니다. (1 ~ 31)
getUTCDay( )	UTC(국제 표준시) '요일' 값을 반환합니다. (0(일요일) ~ 6(토요일))
getUTCHours( )	UTC(국제 표준시) '시간' 값을 반환합니다. (0 ~ 23)
getUTCMinutes( )	UTC(국제 표준시) '분' 값을 반환합니다. (0 ~ 59)
getUTCSeconds( )	UTC(국제 표준시) '초' 값을 반환합니다. (0 ~ 59)
getUTCMilliseconds( )	UTC(국제 표준시) '밀리초(1/1000초)' 값을 반환합니다. (0 ~ 999)
setUTCFullYear( )	UTC(국제 표준시) 4자리 '년도' 값을 설정합니다.
setUTCMonth( )	UTC(국제 표준시) '월' 값을 설정합니다. (0 ~ 11)
setUTCDate( )	UTC(국제 표준시) '일' 값을 설정합니다. (1 ~ 31)
setUTCHours( )	UTC(국제 표준시) '시간' 값을 설정합니다. (0 ~ 23)
setUTCMinutes( )	UTC(국제 표준시) '분' 값을 설정합니다. (0 ~ 59)
setUTCSeconds( )	UTC(국제 표준시) '초' 값을 설정합니다. (0 ~ 59)

메서드	설명
setUTCMilliseconds( )	UTC(국제 표준시) '밀리초(1/1000초)' 값을 설정합니다. (0 ~ 999)
toString( )	날짜/시간 정보를 문자로 반환합니다.
toGMTString( )	GMT(그리니치 표준시) 날짜/시간 정보를 문자열로 반환합니다.
toUTCString( )	UTC(국제 표준시) 날짜/시간 정보를 문자열로 반환합니다.
toDateString( )	날짜를 문자열로 반환합니다.
toTimeString( )	시간을 문자열로 반환합니다.
toLocaleString( )	지역의 Date 정보로 문자열을 반환합니다.
toLocaleDateString( )	지역의 날짜 정보로 문자열을 반환합니다.
toLocaleTimeString( )	지역의 시간 정보로 문자열을 반환합니다.
parse( )	날짜 문자열을 1970년 1월 1일 자정 이후부터 경과한 밀리초 값을 반환합니다.
UTC( )	날짜를 1970년 1월 1일 자정 이후부터 경과한 밀리초 값을 반환합니다.

[예제 ex3-40.html]

```
<!DOCTYPE html>
<html lang="ko">
<head>
    <meta charset="UTF-8">
    <title>Date 객체</title>
    <script>
        var dateObj = new Date(2022, 9, 30, 10, 30);
        var dateInfo = {
            year: dateObj.getFullYear(),
            month: dateObj.getMonth() + 1,
            date: dateObj.getDate(),
            hours: dateObj.getHours(),
            minutes: dateObj.getMinutes(),
            nowDate : dateObj.toUTCString()
        }
        for(var i in dateInfo) {
            console.log(i + ':' + dateInfo[i]);
        }
    </script>
</head>
<body>
</body>
</html>
```

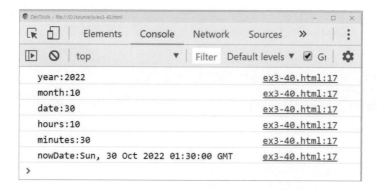

△ 결과 ex3-40.html

■ setTime( )을 이용한 일자 구하는 공식

```
<script>
    var today = new Date(2018, 9, 1);
    var afterDay = new Date(2020, 9, 1);
    var diffDay = afterDay.getTime() - today.getTime();
    console.log(diffDay); // 63158400000
    var willDay = Math.ceil(diffDay / 1000 / 60 / 60 / 24); //1000(밀리초), 60(초), 60(분),
24(시간)
    console.log(willDay + '일'); // 731일
</script>
```

▶ 정규표현식(RegExp) 객체

정규표현식 객체는 정해진 문자의 패턴을 만들 때 사용합니다. 프로그래밍을 처음 접하는 사람에게는 정규표현식은 이해하기 어려운 객체 중에 하나입니다. 문자나 숫자 패턴 같은 간단한 정규표현식부터 조금씩 연습하는 것이 좋습니다.

■ 정규표현식 객체 생성 방법

```
var reg = /Javascript/;
```

```
var reg = new RegExp('Javascript');
```

정규표현식 객체 주요 메서드

속성 값	속성 설명
test( )	정규표현식과 일치하는 문자열이 있으면 true, 없으면 false를 반환합니다.

	var reg = /Javascript/;
	console.log(reg.test('Javascript')); // true
	console.log(reg.test('script')); // false

match( )	정규표현식과 일치하는 문자열을 배열로 만듭니다. 일치하는 문자열이 없으면 null을 반환합니다.
	var reg = /Javascript/; str = 'Java script'; console.log(str.match(reg)); // null

정규표현식 객체 플래그

플래그	설명
i	대소문자 구분 없이 정규표현식과 문자열을 비교합니다.

	var reg1 = /javascript/;
	var reg2 = /javascript/i;
	var str = 'Javascript';
	console.log(reg1.test(str)); // false
	console.log(reg2.test(str)); // true

g	문자열 전체를 정규표현식과 비교합니다.

	var reg1 = /a/;
	var reg2 = /a/g;
	var str = 'javascript';
	console.log(str.match(reg1)); // ['a']
	console.log(str.match(reg2)); // ['a', 'a']

m	여러 행의 문자열을 정규표현식과 비교합니다.

	var reg1 = /^s/;
	var reg2 = /^s/m;
	var str = 'javascript\nscript';
	console.log(str.match(reg1)); // null
	console.log(str.match(reg2)); // ['s']
	'^s'는 행의 첫 번째 문자가 s로 시작하는 것을 의미하고 '\n'은 행 바꿈을 의미합니다.

■ 정규표현식 객체 주요 패턴

패턴	설명
abc	abc 문자열을 검색합니다. /abc/는 'abc'
[abc]	a, b, c 중 문자 하나를 검색합니다. /[abc]d/는 'ad', 'bd', 'cd'
[^abc]	a, b, c를 제외한 문자 하나를 검색합니다. /[^abc]d/는 'ed', 'fd', 'gd'
[A-Z]	알파벳 대문자 문자를 검색합니다.
[a-z]	알파벳 소문자 문자를 검색합니다.
[0-9]	0-9까지의 숫자를 검색합니다.
.	하나의 문자를 검색합니다. 만약 '마침표' 문자 그대로의 의미를 사용할 경우 '₩.'으로 표현해야 합니다.
\w	알파벳, 숫자, _를 검색합니다.
\W	알파벳, 숫자, _를 제외하고 검색합니다.
\d	숫자를 검색합니다.
\D	숫자를 제외하고 검색합니다.
\s	하나의 공백을 검색합니다.
\S	공백을 제외하고 검색합니다.
^	행의 첫 문자가 일치해야 함을 의미합니다.
$	행의 끝 문자가 일치해야 함을 의미합니다.
*	* 앞의 문자가 0번 이상 반복을 의미합니다. /a*b/는 'b', 'ab', 'aab', 'aaab', 'aaa...b'
+	+ 앞의 문자가 1번 이상 반복을 의미합니다. /a+b/는 'ab', 'aab', 'aaab', 'aaa...b'
?	? 앞의 문자가 0번 또는 1번 의미합니다. /a?b/는 'b', 'ab'
{}	/₩d{3}/은 숫자 3개를 의미합니다. /₩d{3,5}/은 숫자 3~5개를 의미합니다. /₩d{3,}/은 숫자 3개 이상을 의미합니다.
a|b	a or b를 의미합니다.
(abc)	그룹화를 의미합니다.

```
<!DOCTYPE HTML>
<html lang="ko">
<head>
    <meta charset="UTF-8">
    <title>정규표현식 객체</title>
    <script>
        var hpReg = /^₩d{10,11}$/;
        var emailReg = /^[A-Za-z0-9!#$%^&*_-]+@[A-Za-z0-9_-]+(₩.[A-Za-z0-9_-]+){1,2}$/;
        var hp1 = '010123456';
        var hp2 = '01012345678';
        var email1 = 'abc&1_23&A-BC@icox';
        var email2 = 'abc&1_23&A-BC@icox.com';
        var email3 = 'abc&1_23&A-BC@icox.co.kr';
        var email4 = 'abc&1_23&A-BC@icox.abc.co.kr';
        console.log(hpReg.test(hp1));
        console.log(hpReg.test(hp2));
        console.log(emailReg.test(email1));
        console.log(emailReg.test(email2));
        console.log(emailReg.test(email3));
        console.log(emailReg.test(email4));
    </script>
</head>
<body>
</body>
</html>
```

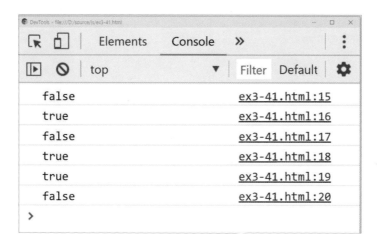

△ 결과 ex3-41.html

[예제 ex3-41.html]의 정규표현식을 풀이하면 다음과 같습니다.

```
₩d{10,11}
```
₩d는 숫자을 의미하고 {10,11}는 10자~11자를 의미합니다.

```
[A-Za-z0-9!#$%^&*_-]
```
이메일 아이디 부분에 해당하며 영문, 숫자, 특수문자 중 하나의 문자를 의미합니다.

```
[A-Za-z0-9!#$%^&*_-]+
```
이메일 아이디는 영문, 숫자, 특수문자 중 하나의 문자가 1번 이상 반복해서 나와야 하기 때문에 +패턴을 추가합니다.

```
[A-Za-z0-9!#$%^&*_-]+@
```
이메일의 '이메일 아이디@' 패턴을 만듭니다.

```
[A-Za-z0-9!#$%^&*_-]+@[A-Za-z0-9_-]+
```
이메일 주소 앞부분에 해당하며 영문, 숫자, 특수문자 중 하나의 문자가 1번 이상 반복해서 올 수 있습니다. '이메일 아이디@이메일 앞 주소'

```
[A-Za-z0-9!#$%^&*_-]+@[A-Za-z0-9_-]+(₩.[A-Za-z0-9_-]+){1,2}
```
이메일 주소 나머지 부분에 해당하면 '.나머지 주소'가 1번~2번 올 수 있습니다.
'이메일 아이디@이메일 앞 주소.나머지 주소' 또는 '이메일 아이디@이메일 앞 주소.나머지 주소.나머지 주소'

▶ Map 객체, Set 객체

■ Map 객체의 생성 방법

Map 객체는 ECMAScript 2015(ES6)에서 추가된 객체로 '객체 리터럴'을 보완해 주는 객체입니다.

```javascript
var sub = new Map();
sub.set('html', 1);
sub.set('css', 2);
sub.set('javascript', 3);

var sub = new Map([
    ['html', 1],
    ['css', 2],
    ['javascript', 3]
]);
```

■ Map 객체 주요 메서드

```javascript
var sub = new Map();
sub.set('html', 1);
sub.set('css', 2);
sub.set('javascript', 3);
console.log(sub.size); // 3 → sub 객체의 속성 개수를 취득합니다.
console.log(sub.get('html')); // 1 → 'html' 키 값을 취득합니다.
console.log(sub.has('css')); // true → 'css' 키의 존재여부를 파악합니다.
for(var key of sub.keys()) {
    console.log(key); // html css javascript → sub 객체의 모든 키를 가져옵니다.
}
for(var key of sub.values()) {
    console.log(key); // 1 2 3 → sub 객체의 모든 키 값을 가져옵니다.
}
for(var key of sub.entries()) {
    console.log(key); // ['html', 1], ['css', 2], ['javascript', 3] → 키와 값을 배열로 가져옵니다.
}
sub.delete('html'); // 'html' 키를 삭제합니다.
console.log(sub.has('html')); // false
sub.clear(); // 모든 요소를 삭제합니다.
console.log(sub.size); // 0
```

■ Set 객체의 생성 방법

Set 객체는 ECMAScript 2015(ES6)에서 추가된 객체입니다. Set 객체의 경우 키는 없고 **값만 존재하며 중복된 값은 허용하지 않습니다.**

```javascript
var sub = new Set();
sub.add('a');
sub.add('b');
sub.add('c');

var sub = new Set(['a', 'b', 'c']);
```

■ Set 객체 주요 메서드

```javascript
var sub = new Set();
sub.add('a');
sub.add('b');
sub.add('c');
sub.add('a');
console.log(sub.size); // 3
console.log(sub.has('c')); // true
for(var value of sub.values()){
    console.log(value); // a b c
}
sub.delete('a');
console.log(sub.has('a')); // false
sub.clear();
console.log(sub.size); // 0
```

3.7 | 이벤트

3.7 01 주요 이벤트

▶ 마우스 이벤트

이벤트	설명
click	마우스를 클릭했을 때 이벤트가 발생됩니다.
dblclick	마우스를 더블클릭했을 때 이벤트가 발생됩니다.
mouseover	마우스를 오버했을 때 이벤트가 발생됩니다.
mouseout	마우스를 아웃했을 때 이벤트가 발생됩니다.
mousedown	마우스를 눌렀을 때 이벤트가 발생됩니다.
mouseup	마우스를 떼었을 때 이벤트가 발생됩니다.
mousemove	마우스를 움직였을 때 이벤트가 발생됩니다.

▶ 키 이벤트

이벤트	설명
keydown	키를 눌렀을 때 이벤트가 발생됩니다.
keyup	키를 떼었을 때 이벤트가 발생됩니다.
keypress	키를 누른 상태에서 이벤트가 발생됩니다.

▶ 폼 이벤트

이벤트	설명
focus	포커스가 이동되었을 때 이벤트가 발생됩니다.
blur	포커스가 벗어났을 때 이벤트가 발생됩니다.
change	값이 변경되었을 때 이벤트가 발생됩니다.
submit	submit 버튼을 눌렀을 때 이벤트가 발생됩니다.
reset	reset 버튼을 눌렀을 때 이벤트가 발생됩니다.
select	input이나 textarea 요소 안의 텍스트를 드래그하여 선택했을 때 이벤트가 발생됩니다.

▶ 로드, 기타 이벤트

이벤트	설명
load	로딩이 완료되었을 때 이벤트가 발생됩니다.
abort	이미지의 로딩이 중단되었을 때 이벤트가 발생됩니다.
resize	사이즈가 변경되었을 때 이벤트가 발생됩니다.
scroll	스크롤바를 움직였을 때 이벤트가 발생됩니다.

3.7 02 이벤트 연결

이벤트를 연결하는 방식에는 인라인 이벤트 모델, 기본 이벤트 모델, 표준 이벤트 모델이 있으며 이벤트 앞에 'on'을 붙여 줍니다.

▶ 인라인 이벤트 모델

인라인 이벤트 모델은 html 요소에 직접 이벤트를 연결하는 방식입니다.

```
<body>
    <button onclick='console.log("ok");'>클릭</button>
</body>
```

```
<head>
    <meta charset="UTF-8">
    <title>인라인 이벤트 모델</title>
    <script>
        function sum(n){
            alert(n); // 10
        }
    </script>
</head>
<body>
    <button onclick='sum(10);'>클릭</button>
</body>
```

▶ 기본 이벤트 모델

기본 이벤트 모델은 HTML 요소를 취득한 후 이벤트를 '객체의 메서드' 형식(객체.메서드 = function( ) {...})으로 연결하는 방식입니다.

HTML 요소를 취득 할 때는 순서상 '취득할 요소'가 '요소 취득 명령어' 이전에 있어야 합니다.

```
<body>
    <button id="bt">클릭</button> <!-- 취득할 요소 -->
    <script>
        var bt = document.getElementById('bt'); // 요소 취득 명령어
        bt.onclick = function() {
            console.log('ok'); // ok
        };
    </script>
</body>
```

'취득할 요소'가 '요소 취득 명령어' 이후에 오면 반드시 load 이벤트를 적용해야 합니다.

```
<head>
    <meta charset="UTF-8">
    <title>기본 이벤트 모델</title>
    <script>
        window.onload = function() {
            var bt = document.getElementById('bt'); // 요소 취득 명령어
            bt.onclick = function() {
                console.log('ok'); // ok
            };
        };
    </script>
</head>
<body>
    <button id="bt">클릭</button> <!-- 취득할 요소 -->
</body>
```

```
<head>
    <meta charset="UTF-8">
    <title></title>
    <script>
        window.onload = function() {
            var bt = document.getElementById('bt');
            function view() {
                console.log('view');
            }
            bt.onclick = view;
        };
    </script>
</head>
<body>
    <button id="bt">클릭</button>
</body>
```

기본 이벤트 모델로 다른 함수를 호출 때는 함수에 ( )를 붙이지 않습니다. 만약 ( )를 붙이게 되면 웹페이지가 실행되었을 때 요소를 클릭하지 않아도 이벤트가 한번 실행되게 됩니다. 이것을 이벤트 강제 실행이라고 합니다.

```
bt.onclick = view();
```

▶ 표준 이벤트 모델

표준 이벤트 모델은 **객체.addEventListener('이벤트', 함수)**의 방식으로 이벤트를 연결합니다.

```html
<head>
    <meta charset="UTF-8">
    <title>표준 이벤트 모델</title>
    <script>
        window.onload = function() {
            var bt = document.getElementById('bt');
            function view() {
                console.log('ok');
            }
            bt.addEventListener('click', view); // 이벤트에 'on'을 붙이지 않습니다.
        };
    </script>
</head>
<body>
    <button id="bt">클릭</button>
</body>
```

'기본 이벤트 모델'은 객체에 동일한 이벤트가 한번만 적용되는 반면 '표준 이벤트 모델'은 여러 번 적용이 가능합니다.

```html
<script>
    window.onload = function() {
        console.log('ok1'); // ok1은 실행하지 않음
    };
    window.onload = function() {
        console.log('ok2'); // ok2
    };
</script>
```

```html
<script>
    function win1() {
        console.log('ok1');
    };
    function win2() {
        console.log('ok2');
    };
    addEventListener('load', win1);  // ok1
    addEventListener('load', win2);  // ok2
</script>
```

3.7.03 이벤트 객체

이벤트 객체는 내장 객체처럼 자바스크립트에서 기본적으로 제공해 주는 객체입니다.

이벤트 객체를 이용하면 마우스를 클릭했을 때 클릭한 좌표 값이라든지 이벤트를 발생시킨 객체가 어떤 것인지 등에 대한 정보 값을 쉽게 얻을 수 있습니다.

```
bt.onclick = function(event){
    evnet.프로퍼티
    evnet.메서드
}
```

익명 함수의 매개 변수 event가 이벤트 객체를 의미합니다. 변수명을 반드시 'evnet'로 사용할 필요는 없으나, 보통 이벤트 객체의 의미로 'event'를 많이 사용합니다.

▶ **이벤트 객체 주요 프로퍼티**

프로퍼티	설명
target	이벤트를 발생시킨 객체를 반환합니다.
type	이벤트의 이름을 반환합니다.
clientX	이벤트가 발생한 X좌표 값을 반환합니다.(브라우저 기준)
clientY	이벤트가 발생한 Y좌표 값을 반환합니다.(브라우저 기준)
screenX	이벤트가 발생한 X좌표 값을 반환합니다.(모니터 기준)
screenY	이벤트가 발생한 Y좌표 값을 반환합니다.(모니터 기준)
button	마우스 왼쪽(0), 가운데(1), 오른쪽(2) 버튼 값을 반환합니다.

[예제 ex3-42.html]

```html
<!DOCTYPE HTML>
<html lang="ko">
<head>
    <meta charset="UTF-8">
    <title>이벤트 속성</title>
    <style>
        div{
            height: 100px;
            background: #718c00;
            margin-top: 20px;
```

```
                color: #fff;
            }
        </style>
        <script>
            window.onload = function() {
                var bt = document.getElementById('bt');
                var area = document.getElementById('area');
                bt.onclick = function(event) {
                    console.log(event.target);
                    console.log(event.type);
                    console.log(event.clientX);
                    console.log(event.clientY);
                    console.log(event.screenX);
                    console.log(event.screenY);
                };
                area.onmousedown = function(event) {
                    console.log(event.button);
                };
            };
        </script>
    </head>
    <body>
        <button id="bt">클릭</button>
        <div id="area">여기에 마우스 왼쪽, 가운데, 오른쪽 버튼 클릭</div>
    </body>
</html>
```

[결과 ex3-42.html]의 event.clientX, event.clientY, event.screenX, event.screenY 값은 버튼을 클릭하는 위치나 모니터 환경에 따라 달라질 수 있습니다.

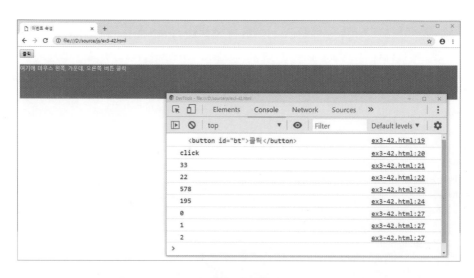

△ 결과 ex3-42.html

▶ 이벤트 객체 주요 메서드

메서드	설명
preventDefault( )	기본 이벤트의 실행을 막아 줍니다.
stopPropagation( )	이벤트 버블링을 방지해 줍니다.

■ preventDefault( ) 메서드

'기본 이벤트(Default event)'는 html 요소 중 자바스크립트의 이벤트가 아닌, HTML 요소 자체가 가지고 있는 이벤트를 말합니다. 예를 들어 〈a〉 요소는 내용을 클릭했을 때 링크 주소로 페이지가 이동하거나 〈submit〉 버튼처럼 버튼을 클릭했을 때 폼 값을 전송하는 요소 자체의 이벤트를 말합니다.

[예시 3-24]

```
<!DOCTYPE HTML>
<html lang="ko">
<head>
    <meta charset="UTF-8">
    <title>이벤트 객체 메서드</title>
    <script>
        window.onload = function() {
            var icox = document.getElementById('icox');
            icox.onclick = function() {
                alert('아이콕스');
            }
        }
    </script>
</head>
<body>
    <div><a href="http://icoxpublish.com" id="icox">아이콕스</a></div>
</body>
</html>
```

[예시 3-24]에서 '아이콕스'를 클릭하면 alert( ) 함수가 실행되고 〈a〉 태그에 연결된 주소로 이동됩니다. 〈a〉 태그의 '기본 이벤트'를 발생 시키지 않으려면 preventDefault( ) 메서드를 사용하면 됩니다.

```
icox.onclick = function(event) {
    alert('아이콕스');
    event.preventDefault();
}
```

event.preventDefault( ) 대신 return false를 사용해도 기본 이벤트가 발생하지 않습니다.

```
icox.onclick = function() {
    alert('아이콕스');
    return false;
}
```

■ stopPropagation( ) 메서드

'이벤트 버블링'은 부모 요소와 자식 요소 모두에 이벤트가 연결되어 있을 경우 자식 요소의 이벤트를 실행하였을 때 부모 요소의 이벤트도 같이 실행되는 현상을 말합니다.

[예제 ex3-43.html]

```
<!DOCTYPE HTML>
<html lang="ko">
<head>
    <meta charset="UTF-8">
    <title>이벤트 버블링 방지</title>
    <style>
        * {
            margin: 0;
            padding: 0;
        }
        #outer {
            background: #ff0000;
            padding: 20px;
        }
        #inner {
            background: #00ff00;
            padding: 20px;
        }
    </style>
    <script>
        window.onload = function() {
            var outer = document.getElementById('outer');
            var inner = document.getElementById('inner');
            outer.onclick = function() {
                alert('부모 이벤트');
            };
            inner.onclick = function() {
                alert('자식 이벤트');
            };
```

```
            };
        </script>
    </head>
    <body>
        <div id="outer">
            <p id="inner">클릭</p>
        </div>
    </body>
</html>
```

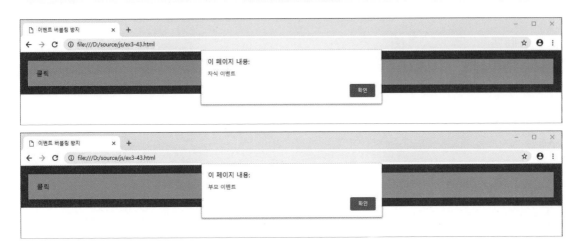

△ 결과 ex3-43.html

[예제 ex3-43.html]에서 inner 영역을 클릭하면 자신의 이벤트 실행 후 부모의 이벤트도 실행되는 현상을 볼 수 있습니다. 이런 이벤트 버블링 현상을 방지하려면 stopPropagation( ) 메서드를 사용하면 됩니다. [예제 ex3-43.html] 코드에 다음 부분을 추가합니다.

```
inner.onclick = function(event) {
    alert('자식 이벤트');
    event.stopPropagation();
}
```

추가된 코드의 결과를 확인해 보면 부모 이벤트가 발생되지 않는 것을 확인할 수 있습니다.

3.8 | BOM (Bowser Object Model)

3.8.01 window 객체

window 객체는 웹브라우저에 대한 전반적인 정보 취득이나 제어 등에 관련된 객체입니다. window 객체의 하위 객체에는 location, screen, history, navigator, document 등이 있습니다.

▶ open( ) 메서드

open( ) 메서드는 새로운 윈도우를 만들어 주는 메서드입니다.

```
window.open('문서 주소', '윈도우 이름', '옵션=값, 옵션=값, 옵션=값, ...');
```

옵션	설명
width = 픽셀값	윈도우의 가로 너비를 설정합니다.
height = 픽셀값	윈도우의 세로 너비를 설정합니다.
left = 픽셀값	윈도우의 left 위치를 설정합니다.
top = 픽셀값	윈도우의 top 위치를 설정합니다.
location = yes 또는 no	윈도우의 주소창에 대한 show/hide를 설정합니다.
scrollbars = yes 또는 no	윈도우의 스크롤바에 대한 show/hide를 설정합니다.
menubar = yes 또는 no	윈도우의 메뉴바에 대한 show/hide를 설정합니다.
toolbar = yes 또는 no	윈도우의 툴바에 대한 show/hide를 설정합니다.
status = yes 또는 no	윈도우의 상태줄에 대한 show/hide를 설정합니다.

[예제 ex3-44.html]

```
<!DOCTYPE HTML>
<html lang="ko">
```

```
<head>
    <meta charset="UTF-8">
    <title>open 메서드</title>
    <script>
        window.onload = function() {
            var bt = document.getElementById('bt');
            bt.onclick = function() {
                window.open('http://icoxpublish.com', 'icox', 'width=300, height=300,
left=100, top=10');
            };
        };
    </script>
</head>
<body>
    <button id="bt">새창열기</button>
</body>
</html>
```

△ 결과 ex3-44.html

▶ setInterval( ), clearInterval( ), setTimeout( ), clearTimeout( ) 메서드

setInterval( ), clearInterval( ), setTimeout( ), clearTimeout( ) 등을 타이머 함수라고 합니다.

■ setInterval( )

setInterval( )은 일정 시간마다 지정한 함수를 반복적으로 실행하게 해주는 메서드입니다.

```
setInterval(function(){
    실행문
}, 밀리초(1/1000초));
```

```
<!DOCTYPE HTML>
<html lang="ko">
<head>
    <meta charset="UTF-8">
    <title>setInterval 메서드</title>
    <script>
        var i = 0;
        setInterval(function() {
            i++;
            alert('2초 마다 실행' + i);
        }, 2000);
    </script>
</head>
<body>
</body>
</html>
```

△ 결과 ex3-45.html

■ setTimeout( )

setTimeout( )은 설정한 시간이 흐른 뒤에 지정한 함수를 한 번만 실행하는 메서드입니다.

```
setTimeout(function() {
    실행문
}, 밀리초(1/1000초))
```

```
<script>
    setTimeout(function() {
        alert('함수 실행');
    }, 2000);
</script>
```

■ clearInterval( )

clearInterval( )은 setInterval( )을 중지시키는 메서드입니다.

clearInterval( )을 사용하려면 setInterval( )이 변수에 저장되어 있어야 합니다.

[예제 ex3-46.html]

```html
<!DOCTYPE HTML>
<html lang="ko">
<head>
    <meta charset="UTF-8">
    <title>clearInterval 메서드</title>
    <script>
       window.onload = function() {
            var bt = document.getElementById('bt');
            var i = 0;
            var increase = setInterval(function() {
                i++;
                alert(i);
            }, 2000);
            bt.onclick = function() {
                clearInterval(increase);
            };
        };
    </script>
</head>
<body>
    <button id="bt">멈춤</button>
</body>
</html>
```

△ 결과 ex3—46.html

- clearTimeout( )

clearTimeout( )은 setTimeOut( )을 중지시키는 메서드입니다.

clearTimeout( )을 사용하려면 setTimeOut( )이 변수에 저장되어 있어야 합니다.

```
var increase = setTimeout(function(){
    alert('증가 실행');
}, 2000);
clearTimeout(increase); // setTimeout()이 실행되지 않습니다.
```

3.8.02 / location 객체

location 객체는 웹브라우저의 주소 URL 관련 객체입니다.

▶ 프로퍼티

```
http://icoxpublish.com:8080/search?book=5#icox
```

프로퍼티	설명
hash	주소의 앵커명(#)을 반환합니다. #icox
host	주소의 호스트명과 포트 번호를 반환합니다. http://icoxpublish.com:8080
port	주소의 포트 번호를 반환합니다. 8080
pathname	주소의 패스명을 반환합니다. /search
href	주소의 값을 반환합니다. http://icoxpublish.com:8080/search?book=5#icox
protocol	주소의 프로토콜명을 반환합니다. http:
search	주소의 쿼리 문자열을 반환합니다. ?book=5

▶ 메서드

메서드	설명
reload( )	현재 페이지를 다시 로드합니다.
replace( )	replace(url)일 때 url 값으로 이동합니다.

```
<body>
    <button onclick="javascript:location.reload();">reload</button>
    <button onclick="javascript:location.replace('http://icoxpublish.com');">replace</button>
</body>
```

3.8.03 screen 객체

screen 객체는 모니터 화면정보 관련 객체입니다.

▶ 프로퍼티

프로퍼티	설명
width	화면의 너비를 반환합니다.
height	화면의 높이를 반환합니다.
availWidth	화면에서 작업표시줄을 제외한 너비를 반환합니다.
availHeight	화면에서 작업표시줄을 제외한 높이를 반환합니다.
colorDepth	화면에서 사용 가능한 색상수를 반환합니다.
pixelDepth	화면의 색상 해상도를 반환합니다.

```
<script>
    var w = screen.width;
    var h = screen.height;
    console.log("해상도 가로 " + w + " 세로 " + h); // 해상도 가로 1920 세로 1200
</script>
```

3.8.04 history 객체

history 객체는 페이지가 이동한 정보를 관리하는 객체입니다.

▶ 메서드

메서드	설명
back( )	이전 페이지로 이동합니다.
forward( )	이후 페이지로 이동합니다.
go( )	go(n)일 때 n값에 따라 양수이면 이후 페이지로 음수이면 이전 페이지로 이동합니다.

```
<body>
    <button onclick="javascript:history.back();">back</button>
    <button onclick="javascript:history.forward();">forward</button>
    <button onclick="javascript:history.forward(2);">fowardgo</button>
    <button onclick="javascript:history.forward(-2);">backgo</button>
</body>
```

3.8. 05 navigator 객체

navigator 객체는 브라우저 버전이나 브라우저명 등 브라우저 정보에 관한 객체입니다.

▶ 프로퍼티

프로퍼티	설명
appCodeName	브라우저의 코드명을 반환해 줍니다.
appName	브라우저명을 반환해 줍니다.
appVersion	브라우저의 버전을 반환해 줍니다.
platform	플랫폼명을 반환해 줍니다.
userAgent	브라우저의 코드명과 버전을 반환해 줍니다.

[예제 ex3-47.html]

```
<!DOCTYPE HTML>
<html lang="ko">
<head>
    <meta charset="UTF-8">
    <title>navigator 객체</title>
    <script>
        var browser = navigator.userAgent;
```

```
        alert(browser);
        var browserName = '';
        if (browser.match(/Trident/)) {
            browserName = '인터넷 익스플러';
        } else if (browser.match(/Chrome/)) {
            browserName = '크롬';
        } else if (browser.match(/Firefox/)) {
            browserName = '파이어폭스';
        } else {
            browserName = '알 수 없는 브라우저';
        }
        alert(browserName);
    </script>
</head>
<body>
</body>
</html>
```

이 페이지 내용:	이 페이지 내용:
Mozilla/5.0 (Windows NT 10.0; Win64; x64) AppleWebKit/537.36 (KHTML, like Gecko) Chrome/69.0.3497.100 Safari/537.36	크롬
확인	확인

△ 결과 ex3-47.html

[예제 ex3-47]의 실행 결과 navigator.userAgent을 통해 출력되는 문자열을 확인해 보면 크롬 브라우저는 'chrome', 파이어폭스 브라우저는 'firefox', 인터넷 익스폴로러는 'trident' 문자가 존재합니다. 정규표현식(/Trident/, /Chrome/, /Firefox/)을 이용하여 일치하는 문자가 있을 경우 해당 브라우저명을 출력합니다.

3.9 | DOM (Document Object Model)

DOM('Document Object Model')을 '문서 객체 모델'이라고 하며 document 객체를 의미합니다. DOM은 HTML 요소(element)의 선택, 생성, 삭제 등을 위해 사용됩니다.

HTML 문서를 작성했을 때 DOM이 어떤 구조로 만들어지는지 보도록 하겠습니다.

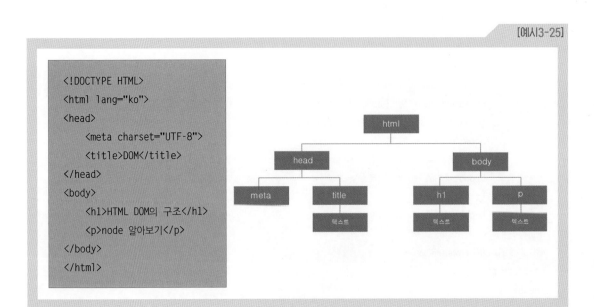

```
<!DOCTYPE HTML>
<html lang="ko">
<head>
    <meta charset="UTF-8">
    <title>DOM</title>
</head>
<body>
    <h1>HTML DOM의 구조</h1>
    <p>node 알아보기</p>
</body>
</html>
```

HTML 문서가 만들어지면 눈에 보이지는 않지만 [예시 3-25]처럼 HTML 요소들을 노드(node)와 노드(node)가 연결된 tree 구조로 만들어 줍니다. html, head, meta, title, body, h1, p와 같은 태그 요소들을 '요소 노드'라고 하고 텍스트를 '텍스트 노드'라고 합니다.

3.9.01 요소 선택

▶ 요소를 직접 선택하는 메서드

메서드	설명
getElementById( )	document.getElementById('content')일 경우 HTML 요소 중 id 속성이 'content'인 요소를 선택합니다.
getElementsByClassName( )	document.getElementsByClassName('menu')일 경우 HTML 요소 중 class명이 'menu'인 요소들을 선택합니다.
getElementsByTagName( )	document.getElementsByTagName('ul')일 경우 HTML 요소 중 태그명이 'ul'인 요소들을 선택합니다.
getElementsByName( )	document.getElementsByName('txt')일 경우 HTML 요소 중 name명이 'txt'인 요소들을 선택합니다.
querySelector( )	요소의 선택 방법이 css 선택 방법과 같습니다. 선택된 요소 중 첫 번째 요소만 선택합니다. document.querySelector('.lnb') document.querySelector(div) document.querySelector('#gnb li')

메서드	설명
querySelectorAll( )	querySelector( )는 선택된 요소 중 첫 번째 요소만 선택하는 반면 querySelectorAll( )는 모든 요소를 선택합니다.

[예제 ex3-48.html]

```html
<!DOCTYPE HTML>
<html lang="ko">
<head>
    <meta charset="UTF-8">
    <title>요소를 직접 선택하는 메서드</title>
    <script>
        window.onload = function() {
            var list1 = document.querySelector('#box1 > ul > li');
            var list2 = document.querySelectorAll('#box2 > ul > li');
            console.log(list1);
            console.log(list2);
            // list1.style.background = "#ff6600";
            // list2[0].style.background = "#ccc";
            // list2.item(1).style.background = "#ddd";
        };
    </script>
</head>
<body>
    <div id="box1">
        <ul>
            <li>내용1</li>
            <li>내용2</li>
            <li>내용3</li>
        </ul>
    </div>
    <div id="box2">
        <ul>
            <li>내용4</li>
            <li>내용5</li>
            <li>내용6</li>
        </ul>
    </div>
</body>
</html>
```

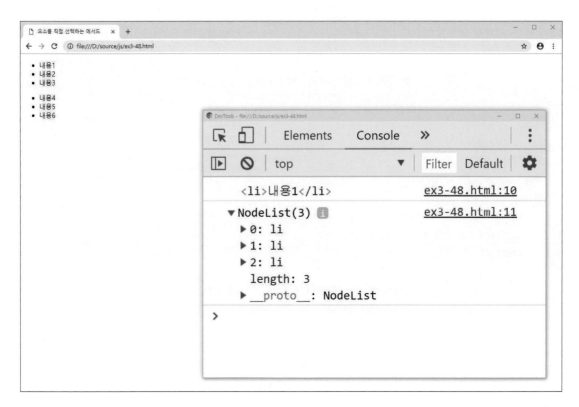

△ 결과 ex3-48.html

[예제 ex3-48]에서 querySelectorAll( )로 요소를 선택했을 경우 모든 요소가 선택되기 때문에 변수에 배열로 저장이 됩니다.

변수에 저장된 요소들은 배열선택 방법과 item( )메서드를 이용하여 개별 선택할 수 있습니다.

```
var list2 = document.querySelectorAll('#box2 > ul > li');
list2[0].style.background = "#ccc";
list2.item(1).style.background = "#ddd";
```

- 내용4
- 내용5
- 내용6

▶ 상대 위치로 선택하는 방법

선택한 요소의 현재 위치를 기준으로 요소를 선택할 수도 있습니다.

속성 값	속성 설명
parentNode	선택된 요소의 부모 노드를 선택합니다.
childNodes	선택된 요소의 자식 노드들(요소 노드, 텍스트 노드)을 선택합니다.

속성 값	속성 설명
children	선택된 요소의 자식 노드들(요소 노드)을 선택합니다. childNodes와 비슷하지만 차이점은 childNodes의 경우 '엔터(enter)'도 빈 문자(text)로 인식하여 자식 노드로 취급하지만 children은 자식 노드로 취급하지 않습니다.
nextSibling	선택된 요소의 이전 형제 노드를 선택합니다.
previousSibling	선택된 요소의 다음 형제 노드를 선택합니다.
firstChild	선택된 요소의 자식 노드 중 첫 번째 노드를 선택합니다.
lastChild	선택된 요소의 자식 노드 중 마지막 노드를 선택합니다.
tagName	선택된 요소의 태그명을 반환합니다.
nodeValue	선택된 노드의 value값을 반환합니다.
nodeType	선택된 노드의 타입을 반환합니다. 반환 값이 1이면 요소, 2이면 속성, 3이면 텍스트를 의미합니다.
id	선택된 요소의 id값을 반환합니다.
className	선택된 요소의 class값을 반환합니다.

[예제 ex3-49.html]

```html
<!DOCTYPE HTML>
<html lang="ko">
<head>
    <meta charset="UTF-8">
    <title>상대 위치로 선택하는 방법</title>
    <script>
        window.onload = function() {
            var gnb = document.getElementById('gnb');
            console.log(gnb.parentNode);
            console.log(gnb.children[0]);
            console.log(gnb.children[0].children[0]);
            console.log(gnb.children[0].children[0].nextElementSibling);
            console.log(gnb.children[0].children[2].previousElementSibling);
            console.log(gnb.children[0].firstChild);
            console.log(gnb.children[0].lastChild);
            console.log(gnb.children[0].tagName);
            console.log(gnb.children[0].children[0].firstChild.nodeValue);
            console.log(gnb.children[0].children[0].nodeType);
            console.log(gnb.id);
            console.log(gnb.children[0].children[0].className);
```

```
                };
        </script>
    </head>
    <body>
    <div>
        <nav id="gnb">
            <ul>
                <li class="first">내용1</li>
                <li>내용2</li>
                <li>내용3</li>
            </ul>
        </nav>
    </div>
    </body>
</html>
```

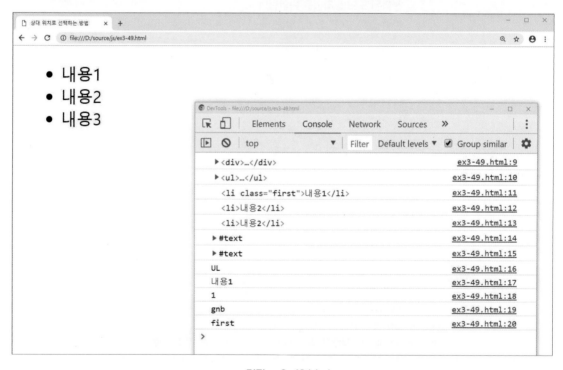

△ 결과 ex3-49.html

[결과 ex3-49]에서 #text는 gnb.children[0].firstChild와 gnb.children[0].lastChild, 즉 ul 요소의 첫 번째 자식과 마지막 자식을 의미합니다. 마크업을 할 때 엔터를 치면(예제 ex3-49.html에 포함된 그림 참조) 그 부분을 하나의 문자로 처리합니다.

▶ 요소의 생성 및 삭제

요소를 생성해 주는 메서드는 다음과 같습니다.

메서드	설명
createElement( )	요소를 생성하는 메서드입니다
createTextNode( )	텍스트를 생성하는 메서드입니다.
appendChild( )	요소를 부모와 자식의 관계로 만들어주는 메서드입니다. 부모 요소.appendChild(자식 요소)

[예제 ex3-50.html]

```html
<!DOCTYPE HTML>
<html lang="ko">
<head>
    <meta charset="UTF-8">
    <title>요소 생성</title>
    <style>
        div {
            position: fixed;
            left: 100px;
            top: 10px;
            width: 200px;
            height: 200px;
            background: #718c00;
        }
    </style>
    <script>
        function createEle() {
            var bt = document.getElementById('bt');
            function popup() {
                var div = document.createElement('div');
                var p = document.createElement('p');
                var txt = document.createTextNode('자바스크립트');
                p.appendChild(txt);
                div.appendChild(p);
                document.body.appendChild(div);
            }
            bt.onclick = popup;
        }
```

```
            addEventListener('load', createEle);
        </script>
    </head>
    <body>
        <button id="bt">요소생성</button>
    </body>
</html>
```

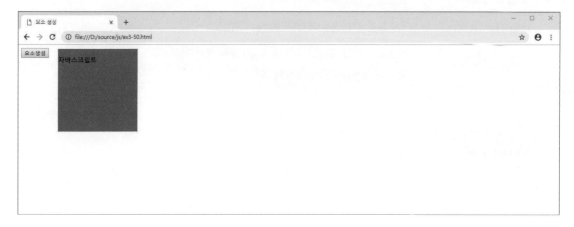

△ 결과 ex3-50.html

요소를 제거해 주는 메서드는 다음과 같습니다.

메서드	설명
removeChild( )	요소를 제거해 주는 메서드입니다. 부모 요소.removeChild(자식 요소)

```
<body>
    <div id="popup">내용</div>
    <script>
        var popup = document.getElementById('popup');
        popup.removeChild(popup.firstChild); // '내용' 텍스트를 삭제합니다.
    </script>
</body>
</html>
```

▶ 속성의 추가 및 제거

요소의 속성에 대한 메서드는 다음과 같습니다.

메서드	설명
getAttribute( )	요소의 속성 값을 취득합니다.
setAttribute( )	요소의 속성을 설정합니다.
removeAttribute( )	요소의 속성을 제거합니다.

```
<body>
    <div id="popup" class="m1">내용</div>
    <script>
        var popup = document.getElementById('popup');
        console.log(popup.getAttribute('class')); // m1
    </script>
</body>
```

```
<body>
    <div id="popup" class="m1">내용</div>
    <script>
        var popup = document.getElementById('popup');
        popup.removeAttribute('class'); // 클래스 "m1"이 제거 됩니다.
    </script>
</body>
</html>
```

[예제 ex3-51.html]

```
<!DOCTYPE HTML>
<html lang="ko">
<head>
    <meta charset="UTF-8">
    <title>속성 추가</title>
    <style>
        div {
            position: fixed;
            left: 100px;
            top: 10px;
            width: 200px;
            height: 200px;
            background: #718c00;
        }
    </style>
    <script>
```

```
        function createEle() {
            var bt = document.getElementById('bt');
            function popup() {
                var div = document.createElement('div');
                var a = document.createElement('a');
                var txt = document.createTextNode('아이콕스');
                a.appendChild(txt);
                a.setAttribute('href', 'http://icoxpublish.com');
                a.setAttribute('target', '_blank');
                a.setAttribute('title', '새창');
                div.appendChild(a);
                document.body.appendChild(div);
            }
            bt.onclick = popup;
        }
        addEventListener('load', createEle);
    </script>
</head>
<body>
    <button id="bt" >요소생성</button>
</body>
</html>
```

△ 결과 ex3-51.html

▶ innerHTML

문자 방식으로 요소를 생성하는 방법입니다.

[예제 ex3-52.html]

```
<!DOCTYPE HTML>
<html lang="ko">
```

```
<!DOCTYPE HTML>
<html lang="ko">
<head>
    <meta charset="UTF-8">
    <title>innerHTML</title>
    <style>
        div {
            position: fixed;
            left: 0px;
            top: 0px;
            width: 200px;
            height: 200px;
            background: #718c00;
        }
        .m1{
            background: #fff;
        }
    </style>
    <script>
        function createEle() {
            var content = document.getElementById('content');
            content.innerHTML = '<p class="m1">자바스크립트</p>';
        }
        addEventListener('load', createEle);
    </script>
</head>
<body>
    <div id="content"></div>
</body>
</html>
```

△ 결과 ex3-52.html

▶ 자바스크립트 스타일 형식

> 요소.style.속성 = '속성 값'

자바스크립트 스타일 속성과 CSS 기본 속성의 형식은 같지만 'border-color'의 경우 자바스크립트 스타일 속성에서는 '-'를 사용할 수 없어 'borderColor'와 같이 카멜(camel)기법을 사용합니다.

CSS	자바스크립트
background-color	backgroundColor
border-bottom-width	borderBottomWidth
margin-top	marginTop

[예제 ex3-53.html]

```
<!DOCTYPE HTML>
<html lang="ko">
<head>
    <meta charset="UTF-8">
    <title>스타일</title>
    <script>
        window.onload = function() {
            var content = document.getElementById('content');
            content.style.width = '200px';
            content.style.height = '200px';
            content.style.border = '4px solid #718c00';
            content.style.textAlign = 'center';
            content.style.lineHeight = '200px';
        }
    </script>
</head>
<body>
    <div id="content">내용</div>
</body>
</html>
```

△ 결과 ex3-53.html

3.9·04 form 객체

form 객체는 document 객체의 하위 객체 중 하나입니다. form 객체를 이용하면 'form 유효성 검사' 등과 같은 여러 가지 form 요소에 관련된 작업을 수행할 수 있습니다.

▶ form 객체의 선택 방법

form 객체에서는 name 속성으로 form 요소들을 선택합니다.

```
document.폼명.요소명

document.forms[index].elements[index]

document.forms[index][index]

document.forms['폼명'].elements['요소명']

document.forms['폼명']['요소명']
```

[예제 ex3-54.html]

```html
<!DOCTYPE HTML>
<html lang="ko">
<head>
    <meta charset="UTF-8">
    <title>form 객체의 선택 방법</title>
    <script>
```

```
        window.onload = function() {
            var frm1 = document.frm1;
            var frm2 = document.frm2;
            console.log(frm1.search.placeholder);
            console.log(frm2.subject.placeholder);
            console.log(frm2.credit.placeholder);
            console.log(document.forms[0].elements[0].placeholder);
            console.log(document.forms[1][1].placeholder);
            console.log(document.forms['frm1'].elements['search'].placeholder);
            console.log(document.forms['frm2']['subject'].placeholder);
        }
    </script>
</head>
<body>
    <form action="#" name="frm1">
        <input type="search" name="search" placeholder="검색어입력">
        <input type="submit" value="확인">
    </form>
    <form action="#" name="frm2">
        <input type="text" name="subject" placeholder="과목입력">
        <input type="password" name="credit" placeholder="학점입력">
        <input type="submit" value="확인">
    </form>
</body>
</html>
```

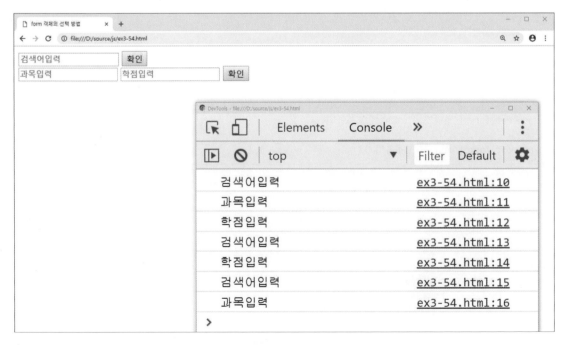

△ 결과 ex3-54.html

▶ form 객체 프로퍼티 및 메서드

속성 값	속성 설명
value	input, textarea 요소의 value값을 반환합니다.
checked	checkbox나 radio가 체크되어 있으면 true, 체크되어 있지 않으면 false를 반환합니다.
disabled	요소가 활성화 상태이면 false, 비활성화 상태이면 true를 반환합니다.
defaultValue	초기 설정 값을 반환합니다.
length	요소의 개수를 반환합니다.
focus( )	요소에 포커스를 맞춥니다.
blur( )	요소에서 포커스를 없애 줍니다.
submit( )	form의 요소 값들을 전송합니다.
reset( )	form의 요소 값들을 초기화합니다.

■ input 요소의 빈값 검수

로그인 시 아이디이나 패스워드를 입력하지 않았을 때 메시지를 띄우는 프로그램을 코딩해 보도록 하겠습니다.

[예제 ex3-55.html]

```html
<!DOCTYPE HTML>
<html lang="ko">
<head>
    <meta charset="UTF-8">
    <title>로그인 체크</title>
    <script>
        window.onload = function() {
            var login = document.login;
            login.onsubmit = function() {
                if(!login.id.value){ // 아이디를 입력하지 않았다면
                    alert('아이디를 입력해주세요!');
                    login.id.focus(); // 아이디 input 요소로 포커스 이동
                    return false; // 함수를 종료하고 폼 전송을 막아 줍니다.
                }
                if(!login.pw.value){
                    alert('비밀번호를 입력해주세요!');
                    login.pw.focus();
                return false;
```

```
                }
            }
        }
    </script>
</head>
<body>
    <form action="#" method="post" name="login">
        <div><label for="id">아이디</label> <input type="text" name="id" id="id"></div>
        <div><label for="pw">비밀번호</label> <input type="password" name="pw" id="pw"></div>
        <div><input type="submit" value="확인"></div>
    </form>
</body>
</html>
```

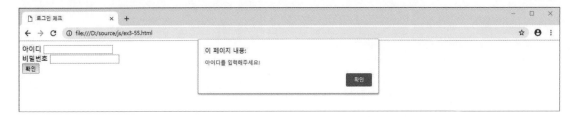

△ 결과 ex3-55.html

■ select 요소의 option 요소 추가, 삭제 방법

document.form요소.select요소.add(new Option("option 내용", "option 속성 값"))

document.form요소.select요소.length = option 요소의 개수

[예제 ex3-56.html]

```
<!DOCTYPE HTML>
<html lang="ko">
<head>
    <meta charset="UTF-8">
    <title>option 요소 추가</title>
    <script>
        window.onload = function() {
            var frm = document.frm;
            var date = new Date();
            var year = date.getFullYear();
            for (var i = 1970; i <= year; i++) {
                frm.y.add(new Option(i, i)); // option 요소를 추가합니다.
```

```
            }
            for (var i = 1; i <= 12; i++) {
                frm.m.add(new Option(i, i));
            }
            frm.sub.length = 3; // option 요소를 3개로 만듭니다. javascript option 삭제
        }
    </script>
</head>
<body>
    <form action="#" name="frm">
        <select name="y">
            <option value="#">년도 선택</option>
        </select>
        <select name="m">
            <option value="#">월 선택</option>
        </select>
        <select name="sub">
            <option value="#">과목선택</option>
            <option value="#">html</option>
            <option value="#">css</option>
            <option value="#">javascript</option>
        </select>
    </form>
</body>
</html>
```

△ 결과 ex3–56.html

04장

jQuery

4.1 | jQuery 연결 방법

jQuery를 사용하기 위해서는 jQuery 라이브러리를 웹페이지에 연결해서 사용해야 합니다.

jQuery 라이브러리를 연결하는 방식에는 파일을 직접 다운로드받아 연결하는 방식과 CDN(Content Delivery Network) 방식이 있습니다. 현재 1.x, 2.x, 3.x 버전을 지원해 주고 있으며 각 버전별로 브라우저 지원이나 기존 메서드들의 지원 여부 등의 차이가 있습니다.

jQuery 라이브러리 3.0 버전에서 지원하는 브라우저는 다음과 같습니다.

- Internet Explorer 9 이상
- Opera 현재 버전
- Android 4.0 이상

- Chrome, Edge, Firefox, Safari 현재 버전, 바로 이전 버전
- Safari Mobile iOS 7 이상

만약 Internet Explorer 8 이하, Opera 12.1x, Safari 5.1 이상을 대응하는 jQuery 라이브러리를 사용해야 한다면 1.12.x 버전을 사용해야 합니다. jQuery 라이브러리 버전에 대한 자세한 내용은 https://jquery.com/upgrade-guide, https://jquery.com/browser-support에서 확인할 수 있습니다.

jQuery 라이브러리 파일 형식에는 compressed(압축) 파일과 uncompressed(비압축) 파일이 있습니다. 라이브러리 설명에 대한 주석의 차이만 있을 뿐 기능적 차이는 없습니다. 라이브러리에 대한 설명은 크게 필요 하지 않기 때문에 일반적으로 compressed(압축) 파일을 사용합니다.

compressed(압축)파일	uncompressed(비압축)

크롬 브라우저에서는 jQuery 라이브러리를 복사해야 하는 번거로움이 있기 때문에, 인터넷 익스플로러에서 다운받으시기 바랍니다. 만약 크롬 브라우저에서 다운을 받을 경우 웹페이지에 있는 라이브러리 코드 전체를 복사하여 웹 에디터에서 붙여 넣고 jquery-3.3.1.min.js로 저장해 주면 됩니다.

1 jQuery 라이브러리 다운로드

https://jquery.com/download에 접속하여 'Download the compressed, production jQuery 3.3.1'를 다운로드 합니다.

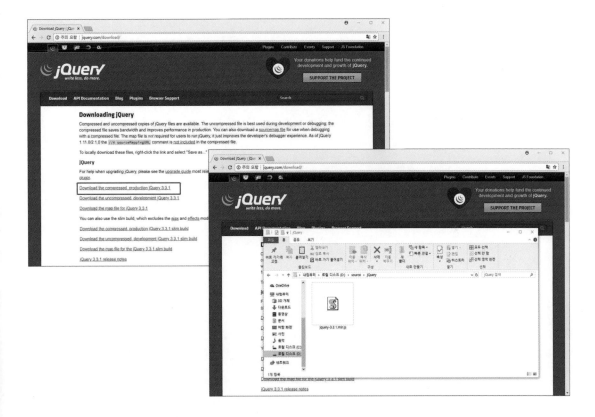

2 HTML 문서에서 jQuery 라이브러리 연결하기

html문서를 jQuery 라이브러리와 같은 경로에 저장합니다. 라이브러리가 잘 연결되었는지 확인하기 위해 jQuery 명령어 $(document).ready( )를 사용해 보도록 하겠습니다.

[예제 ex4-1.html]

```
<!DOCTYPE html>
```

```
<html lang="ko">
<head>
    <meta charset="UTF-8">
    <title>jQuery 라이브러리 연결</title>
    <script src="jquery-3.3.1.min.js"></script>
    <script>
        $(document).ready(function() {
            console.log("jQuery 시작");
        });
    </script>
</head>
<body>
</body>
</html>
```

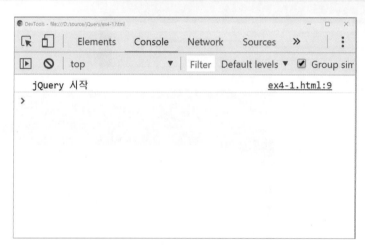

△ 결과 ex4-1.html

앞으로 실습할 예제들은 Download 방식으로 진행하도록 하겠습니다.

4.1.02 CDN 방식

1 CDN 카피하기

https://code.jquery.com 사이트에 접속하여 jQuery Core 3.3.1 – minified 버전을 선택하고 CDN을 카피합니다.

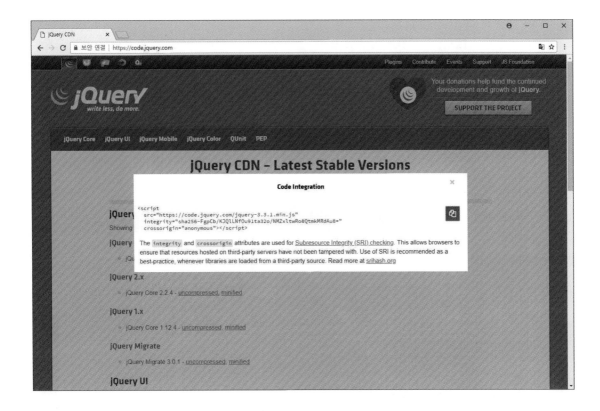

2 HTML 문서에서 jQuery 라이브러리 연결하기

[예제 ex4-2.html]

```html
<!DOCTYPE html>
<html lang="ko">
<head>
    <meta charset="UTF-8">
    <title>jQuery 라이브러리 연결</title>
    <script src="https://code.jquery.com/jquery-3.3.1.min.js
    "integrity="sha256-FgpCb/KJQ1LNfOu91ta32o/NMZxltwRo8QtmkMRdAu8="crossorigin="anonymo
us"></script>
    <script>
        $(document).ready(function() {
            console.log("jQuery 시작");
        });
    </script>
</head>
<body>
</body>
</html>
```

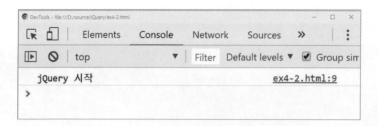

△ 결과 ex4-2.html

〈script〉 태그의 integrity과 crossorigin은 스크립트 해킹 등을 방지하기 위한 속성들 정도로만 알고 있으면 됩니다. 자세한 내용을 알고 싶다면 https://www.w3.org/TR/SRI에서 확인할 수 있습니다.

jQuery CDN은 구글이나 MS등에서도 제공해 주고 있습니다. → https://jquery.com/download

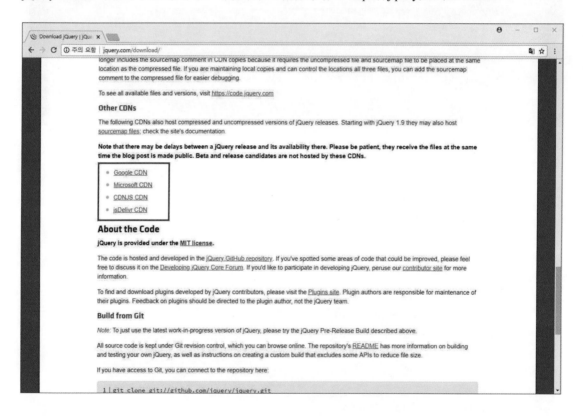

jQuery 라이브러리 1.9 버전에서는 1.9 이전에 사용되던 메서드들이 삭제되거나 변경되어 jQuery 라이브러리를 신규 버전으로 업데이트하면 일부 기능이 실행되지 않는 문제가 발생됩니다. 이러한 라이브러리의

버전 차이에 때문에 발생되는 문제를 해결하기 위해 jQuery Migrate Plugin을 제공해 주고 있습니다.

1.9 이전, 이후 버전에 따라 jQuery Migrate Plugin 버전을 선택하여 연결해 주면 이전 버전의 jQuery 코드가 문제없이 실행됩니다. → https://jquery.com/download

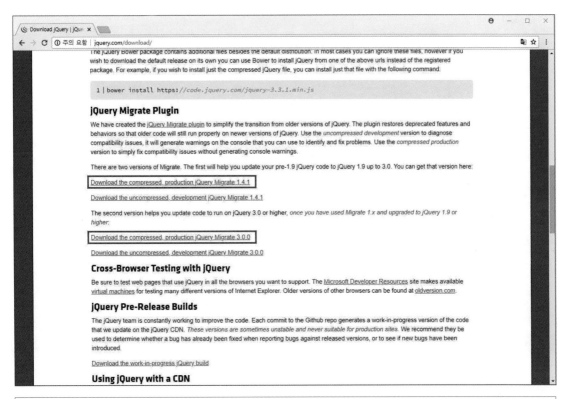

```html
<!DOCTYPE html>
<html lang="ko">
<head>
    <meta charset="UTF-8">
    <title>jQuery Migrate Plugin</title>
    <script src="jquery-1.12.4.min.js"></script>
    <script src="jquery-migrate-1.4.1.min.js"></script>
</head>
<body>
</body>
</html>
```

```
<!DOCTYPE html>
<html lang="ko">
<head>
    <meta charset="UTF-8">
    <title>jQuery 기본형식</title>
    <script src="jquery-3.3.1.min.js"></script>
    <script>
        $(document).ready(function() {
            실행문;
        });
    </script>
</head>
<body>
</body>
</html>
```

jQuery는 기본적으로 $(document).ready( )로 시작합니다. ready( )는 jQuery 이벤트로 앞에서 학습한 자바스크립트의 load 이벤트와 유사한 기능을 가지고 있습니다. 이 부분에 관련된 자세한 내용은 4.4.01 이벤트 종류의 [윈도우 관련 이벤트] 부분에서 설명하도록 하겠습니다.

$(document).ready( )를 짧게 표현할 수도 있습니다. 두 개의 구문 중 편한 것으로 선택하여 사용하면 됩니다.

```
<!DOCTYPE html>
<html lang="ko">
<head>
    <meta charset="UTF-8">
    <title>jQuery Migrate Plugin</title>
    <script src="jquery-3.3.1.min.js"></script>
    <script>
        $(function() {
            실행문;
        });
    </script>
</head>
<body>
</body>
</html>
```

4.2 | jQuery 선택자

jQuery 선택자(selector)는 이 책의 CSS3 파트에서 학습한 CSS 선택자와 의미가 같은 것이 많이 있습니다. jQuery는 html 요소와 관련된 기능구현이 많아 그만큼 CSS와 매우 밀접한 관계가 있습니다. 이런 이유 때문에 앞으로 학습할 주제별 실습에서도 CSS를 포함한 예제로 구성하였습니다.

jQuery 선택자의 형식은 다음과 같습니다.

$("선택자")	$("#gnb")

4.2.01 기본 선택자

선택자 종류		설명
태그 선택자	$("p")	p 요소를 선택합니다.
id 선택자	$("#gnb")	#gnb 요소를 선택합니다.
class 선택자	$(".logo")	.logo인 요소를 선택합니다.
자식 선택자	$("#gnb > ul > li")	#gnb의 자식 요소의 자식 요소 li를 선택합니다.
하위 선택자	$("#gnb ul")	#gnb의 하위에 있는 모든 ul 요소를 선택합니다.
인접 선택자	$("#visual + #content")	#visual 다음에 오는 #content 요소를 선택합니다.
형제 선택자	$("#visual ~ #footer")	#visual의 형제 요소 #footer를 선택합니다.
종속 선택자	$("div.util")	div 요소 중 class가 util인 요소를 선택합니다.
그룹 선택자	$(".left, .right, #banner")	.left, .right, #banner 요소들을 선택합니다.
전체 선택자	$("*")	모든 요소를 선택합니다.

앞으로 학습하게 되는 선택자 실습은 결과를 한번에 확인하지 말고, **선택자를 하나씩 코딩하면서 결과를 그때그때 확인**해 보는 방법이 jQeury 선택자를 이해하는데 도움이 될 것입니다.

[예제 ex4-3.html]

```
<!DOCTYPE html>
<html lang="ko">
<head>
```

```html
<meta charset="UTF-8">
<title>기본 선택자</title>
<style>
    * {
        margin: 5px;
    }
</style>
<script src="jquery-3.3.1.min.js"></script>
<script>
    $(document).ready(function() {
        $("p").css("border","4px solid red");
        $("#gnb").css("border","4px solid orange");
        $(".logo").css("border","4px solid yellow");
        $("#gnb > ul > li").css("border","4px solid green");
        $("#gnb ul").css("border","4px solid blue");
        $("#visual + #content").css("border","4px solid navy");
        $("#visual ~ #footer").css("border","4px solid purple");
        $("div.util").css("border","4px solid pink");
        $(".left,.right,#banner").css("border","4px solid gray");
    });
</script>
</head>
<body>
    <header id="header">
        <div class="logo">로고</div>
        <div class="util">회원가입</div>
        <nav id="gnb">
            <ul>
                <li>메뉴1
                    <ul>
                        <li>메뉴1_1</li>
                    </ul>
                </li>
            </ul>
        </nav>
        <div id="visual">
            <p>비주얼</p>
        </div>
        <div id="content">
            <div class="left">왼쪽</div>
```

```
            <div class="right">
                <div class="util">오른쪽</div>
            </div>
        </div>
        <div id="banner">배너</div>
        <footer id="footer">푸터</footer>
    </header>
</body>
</html>
```

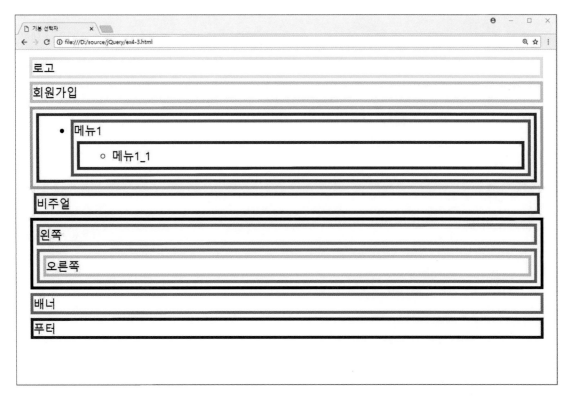

△ 결과 ex4-3.html

예제 설명을 위해 css( ) 메서드를 사용하였습니다. css( ) 메서드는 **4.3.05** 스타일 관련 메서드 부분의 css( ) 메서드에서 자세히 학습해 보도록 하겠습니다.

선택자 종류		설명
요소[속성]	$("span[class]")	span 요소 중 class 속성을 가지고 있는 요소를 선택합니다.
요소[속성='값']	$("span[class='abc']")	span 요소 중 class가 'abc'인 요소를 선택합니다.
요소[속성!='값']	$("span[class!='abc']")	span 요소 중 class가 'abc'가 아닌 요소를 선택합니다.
요소[속성~='값']	$("span[class~='abc']")	span 요소 중 class가 'abc'를 포함하는 요소를 선택합니다. 'abc' 앞뒤로 연결된 문자가 없어야 합니다. 'bg abc'는 선택되나 'bg_abc'는 선택되지 않습니다.
요소[속성*='값']	$("span[class*='abc']")	span 요소 중 class가 'abc'를 포함하는 요소를 모두 선택합니다. 'bg abc', 'bg_abc' 모두 선택합니다.
요소[속성|='값']	$("span[class|='abc']")	span 요소 중 class가 'abc'나 'abc-'로 시작하는 요소를 선택합니다.
요소[속성^='값']	$("span[class^='abc']")	span 요소 중 class가 'abc'로 시작하는 요소를 선택합니다.
요소[속성$='값']	$("span[class$='abc']")	span 요소 중 class가 'abc'로 끝나는 요소를 선택합니다.

[예제 ex4-4.html]

```html
<!DOCTYPE html>
<html lang="ko">
<head>
    <meta charset="UTF-8">
    <title>속성 선택자</title>
    <style>
        li {
            margin: 5px;
        }
    </style>
<script src="jquery-3.3.1.min.js"></script>
<script>
    $(document).ready(function() {
        $(".list1 > li[class='list_1']").css("border","2px solid red");
        $(".list1 > li[class!='list_1']").css("border","2px solid orange");
        $(".list2 > li[class~='list']").css("background","yellow");
        $(".list2 > li[class*='list']").css("border","2px solid green");
        $(".list3 > li[class|='list']").css("border","2px solid blue");
        $(".list4 > li[class^='list']").css("border","2px solid navy");
        $(".list4 > li[class$='bg']").css("background","purple");
    });
</script>
```

```
</head>
<body>
    <ul class="list1">
        <li class="list_1">내용1_1</li>
        <li class="list_2">내용1_2</li>
        <li class="list_3">내용1_3</li>
    </ul>
    <ul class="list2">
        <li class="list bg">내용2_1</li>
        <li class="list_1">내용2_2</li>
        <li class="list_2">내용2_3</li>
    </ul>
    <ul class="list3">
        <li class="list">내용3_1</li>
        <li class="list-1">내용3_2</li>
        <li class="list-bg">내용3_3</li>
    </ul>
    <ul class="list4">
        <li class="list">내용3_1</li>
        <li class="list-1">내용3_2</li>
        <li class="list-bg">내용3_3</li>
    </ul>
</body>
</html>
```

△ 결과 ex4-4.html

선택자에 ':'이 붙은 선택자를 필터 선택자라고 합니다.

▶ 필터 선택자의 종류

선택자 종류		설명
:even	$("tr:even")	tr 요소 중 짝수 행만 선택합니다.
:odd	$("tr:odd")	tr 요소 중 홀수 행만 선택합니다.
:first	$("td:first")	첫 번째 td 요소를 선택합니다.
:last	$("td:last")	마지막 td 요소를 선택합니다.
:header	$(":header")	헤딩(h1~h6) 요소를 선택합니다.
:eq( )	$("li:eq(0)")	index가 0인 li 요소를 선택합니다. index는 0번이 첫 번째 요소입니다.
:gt( )	$("li:gt(0)")	index가 0보다 큰 li 요소들을 선택합니다.
.lt( )	$("li:lt(2)")	index가 2보다 작은 li 요소들을 선택합니다.
:not( )	$("li:not(.bg)")	li 요소 중에서 class명 bg가 아닌 li 요소를 선택합니다.
:root	$(":root")	html을 의미합니다.
:animated	$(":animated")	움직이는 요소를 선택합니다.

[예제 ex4-5.html]

```html
<!DOCTYPE html>
<html lang="ko">
<head>
    <meta charset="UTF-8">
    <title>기본 필터 선택자</title>
    <style>
        table {
            border-collapse: collapse;
            width: 100%;
        }
        td {
            border: 1px solid #333;
        }
```

```
        li {
            color: white;
            margin: 5px;
        }
    </style>
    <script src="jquery-3.3.1.min.js"></script>
    <script>
        $(document).ready(function() {
            $("tr:even").css("background","red");
            $("tr:odd").css("background","orange");
            $("td:first").css("background","yellow");
            $("td:last").css("background","green");
            $(":header").css("background","blue");
            $("li:eq(0)").css("background","navy");
            $("li:gt(0)").css("background","purple");
            $("li:lt(3)").css("border","4px solid gray");
            $(":root").css("background","lightgray");
            (function upDown() {
                $("h2").slideToggle(2000,upDown);
            })();
             $(":animated").css("border","4px solid darkred");
        });
    </script>
</head>
<body>
    <h1>제목1</h1>
    <h2>제목2</h2>
    <table>
        <caption>기본 필터 선택자</caption>
        <colgroup>
            <col>
            <col>
            <col>
        </colgroup>
        <tbody>
            <tr>
                <td>1</td>
                <td>2</td>
                <td>3</td>
            </tr>
            <tr>
                <td>4</td>
                <td>5</td>
```

```
                    <td>6</td>
                </tr>
                <tr>
                    <td>7</td>
                    <td>8</td>
                    <td>9</td>
                </tr>
                <tr>
                    <td>10</td>
                    <td>11</td>
                    <td>12</td>
                </tr>
            </tbody>
        </table>
        <ul>
            <li class="bg">내용1</li>
            <li class="bg">내용2</li>
            <li class="bg">내용3</li>
            <li>내용4</li>
        </ul>
    </body>
</html>
```

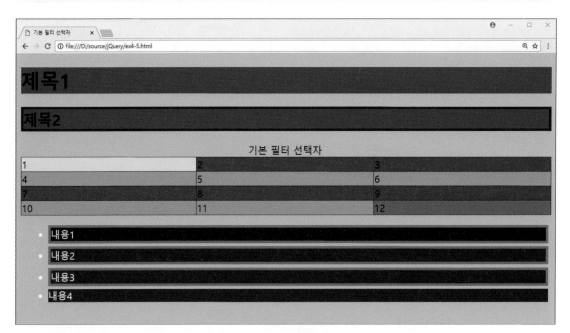

△ 결과 ex4-5.html

▶ **자식 필터 선택자**

자식 필터 선택자는 다른 선택자에 비하여 약간 이해하기 어려울 수 있습니다.

자식 필터 선택자 중 'child'가 붙은 선택자는 요소가 순차적으로 나열되어 있을 때 사용하고, 'of-type'이 붙은 선택자는 요소가 순차적으로 나열되어 있지 않아도 동일 요소이면 선택이 가능하다는 점을 이해한 후 내용을 살펴보면 자식 필터 선택자를 이해하는데 조금 도움이 될 것입니다.

선택자 종류		설명
:first-child	$("span:first-child")	첫 번째 span 요소를 선택합니다.
:last-child	$("span:last-child")	마지막 span 요소를 선택합니다.
:first-of-type	$("span:first-of-type")	span 요소 중에서 첫 번째 span 요소를 선택합니다.
:last-of-type	$("span:last-of-type")	span 요소 중에서 마지막 span 요소를 선택합니다.
:nth-child( )	$("span:nth-child(2)")	두 번째 span 요소를 선택합니다. nth-child(2n)은 2, 4, 6, ...번째 요소를 선택하고, nth-child(2n+1)은 1, 3, 5, ...번째 요소를 선택합니다.
:nth-last-child( )	$("span:nth-last-child(2)")	마지막에서 두 번째 span 요소를 선택합니다.
:nth-of-type( )	$(span:nth-of-type(2)")	span 요소 중에서 두 번째 span 요소를 선택합니다.
:nth-last-of-type( )	$("span:nth-last-of-type(2)")	span 요소 중 마지막에서 두 번째 span 요소를 선택합니다.
:only-child	$("div 〉 span:only-child")	div의 자식 요소에서 오직 span 요소가 하나만 있는 span 요소를 선택합니다.
:only-of-type	$("div 〉 span:only-of-type")	div의 자식 요소에서 span 요소가 하나만 있는 span 요소를 선택합니다.

[예제 **ex4-6.html**]

```
<!DOCTYPE html>
<html lang="ko">
<head>
    <meta charset="UTF-8">
    <title>자식 필터 선택자</title>
    <style>
        span {
            margin: 5px;
            display: inline-block;
        }
```

```
        </style>
        <script src="jquery-3.3.1.min.js"></script>
        <script>
            $(document).ready(function() {
                $("#m1 > span:first-child").css("border","2px solid red");
                $("#m1 > span:last-child").css("border","2px solid red");
                $("#m2 > span:first-of-type").css("border","2px solid orange");
                $("#m2 > span:last-of-type").css("border","2px solid orange");
                $("#m3 > span:nth-child(1)").css("border","2px solid yellow");
                $("#m3 > span:nth-last-child(1)").css("border","2px solid yellow");
                $("#m4 > span:nth-of-type(1)").css("border","2px solid green");
                $("#m4 > span:nth-last-of-type(1)").css("border","2px solid green");
                $("#m5 > span:only-child").css("border","2px solid blue");
                $("#m6 > span:only-of-type").css("border","2px solid navy");
            });
        </script>
</head>
<body>
        <div id="m1">
            <span>내용1_1</span>
            <span>내용1_2</span>
            <span>내용1_3</span>
        </div>
        <div id="m2">
            <strong>내용2_1</strong>
            <span>내용2_2</span>
            <strong>내용2_3</strong>
            <span>내용2_4</span>
        </div>
        <div id="m3">
            <span>내용3_1</span>
            <span>내용3_2</span>
            <span>내용3_3</span>
        </div>
        <div id="m4">
            <strong>내용4_1</strong>
            <span>내용4_2</span>
            <strong>내용4_3</strong>
            <span>내용4_4</span>
            <strong>내용4_5</strong>
            <span>내용4_6</span>
        </div>
        <div id="m5">
```

```
            <span>내용5_1</span>
        </div>
        <div id="m6">
            <strong>내용6_1</strong>
            <span>내용6_2</span>
        </div>
    </body>
</html>
```

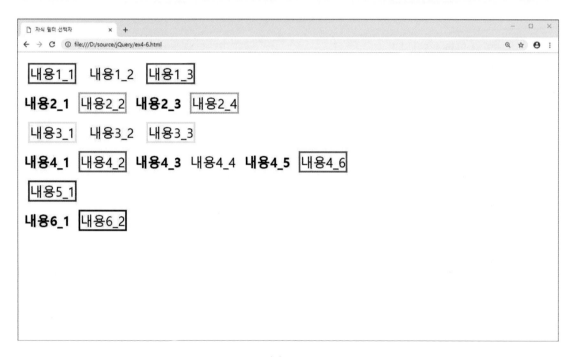

△ 결과 ex4-6.html

▶ 콘텐츠 필터 선택자

선택자 종류		설명
:contains( )	$("p:contanis('html')")	p 요소 중에서 'html' 텍스트를 포함하고 있는 p요소를 선택합니다.
:empty	$("div:empty")	div 요소 중에서 자식 요소가 없는 div 요소를 선택합니다.
:parent	$("span:parent")	span 요소 중에 자식 요소가 있는 span 요소를 선택합니다.
:has( )	$("section:has(article)")	section 요소 중에서 article을 하위 요소로 가지고 있는 section 요소를 선택합니다.

```html
<!DOCTYPE html>
<html lang="ko">
<head>
    <meta charset="UTF-8">
    <title>콘텐츠 필터 선택자</title>
    <style>
        * {
            margin: 5px;
        }
        #m1 > p:last-child {
            height: 20px;
        }
        span {
            display: inline-block;
            height: 20px;
        }
    </style>
    <script src="jquery-3.3.1.min.js"></script>
    <script>
        $(document).ready(function() {
            $("#m1 > p:contains('html')").css("border","4px solid red");
            $("#m1 > p:empty").css("border","4px solid orange");
            $("#m2 > span:parent").css("border","4px solid yellow");
            $("#m3 > section:has(article)").css("border","4px solid green");
        });
    </script>
</head>
<body>
    <div id="m1">
        <p>html, css, javascript</p>
        <p>html5와 웹표준</p>
        <p></p>
    </div>
    <div id="m2">
        <span></span>
        <span>내용1</span>
    </div>
    <div id="m3">
        <section>
```

```
            <article>내용2_1</article>
        </section>
        <section>
            <div>
                <article>내용2_2</article>
            </div>
        </section>
    </div>
</body>
</html>
```

△ 결과 ex4-7.html

▶ 폼 필터 선택자

선택자 종류		설명
:text	$("input:text")	〈input type="text"〉 요소를 선택합니다.
:password	$("input:password")	〈input type="password"〉요소를 선택합니다.
:image	$("input:image")	〈input type="image"〉 요소를 선택합니다.
:file	$("input:file")	〈input type="file"〉 요소를 선택합니다.
:button	$(":button")	〈input type="button"〉, 〈button〉 요소를 선택합니다.
:checkbox	$("input:checkbox")	〈input type="checkbox"〉 요소를 선택합니다.
:radio	$("input:radio")	〈input type="radio"〉 요소를 선택합니다.

선택자 종류		설명
:submit	$("input:submit")	〈input type="submit"〉 요소를 선택합니다.
:reset	$("input:reset")	〈input type="reset"〉 요소를 선택합니다.
:input	$(":input")	모든 〈input〉 요소를 선택합니다.
:checked	$("input:checked")	〈input〉 요소에 checked 속성이 있는 요소를 선택합니다.
:selected	$("option:selected")	〈option〉 요소에 selected 속성이 있는 요소를 선택합니다.
:focus	$("input:focus")	현재 〈input〉에 포커스가 있는 요소를 선택합니다.
:disabled	$("input:disabled")	〈input〉 요소에 disabled 속성이 있는 요소를 선택합니다.
:enabled	$("input:enabled")	〈input〉 요소 중 disabled가 아닌 요소를 선택합니다.

[예제 ex4-8.html]

```html
<!DOCTYPE html>
<html lang="ko">
<head>
    <meta charset="UTF-8">
    <title>form 필터 선택자</title>
    <script src="jquery-3.3.1.min.js"></script>
    <script>
        $(document).ready(function() {
            $("input:text").css("background","red");
            $("input:password").css("background","orange");
            $(":button").css("background","yellow");
            $("input:checked + label").css("background","green");
            $("option:selected").css("color","blue");
            $("textarea:disabled").css("background","pink");
        });
    </script>
</head>
<body>
    <div><input type="text"></div>
    <div><input type="password"></div>
    <div><button>확인</button></div>
    <div><input type="checkbox" id="css" checked="checked"><label for="css">css</label></div>
    <div>
        <select>
            <option>과목선택</option>
            <option>javascript</option>
```

```
            <option selected="selected">jQuery</option>
        </select>
        <textarea cols="20" rows="5" disabled="disabled">javascript</textarea>
    </div>
</body>
</html>
```

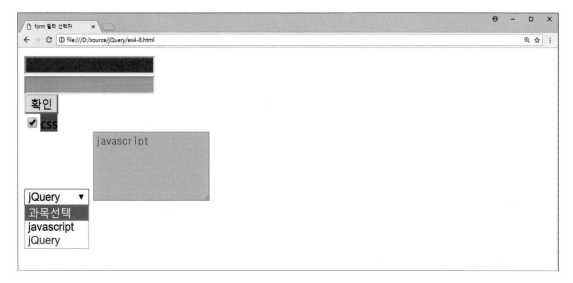

△ 결과 ex4-8.html

▶ 가시성 필터 선택자

선택자 종류		설명
:hidden	div:hidden	div 요소 중 hidden인 요소를 선택합니다.
:visible	div:visible	div 요소 중 visible인 요소를 선택합니다.

[예제 ex4-9.html]

```
<!DOCTYPE html>
<html lang="ko">
<head>
    <meta charset="UTF-8">
    <title>visibility 필터 선택자</title>
    <style>
        #vis {
            display: none;
```

```
            }
        </style>
        <script src="jquery-3.3.1.min.js"></script>
        <script>
            $(document).ready(function() {
                console.log($("div:hidden").text());
                $("div:visible").css("background","orange");
            });
        </script>
    </head>
    <body>
        <div id="vis">내용1</div>
        <div>내용2</div>
    </body>
</html>
```

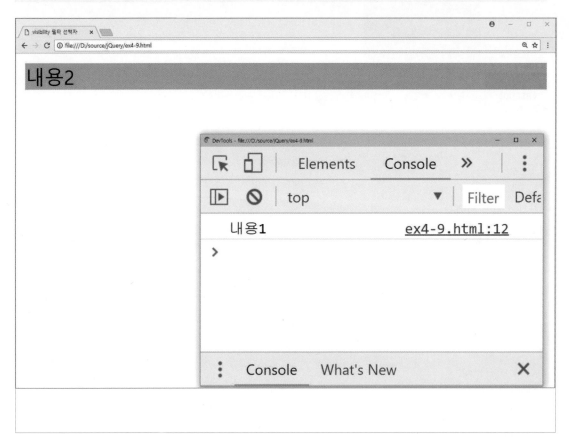

△ 결과 ex4-9.html

▶ 기본 탐색 선택자

선택자 종류		설명
children( )	$("div").children( )	div 요소의 자식 요소를 선택합니다. div a span
parent( )	$("p").parent( )	p 요소의 부모 요소를 선택합니다. div p
parents( )	$("p").parents("div")	p 요소의 부모가 되는 모든 div 요소를 선택합니다. html div div p
closest( )	$("p").closest("div")	p 요소의 부모가 되는 첫 번째 div 요소를 찾습니다. html div div p
next( )	$("div.m").next( )	div.m 요소의 다음 요소를 선택합니다. div.m div div div
nextAll( )	$("div.m").nextAll( )	div.m 요소의 다음 요소들을 모두 선택합니다. div.m div div div
nextUntil( )	$("div.m").nextUntil("p")	div.m 다음 요소부터 p 요소 전까지의 요소를 선택합니다. div.m div div p
prev( )	$("div.m").prev( )	div.m 요소의 이전 요소를 선택합니다. div div div div.m
prevAll( )	$("div.m").prevAll( )	div.m 요소의 이전 요소들을 모두 선택합니다. div div div div.m
prevUntil( )	$("div.m").prevUntil("p")	div.m 이전 요소부터 p 요소 다음 요소까지를 선택합니다. p div div div.m
siblings( )	$("div").siblings("p")	div 요소의 형제 요소 중 p 요소를 선택합니다. div ul section p

선택자 종류		설명
find( )	$("div").find("span")	div 요소의 하위 요소 중 span 요소를 선택합니다.
filter( )	$("div").filter(".m")	div 요소 중 class가 "m인 요소를 선택합니다.
not( )	$("div").not(".m")	div 요소 중 class가 "m"이 아닌 요소를 선택합니다.
has( )	$("div").has("span")	div 요소 중 span 요소를 포함하고 있는 요소를 선택합니다.
eq( )	$("div").eq(0)	div 요소 중 index가 0인 요소들을 선택합니다. index 0번은 첫 번째 요소입니다.
gt( )	$("div").gt(0)	index가 0보다 큰 div 요소들을 선택합니다.
lt( )	$("div").lt(3)	index가 3보다 작은 div 요소들을 선택합니다.

[예제 ex4-10.html]

```html
<!DOCTYPE html>
<html lang="ko">
<head>
    <meta charset="UTF-8">
    <title>탐색 선택자</title>
    <style>
        * {
            margin: 5px;
        }
    </style>
    <script src="jquery-3.3.1.min.js"></script>
    <script>
        $(document).ready(function() {
            $("#m1").children().css("border", "2px solid red");
            $("#m2").children().children("span").css("border", "2px solid orange");
            $("#m3 span").closest("div").css("border", "2px solid yellow");
            $("#m4 > span.m").nextUntil("em").css("border", "2px solid green");
```

```
                $("#m5 > span").filter(".m").css("border", "2px solid blue");
                $("#m6 > div").has("span").css("border", "2px solid navy");
            });
        </script>
    </head>
    <body>
        <div id="m1">
            <a href="#">내용1_1</a><span>내용1_2</span>
        </div>
        <div id="m2">
            <div>
                <a href="#">내용2_1</a><span>내용2_2</span>
            </div>
        </div>
        <div id="m3">
            <div><span>내용3_1</span></div>
        </div>
        <div id="m4">
            <span class="m">내용4_1</span><span>내용4_2</span><span>내용4_3</span><em>내용4_4</em>
        </div>
        <div id="m5">
            <span class="m">내용5_1</span><span>내용5_2</span><span>내용5_3</span>
        </div>
        <div id="m6">
            <div><span>내용6_1</span></div>
            <div>내용6_2</div>
        </div>
    </body>
</html>
```

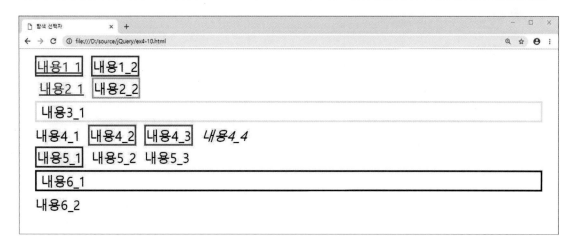

△ 결과 ex4-10.html

▶ 기타 탐색 선택자

선택자 종류	설명
add( )	$("div").add("p") div 요소와 p 요소를 선택합니다.
addBack( )	$("div").children("p").addBack( ) p 요소와 이전 선택요소 div를 선택합니다.
end( )	$("div").find("span").css(…).end().find("em").css(…) $("div").find("span").css(…)의 실행이 끝나면 처음 선택자 $("div")로 다시 돌아와 $("div").find("em").css(…)가 실행됩니다.

is( )	선택한 요소를 판별해 주는 선택자로 보통 if 문의 조건식에 사용됩니다.
	if("div").children( ).is("p")){
	   console.log("p 요소가 맞습니다.");
	}

[예제 ex4-11.html]

```html
<!DOCTYPE html>
<html lang="ko">
<head>
    <meta charset="UTF-8">
    <title>기타 탐색 선택자</title>
    <style>
        * {
            margin: 5px;
        }
    </style>
    <script src="jquery-3.3.1.min.js"></script>
    <script>
        $(document).ready(function() {
            $("#m1 > div").add("#m1 > p").css("border","2px solid red");
            $("#m2").children("p").addBack().css("border","2px solid orange");
            $("#m3").find("span").css("border","2px solid yellow").end().find("em").
css("border","2px solid green");
            if($("#m4").children().is("p")) {
                console.log("p 요소가 존재합니다.");
            }
        });
    </script>
```

```
    </head>
    <body>
        <div id="m1">
            <div>내용1_1</div><p>내용1_2</p>
        </div>
        <div id="m2">
            <p>내용2</p>
        </div>
        <div id="m3">
            <span>내용3_1</span ><em>내용3_2</em>
        </div>
        <div id="m4">
            <p>내용4<p>
        </div>
    </body>
```

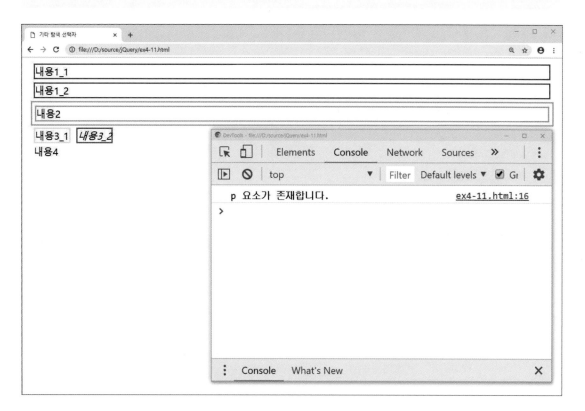

△ 결과 ex4-11.html

4.3 | jQuery 주요 메서드

4.3.01 | 배열 관련 메서드

jQuery의 배열 메서드를 이용하면 배열이나 객체에 쉽게 접근할 수 있습니다.

▶ $.each( ) 메서드

■ $.each( ) 메서드 형식

```
$.each(배열명 또는 객체명, function(index, value) {
    ...
});
```

```
var city = ["서울", "대구", "대전", "부산"];
$.each(city, function(index, value) {
    console.log(index); // 0 1 2 3
    console.log(value); // 서울 대구 대전 부산
});
```

```
var subjectInfo = {
    subject: "html",
    grade: 1,
    days: 20
};
$.each(subjectInfo, function(key, value) {
    console.log(key); // subject grade days
    console.log(value); // html 1 20
});
```

[예제 ex4-12.html]

```
<!DOCTYPE html>
<html lang="ko">
<head>
    <meta charset="UTF-8">
```

```html
<title>each() 메서드</title>
<script src="jquery-3.3.1.min.js"></script>
<script>
    $(document).ready(function() {
        var city = ["서울", "대구", "대전", "부산"];
        $.each(city, function(index, value) {
            console.log(index + ": " + value);
        });
        var subjectInfo = {
            subject: "html",
            grade: 1,
            days: 20
        };
        $.each(subjectInfo, function(key, value) {
            console.log(key + ": " + value);
        });
    });
</script>
</head>
<body>
</body>
</html>
```

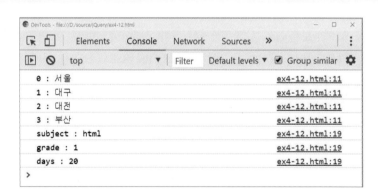

△ 결과 ex4-12.html

▶ $(selector).each( ) 메서드

each( ) 메서드는 선택자에도 적용할 수 있습니다. 선택자에 적용된 each( ) 메서드는 요소에 개별적으로 접근하여 for 문과 같은 반복적인 명령 처리가 가능합니다.

■ $(selector).each( ) 메서드 형식

```
$(selector).each(function(index, value) {
    ...
});
```

[예시 4-1]

```html
<head>
    <meta charset="UTF-8">
    <title>each() 메서드</title>
    <script src="jquery-3.3.1.min.js"></script>
    <script>
        $(document).ready(function() {
            console.log($("div").attr("class")); // m1
        });
    </script>
</head>
<body>
    <div class="m1">내용1</div>
    <div class="m2">내용2</div>
    <div class="m3">내용3</div>
</body>
```

[예시 4-1]의 경우 div 요소의 모든 class를 취득하려는 것이 목적이나, 결과를 보면 class를 하나밖에 취득할 수 없습니다. 이런 경우 each( ) 메서드를 사용하면 모든 div 요소의 class를 쉽게 취득할 수 있습니다. attr( ) 메서드는 attribute(속성)에 관련된 메서드입니다. ➔ 4.3 **04** 속성 관련 메서드 참고

[예제 ex4-13.html]

```html
<!DOCTYPE html>
<html lang="ko">
<head>
    <meta charset="UTF-8">
    <title>each() 메서드</title>
    <script src="jquery-3.3.1.min.js"></script>
    <script>
        $(document).ready(function() {
            $("div").each(function(index, element) {
                console.log(index); // li 요소의 index, 0(첫 번째 요소) 부터 시작
```

```
                    console.log(element); // li 요소 자신
                    console.log($(this).attr("class")); // li 요소 각각의 class를 취득
                });
            });
        </script>
    </head>
    <body>
        <div class="m1">내용1</div>
        <div class="m2">내용2</div>
        <div class="m3">내용3</div>
    </body>
</html>
```

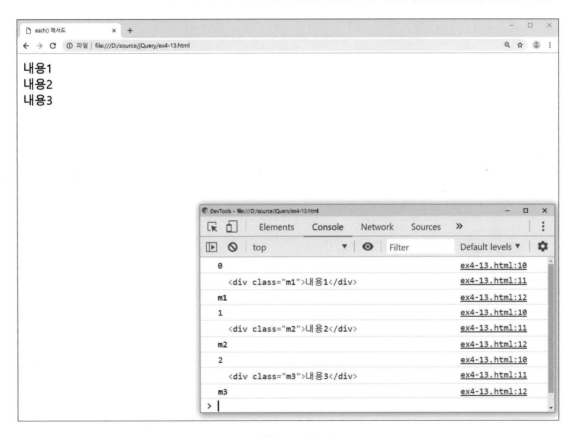

△ 결과 ex4-13.html

[예제 ex4-13]의 $("this").attr("class")에서 $(this) 선택자는 다음과 같은 의미로 표현할 수 있습니다.

```
$("div:eq(0)").attr("class"); // 첫 번째 div 요소
```

```
$("div:eq(1)").attr("class"); // 두 번째 div 요소
```

```
$("div:eq(2)").attr("class"); // 세 번째 div 요소
```

each(function(index, element) {...})의 형태처럼 메서드의 매개 변수 값으로 함수가 전달되어 반복적으로 실행하는 함수의 형태를 callback 함수라는 것을 자바스크립트 파트에서 언급한 바 있습니다. 앞으로 학습하게 될 jQuery의 대부분 메서드들은 이러한 callback 함수의 기능을 가지고 있습니다.

$(this) 선택자는 [예제 ex4-13]과 같이 **개별 요소를 선택하는 기능**을 가지고 있기 때문에 jQuery에서 많이 사용되는 선택자 중 하나입니다.

▶ $.map( ) 메서드

$.map( ) 메서드는 $.each( ) 메서드와 동일한 기능을 가지고 있습니다.

■ $.map( ) 메서드 형식

```
$.map(배열명 또는 객체명, function(value, index) {
  ...
});
```

```
var city = ["서울", "대구", "대전", "부산"];
$.map(city, function(value, index) {
    console.log(value); // 서울 대구 대전 부산
    console.log(index); // 0 1 2 3
});
```

$.map( ) 메서드와 $.each( ) 메서드의 차이점은 매개 변수의 순서가 서로 반대이며, $.map( ) 메서드의 경우 기존의 배열을 이용하여 새로운 배열을 만들 수 있지만 $.each( ) 메서드는 만들 수 없습니다.

[예제 ex4-14.html]

```
<!DOCTYPE html>
<html lang="ko">
<head>
```

```
<meta charset="UTF-8">
<title>map() 메서드</title>
<script src="jquery-3.3.1.min.js"></script>
<script>
    $(document).ready(function() {
        var city = ["서울", "대구", "대전", "부산"];
        var newCity = $.map(city, function(value, index) {
            if(index < 2){
                return value;
            }
        });
        console.log(newCity.toString());
    });
</script>
</head>
<body>
</body>
</html>
```

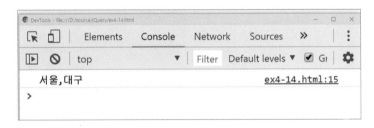

△ 결과 ex4-14.html

[예제 ex4-14]에서 $.map( ) 메서드는 함수 안의 return이 실행되어 원하는 배열을 만들 수 있지만, 다음과 같이 $.each( ) 메서드를 사용하면 return이 실행되지 않아 배열이 그대로 출력될 것입니다.

```
var city = ["서울", "대구", "대전", "부산"];
var newCity = $.each(city, function(index, value) {
    if(index < 2){
        return value;
    }
});
console.log(newCity.toString()); // 서울,대구,대전,부산
```

▶ text( ) 메서드

요소의 텍스트를 취득, 생성, 변경할 수 있으며 콜백 함수를 이용하여 선택된 요소들의 텍스트를 일괄 적으로 생성, 변경 처리할 수 있습니다.

실행 분류	형식
취득	`$("div").text();`
생성, 변경	`$("div").text("텍스트 생성 및 변경");`

콜백 함수	`$("div").text(function(index, t) {`
	　// index는 각 div 요소의 index 0, 1, 2
	　　// t는 각 div 요소의 텍스트 "내용1", "내용2", "내용3"
	　return 텍스트 // 각 div 요소의 텍스트를 생성, 변경할 수 있습니다.
	`});`
	
	....
	`<div>내용1</div>`
	`<div>내용2</div>`
	`<div>내용3</div>`

[예제 ex4-15.html]

```html
<!DOCTYPE html>
<html lang="ko">
<head>
    <meta charset="UTF-8">
    <title>text() 메서드</title>
    <script src="jquery-3.3.1.min.js"></script>
    <script>
        $(document).ready(function() {
            console.log($("#m1").text());
            $("#m1").text("responsive web");
            $("#m2 > div").text(function(index, text) {
                return "div 요소의 텍스트는 " + text +", index는 " + index;
            });
        });
    </script>
</head>
<body>
    <div id="m1">jQuery</div>
    <div id="m2">
        <div>html</div>
        <div>css</div>
        <div>javascript</div>
```

```
        </div>
    </body>
</html>
```

△ 결과 ex4-15.html

▶ html( ) 메서드

선택한 요소의 자식 html를 취득, 생성, 변경할 수 있습니다.

실행 분류	형식
취득	$("div").html( );
생성, 변경	$("div").html("⟨strong⟩html 생성 및 변경⟨/strong⟩");

콜백 함수	$("div").html(function(index, h) {
	　　// index는 각 div 요소의 index 0, 1, 2
	　　// h는 각 div 요소의 자식 em 요소
	　　return html // 각 div 요소의 자식 html를 생성 및 변경합니다.
	});
	….
	⟨div⟩⟨em⟩내용1⟨/em⟩⟨/div⟩
	⟨div⟩⟨em⟩내용2⟨/em⟩⟨/div⟩
	⟨div⟩⟨em⟩내용3⟨/em⟩⟨/div⟩

```
<!DOCTYPE html>
<html lang="ko">
<head>
    <meta charset="UTF-8">
    <title>html() 메서드</title>
    <script src="jquery-3.3.1.min.js"></script>
    <script>
        $(document).ready(function() {
            console.log($("#m1").html());
            $("#m1").html("<em>html</em>");
            $("#m2 > div").html(function() {
                return "<strong>" + $(this).text() + "</strong>";
            });
        });
    </script>
</head>
<body>
    <div id="m1"><strong>jQuery</strong></div>
    <div id="m2">
        <div><em>html</em></div>
        <div><em>css</em></div>
        <div><em>javascript</em></div>
    </div>
</body>
</html>
```

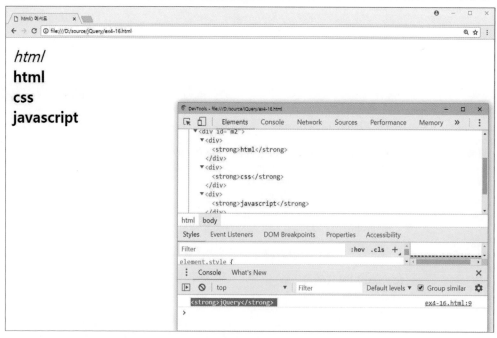

△ 결과 ex4-16.html

▶ addClass( ) 메서드

요소에 class 속성을 추가합니다.

실행 분류	형식
추가	$("div").addClass("클래스명");

콜백 함수	$("div").addClass(function(index, className) {
	    // index는 각 div 요소의 index 0, 1, 2
	    // className은 각 div의 class 속성
	    return class 속성 // 각 div에 class 속성을 추가합니다.
	});
	....
	〈div〉내용1〈/div〉
	〈div〉내용2〈/div〉
	〈div〉내용3〈/div〉

[예제 ex4-17.html]

```
<!DOCTYPE html>
<html lang="ko">
<head>
    <meta charset="UTF-8">
    <title>addClass() 메서드</title>
    <script src="jquery-3.3.1.min.js"></script>
    <style>
        * {
            margin: 0;
            padding: 0;
        }
        #m2 {
            text-align: center;
        }
        .box {
            border-bottom: 2px solid #ccc;
            text-align: center;
            padding: 20px;
            margin-bottom: 10px;
```

```
            }
            .circle0,
            .circle1,
            .circle2 {
                width: 200px;
                height: 200px;
                border-radius: 100px;
                border: 4px solid #ff6600;
                line-height: 200px;
                display: inline-block;
            }
        </style>
        <script>
            $(document).ready(function() {
                $("#m1 > div").addClass("box");
                $("#m2 > div").addClass(function(index) {
                    return "circle" + index;
                });
            });
        </script>
    </head>
    <body>
        <div id="m1">
            <div>jQuery</div>
        </div>
        <div id="m2">
            <div>html</div>
            <div>css</div>
            <div>javascript</div>
        </div>
    </body>
</html>
```

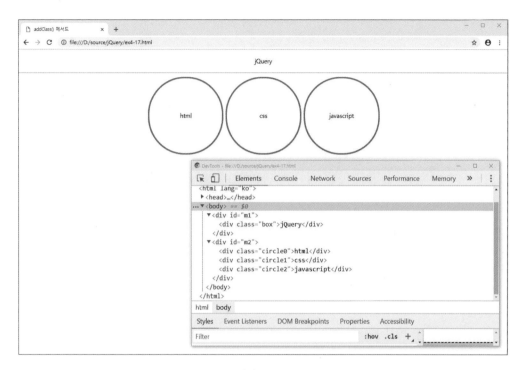

△ 결과 ex4-17.html

▶ removeClass( ) 메서드

요소에서 class 속성을 제거합니다.

실행 분류	형식
제거	$("div").removeClass("클래스명");

콜백 함수	$("div").removeClass(function(index, className) {
	　// index는 각 div 요소의 index 0, 1, 2
	　// className은 각 div의 class 속성 m1, m2, m3
	　return class 속성 // 각 div에 class 속성을 제거 합니다.
	});
	....
	〈div class="m1"〉내용1〈/div〉
	〈div class="m2"〉내용2〈/div〉
	〈div class="m3"〉내용3〈/div〉

[예제 ex4-18.html]

```
<!DOCTYPE html>
```

```
<html lang="ko">
<head>
    <meta charset="UTF-8">
    <title>removeClass() 메서드</title>
    <script src="jquery-3.3.1.min.js"></script>
    <script>
        $(document).ready(function() {
            $("#m1 > div").removeClass("con");
            $("#m2 > div").removeClass(function() {
                return "bg";
            });
        });
    </script>
</head>
<body>
    <div id="m1">
        <div class="con">콘텐츠</div>
    </div>
    <div id="m2">
        <div class="c1 bg">내용1</div>
        <div class="c2 bg">내용2</div>
        <div class="c3 bg">내용3</div>
    </div>
</body>
</html>
```

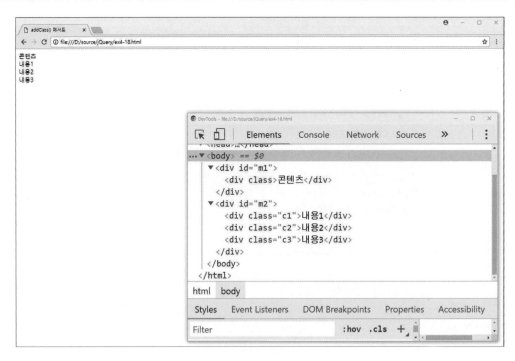

△ 결과 ex4-18.html

▶ toggleClass( ) 메서드

요소에 class 속성이 없으면 addClass( )가 적용되고 class 속성이 있으면 removeClass( )가 적용됩니다.

실행 분류	형식
추가, 제거	$("div").toggleClass("클래스명");

toggleClass( ) 메서드와 removeClass( ) 메서드를 이용하여 어코디언 메뉴를 실습해 보도록 하겠습니다.
다운로드한 예제 파일 중 예제 'ex4-19.html'을 열어 jQuery 코드 부분만 다음과 같이 추가합니다.

[예제 ex4-19.html]

```
<!DOCTYPE html>
<html lang="ko">
...
    <script>
        $(document).ready(function() {
            $("#m_menu  a.m").click(function() {
                $(this).next().addBack().toggleClass("on").end().find(".m, ul").
removeClass("on").end().parent().siblings().find(".m, ul").removeClass("on");
                return false;
            });
        });
    </script>
...
</html>
```

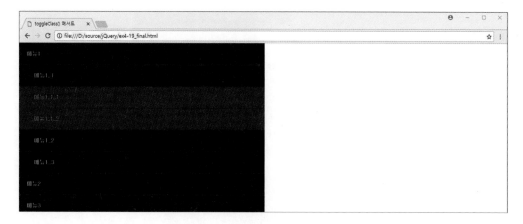

△ 결과 ex4-19.html

[예제 ex4-19] 에서 $(this).next().addBack().toggleClass("on").end().find(".m, ul").
removeClass("on").end().parent().siblings().find(".m, ul").removeClass("on")은 다음과 같이 선택됩니
다. addBack( ).end( ) 선택자는 4.2 04 탐색 선택자의 기타 탐색 선택자 부분을 참고하기 바랍니다.

서브 메뉴(ul 요소)가 존재하는 a 요소(.m)를 click 하면,

`$(this).toggleClass("on")` // 자신 요소(.m)의 폰트 컬러를 주황색, 회색으로 toggle 시킵니다.

`$(this).next().toggleClass("on")` // 자신의 서브 메뉴를 show, hide로 toggle 시킵니다.

`$(this).next().find(".m, ul").removeClass("on")` // 자신의 하위 메뉴들과 하위 서브 메뉴들을 초기화 시킵니다.

`$(this).next().parent().siblings().find(".m, ul").removeClass("on")` // 다른 메뉴들을 초기화 시킵니다.

[예시 4-2]

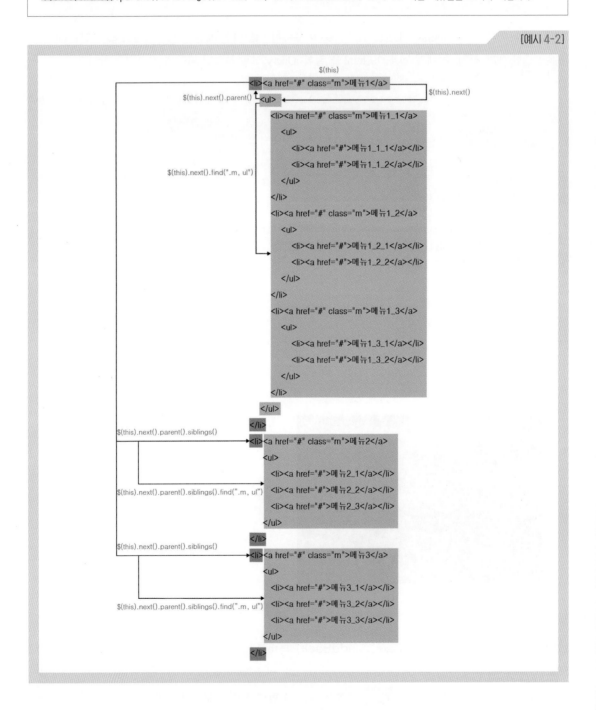

[예시 4-2]에서 '메뉴2', '메뉴3'도 click 이벤트가 발생되면 '메뉴1'과 같은 원리로 요소를 선택합니다.

▶ hasClass( ) 메서드

if 문의 조건식으로 사용됩니다. 선택한 요소 클래스가 있으면 true, 없으면 false를 반환합니다.

```
if($("#box").hasClass("m")){
    console.log("클래스 있음"); // 클래스 있음
}else {
    console.log("클래스 없음");
}
...
<div id="#box" class="m">내용</div>
```

4.3.04 속성 관련 메서드

▶ attr( ) 메서드

선택한 요소의 attribute(속성)를 선택, 생성, 변경할 수 있습니다.

실행 분류	형식
취득	$("a").attr("href");
생성, 변경	$("a").attr("href", "http://icoxpublish.com").attr("target", "_blank");
	$("a").attr({href: "http://icoxpublish.com", target: "_blank"});

콜백 함수	$("a").attr("href", function(index, h) {
	    // index는 각 a 요소의 index 0, 1, 2
	    // h는 각 a 요소 href 속성
	    return attribute(속성) // 각 a 요소의 속성을 생성 및 변경합니다.
	});
	....
	\<a href="http://www.daum.net" target="_blank" title="새창"\>다음\</a\>
	\<a href="http://www.naver.com" target="_blank" title="새창"\>네이버\</a\>
	\<a href="http://www.nate.com" target="_blank" title="새창"\>네이트\</a\>

[예제 ex4-20.html]

```
<!DOCTYPE HTML>
```

```html
<html lang="ko">
<head>
    <meta charset="UTF-8">
    <title>attr() 메서드</title>
    <script src="jquery-3.3.1.min.js"></script>
    <script>
        $(document).ready(function() {
            console.log($("#site > a:eq(0)").attr("href"));
            $("#site > a:eq(1)").attr("href", "http://m.naver.com").text("네이버 모바일");
            $("#site a").attr("title", function() {
                return "새창";
            });
        });
    </script>
</head>
<body>
    <div id="site">
        <a href="http://www.daum.net" target="_blank">다음</a>
        <a href="http://www.naver.com" target="_blank">네이버</a>
        <a href="http://www.nate.com" target="_blank">네이트</a>
    </div>
</body>
</html>
```

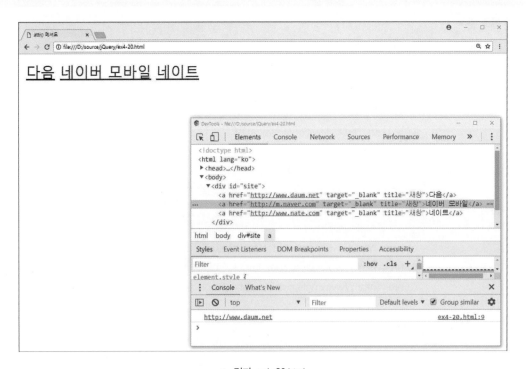

△ 결과 ex4-20.html

▶ prop( ) 메서드

attr( )가 html attribute(속성)에 관련된 메서드라면 prop( )는 자바스크립트 property(프로퍼티)에 관련된
메서드입니다. prop( ) 메서드는 요소의 속성을 true, false로 제어할 수 있습니다.

[예제 ex4-21.html]

```
<!DOCTYPE HTML>
<html lang="ko">
<head>
    <meta charset="UTF-8">
    <title>prop( ) 메서드</title>
    <script src="jquery-3.3.1.min.js"></script>
    <script>
        $(document).ready(function() {
            console.log($("input:checkbox").eq(0).attr("checked"));
            console.log($("input:checkbox").eq(1).prop("checked"));
            $("input:checkbox").eq(0).attr("checked", "checked");
            $("input:checkbox").eq(1).prop("checked", true);
            console.log($("input:checkbox").eq(0).attr("checked"));
            console.log($("input:checkbox").eq(1).prop("checked"));
        });
    </script>
</head>
<body>
    <input type="checkbox" id="html"><label for="html">html</label>
    <input type="checkbox" id="css"><label for="css">css</label>
</body>
</html>
```

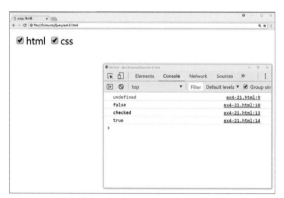 

△ 결과 ex4-21.html

attr( ) 메서드는 checked 속성이 요소에 추가되는 반면 prop( ) 메서드의 true는 자바스크립트의 프로퍼티
로 처리됩니다.

▶ css( ) 메서드

실행 분류	형식
취득	$("div").css("width");
생성, 변경	$("div").css("background-color", "red").css("padding", "10px");
	$("div").css({background-color: "red", padding: "10px"});

콜백 함수	$("div").css("width", function(index, .w) {
	    // index는 각 div 요소의 index 0, 1, 2
	    // w는 각 div 요소의 width 값
	    return css 속성 // 각 div 요소의 css 속성을 변경합니다.
	});
	....
	〈div〉내용〈/div〉
	〈div〉내용〈/div〉
	〈div〉내용〈/div〉

[예제 ex4-22.html]

```
<!DOCTYPE HTML>
<html lang="ko">
<head>
    <meta charset="UTF-8">
    <title>css() 메서드</title>
    <style>
        * {
            margin: 0;
            padding: 0;
        }
        div:nth-child(1) {
            background: red;
        }
        div:nth-child(2) {
            background: green;
        }
        div:nth-child(3) {
            background: blue;
        }
    </style>
    <script src="jquery-3.3.1.min.js"></script>
    <script>
```

```
    $(document).ready(function() {
        $("div").eq(0).css({padding: 10, "text-align": "center"});
        $("div").css("width", function(index) {
            return index * 100 + 100; // 100, 200, 300
        });
    });
    </script>
</head>
<body>
    <div>내용1</div>
    <div>내용2</div>
    <div>내용3</div>
</body>
</html>
```

△ 결과 ex4-22.html

▶ width, height 관련 메서드

메서드 종류	설명
width( )	요소의 가로 길이를 취득, 변경할 수 있습니다.
innerWidth( )	padding이 적용된 요소의 가로 길이를 취득, 변경할 수 있습니다.
outerWidth( )	border와 margin이 적용된 요소의 가로 길이를 취득, 변경할 수 있습니다. outerWidth( )는 요소의 width값 + 좌 · 우 border값 outerWidth(true)는 요소의 width값 + 좌 · 우 border값 + 좌 · 우 margin값
height( )	요소의 높이를 취득, 변경할 수 있습니다.
innerHeight( )	padding이 적용된 요소의 높이를 취득, 변경할 수 있습니다.
outerHeight( )	border와 margin이 적용된 요소의 높이를 취득, 변경할 수 있습니다. outerHeight( )는 요소의 height값 + 상 · 하 border값 outerHeight(true)는 요소의 height값 + 상 · 하 border값 + 상 · 하 margin값

```html
<!DOCTYPE HTML>
<html lang="ko">
<head>
    <meta charset="UTF-8">
    <title>widht, height 관련 메서드</title>
    <style>
        * {
            margin: 0;
            padding: 0;
        }
        div {
            padding: 20px;
            margin: 20px;
            background: #ff6600;
        }
    </style>
    <script src="jquery-3.3.1.min.js"></script>
    <script>
        $(document).ready(function() {
            $("div").width(150).height(150);
            console.log("width " + $("div").width());
            console.log("height " + $("div").height());
            console.log("innerWidth " + $("div").innerWidth());
            console.log("innerHeight " + $("div").innerHeight());
            console.log("outerWidth " + $("div").outerWidth(true));
            console.log("outerHeight " + $("div").outerHeight(true));
        });
    </script>
</head>
<body>
    <div>내용</div>
</body>
</html>
```

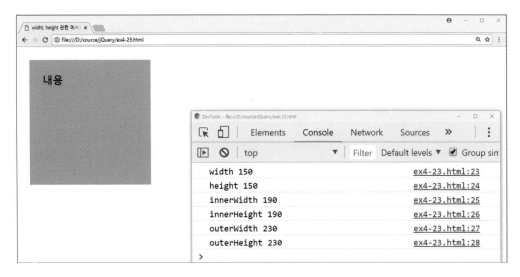

△ 결과 ex4-23.html

▶ 위치 관련 메서드

메서드 종류		설명
offset( )	$("div").offset( ).left $("div").offset( ).top $("div").offset({left: 10, top: 10})	html 기준으로 left, top 값을 취득, 변경할 수 있습니다.
position( )	$("div").position( ).left $("div").position( ).top	부모 요소 기준으로 left, top 값을 취득할 수 있습니다.

[예제 ex4-24.html]

```
<!DOCTYPE HTML>
<html lang="ko">
<head>
    <meta charset="UTF-8">
    <title>위치 관련 메서드</title>
    <style>
        * {
            margin: 0;
            padding: 0;
        }
        #outer {
            width: 500px;
            height: 500px;
            margin: 50px;
```

```
                position: relative;
                background: #ff6600;
            }
            #inner {
                width: 100px;
                height: 100px;
                position: absolute;
                left: 80px;
                top: 50px;
                background: #ccc;
            }
        </style>
        <script src="jquery-3.3.1.min.js"></script>
        <script>
            $(document).ready(function() {
                console.log($("#inner").offset().left);
                console.log($("#inner").offset().top);
                console.log($("#inner").position().left);
                console.log($("#inner").position().top);
            });
        </script>
    </head>
    <body>
        <div id="outer">
            <div id="inner">내용</div>
        </div>
    </body>
</html>
```

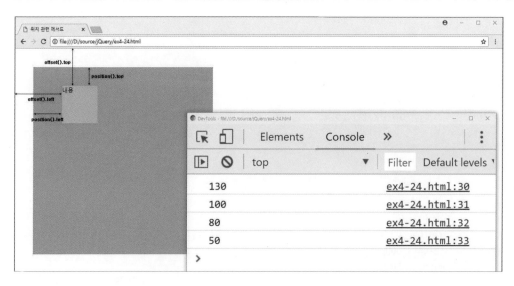

△ 결과 ex4-24.html

▶ 삽입하는 메서드 Ⅰ

메서드 종류		설명
prepend( )	$("div").prepend("〈span〉〈/span〉")	div 요소에 span 요소를 첫 번째 자식 요소로 삽입합니다.
append( )	$("div").append("〈span〉〈/span〉")	div 요소에 span 요소를 마지막 자식 요소로 삽입합니다.
before( )	$("div").before("〈span〉〈/span〉")	div 요소 이전에 span 요소를 삽입합니다.
after( )	$("div").after("〈span〉〈/span〉")	div 요소 다음에 span 요소를 삽입합니다.

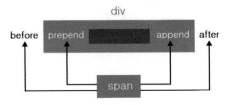

▶ 삽입하는 메서드 Ⅱ

메서드 종류		설명
prependTo( )	$("〈span〉〈/span〉").prependTo("div")	span 요소를 div 요소의 첫 번째 자식 요소로 삽입합니다.
appendTo( )	$("〈span〉〈/span〉").appendTo("div")	span 요소를 div 요소의 마지막 자식 요소로 삽입합니다.
insertBefore( )	$("〈span〉〈/span〉").insertBefore("div")	span 요소를 div 요소의 이전 요소로 삽입합니다.
insertAfter( )	$("〈span〉〈/span〉").insertAfter("div")	span 요소를 div 요소의 다음 요소로 삽입합니다.

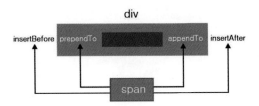

```html
<!DOCTYPE HTML>
<html lang="ko">
<head>
    <meta charset="UTF-8">
    <title>삽입 관련 메서드</title>
    <script src="jquery-3.3.1.min.js"></script>
    <script>
        $(document).ready(function() {
            $("#m1").prepend("<p>삽입1_1</p>");
            $("#m1").append("<p>삽입1_2</p>");
            $("#m1").before("<p>삽입1_3</p>");
            $("#m1").after("<p>삽입1_4</p>");
            $("<p>삽입2_1</p>").prependTo("#m2");
            $("<p>삽입2_2</p>").appendTo("#m2");
            $("<p>삽입2_3</p>").insertBefore("#m2");
            $("<p>삽입2_4</p>").insertAfter("#m2");
        });
    </script>
</head>
<body>
    <div id="m1"><strong>내용1</strong></div>
    <div id="m2"><strong>내용2</strong></div>
</body>
</html>
```

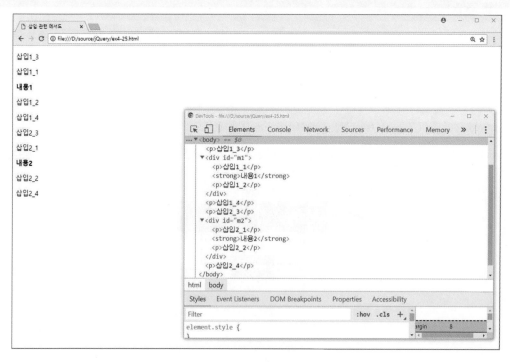

△ 결과 ex4-25.html

다운로드한 예제 파일 중 예제 'ex4-26.html'을 열어 jQuery 코드 부분만 다음과 같이 추가합니다.

[예제 ex4-26.html]

```
<!DOCTYPE HTML>
<html lang="ko">
...
    <script>
        $(document).ready(function() {
            var totalNum = $(".vis > div").length // 4
            var currentNum = 1;
            $(".page_n > span:first").text(currentNum);
            $(".page_n > span:last").text(totalNum);
            $(".next_b").click(function() {
                currentNum++;
                if (currentNum > totalNum) {
                    currentNum = 1;
                }
                $(".vis div:first").insertAfter(".vis div:last");
                $(".page_n > span:first").text(currentNum);
            });
            $(".prev_b").click(function() {
                currentNum--;
                if (currentNum < 1) {
                    currentNum = totalNum;
                }
                $(".vis div:last").insertBefore(".vis div:first");
                $(".page_n > span:first").text(currentNum);
            });
        });
    </script>
...
</html>
```

△ 결과 ex4-26.html

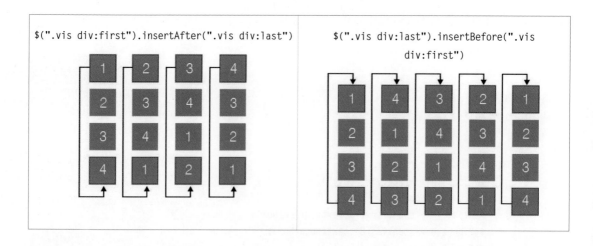

07 스크롤 관련 메서드

▶ scrollTop( ) 메서드, scrollLeft( ) 메서드

메서드 종류		설명
scrollTop( )	$("div").scrollTop( )	div 요소의 scrollTop 값을 취득합니다.
	$("div").scrollTop(20)	div 요소의 scrollTop 값을 20으로 변경합니다.
scrollLeft( )	$("div").scrollLeft( )	div 요소의 scrollLeft 값을 취득합니다.
	$("div").scrollLeft(20)	div 요소의 scrollLeft 값을 20으로 변경합니다.

[예제 ex4-27.html]

```html
<!DOCTYPE HTML>
<html lang="ko">
<head>
    <meta charset="UTF-8">
    <title>스크롤 관련 메서드</title>
    <style>
        * {
            margin: 0;
            padding: 0;
        }
        #outer {
            width: 500px;
            height: 500px;
```

```
            margin: 0 auto;
            border: 1px solid #333;
            overflow: auto;
        }
        .inner {
            width: 1000px;
            height: 1000px;
            background: #ff6600;
        }
        #info {
            position: fixed;
            top: 0;
            left: 50%;
            width: 300px;
            margin-left: -550px;
            text-align: right;
        }
    </style>
    <script src="jquery-3.3.1.min.js"></script>
    <script>
        $(document).ready(function() {
            var top = $("#outer").scrollTop();
            var left = $("#outer").scrollLeft();
            $("#info span").text("scrollTop: " + top + " / " + "scrollLeft: " + left);
            $("#outer").scroll(function() {
                top = $("#outer").scrollTop();
                left = $("#outer").scrollLeft();
                $("#info span").text("scrollTop: " + top + " / " + "scrollLeft: " + left);
            });
            $("button").click(function () {
                $("#outer").scrollTop(250).scrollLeft(250);
            });
        });
    </script>
</head>
<body>
    <div id="outer">
        <div class="inner"></div>
    </div>
    <div id="info">
```

```
        <span></span>
        <button>클릭</button>
    </div>
</body>
</html>
```

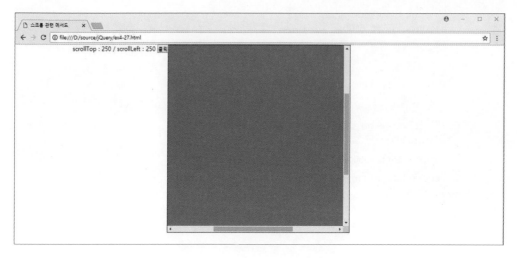

△ 결과 ex4-27.html

[예제 ex4-27]에서 $("#outer").scroll( ) 부분은 jQuery 이벤트로 스크롤을 움직였을 때 이벤트를 발생 시켜 줍니다. → **01** 이벤트 종류의 윈도우 관련 이벤트 부분에서 자세히 다룹니다.

[예제 ex4-28.html]

```
<!DOCTYPE HTML>
<html lang="ko">
<head>
    <meta charset="UTF-8">
    <title>스크롤 관련 메서드</title>
    <style>
        * {
            margin: 0;
            padding: 0;
        }
        #wrap{
            height: 2000px;
        }
        #up{
```

```
            position: fixed;
            left: 0;
            bottom: 0;
            width: 100%;
            transition: all 0.5s ease;
            opacity: 0;
            visibility: hidden;
        }
        #up.on{
            opacity: 1;
            visibility: visible;
        }
        #up a{
            display: block;
            padding: 20px;
            text-align: center;
            background: #333;
            text-decoration: none;
            color: #fff;
        }
    </style>
    <script src="jquery-3.3.1.min.js"></script>
    <script type="text/javascript">
        $(document).ready(function() {
            $(window).scroll(function() {
                if($(this).scrollTop() > 100){
                    $("#up").addClass("on");
                }else{
                    $("#up").removeClass("on");
                }
            });
            $("#up a").click(function(event) {
                $(window).scrollTop(0);
                event.preventDefault();
            });
        });
    </script>
</head>
<body>
    <div id="wrap"></div>
    <div id="up"><a href="#">TOP</a></div>
</body>
</html>
```

△ 결과 ex4-28.html

08 삭제 관련 메서드

▶ removeAttr( ), empty( ), remove( ), detach( ) 메서드

메서드 종류		설명
removeAttr( )	$("a").removeAttr("href")	a 요소의 href 속성을 제거합니다.
empty( )	$("div").empty( )	div 요소의 하위 요소를 삭제합니다.
remove( )	$("div").remove( )	div 요소를 완전히 삭제합니다.
detach( )	$("div").detach( )	remove( ) 메서드처럼 div를 삭제하지만 완전히 삭제되는 것이 아니기 때문에, 필요할 때 원하는 위치에 다시 삽입할 수 있습니다.

[예제 ex4-29.html]

```
<!DOCTYPE HTML>
<html lang="ko">
```

```
<head>
    <meta charset="UTF-8">
    <title>삭제관련 메서드</title>
    <script src="jquery-3.3.1.min.js"></script>
    <script>
        $(document).ready(function() {
            var detachDiv;
            $("button:eq(0)").click(function() {
                $("m1 a").removeAttr("href");
                $("#m2").empty();
                $("#m3").remove();
                detachDiv = $("#m4").detach();
            });
            $("button:eq(1)").click(function() {
                detachDiv.insertAfter("#m2");
            });
        });
    </script>
</head>
<body>
    <div id="m1"><a href="#">링크</a></div>
    <div id="m2">
        <span>내용1</span>
    </div>
    <div id="m3">
        <span>내용2</span>
    </div>
    <div id="m4">
        <span>내용3</span>
    </div>
    <button>삭제</button>
    <button>detach</button>
</body>
</html>
```

△ 결과 ex4-29.html

메서드 종류		설명
clone( )	$("div").clone( )	div 요소를 복사합니다.
wrap( )	$("div span").wrap("\<div\>\</div\>")	span 요소를 div로 감싸 줍니다. span 요소가 여러 개 있을 경우 요소 각각을 div 요소로 감싸 줍니다.
wrapAll( )	$("div span").wrapAll("\<div\>\</div\>")	span 요소를 div로 감싸 줍니다. span 요소가 여러 개 있을 경우 요소들을 한 번에 div 요소로 감싸 줍니다.
wrapInner( )	$("div").wrapInner("\<p\>\</p\>");	div 하위 요소를 p 요소로 감싸 줍니다.
replaceWith( )	$("div").replaceWith("\<p\>\</p\>");	div 요소를 p 요소로 변경해 줍니다.
replaceAll( )	$("\<p\>\</p\>").replaceAll("div");	div 요소를 p 요소로 바꿔 줍니다. replaceWith( ) 메서드와 동일 하지만 replaceAll( )은 변경할 요소를 먼저 생성한 이후 대상 요소와 바꿉니다.

[예제 ex4-30.html]

```
<!DOCTYPE HTML>
<html lang="ko">
<head>
    <meta charset="UTF-8">
    <title>복사 및 감싸기 관련 메서드</title>
    <style>
        li {
            display: inline-block;
        }
    </style>
    <script src="jquery-3.3.1.min.js"></script>
    <script>
        $(document).ready(function() {
            $(".m1").clone().insertAfter(".m1");
            $("#m2 strong").wrap("<div></div>");
            $("#m3 strong").wrapAll("<div></div>");
            $("#m4").wrapInner("<div></div>");
            $("#m5").replaceWith("<p>변경6</p>");
            $("<p>변경7</p>").replaceAll("#m6");
        });
```

```
        </script>
    </head>
<body>
    <ul class="m1">
        <li><img src="1.jpg" alt="HTML"></li>
        <li><img src="2.jpg" alt="CSS"></li>
        <li><img src="3.jpg" alt="Javascript"></li>
        <li><img src="4.jpg" alt="jQuery"></li>
    </ul>
    <div id="m2">
        <strong>내용1</strong><strong>내용2</strong>
    </div>
    <div id="m3">
        <strong>내용3</strong><strong>내용4</strong>
    </div>
    <div id="m4">내용5</div>
    <div id="m5">내용6</div>
    <div id="m6">내용7</div>
</body>
</html>
```

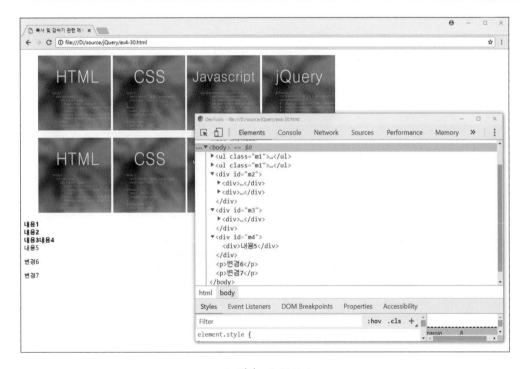

△ 결과 ex4-30.html

4.4 | jQuery 이벤트

4.4.01 이벤트 종류

jQuery 이벤트는 Javascript 이벤트와 비슷합니다.

▶ 마우스 이벤트

이벤트 종류	설명
click( )	마우스를 클릭했을 때 이벤트를 발생시킵니다.
dblclick( )	마우스를 더블클릭했을 때 이벤트를 발생시킵니다.
mouseover( )	마우스를 오버했을 때 이벤트를 발생시킵니다.
mouseout( )	마우스를 아웃했을 때 이벤트를 발생시킵니다.
mouseenter( )	마우스가 들어갔을 때 이벤트를 발생시킵니다.
mouseleave( )	마우스가 떠났을 때 이벤트를 발생시킵니다.
mousedown( )	마우스를 눌렀을 때 이벤트를 발생시킵니다.
mouseup( )	마우스를 떼었을 때 이벤트를 발생시킵니다.
mousemove( )	마우스를 움직였을 때 이벤트를 발생시킵니다.
hover( )	mouseenter( )와 mouseleave( )를 하나로 만든 이벤트입니다.

TIP

mouseover( ), mouseout( )와 mouseenter( ), mouseleave( )의 차이점

부모와 자식 요소의 구조에서 부모 요소에게 mouseover( ), mouseout( ) 이벤트를 적용하면 자식 요소에도 동일한 이벤트가 발생되는 문제가 발생됩니다. 반면 mouseenter( ), mouseleave( )는 자식 요소에게 이벤트의 영향을 주지 않습니다.

```html
<!DOCTYPE HTML>
<html lang="ko">
<head>
    <meta charset="UTF-8">
    <title>mouseover(), mouseout()와 mouseenter(), mouseleave()의 차이점</title>
    <style>
        .bg {
            padding: 40px;
            margin-bottom: 40px;
            background: #ccc;
        }
        .inner {
            padding: 20px;
            background: #999;
        }
    </style>
    <script src="jquery-3.3.1.min.js"></script>
    <script>
        $(document).ready(function() {
            $(".wrap1").mouseover(function() {
                $(".display").append("<strong>마우스오버</strong>");
            });
            $(".wrap2").mouseenter(function() {
                $(".display").append("<em>마우스들어감</em>");
            });
        });
    </script>
</head>
<body>
    <div class="wrap1 bg">
        <div class="inner">mouseover</div>
    </div>
    <div class="wrap2 bg">
        <div class="inner"> mouseenter</div>
    </div>
    <div class="display"></div>
</body>
</html>
```

△ 결과 ex4-31.html

[예제 ex4-32.html]

```html
<!DOCTYPE HTML>
<html lang="ko">
<head>
    <meta charset="UTF-8">
    <title>hover()</title>
    <style>
        * {
            margin: 0;
            padding: 0;
        }
        .pic{
            background: #ccc;
        }
        .pic img{
            transform:translateX(-200px);
            transition: all 0.5s ease;
            vertical-align: top;
        }
        .pic img.on{
            transform:translateX(0);
        }
```

```
    button{
        width: 200px;
        height: 50px;
        border: none;
        background: #333;
        color: #fff;
        cursor: pointer;
    }
    </style>
    <script src="jquery-3.3.1.min.js"></script>
    <script>
        $(document).ready(function() {
            $("button").hover(function() {
                $(".pic img").toggleClass("on");
            }, function() {
                $(".pic img").toggleClass("on");
            });
        });
    </script>
</head>
<body>
    <div class="pic"><img src="4.jpg" alt="jQuery"></div>
    <button>hover 이벤트</button>
</body>
</html>
```

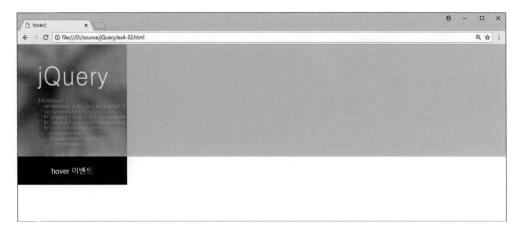

△ 결과 ex4-32.html

▶ 키보드 이벤트

이벤트 종류	설명
keydown( )	키보드를 누를 때 이벤트가 발생합니다.
keypress( )	keydown( ) 이벤트와 유사하지만 alt, ctrl, shift, esc와 같은 특수키는 이벤트가 발생하지 않습니다.
keyup( )	키보드를 떼었을 때 이벤트가 발생합니다.

[예제 ex4-33.html]

```html
<!DOCTYPE HTML>
<html lang="ko">
<head>
    <meta charset="UTF-8">
    <title>키보드 이벤트</title>
    <style>
        body{
            font-size: 12px;
        }
        textarea{
            width: 300px;
            height: 200px;
            border: 1px solid #000;
        }
        textarea.on{
            background: #ff6600;
            color: #fff;
        }
        #display {
            width: 300px;
            height:100px;
            word-break: break-all;
            border: 1px solid #000;
            overflow: auto;
        }
    </style>
    <script src="jquery-3.3.1.min.js"></script>
    <script>
        $(document).ready(function() {
```

```
        $("textarea").keydown(function() {
            $(this).addClass("on");
        }).keyup(function() {
            $("#display").text($(this).val());
        });
    });
    </script>
</head>
<body>
    <textarea></textarea>
    <div id="display"></div>
</body>
</html>
```

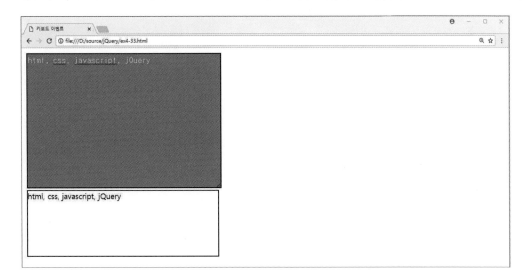

△ 결과 ex4-33.html

▶ 윈도우 관련 이벤트

이벤트 종류	설명
ready( )	문서가 모두 로드되면 이벤트가 발생합니다.
resize( )	윈도우의 사이즈가 변경될 때 이벤트가 발생합니다.
scroll( )	스크롤바를 움직일 때 이벤트가 발생합니다.

다운로드한 예제 파일 중 예제 'ex4-34.html'을 열어 jQuery 코드 부분만 다음과 같이 추가합니다.

```
<!DOCTYPE html>
<html lang="ko">
...
    <script>
        $(document).ready(function() {
            if ($(this).width() < 960) {
                $("header").addClass("bg");
            } else {
                $("header").removeClass("bg");
            }
            $(window).scroll(function() {
                if ($(this).scrollTop() > $("header").height()) {
                    $("#quick").addClass("on");
                } else {
                    $("#quick").removeClass("on");
                }
            }).resize(function() {
                if ($(this).width() < 960) {
                    $("header").addClass("bg");
                } else {
                    $("header").removeClass("bg");
                }
            });
        });
    </script>
...
</html>
```

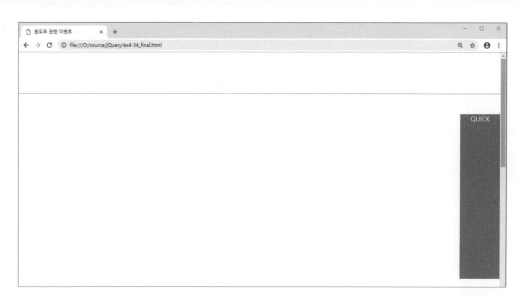

△ 결과 ex4-34.html

[결과 ex4-34]에서 jQuery가 잘 작동 되는지 확인하는 방법은 윈도우의 스크롤을 내려 header가 브라우저에서 보이지 않는 순간부터 QUICK 박스가 고정이 되기 시작하며 브라우저의 사이즈를 960px 미만으로 줄였을 때 header 요소의 배경색이 변하는지 확인하면 됩니다.

▶ 폼 관련 이벤트

이벤트 종류	설명
focus( )	선택된 요소에 포커스가 들어오면 이벤트가 발생합니다.
blur( )	선택된 요소에서 포커스가 떠나면 이벤트가 발생합니다.
focusin( )	선택된 요소나 자식 요소에 포커스가 들어오면 이벤트가 발생합니다.
focusout( )	선택된 요소나 자식 요소에서 포커스가 떠나면 이벤트가 발생합니다.
change( )	선택된 요소에 값이 변경 되었을 때 이벤트가 발생합니다.
select( )	선택된 요소의 텍스트를 선택하였을 때 이벤트가 발생합니다.
submit( )	form이 전송될 때 이벤트가 발생합니다.

▶ 폼 관련 메서드 및 속성

메서드 및 속성	설명
val( )	입력요소의 값을 취득하거나 변경할 수 있습니다.
length	요소나 요소 값의 개수를 취득할 수 있습니다.

다운로드한 예제 파일 중 예제 'ex4-35.html'을 열어 jQuery 코드 부분만 다음과 같이 추가합니다.

[예제 ex4-35.html]

```
<!DOCTYPE html>
<html lang="ko">
...
    <script>
        $(document).ready(function() {
            $("#m1 input").focus(function() {
                $(this).addClass("on");
            }).blur(function() {
                $(this).removeClass("on")
            });
```

```
            $("#m2").focusin(function() {
                $(this).children().addClass("on");
            }).focusout(function() {
                $(this).children().removeClass("on")
            });
            $("#m3 input").change(function() {
                var c = confirm("값을 바꾸시겠습니까?");
                if (!c) {
                    $(this).val(10);
                }
            });
            $("#m4 input").select(function() {
                var v = $(this).val();
                var size = v.length;
                alert(v + " 총 " + size + "문자를 선택하셨습니다.");
            });
            $(".frm").submit(function() {
                if (!$("#id").val()) {
                    $(".msg1").css("display", "block");
                    $("#id").focus();
                    return false;
                }else {
                    $(".msg1").css("display", "none");
                }
                if (!$("#pw").val()) {
                    $(".msg2").css("display", "block");
                    $("#pw").focus();
                    return false;
                }
            });
        });
    </script>
...
</html>
```

△ 결과 ex4-35.html

4.4.02 이벤트 연결

jQuery에서 이벤트를 연결하는 방법에는 앞의 예제들에서 실습한 것처럼 요소에 직접 연결하는 방식과 이벤트 메서드를 이용해서 연결하는 방식이 있습니다.

▶ 이벤트 직접 연결 형식

```
$(selector).이벤트(function() {
    ...
});
```

```
$("button").click(function() {
    console.log("이벤트 연결");
});
$("span").hover(function() {
    $(this).addClass("on");
}, function() {
    $(this).removeClass("on")
});
```

▶ 이벤트 연결 메서드

메서드	설명

on( )	`$("button").on("click", function( ) {`
	`    console.log("이벤트 연결");`
	`});`
	
	button 요소에 click 이벤트를 연결합니다.

	`$("button").on("mouseenter focus", function( ) {`
	`    console.log("이벤트 연결");`
	`});`
	
	button 요소에 mouseenter와 focus 이벤트를 연결합니다.

	`$("div").on("click", "button", function( ) {`
	`    console.log("이벤트 연결");`
	`});`
	
	div의 하위 요소 button 요소에 click 이벤트를 연결합니다.

	`$("button").on({`
	`    click: function( ) {console.log("이벤트1");},`
	`    dblclick: function( ) {console.log("이벤트2");}`
	`});`
	
	이벤트를 객체 리터럴 방식으로 연결합니다.

	`function tabs( ) {`
	`    ...`
	`}`
	`$("button").on("click", tabs);`
	
	button 요소를 클릭하면 tabs 함수가 실행 합니다.

	`$("div").on("click", function( ) {`
	`    $("p", this).css("background", "#ff0000");`
	`});`
	
	div 요소를 클릭하면 div의 하위 요소 p요소를 선택합니다.
	this는 div 요소를 의미합니다.

off( )	`$("button").off("click");` 연결된 이벤트를 제거합니다.

one( )	`$("button").one("click", function( ) {`
	`    console.log("이벤트 연결");`
	`});`
	
	이벤트를 한번만 연결합니다.

[예제 ex4-36.html]

```html
<!DOCTYPE html>
<html lang="ko">
<head>
    <meta charset="UTF-8">
    <title>이벤트 연결 메서드</title>
    <style>
```

```
        *{
            margin: 5px;
        }
        .on{
            background: #ff6600;
            color: #fff;
        }
    </style>
    <script src="jquery-3.3.1.min.js"></script>
    <script>
        $(document).ready(function() {
            $("#m1 button").on("click", function() {
                alert("이벤트 연결1");
            });
            $("#m2").on("click", "button", function() {
                alert("이벤트 연결2");
            });
            $("#m3 button").on({
                mouseenter: function() {
                    $(this).toggleClass("on");
                }, mouseleave: function() {
                    $(this).toggleClass("on");
                }
            });
            function showEvnet(){
                alert("이벤트 연결3");
            }
            $("#m4 button").on("click", showEvnet);
            $("#m5 button").on("click", function() {
                alert("이벤트 제거");
            }).off();
             $("#m6 button").one("click", function() {
                alert("이벤트 한번만 연결");
            });
             $("#m7").on("click", function() {
                $("p", this).css("background", "#ff0000");
            });
        });
    </script>
</head>
```

```
<body>
    <div id="m1">
        <button>클릭1</button>
    </div>
    <div id="m2">
        <button>클릭2_1</button>
        <button>클릭2_2</button>
    </div>
    <div id="m3">
        <button>클릭3</button>
    </div>
    <div id="m4">
        <button>클릭4</button>
    </div>
    <div id="m5">
        <button>클릭5</button>
    </div>
    <div id="m6">
        <button>클릭6</button>
    </div>
    <div id="m7">
        <p>클릭7</p>
    </div>
</body>
</html>
```

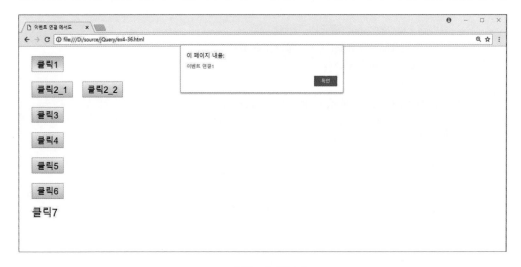

△ 결과 ex4-36.html

▶ 이벤트 강제 실행

메서드		설명
trigger( )	$("button").on("click, function( ) { console.log("이벤트 강제 실행"); }).trigger("click");	button 요소를 클릭하지 않아도 click 이벤트 강제 실행합니다.

[예제 ex4-37.html]

```
<!DOCTYPE html>
<html lang="ko">
<head>
    <meta charset="UTF-8">
    <title>이벤트 강제 실행</title>
    <style>
        *{
            margin: 0;
        }
        body{
            overflow: hidden;
        }
        #con1{
            height: 100px;
            background: #718c00;
            transform: translateX(-98%);
            transition: all 0.5s ease
        }
        #con2{
            height: 100px;
            background: #cc3300;
            transform: translateX(98%);
            transition: all 0.5s ease
        }
        #con1.on, #con2.on{
            transform: translateX(0);
        }
    </style>
    <script src="jquery-3.3.1.min.js"></script>
    <script>
        $(document).ready(function() {
```

```
            $("button:eq(0)").on("click", function() {
                $("#con1").toggleClass("on");
            }).trigger("click");
            $("button:eq(1)").on("click", function() {
                $("#con2").toggleClass("on");
            }).trigger("click");
            $("button:eq(2)").on("click", function() {
                $("button:eq(0)").trigger("click");
                $("button:eq(1)").trigger("click");
            });
        });
    </script>
</head>
<body>
    <div id="con1"></div>
    <div id="con2"></div>
    <button>클릭1</button>
    <button>클릭2</button>
    <button>all</button>
</body>
</html>
```

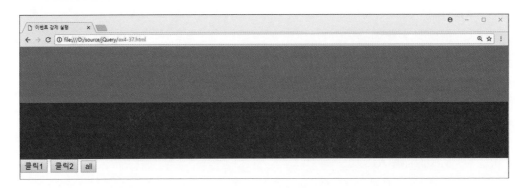

△ 결과 ex4-37.html

4.4.03 / 이벤트 객체

이벤트 객체에 대해서는 이미 자바스크립트 파트의 **3.7.03** 이벤트 객체에서 학습해 보았습니다. jQuery 이벤트 객체도 자바스크립트 이벤트 객체와 비슷합니다.

```
$("button").click(function(event) {
    console.log(event.type); // click
    console.log(event.target); // [object HTMLButtonElement]
    event.preventDefault(); // 기본 이벤트 방지
    event.stopPropagation(); // 이벤트 버블링 방지
});
```

앞의 **4.3 01** 배열 관련 메서드에서 학습한 $.each( ) 메서드를 이용하여 객체의 속성들에는 어떤 것들이 있는지 확인해 보도록 하겠습니다.

[예제 ex4-38.html]

```
<!DOCTYPE html>
<html lang="ko">
<head>
    <meta charset="UTF-8">
    <title>이벤트 객체</title>
    <style>
        *{
            margin: 0;
            padding: 0;
        }
        .display{
            border: 1px solid #ccc;
        }
    </style>
    <script src="jquery-3.3.1.min.js"></script>
    <script>
        $(document).ready(function() {
            $("button").click(function(event) {
                $.each(event, function(properties, value) {
                    $(".display").append("<p>" + properties + ": " + value +"</p>");
                });
            });
        });
    </script>
</head>
<body>
```

```
    <button>이벤트 객체 보기</button>
    <div class="display">이벤트 객체</div>
</body>
</html>
```

△ 결과 ex4-38.html

이벤트 객체의 속성 중에서 pageX와 pageY 속성을 이용하여 실습해 보도록 하겠습니다. pageX와 pageY 는 현재 문서 기준의 마우스 x(left), y(top) 좌표 값 정보를 취득할 수 있는 속성들입니다.

예제 파일 중 예제 'ex4-39.html'을 열어 jQuery 코드 부분만 다음과 같이 추가합니다.

[예제 ex4-39.html]

```
<!DOCTYPE html>
<html lang="ko">
...
    <script>
        $(document).ready(function() {
            $(".subject").mousemove(function(event) {
```

```
            var x = event.pageX;
            var y = event.pageY;
            $(".tip").css({left: x +10 , top: y - 40}).addClass("on");
        }).mouseleave(function() {
            $(".tip").removeClass("on");
        });
    });
  </script>
...
</html>
```

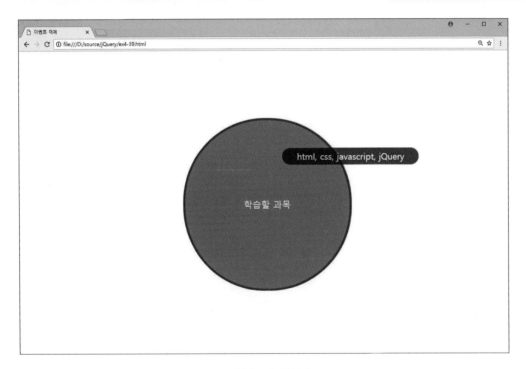

△ **결과** ex4-39.html

jQuery 이벤트 객체에 대한 속성은 https://api.jquery.com/category/events/event-object에서 자세히 확인 할 수 있습니다.

▶ preventDefault( )와 stopPropagation( ) 메서드

이벤트 객체의 속성 중 preventDefault( )와 stopPropagation( ) 메서드는 자바스크립트 파트의 **3.7 03** 이벤트 객체 내용 중 벤트 객체 주요 메서드 부분에서 학습해 보았습니다. preventDefault( ) 메서드의 경우 html의 기본 이벤트의 실행을 막아 주고 stopPropagation( ) 메서드는 이벤트 버블링을 방지해 줍니다.

다운로드한 예제 파일 중 예제 'ex4-40.html'을 열어 jQuery 코드 부분만 다음과 같이 추가합니다.

[예제 ex4-40.html]

```html
<!DOCTYPE html>
<html lang="ko">
...
    <script>
        $(document).ready(function() {
            $("#title a").click(function(event) {
                if ($(this).hasClass("on")) {
                    $(this).add("#list").removeClass("on");
                } else {
                    $(this).add("#list").addClass("on");
                }
                event.preventDefault();
                event.stopPropagation();
                // return false;
            });
            $("html").click(function() {
                $("#title a").add("#list").removeClass("on");
            });
        });
    </script>
...
</html>
```

△ 결과 ex4-40.html

[예제 ex4-40]에서 event.preventDefault( ) 메서드는 a 요소에 있는 기본 이벤트의 실행을 막아주고 event.stopPropagation( ) 메서드는 상위 요소의 이벤트가 발생되는 것을 막아 줍니다.

여기에서는 $("#title a").click( ) 했을 때 상위 요소의 $("html").click( ) 이벤트가 발생되는 것을 막아 줍니다. 만약 이벤트 버블링이 발생되면 $("#title a").click( ) 이벤트와 $("html").click( ) 이벤트가 충돌되어 리스트가 나타나지 않습니다. 또, event.preventDefault( )와 event.stopPropagation( ) 대신 return false를 주어도 두 메서드의 기능을 대신합니다.

4.5 | jQuery 효과

4.5.01 기본 효과

jQuery에서 제공해주는 기본 효과 메서드는 단순하면서도 많이 사용되는 애니메이션 메서드입니다.

▶ 기본 효과 메서드

메서드		설명
show( )	$("div").show( )	div 요소를 보여 줍니다.
hide( )	$("div").hide( )	div 요소를 사라지게 합니다.
toggle( )	$("div").toggle( )	show( )와 hide( )를 하나로 만든 메서드입니다.
slideDown( )	$("div").slideDown( )	div 요소를 아래로 슬라이드 시킵니다.
slideUp( )	$("div").slideUp( )	div 요소를 위로 슬라이드 시킵니다.
slideToggle( )	$("div").slideToggle( )	slideDown( )과 slideUp( )을 하나로 만든 메서드입니다.
fadeIn( )	$("div").fadeIn( )	div 요소를 서서히 나타나게 합니다.
fadeOut( )	$("div").fadeOut( )	div 요소를 서서히 사라지게 합니다.
fadeTo( )	$("div").fadeTo(0.5)	0~1 사이의 opacity값을 조절할 수 있습니다.
fadeToggle( )	$("div").fadeToggle( )	fadeIn( )과 fadeOut( )을 하나로 만든 메서드입니다.

$(selector).show(speed, easing, callback);
// speed는 속도를 조절 해주는 매개 변수로 "slow", "fast", milliseconds(1000분의 1초)를 적용할 수 있습니다.
// easing은 움직임 효과로 "swing", "linear"를 적용할 수 있습니다.
// callback은 show( ) 메서드가 종료된 후 실행되는 함수입니다.
// show( ), hide( ), toggle( ) 메서드는 매개 변수를 생략할 경우 애니메이션이 적용되지 않고 단순한 show, hide 기능이 됩니다.

```html
<!DOCTYPE html>
<html lang="ko">
<head>
    <meta charset="UTF-8">
    <title>기본 효과 메서드</title>
    <style>
        * {
            margin: 5px;
        }
        .box {
            width: 200px;
            height: 200px;
            border: 2px solid #333;
            display: none;
        }
    </style>
    <script src="jquery-3.3.1.min.js"></script>
    <script>
        $(document).ready(function() {
            $("#m1 button:eq(0)").click(function() {
                $("#m1 .box").show();
            });
            $("#m1 button:eq(1)").click(function() {
                $("#m1 .box").hide();
            });
            $("#m1 button:eq(2)").click(function() {
                $("#m1 .box").toggle("fast", "swing");
            });
            $("#m2 button:eq(0)").click(function() {
                $("#m2 .box").slideDown("fast", "swing");
            });
            $("#m2 button:eq(1)").click(function() {
                $("#m2 .box").slideUp("slow", "swing");
            });
            $("#m2 button:eq(2)").click(function() {
                $("#m2 .box").slideToggle(250, "linear");
            });
            $("#m3 button:eq(0)").click(function() {
                $("#m3 .box").fadeIn("fast", "swing", function() {
```

```
                    $(this).text("jQuery");
                });
            });
            $("#m3 button:eq(1)").click(function() {
                $("#m3 .box").fadeOut("fast", "swing", function() {
                    $(this).text("내용3");
                });
            });
            $("#m3 button:eq(2)").click(function() {
                $("#m3 .box").fadeToggle("fast", "swing", function() {
                    if($(this).css("display") == "none"){
                        $(this).text("내용3");
                    }else {
                        $(this).text("jQuery");
                    }
                });
            });
        });
    </script>
</head>
<body>
    <div id="m1">
        <button>show</button>
        <button>hide</button>
        <button>toggle</button>
        <div class="box">내용1</div>
    </div>
    <div id="m2">
        <button>slideDown</button>
        <button>slideUp</button>
        <button>slideToggle</button>
        <div class="box">내용2</div>
    </div>
    <div id="m3">
        <button>fadeIn</button>
        <button>fadeOut</button>
        <button>fadeToggle</button>
        <div class="box">내용3</div>
    </div>
</body>
</html>
```

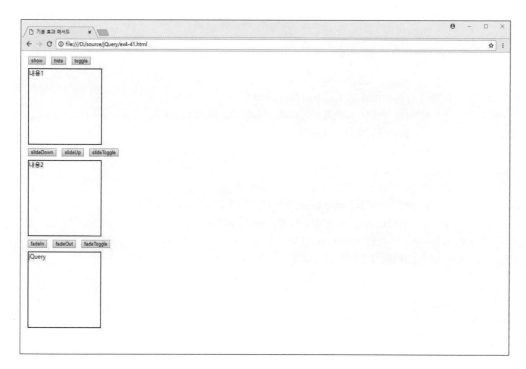

△ 결과 ex4-41.html

다운로드한 예제 파일 중 예제 'ex4-42.html'을 열어 jQuery 코드 부분만 다음과 같이 추가합니다.

[예제 ex4-42.html]

```
<!DOCTYPE html>
<html lang="ko">
...
    <script>
        $(document).ready(function() {
            $("#control a").click(function() {
                var num = Number($(this).text()) - 1; // 0, 1, 2, 3
                $(this).addClass("on").siblings().removeClass("on");
                $("#pic > div").filter(":visible").stop(true).fadeOut(350).end().eq(num).
                stop(true).fadeIn(350);
            });
            $("#control a:first").addClass("on").add("#pic > div:first").show();
        });
    </script>
...
</html>
```

△ 결과 ex4-42.html

[예제 ex4-42]에서 $(this).addClass("on").siblings().removeClass("on") 부분은 번호를 클릭했을 때 클릭된 번호 요소만 addClass()가 적용되고 나머지 번호 요소들은 removeClass()가 적용되게 합니다. $("#pic 〉 div").filter(":visible").stop(true).fadeOut(350).end().eq(num).stop(true).fadeIn(350); 부분은 현재 #pic 〉 div 요소 중 visible된 div 요소는 fadeOut()을 시키고 클릭한 번호에 해당하는 div 요소는 fadeIn() 시킵니다. stop() 메서드는 4.5.**02** Custom 효과에서 자세히 설명하도록 하겠습니다.

$("#control a:first").addClass("on").add("#area 〉 div:first").show()은 웹페이지가 실행되었을 때 첫 번째 번호와 이미지가 활성화 되도록 합니다.

기본 효과 메서드를 이용한 예제를 하나 더 연습해 보도록 하겠습니다. 예제 'ex4-43.html'을 열어 jQuery 코드 부분만 다음과 같이 추가합니다.

[예제 ex4-43.html]

```
<!DOCTYPE html>
<html lang="ko">
...
    <script>
        $(document).ready(function() {
            $("#gnb .m").on("mouseenter focusin", function() {
                $("ul", this).show();
                $(this).siblings("li").find("ul").hide();
                $(this).addClass("on").siblings("li").removeClass("on");
```

```
        }).on("mouseleave", function() {
            $("#gnb ul").hide().add("#gnb .m").removeClass("on");
        });
        $("*:not('#gnb a')").on("focus", function() {
            $("#gnb ul").hide().add("#gnb .m").removeClass("on");
        });
    });
</script>
...
```

△ 결과 ex4-43.html

[예제 ex4-43]은 클래스가 m인 요소에 마우스가 들어
가면 자신의 하위 요소 중 ul 요소('서브메뉴')를 show
시키고 형제 요소의 하위 ul 요소('다른 서브메뉴')를
모두 hide 시킵니다. 또, 자신의 요소에 on 클래스(밑
줄)를 추가하고 다른 형제 요소들은 on 클래스를 제거
합니다.

```
▼<ul id="gnb">
  ▼<li class="m on">
      <a href="#">메뉴1</a>
    ▶<ul style="display: block;">…</ul>
    </li>
  ▼<li class="m">
      <a href="#">메뉴2</a>
    ▶<ul style="display: none;">…</ul>
    </li>
  ▼<li class="m">
      <a href="#">메뉴3</a>
    ▶<ul style="display: none;">…</ul>
    </li>
```

클래스가 m인 요소에 마우스가 빠지면 모든 ul 요소
('서브메뉴')를 hide 시키고 자신의 요소의 on 클래스(밑줄)를 제거합니다.

focusin 이벤트와 $("*:not('#gnb a')").on("focus", function() {...})의 focus 이벤트는 키보드('Tab 키로
이동') 접근성을 위한 코드입니다.

Custom 효과

기본 효과 메서드는 정해진 애니메이션만을 사용 할 수 있지만, Custom 효과 메서드는 사용자가 원하는
애니메이션을 직접 만들어 사용할 수 있습니다.

▶ animate( ) 메서드

메서드	설명

animate( )	```$("div").animate({left: 50}, "fast", "swing", function( ) {```
	``` ...```
	```});```
	```$("div").animate({left: "+=50"}, "fast", "swing", function( ) {```
	``` ...```
	```});```
	```$("div").animate({width: "toggle"}, "fast", "swing", function( ) {```
	``` ...```
	```});```

	```$(selector).animate({속성: 값}, speed, easing, callback);```
	// {속성: 값}에서 속성은 css 속성을 의미합니다.
	// speed는 속도를 조절 해주는 매개 변수로 "slow", "fast", milliseconds(1000분의 1초)를 적용 할 수 있습니다.
	// easing은 움직임 효과로 "swing", "linear"를 적용할 수 있습니다.
	// callback은 애니메이션이 종료된 후 실행되는 함수입니다.
	// "+=50"은 현재 속성 값에 50을 더한 애니메이션이 계속 적용됩니다.
	// width: "toggle"은 div 요소의 width값이 100px인 경우 width 값을 100px ~ 0, 0 ~ 100px로 애니메이션 시킵니다.

[예제 ex4-44.html]

```html
<!DOCTYPE html>
<html lang="ko">
<head>
    <meta charset="UTF-8">
    <title>animate() 메서드</title>
    <style>
        *{
            margin: 5px;
        }
        div{
```

```
            width: 100px;
            height: 100px;
            background: #ff6600;
            position: relative;
        }
        .m1{
            overflow: hidden;
        }
        .m1 span{
            position: relative;
            top: -50px;
        }
    </style>
    <script src="jquery-3.3.1.min.js"></script>
    <script>
        $(document).ready(function() {
            $("button:eq(0)").click(function() {
                $(".m0").animate({left: 500}, "fast", "swing").animate({left: 0}, "slow",
"swing");
            });
            $("button:eq(1)").click(function() {
                $(".m1 span").css("top", -50);
                $(".m1").animate({left: 500}, "fast", "swing").animate({left: 0}, "slow",
"swing", function() {
                    $(this).find("span").animate({top: 30}, "fast", "swing");
                });
            });
            $("button:eq(2)").click(function() {
                $(".m2").animate({left: "+=200"}, "fast", "swing");
            });
            $("button:eq(3)").click(function() {
                $(".m3").animate({width: "toggle"}, "fast", "swing");
            });
        });
    </script>
</head>
<body>
    <button>animate1</button>
    <div class="m0"></div>
    <button>animate2</button>
    <div class="m1"><span>애니메이션</span></div>
    <button>animate3</button>
    <div class="m2"></div>
```

```
    <button>animate4</button>
    <div class="m3"></div>
  </body>
</html>
```

△ 결과 ex4-44.html

[예제 ex4-44]에서 버튼 요소들을 연속해서 클릭할 경우 클릭 이벤트는 이미 끝났지만 애니메이션은 클릭한 수만큼 계속해서 진행이 됩니다. 이러한 현상이 생기는 이유는 jQuery의 애니메이션은 기본적으로 큐(Queue) 방식을 취하고 있기 때문입니다. 큐(Queue)는 입력된 명령이 순차적으로 누적이 되어 먼저 입력된 명령의 실행이 완료 된 이후에 다음 명령이 실행되는 방식을 말합니다.

[예시 4-3]

```
$("button:eq(0)").click(function() {
    $(".m1").animate({left: 200}, "fast", "swing")
    $(".m1").animate({top: 100}, "fast", "swing");
    $(".m1").animate({opacity: 0}, "slow", "swing");
});
```

[예시 4-3]처럼 animate( ) 메서드가 적용 되었을 경우 애니메이션이 동시에 실행되는 것이 아니라 순서대로 대기하고 있다가 앞의 애니메이션이 끝나면 자신의 애니메이션을 실행하게 됩니다.

이러한 대기 애니메이션 제거와 관련된 메서드가 clearQueue( ), stop( ) 메서드입니다.

▶ clearQueue( ) 메서드, stop( ) 메서드

메서드		설명

clearQueue( )	`$("div").animate({`
	    `left: 200`
	`}, 3000).animate({`
	    `left: 0`
	`});`
	`$("div").clearQueue( )`
		clearQueue( )는 현재 진행하고 있는 애니메이션까지는 진행이 되고 이후에 애니메이션은 삭제가 됩니다.
		예를 들어 div 요소가 left: 200으로 이동하는 중간에 clearQueue( ) 메서드가 적용이 되면 left 200까지는 이동이 되고 이후에 대기하고 있는 left: 0 애니메이션은 삭제합니다.

stop( )	`$(selector).stop(clearQueue, jumpToEnd)` clearQueue는 대기하고 있는 애니메이션 제거 유무에 대한 매개 변수입니다. true로 설정하면 제거되고 false로 설정하면 제거되지 않습니다. jumpToEnd는 다음에 대기하고 있는 애니메이션으로 건너뛸 것인가에 대한 매개 변수입니다. true로 설정하면 건너뛰고 false로 설정하면 건너뛰지 않습니다. 두 매개 변수의 기본 값은 false입니다.	
	`$("div").stop( );`	`$("div").stop(false, false)`와 같은 의미입니다. div 요소에 stop( ) 메서드가 적용되면 현재 적용되던 애니메이션은 멈추고 다음에 대기하고 하고 있던 애니메이션이 실행됩니다.
	`$("div").stop(true);`	div 요소에 stop(true) 메서드가 적용되면 현재 애니메이션은 멈추고 다음에 대기하고 하고 있던 애니메이션이 제거되어 실행하지 않습니다.
	`$("div").stop(false, true);`	div 요소에 stop(false, true) 메서드가 적용되면 현재 적용되던 애니메이션을 건너뛰고 다음에 대기하고 하고 있던 애니메이션이 실행됩니다.
	`$("div").stop(true, true);`	div 요소에 stop(true, true) 메서드가 적용되면 현재 적용되던 애니메이션을 건너뛰고 다음에 대기하고 하고 있던 애니메이션은 제거되어 실행하지 않습니다.

stop( ) 메서드는 [예제 ex4-45]의 실행 결과와 설명 내용들을 하나씩 비교해서 보아야 이해하는데 도움이 됩니다.

```html
<!DOCTYPE html>
<html lang="ko">
<head>
    <meta charset="UTF-8">
    <title>stop()</title>
    <style>
        * {
            margin: 5px;
        }
        span {
            display: block;
        }
        div {
            width: 100px;
            height: 100px;
            background: #ff6600;
            position: relative;
        }
    </style>
    <script src="jquery-3.3.1.min.js"></script>
    <script>
        $(document).ready(function() {
            function move(target) {
                target = $(target);
                target.animate({
                    left : 200
                }, 2000).animate({
                    width : 200
                }, 2000).animate({
                    height : 200
                });
            }
            $("button:eq(0)").click(function() {
                move(".m1");
                $(this).prop("disabled", true);
            });
            $("button:eq(1)").click(function() {
                $(".m1").stop();
            });
```

```
            $("button:eq(2)").click(function() {
                move(".m2");
                $(this).prop("disabled", true);
            });
            $("button:eq(3)").click(function() {
                $(".m2").stop(true);
            });
            $("button:eq(4)").click(function() {
                move(".m3");
                $(this).prop("disabled", true);
            });
            $("button:eq(5)").click(function() {
                $(".m3").stop(false, true);
            });
            $("button:eq(6)").click(function() {
                move(".m4");
                $(this).prop("disabled", true);
            });
            $("button:eq(7)").click(function() {
                $(".m4").stop(true, true);
            });
        });
    </script>
</head>
<body>
    <button>play</button><button>stop()</button>
    <div class="m1"></div>
    <button>play</button><button>stop(true)</button>
    <div class="m2"></div>
    <button>play</button><button>stop(false, true)</button>
    <div class="m3"></div>
    <button>play</button><button>stop(true, true)</button>
    <div class="m4"></div>
</body>
</html>
```

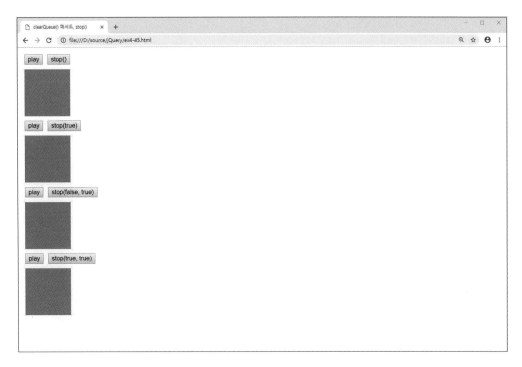

△ 결과 ex4-45.html

앞에서 학습한 기본 효과 메서드들의 경우에도 큐(Queue) 방식이 적용되기 때문에 stop() 메서드와 같이 적용해야 합니다.

[예제 ex4-46.html]

```html
<!DOCTYPE html>
<html lang="ko">
<head>
    <meta charset="UTF-8">
    <title>stop()</title>
    <style>
        * {
            margin: 5px;
        }
        div > div {
            width: 100px;
            height: 100px;
            background: #ff6600;
        }
    </style>
```

```html
    <script src="jquery-3.3.1.min.js"></script>
    <script>
        $(document).ready(function() {
            $("button:eq(0)").click(function() {
                $(".m1").slideToggle();
            });
            $("button:eq(1)").click(function() {
                $(".m2").stop().slideToggle();
            });
            $("button:eq(2)").click(function() {
                $(".m3").animate({height: "toggle"}, 1000, "swing");
            });
             $("button:eq(3)").click(function() {
                $(".m4").stop().animate({height: "toggle"}, 1000, "swing");
            });
        });
    </script>
</head>
<body>
    <div>
        <button>slideToggle()</button>
        <div class="m1"></div>
    </div>
    <div>
        <button>slideToggle()_stop()</button>
        <div class="m2"></div>
    </div>
    <div>
        <button>animate()</button>
        <div class="m3"></div>
    </div>
    <div>
        <button>animate_stop()</button>
        <div class="m4"></div>
    </div>
</body>
</html>
```

△ 결과 ex4-46.html

[예제 ex4-46]에서 버튼을 연속해서 클릭해 보면 stop( ) 메서드를 적용한 버튼과 적용하지 않은 버튼의 차이점을 알 수 있습니다.

예제 'ex4-47.html'을 열어 jQuery 코드 부분만 다음과 같이 추가합니다.

[예제 ex4-47.html]

```html
<!DOCTYPE html>
<html lang="ko">
...
    <script>
        $(document).ready(function() {
            var w = $("#gnb ul li").width();
            $("#gnb").append("<span></span>");
            $("#gnb ul li").on("mouseenter focusin", function() {
                var index = $(this).index(); // index() 메서드는 각 li의 index를 취득하는 메서드입
니다.
                console.log(index); // 각 li에 마우스를 오버하면 0, 1, 2, 3이 출력됩니다.
                $(this).find("a").addClass("on");
                $(this).siblings().find("a").removeClass("on");
```

```
            $("#gnb span").stop().animate({
                left: index * w // 0 * 150, 1 *  150, 2 * 150, 3 * 150
            }, "fast", "swing");
        });
        $("#gnb ul li:eq(0)").trigger("mouseenter");
    });
    </script>
...
</html>
```

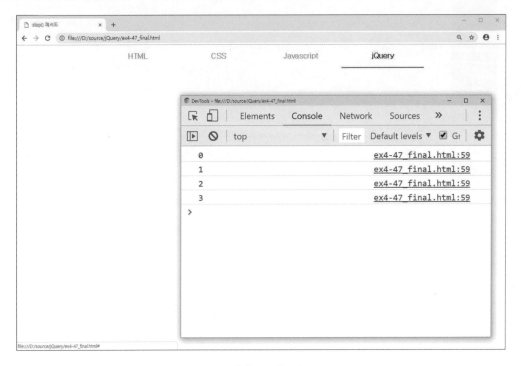

△ 결과 ex4-47.html

▶ delay( ) 메서드

메서드		설명
delay( )	$("div").delay(2000).slideUp( )	div 요소에 적용된 slideUp( ) 메서드가 2초 후에 작동합니다.

다운로드한 예제 파일 중 예제 'ex4-48.html'을 열어 jQuery 코드 부분만 다음과 같이 추가합니다.

```
<!DOCTYPE html>
<html lang="ko">
...
    <script>
        $(document).ready(function() {
            $(".txt1").delay(1000).animate({opacity : 0.8, top: 80}, 800, "swing", function() {
                $(".txt2").delay(500).animate({opacity : 0.8, top: 150}, 800, "swing");
            });
        });
    </script>
...
</html>
```

△ 결과 ex4-48.html

4.6 | jQuery 플러그인 사용 방법

jQuery 플러그인을 이용하면 복잡하고 어려운 기능들을 직접 제작하지 않아도 쉽게 구현할 수 있습니다. 많은 jQuery 플러그인들이 있지만 여기에서는 SWIPER 플러그인과 DATEPICKER 플러그인의 사용 방법에 대해 알아보도록 하겠습니다.

1 http://www.idangero.us/swiper 사이트에 접속한 후 [Download] 버튼을 클릭하여 SWIPER를 다운로드합니다.

2 http://www.idangero.us/swiper 사이트로 다시 이동하여 [Demos] 페이지로 들어갑니다. [Demos] 페이지에서는 다양한 샘플들의 기능을 확인해 볼 수 있습니다.

여기에서는 Pagination 샘플로 작업해 보도록 하겠습니다. [Pagination] 항목에 있는 [Source code] 버튼을 클릭하여 소스 페이지로 이동합니다.

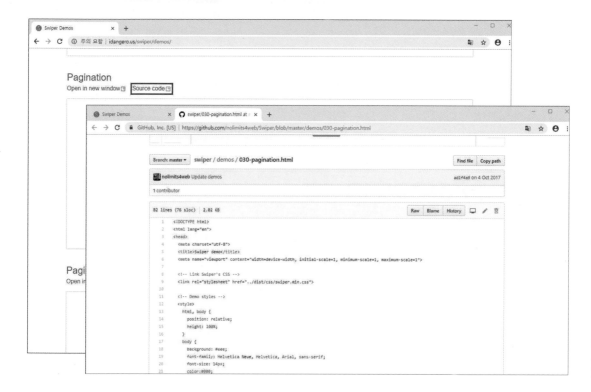

페이지의 소스를 확인해 보면 Swiper 제작에 필요한 파일은 'swiper.min.css'와 'swiper.min.js'입니다.

1번에서 다운로드한 zip 파일의 압축을 풀고 'dist' 폴더 안에 있는 'css 폴더'와 'js 폴더'에서 'swiper.min.css'
와 'swiper.min.js' 파일을 각각 복사하여 실습할 폴더에 붙여넣기해 줍니다.

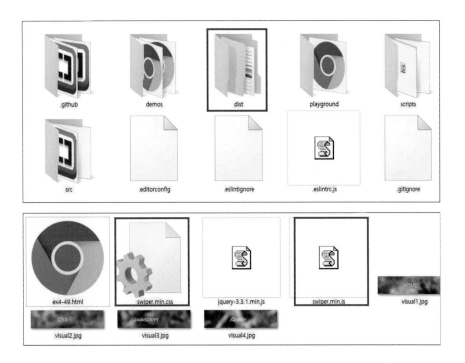

3 예제 'ex4-49.html'을 열어 **2**번의 소스 페이지 코드에서 필요한 내용만 붙여넣기해 줍니다. 소스 코
드에 있는 css나 js의 경로는 실습할 html 문서와 경로가 다르므로 수정해 주어야 합니다.

[예제 ex4-49.html]

```html
<!DOCTYPE html>
<html lang="ko">
<head>
    <meta charset="UTF-8">
    <meta name="viewport" content="width=device-width, initial-scale=1, minimum-scale=1,
maximum-scale=1">
    <title>swiper</title>
    <link rel="stylesheet" href="swiper.min.css">
    <style>
        * {
            margin: 0;
            padding: 0;
        }
        img{
```

```css
            vertical-align: top;
            width: 100%;
        }
        body {
            font-family: "돋움", sans-serif;
            font-size: 14px;
            color: #000;
        }
        header {
            height: 80px;
            background: #000;
            color: #fff;
            text-align: center;
            line-height: 80px;
        }
        .content {
            height: 330px;
            background: #ddd;
            text-align: center;
            line-height: 330px;
        }
        footer {
            height: 100px;
            border-top: 1px solid #ccc;
            text-align: center;
            line-height: 100px;
        }
    </style>
    <script src="jquery-3.3.1.min.js"></script>
</head>
<body>
    <header>헤더</header>
    <div class="visual">
        <div class="swiper-container">
            <div class="swiper-wrapper">
            <div class="swiper-slide"><a href="#"><img src="visual1.jpg" alt="HTML"></a></div>
            <div class="swiper-slide"><a href="#"><img src="visual2.jpg" alt="CSS"></a></div>
            <div class="swiper-slide"><a href="#"><img src="visual3.jpg" alt="Javascript"></a></div>
            <div class="swiper-slide"><a href="#"><img src="visual4.jpg" alt="jQuery"></a></div>
            </div>
            <div class="swiper-pagination"></div>
        </div>
    </div>
```

```
    <section class="content">콘텐츠</section>
    <footer>푸터</footer>
    <script src="swiper.min.js"></script>
    <script>
        var swiper = new Swiper('.swiper-container', {
            pagination: {
                el: '.swiper-pagination'
            }
        });
    </script>
</body>
</html>
```

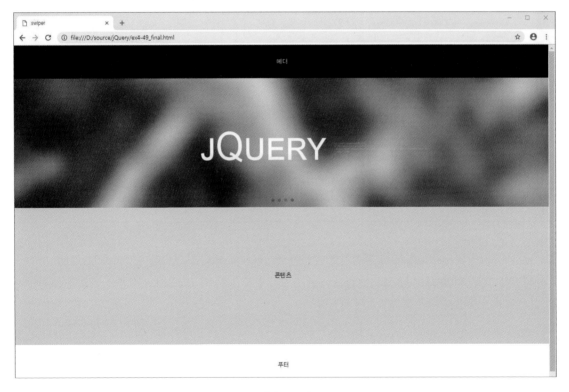

△ 결과 ex4-49.html

비주얼 이미지를 드래그했을 때 swiper가 작동되는지 테스트해 봅니다. 혹시 swiper 기능이 잘 작동하지 않으면 F5를 눌러 다시 한 번 실행해 보기 바랍니다.

https://idangero.us/swiper/api에서 Swiper Parameters을 참고하여 swiper의 다양한 기능을 추가할 수 있습니다. swiper 버튼 디자인 변경과 api를 추가하는 방법은 제공된 예제 ex4-49_application.html에서 확인할 수 있습니다.

DATEPICKER

1 https://jqueryui.com/download 페이지에 접속한 후 jquery-ui 파일을 다운로드합니다.

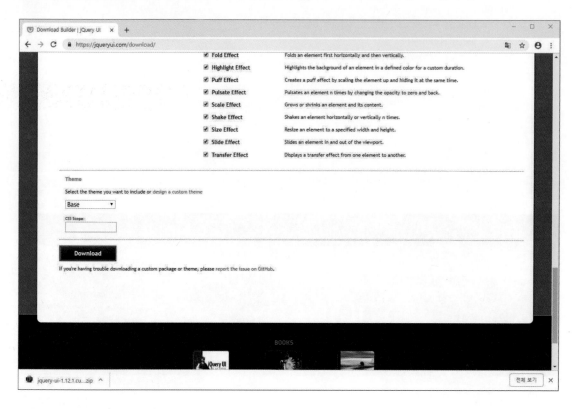

2 https://jqueryui.com/datepicker 페이지로 이동한 후 [view source]를 클릭하여 Datepicker 적용 방법을 확인합니다. **1**번에서 다운로드한 jquery-ui 파일의 압축을 풀고, Datepicker 적용에 필요한 css파일과 js파일을 실습할 폴더에 붙여넣기해 줍니다.

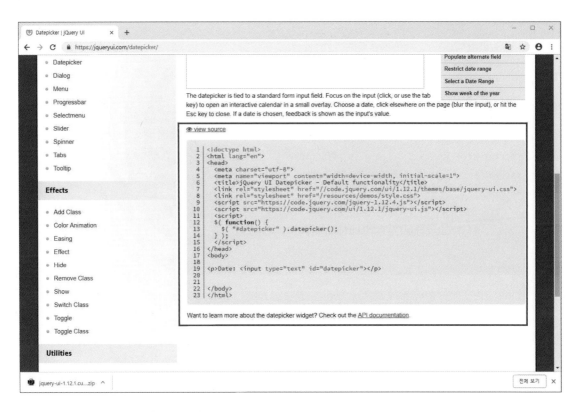

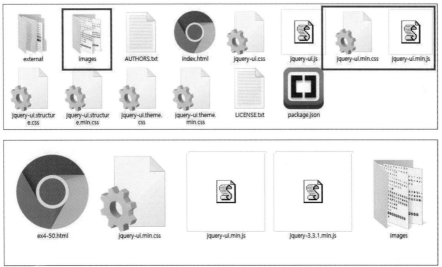

[예제 ex4-50.html]

```html
<!DOCTYPE html>
<html lang="ko">
```

```
<!DOCTYPE html>
<html lang="ko">
<head>
    <meta charset="UTF-8">
    <title>DATEPICKER</title>
    <link rel="stylesheet" href="jquery-ui.min.css">
    <script src="jquery-3.3.1.min.js"></script>
    <script src="jquery-ui.min.js"></script>
    <script>
        $(document).ready(function() {
            $( "#datepicker" ).datepicker();
        });
    </script>
</head>
<body>
    <p>일정확인: <input type="text" id="datepicker"></p>
</body>
</html>
```

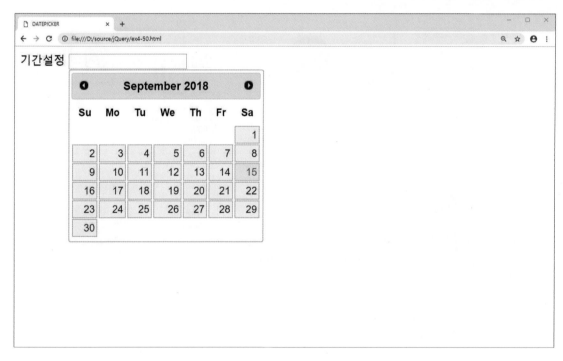

△ 결과 ex4-50.html

3 Datepicker 플러그인의 옵션 설정에 대한 내용은 http://api.jqueryui.com/datepicker 페이지에서 확인할 수 있습니다.

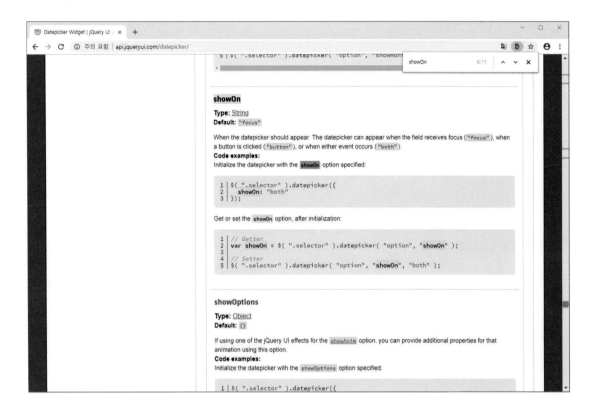

[예제 ex4-51.html]

```html
<!DOCTYPE html>
<html lang="ko">
<head>
    <meta charset="UTF-8">
    <title>DATEPICKER</title>
    <link rel="stylesheet" href="jquery-ui.min.css">
    <style>
        input {
            border: 1px solid #bbb;
            height: 24px;
            margin-right: 5px;
        }
        img{
            vertical-align: middle;
        }
```

```
    </style>
    <script src="jquery-3.3.1.min.js"></script>
    <script src="jquery-ui.min.js"></script>
    <script>
        $(document).ready(function() {
            $(".datepicker").datepicker({
                showOn: "button",
                buttonImage: "calendar_icon.png",
                buttonImageOnly: true,
                buttonText: "달력",
                changeYear: true,
                dateFormat: "yy-mm-dd"
            });
            $.datepicker.setDefaults({
                monthNames: ['1월', '2월', '3월', '4월', '5월', '6월', '7월', '8월', '9월', '10
월', '11월', '12월'],
                dayNamesMin: ['일', '월', '화', '수', '목', '금', '토'],
                dayNames: ['일요일', '월요일', '화요일', '수요일', '목요일', '금요일', '토요일'],
                showMonthAfterYear: true
            });
        });
    </script>
</head>
<body>
    <div>기간설정 <input type="text" class="datepicker"> ~ <input type="text"
class="datepicker"></div>
</body>
</html>
```

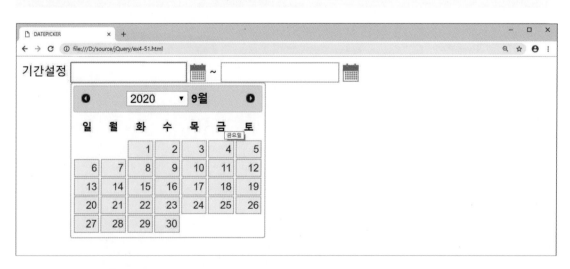

△ 결과 ex4-51.html

[예제 ex4-51]에서 사용된 옵션의 내용은 다음과 같습니다.

datepicker의 옵션들은 옵션값을 설정하거나 변경한 후에 hmtl 소스를 같이 확인해 보면 이해하기가 조금 더 수월합니다.

옵션	설명
showOn	input 요소 옆에 button 요소를 만들어 줍니다. showOn: "both"인 경우에는 input 요소나 버튼 요소를 클릭했을 때 datepicker가 실행되며, showOn: "button"인 경우에는 버튼 요소를 클릭했을 경우에만 datepicker를 실행합니다.
buttonImage	버튼에 사용될 이미지를 설정합니다.
buttonImageOnly	옵션 값이 false이면 button 요소를 만들고 img 요소를 자식 요소로 만듭니다. buttonImage 옵션이 설정되어 있어야 합니다.
buttonText	buttonImage에서 생성된 img 요소의 alt 속성 값을 설정해 줍니다.
changeYear	옵션 값이 true이면 년도를 select 요소로 만들어 줍니다.
dateFormat	날짜 표현 형식을 설정해 줍니다.
monthNames	'월'을 한글로 표현해 줍니다.
dayNamesMin	'일'을 한글로 표현해 줍니다.
dayNames	'일'에 대한 툴 팁(title 속성)을 만들어 줍니다.
showMonthAfterYear	true로 설정하면 년, 월 순으로 표현됩니다.

4.7 | jQuery 충돌 방지와 JSON 파일 불러오기

4.7.01 $.noConflict( ) 메서드

자바스크립트를 기반으로 하는 프레임 워크가 많이 있습니다. 만약 그 중 하나의 프레임 워크가 jQuery처럼 $를 사용한다면 jQuery와 프레임 워크 간에 충돌이 발생할 수 있습니다. 이런 경우 jQuery의 $를 다른 식별자로 바꾸어 사용할 수 있습니다.

▶ $를 다른 식별자로 바꿀 수 있는 방법

```javascript
// $를 금지 시키고 대신 jQuery 이름을 사용합니다.
$.noConflict();
jQuery(document).ready(function() {
  jQuery("div").addClass("on");
});

// 변수를 생성해서 식별자를 바꿀 수 있습니다.
var jQ = $.noConflict();
j(document).ready(function() {
    jQ("div").addClass("on");
});

// 즉시 실행 함수를 이용하여 매개 변수에 jQuery 값을 전달하여 식별자를 바꿀 수 있습니다.
(function($) {
    $("div").addClass("on");
})(jQuery);
```

[예제 ex4-52.html]

```html
<!DOCTYPE html>
<html lang="ko">
<head>
    <meta charset="UTF-8">
    <title>$.noConflict() 메서드</title>
    <style>
      *{
          margin: 0;
          padding: 0;
      }
      div{
          width: 100px;
          height: 100px;
          background-color: #ff6600;
          color: #fff;
          text-align: center;
          line-height: 100px;
      }
      div:nth-child(2){
          position: absolute;
          right: 0;
```

```
            top :0 ;
            background-color: #ff0000;
        }
    </style>
    <script src="jquery-3.3.1.min.js"></script>
    <script src="jquery-ui.min.js"></script>
    <script>
        var jQ = $.noConflict();
        jQ(document).ready(function() {
            jQ("div:nth-child(2)").delay(1000).animate({right: "100%", marginRight: -205},
2000, "easeOutBounce");
        });
    </script>
</head>
<body>
    <div>jQuery</div>
    <div>프레임워크</div>
</body>
</html>
```

△ 결과 ex4-52.html

[예제 ex4-52]는 $.noConflict( ) 메서드 외에도 4.6.02 DATEPICKER에서 사용한 query-ui.min.js에 포함되어
있는 easing 효과를 사용하였습니다. http://api.jqueryui.com/easings 페이지에 들어가 보면 easing 대한
다양한 샘플들을 테스트할 수 있습니다. 원하는 easing 효과를 animate( ) 메서드의 easing 속성에 적용해
주면 됩니다.

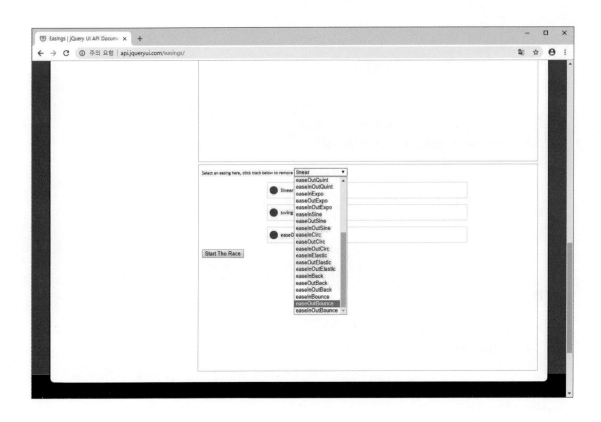

$.ajax( ) 메서드

AJAX(Asynchronous Javascript and XML)은 웹페이지의 이동 없이 현재 페이지에서 필요한 데이터만 로드 또는 전송하는 기술을 말합니다. 보통의 경우 데이터 처리는 요청받은 순서대로 진행하지만 AJAX는 순차적으로 진행하지 않습니다. 이러한 방식을 '비동기식 방식'이라고 부릅니다.

JSON은 자바스크립트 객체 리터럴(키-값) 형식의 구문으로 구성된 데이터입니다. JSON은 외부로 전송하여 데이터를 처리할 수도 있고 내부로 로드하여 처리할 수도 있습니다.

여기에서는 $.ajax( ) 메서드를 이용하여 외부에 있는 JSON 파일을 로드하여 처리하는 방법에 대해서만 간단하게 설명하도록 하겠습니다.

▶ $.ajax( ) 메서드를 이용한 파일 로드 형식

```
$.ajax({
    type: "GET", // 데이터를 읽어오는 방식
    url: "data.json", // 로드 할 파일명
    dataType: "json", // 데이터 형식
    success: function(data) { // 로드에 성공 하였을 경우
        ...
    },
    error: function(xhr) { // 로드에 실패 하였을 경우
        console.log(xhr.status + "/" + xhr.errorText); // 에러 상태, 에러 내용
    }
});
```

▶ JSON 형식

```
{"subject": "jQuery", score: 90}
```

```
[
    {"subject": "Javascript", score: 80},
    {"subject": "jQuery", score: 90}
]
```

※ 실습 [예제 ex4-54.html]와 [예제 ex4-55.html]는 브라켓(Brackets) 에디터의 실시간 미리보기에서 테스트하거나, 해당 파일들을 서버에 업로드한 후 테스트해 보기 바랍니다.

실습에 앞서 다음과 같이 작성한 후에 **data1.json** 파일로 저장합니다.

```
[
    {"name": "홍길동", "score1": 95, "score2": 90, "score3": 80, "score4": 85},
    {"name": "홍길순", "score1": 80, "score2": 75, "score3": 60, "score4": 75}
]
```

[예제 ex4-53.html]

```html
<!DOCTYPE html>
<html lang="ko">
<head>
    <meta charset="UTF-8">
    <title>$.ajax() 메서드</title>
    <style>
        table{
            width: 100%;
            border-collapse: collapse;
        }
        th, td{
            border: 1px solid #ccc;
            text-align: center;
        }
    </style>
    <script src="jquery-3.3.1.min.js"></script>
    <script>
        $.ajax({
            type: "GET",
            url: "data1.json",
            dataType: "json",
            success: function(data) { //data는 data1.json의 전체 데이터를 의미합니다.
                var elem = "";
                // console.log(data);
                $.each(data, function(index, obj) {
                    elem += "<tr>";
                    elem += "<th scope='row'>" + obj.name + "</th>";
                    elem += "<td>" + obj.score1 + "</td>";
                    elem += "<td>" + obj.score2 + "</td>";
                    elem += "<td>" + obj.score3 + "</td>";
                    elem += "<td>" + obj.score4 + "</td>";
```

```
                    elem += "</tr>";
            });
            $("table tbody").append(elem);
        },
        error: function(xhr) {
            console.log(xhr.status + "/" + xhr.errorText);
        }
    });
    </script>
</head>
<body>
    <table>
        <caption>학생별 시험 점수</caption>
        <thead>
            <tr>
                <th scope="col">이름</th>
                <th scope="col">html</th>
                <th scope="col">css</th>
                <th scope="col">javascript</th>
                <th scope="col">jQuery</th>
            </tr>
        </thead>
        <tbody></tbody>
    </table>
</body>
</html>
```

이름	html	css	javascript	jQuery
홍길동	95	90	80	85
홍길순	80	75	60	75

△ 결과 ex4-53.html

$.ajax( ) 메서드를 이용한 예제를 하나 더 실습해 보도록 하겠습니다.

다음과 같이 작성한 후에 data2.json 파일로 저장합니다.

```
[
    {"item": "HTML", "imgfile": "1.jpg", "link": "#"},
    {"item": "CSS", "imgfile": "2.jpg", "link": "#"},
    {"item": "Javascript", "imgfile": "3.jpg", "link": "#"},
    {"item": "jQuery", "imgfile": "4.jpg", "link": "#"}
]
```

예제 'ex4-54.html'을 열어 $.ajax( ) 코드 부분만 다음과 같이 추가합니다.

[예제 ex4-54.html]

```
<!DOCTYPE html>
<html lang="ko">
...
    <script>
        $.ajax({
            type: "GET",
            url: "data2.json",
            dataType: "json",
            success: function(data) {
                var elem = "";
                $.each(data, function(index, obj) {
                    elem += "<div>";
                    elem += "<h2>" + this.item + "</h2>";
                    elem += "<div><img src='" + this.imgfile + "' alt='" + this.item + "'></
div>";
                    elem += "<div><a href='" + this.link + "'>상세정보</a></div>";
                    elem += "</div>";
                });
                $(".subject").append(elem);
            },
            error: function(request, status, error) {
                console.log(status + "/" + error);
            }
        });
        $(document).ready(function() {
```

```
            ...
        });
    </script>
    ...
</html>
```

[예제 ex4-54]에서 object.item과 this.item은 같은 의미입니다.

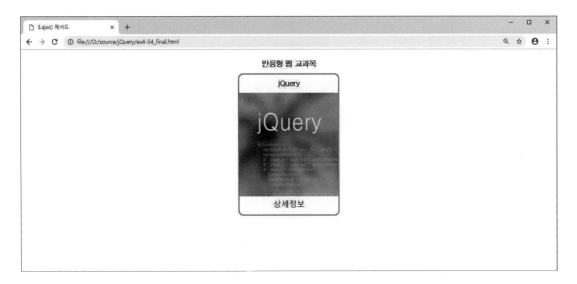

△ 결과 ex4-54.html

05장

반응형
프로젝트
실무

반응형 프로젝트는 가상의 여행정보사 "TOURIST IN TOUR"를 실무 예제로 하겠습니다. 여행에 관한 모든 정보를 제공하는 '투어리스트인투어'의 사이트맵을 살펴보겠습니다.

부록으로 제공한 예제 소스 중 프로젝트 폴더에 수록된 페이지는 다음 7개의 페이지입니다.

| 메인 | index.html

| 고객센터 · 공지사항 목록 | notice_list.html

| 고객센터 · 공지사항 읽기 | notice_view.html

| 상품투어 · 프로그램 소개 | program.html

| 로그인 | login.html

| MEMBER · 회원가입 | join.html

| MEMBER · 개인정보 수정 | mypage.html

이 책에서 살펴볼 페이지는 메인, 회원가입, 프로그램 소개, 공지사항 목록, 로그인 페이지 등입니다.

페이지 시안은 PC용과 모바일용 그리고 태블릿용으로 나누어 각각 제작해 보도록 하겠습니다.

5.1 | 메인 페이지의 시안 점검

TOURIST IN TOUR 사이트의 메인 페이지 시안은 다음과 같습니다.

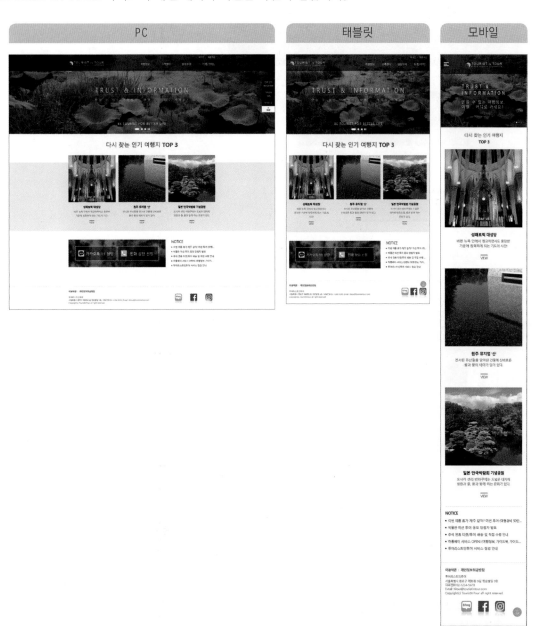

PC, 태블릿, 모바일의 세 가지 시안을 좀 더 자세히 살펴보겠습니다.

5.1.01 메인 페이지 PC 시안

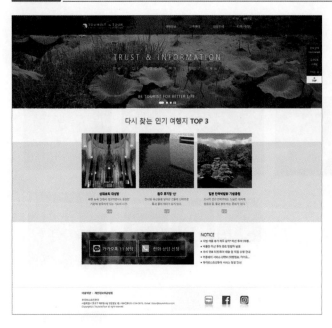

- header 아래 콘텐츠와 겹쳐 있습니다.

- 세장의 이미지가 롤링되는 영역입니다.
- 따라다니는 퀵 메뉴가 있습니다.

- 인기여행지 세 곳을 표시하고 view 를 클릭하면 팝업이 뜹니다.

- 링크와 최근 게시물을 배치합니다.

- footer 영역입니다.

5.1.02 메인 페이지 태블릿 시안

- PC용과 태블릿용은 거의 같고 폭과 여백만 조절하도록 제작했습니다.

- 퀵 메뉴를 숨기고 위로 가는 링크만 남깁니다.

• header 영역 – 아이콘을 클릭하면 메뉴가 슬라이딩됩니다.

• 슬라이딩 영역 – 터치슬라이딩이 가능한 swiper를 사용했습니다.

• 인기 여행지 세 곳은 세로로 나열했습니다.

• 최근 게시물 영역입니다.

• footer 영역입니다.

• 퀵 메뉴는 바닥에 붙이도록 합니다.

▶ 메인 메뉴에서 마우스를 오버할 때 나타나는 서브 메뉴 시안

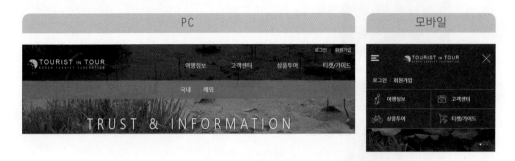

PC에서 메인 메뉴에 마우스를 오버하면 해당 서브 메뉴가 오렌지색 띠 위로 배치됩니다. 모바일에서 삼선 메뉴 버튼을 클릭하면 위에서 아래로 회색 메뉴가 펼쳐집니다.

▶ 인기 여행지의 view 버튼을 클릭했을 때의 팝업 시안

반투명 영역 위에 해당 여행지의 사진과 설명이 뜨는 심플한 팝업입니다.

5.1.05 / 코딩용으로 잘라낸 이미지들

메인 페이지 시안으로 잘라낸 이미지들은 다음과 같습니다.

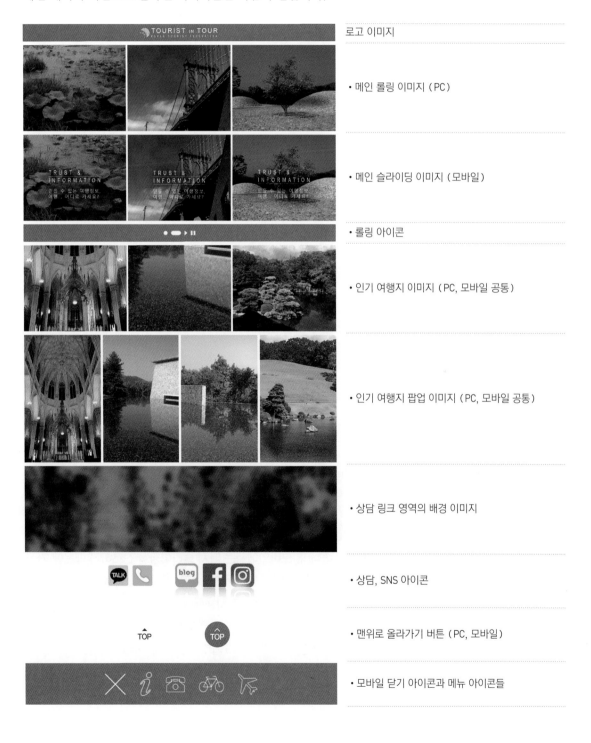

로고 이미지

• 메인 롤링 이미지 (PC)

• 메인 슬라이딩 이미지 (모바일)

• 롤링 아이콘

• 인기 여행지 이미지 (PC, 모바일 공통)

• 인기 여행지 팝업 이미지 (PC, 모바일 공통)

• 상담 링크 영역의 배경 이미지

• 상담, SNS 아이콘

• 맨위로 올라가기 버튼 (PC, 모바일)

• 모바일 닫기 아이콘과 메뉴 아이콘들

5.2 | 메인 페이지의 마크업

5.2.01 | index.html의 시작 부분

```
<!DOCTYPE html>
<html lang="ko">
<head>
<title> 투어리스트인투어 </title>
<meta name="viewport" content="width=device-width, initial-scale=1, minimum-scale=1, maximum-
scale=1">
<meta charset="utf-8" />
<meta http-equiv="X-UA-Compatible" content="IE=edge" />
<link rel="stylesheet" href="css/swiper.min.css">
<link rel="stylesheet" href="css/common.css" />
<script src="js/jquery-1.11.3.min.js"></script>
<script src="js/rollmain.js"></script>
<script src="js/common.js"></script>
<script src="js/jquery.smooth-scroll.min.js"></script>
<!--[if lte IE 9]>
    <script src="js/html5shiv.js"></script>
    <script src="js/placeholders.min.js"></script>
<![endif]-->
</head>
```

1 **viewport 선언** : 반응형 페이지를 위해 가로폭을 기기의 가로폭에 맞추고, 콘텐츠가 흔들리지 않도록 초기값, 최소값, 최대값을 모두 '1'로 맞춥니다.

2 **swiper.min.css** : 모바일에서의 메인 슬라이딩을 위한 스와이퍼 슬라이더의 스타일 파일입니다.
슬라이딩은 PC와 모바일을 따로 마크업 했습니다. 모바일에서는 터치 슬라이딩을 선호하기 때문에 가장 많이 사용하는 터치 슬라이딩 플러그인인 'Swiper Slider'를 사용했습니다. PC에서는 Swiper Slider를 사용하면 IE9 크로스브라우징이 안되기 때문에 다른 슬라이더를 사용해야 합니다. 접근성 측면에서 멈춤 버튼이 키보드로 작동되어야 하고, 크로스브라우징이 되어야 해서 PC에서는 플러그인을 사용하지 않고 fade rolling을 jQuery로 작성하였습니다. (5.4 메인 페이지의 스크립트 적용에서 자세히 언급함)
이 때 보통 사용자가 제작한 CSS보다 먼저 선언합니다.

3 common.css : 사용자가 제작한 스타일 파일로서 투어리스트인투어의 공통 스타일을 포함한 모든 스타일이 이곳에 있습니다.

4 jquery.smooth-scroll.min.js : 아래쪽에서 top 버튼을 클릭하여 꼭대기로 갈 때 부드럽게 이동하기 위한 플러그인입니다.

5 조건 주석문 ⟨!—[if lte IE 9]⟩ ... ⟨![endif]—⟩ : IE9 이하의 브라우저에서 html5를 크로스브라우징하기 위한 코드로서, 특히 IE9에서 placeholder를 표현하기 위해 필요합니다.

5.2.02 / 건너뛰기 링크 & 내부 링크

```
<body>
<ul class="skipnavi">
    <li><a href="#container">본문내용</a></li>
</ul>
```

주 메뉴 부분을 건너 뛸 수 있도록 본문 내용 지점으로 링크시키는 메뉴 하나를 둡니다.

5.2.03 / header 부분

header의 부분 시안은 다음과 같습니다.

```
<header id="header">
    <div class="header_area box_inner clear">
        <h1><a href="javascript:;">Tourist in tour</a></h1>
```

```
        <p class="openMOgnb">
            <a href="#"><b class="hdd">메뉴열기</b>
                <span></span><span></span><span></span>
            </a>
        </p>
        <!-- header_cont -->
        <div class="header_cont">
            <ul class="util clear">
                <li><a href="javascript:;">로그인</a></li>
                <li><a href="javascript:;">회원가입</a></li>
            </ul>
            <nav>
                <ul class="gnb clear">
                    <li><a href="javascript:;" class="openAll1">여행정보</a>
                        <div class="gnb_depth gnb_depth2_1">
                            <ul class="submenu_list">
                                <li><a href="javascript:;">국내</a></li>
                                <li><a href="javascript:;">해외</a></li>
                            </ul>
                        </div>
                    </li>
                    <li><a href="javascript:;" class="openAll2">고객센터</a>
                        <div class="gnb_depth gnb_depth2_2">
                            <ul class="submenu_list">
                                <li><a href="javascript:;">공지사항</a></li>
                                <li><a href="javascript:;">문의하기</a></li>
                            </ul>
                        </div>
                    </li>
                    .......(중략)
                </ul>
            </nav>
            <p class="closePop"><a href="javascript:;">닫기</a></p>
        </div>
        <!-- //header_cont -->
    </div>
</header>
```

1 PC에서의 기본 가로폭은 1050px로 처리할 것인데, 이 가로폭을 위해 box_inner 클래스를 지정합니다.

2 로고가 있는 h1과 메인 메뉴가 있는 header_cont가 float될 예정이어서 clear 클래스를 지정합니다.

3 메뉴에 마우스를 오버할 때 그에 해당하는 서브 메뉴가 나타나도록 gnb_depth 번호를 잘 붙여가며 메인 메뉴를 코딩합니다.

4 모바일에서만 나타날 메뉴상자 닫기 버튼에 closePop 클래스를 지정합니다.

5.2·04 / 본문 내용 부분

```
<div id="container">
    <div class="main_rolling_pc">
        PC 메인 롤링 코딩 영역
    </div>

    <div class="main_rolling_mobile">
        모바일 메인 슬라이딩 코딩 영역
    </div>

    <div class="about_area">
        인기 여행지 코딩 영역
    </div>

    <div class="appbbs_area">
        상담 및 최근게시물 코딩 영역
    </div>
</div>
```

▶ PC 메인 롤링 코딩 영역

PC 메인 롤링 부분의 마크업은 다음과 같습니다.

```
<div class="main_rolling_pc">
    <div class="visualRoll">
        <ul class="viewImgList">
            <li class="imglist0">
                <div class="roll_content">
                    <a href="javascript:;">
                        <img src="img/img_slidecontents01.png" alt="TRUST & INFORMATION 믿을 수
있는 여행정보, 여행... 어디로 가세요?"></a>
                    <p class="roll_txtline">BE TOURIST FOR BETTER LIFE</p>
                </div>
            </li>
            <li class="imglist1">
                <div class="roll_content">
                    <a href="javascript:;">
                        <img src="img/img_slidecontents02.png" alt="TRUST & INFORMATION 믿을 수
있는 여행정보, 여행... 어디로 가세요?"></a>
                    <p class="roll_txtline">BE TOURIST FOR BETTER LIFE</p>
                </div>
            </li>
            <li class="imglist2">
                <div class="roll_content">
                    <a href="javascript:;">
                        <img src="img/img_slidecontents03.png" alt="TRUST & INFORMATION 믿을 수
있는 여행정보, 여행... 어디로 가세요?"></a>
                    <p class="roll_txtline">BE TOURIST FOR BETTER LIFE</p>
                </div>
            </li>
        </ul>

        <div class="rollbtnArea">
            <ul class="rollingbtn">
                <li class="seq butt0">
                    <a href="#butt"><img src="img/btn_rollbutt_on.png" alt="1번" /></a></li>
                <li class="seq butt1">
                    <a href="#butt"><img src="img/btn_rollbutt_off.png" alt="2번" /></a></li>
                <li class="seq butt2">
                    <a href="#butt"><img src="img/btn_rollbutt_off.png" alt="3번" /></a></li>
                <li class="rollstop">
                    <a href="#" class="stop">
                        <img src="img/btn_roll_stop.png" alt="멈춤" /></a></li>
                <li class="rollplay">
                    <a href="#" class="play">
```

```
                    <img src="img/btn_roll_play.png" alt="재생" /></a></li>
            </ul>
        </div>
    </div>
</div>
```

1 **main_rolling_pc** : PC에 들어가는 롤링 영역으로 모바일에서는 숨겨줄 것입니다.

2 **viewImgList** : 메인에 롤링될 세 가지 콘텐츠의 목록으로 imglist0, imglist1, imglist2 클래스를 가지는 li 요소에 배경 이미지가 적용될 예정입니다.

3 **rollbtnArea** : 하단 콘트롤러 부분의 버튼들에 부여된 클래스명들은 스크립트에서 적용할 예정입니다.

▶ 모바일 메인 슬라이딩 코딩 영역

모바일 슬라이딩 부분의 마크업은 다음과 같습니다.

```
<div class="main_rolling_mobile">
    <div class="swiper-container">
        <div class="swiper-wrapper">
            <div class="swiper-slide">
                <a href="javascript:;"><img src="img/mainslide_mob01.jpg" alt="TRUST &
INFORMATION 믿을 수 있는 여행정보, 여행... 어디로 가세요?" /></a>
            </div>
            <div class="swiper-slide">
                <a href="javascript:;"><img src="img/mainslide_mob02.jpg" alt="TRUST
& INFORMATION 믿을 수 있는 여행정보, 여행... 어디로 가세요?" /></a>
            </div>
            <div class="swiper-slide">
                <a href="javascript:;"><img src="img/mainslide_mob03.jpg" alt="TRUST &
```

```
INFORMATION 믿을 수 있는 여행정보, 여행... 어디로 가세요?" /></a>
            </div>
        </div>
        <div class="swiper-pagination"></div>
    </div>
</div>
```

1 **main_rolling_mobile** : 모바일에 들어가는 터치슬라이더 영역으로, PC에서는 숨겨줄 것입니다.

2 **swiper-container, swiper-wrapper, swiper-slide** : 슬라이딩될 콘텐츠를 감싸는 요소로서 플러그인에 있는 명칭 그대로 써야 합니다.

3 **swiper-pagination** : 하단의 작은 동그라미 점으로 나타날 페이징 요소입니다.

4 swiper 슬라이더를 작동하기 위해 마크업 하단에 다음과 같이 스크립트를 추가합니다.

```javascript
<script type="text/javascript" src="js/swiper.min.js"></script>
<script type="text/javascript">
    $(document).ready(function(){
        var swiper = new Swiper('.swiper-container', {
            loop: true,
            autoplay: 5500,
            autoplayDisableOnInteraction: false,
            pagination: '.swiper-pagination',
            paginationClickable: true
        });
    });
</script>
```

swiper.min.js를 선언한 후 이 양식에 맞추어 옵션을 주어야 합니다.

- loop: true, → 마지막에서 처음으로 다시 돌아갑니다.
- autoplay: 5500, → 자동으로 돌아가는 속도는 5.5초로 설정됩니다.
- autoplayDisableOnInteraction: false, → 터치슬라이딩한 후에도 멈추지 않고 계속 돌아갑니다.
- pagination: '.swiper-pagination', → 동그라미 페이지네이션의 클래스명을 지정합니다.
- paginationClickable: true → 페이지네이션을 클릭하여 슬라이딩시킬 수 있습니다.

▶ 인기 여행지 코딩 영역

인기 있는 여행지 세 곳을 페이지 중앙에 노출시킬 것입니다. 부분 시안은 다음과 같습니다.

PC	모바일

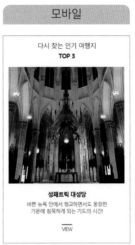

인기 여행지 부분의 마크업은 다음과 같습니다.

```
<div class="about_area">
    <h2>다시 찾는 인기 여행지 <b>TOP 3</b></h2>
    <div class="about_box">
        <ul class="place_list box_inner clear">
            <li><a href="#" onclick="$('.popup_base').css('height',$(document).height());$('.
contact_pop').show();">
                <img class="img_topplace" src="img/img_topplace01.jpg" alt="성패트릭 대성당의 중앙
홀" />
                <h3>성패트릭 대성당</h3>
                <p class="txt">바쁜 뉴욕 안에서 정교하면서도 웅장한 기운에 침묵하게 되는 기도의 시간!</p>
                <span class="view">VIEW</span></a>
            </li>
            <li><a href="#" onclick="$('.popup_base').css('height',$(document).height());$('.
space_pop').show();">
                <img class="img_topplace" src="img/img_topplace02.jpg" alt="뮤지엄 산의 건물이 잠긴
호수" />
                <h3>원주 뮤지엄 '산'</h3>
                <p class="txt">전시된 유산들을 담아낸 건물에 신비로운 돌과 물의 테마가 담겨 있다.</p>
                <span class="view">VIEW</span></a>
            </li>
            <li><a href="#" onclick="$('.popup_base').css('height',$(document).height());$('.
program_pop').show();">
```

```
                <img class="img_topplace" src="img/img_topplace03.jpg" alt="공원안의 정원과 호수의
전경" />
                <h3>일본 만국박람회 기념공원</h3>
                <p class="txt">오사카 센리 반파쿠에는 드넓은 대지에 정원과 들, 물과 함께 하는 문화가 있
다.</p>
                <span class="view">VIEW</span></a>
            </li>
        </ul>
    </div>
</div>
```

1 place_list의 하위 요소들이 float될 예정이며, 기본 가로폭으로 중앙 정렬할 것이므로 box_inner와 clear 클래스를 지정합니다.

2 view 버튼을 클릭했을 때 나타나게 될 팝업을 위해 스크립트를 추가했습니다.

- $('.popup_base').css('height',$(document).height()); → 팝업의 길이를 문서의 길이와 같게 하여 팝업 바닥의 반투명 영역이 중간에 잘리지 않도록 합니다. 이것을 스크립트 파일에 넣지 않은 이유는 팝업은 개발자들이 본인의 방법에 맞춰 수정하는 경우가 많아 뺄 수 있도록 마크업에 추가한 것입니다.
- $('.program_pop').show(); → 팝업 요소를 보여줍니다.

▶ 상담 및 최근게시물 코딩 영역

PC에서는 좌측에 상담 부분, 우측에 공지사항이 노출될 예정이며, 모바일에서는 공지사항만 노출합니다. 부분 시안은 다음과 같습니다.

```
<div class="appbbs_area">
    <div class="appbbs_box box_inner clear">
        <h2 class="hdd">상담과 최근게시물</h2>
        <p class="app_line">
            <a href="javascript:;">카카오톡 1:1 상담</a>
```

```
            <a href="javascript:;">전화 상담 신청</a>
        </p>
        <div class="bbs_line">
            <h3>NOTICE</h3>
            <ul class="notice_recent">
                <li><a href="javascript:;">
                    이번 여름 휴가 제주 갈까? 미션 투어 (여행경비 50만원 지원)</a></li>
                <li><a href="javascript:;">박물관 미션 투어 응모 당첨자 발표</a></li>
                <li><a href="javascript:;">추석 연휴 티켓/투어 배송 및 직접 수령 안내</a></li>
                <li><a href="javascript:;">
                    하롱베이 서비스 OPEN! (여행정보, 가이드북, 가이드맵)</a></li>
                <li><a href="javascript:;">투어리스트인투어 서비스 점검 안내</a></li>
            </ul>
        </div>
    </div>
</div>
```

appbbs_box의 하위 요소들이 float될 예정이며, 기본 가로폭으로 중앙 정렬할 것이므로 box_inner와 clear
클래스를 지정합니다.

5.2. 05 / footer 부분

페이지 하단에 위치할 footer 부분의 시안은 다음과 같습니다.

footer 부분의 마크업은 다음과 같습니다.

```
<footer>
    <div class="foot_area box_inner">
```

```
            <ul class="foot_list clear">
                <li><a href="javascript:;">이용약관</a></li>
                <li><a href="javascript:;">개인정보취급방침</a></li>
            </ul>
            <h2>투어리스트인투어</h2>
            <p class="addr">서울특별시 종로구 혜화동 9길 청운빌딩 5층
                <span class="gubun">/</span>
                <span class="br_line">대표전화
                    <span class="space0">02-1234-5678</span>
                    <span class="gubun">/</span>
                    <span class="br_line">E-mail :
                        <span class="space0"> titour@touristintour.com</span>
                    </span>
                </span>
            </p>
            <p class="copy box_inner">Copyright(c) TouristInTour all right reserved</p>
            <ul class="snslink clear">
                <li><a href="javascript:;">blog</a></li>
                <li><a href="javascript:;">facebook</a></li>
                <li><a href="javascript:;">instargram</a></li>
            </ul>
        </div>
    </footer>
```

특별한 내용은 없으나 주소 내용을 여러 span 요소로 꾸민 것은 글자 간격과 모바일에서의 줄바꿈을 위한
것입니다.

5.2.05 퀵 메뉴 부분

퀵 메뉴 부분의 시안은 다음과 같습니다.

퀵 메뉴 부분의 마크업은 다음과 같습니다.

```
<h2 class="hdd">빠른 링크 : 전화 문의,카카오톡,오시는 길,꼭대기로</h2>
<div class="quick_area">
    <ul class="quick_list">
        <li><a href="tel: 010-7184-4403"><h3>전화 문의</h3><p>010-1234-5678</p></a></li>
        <li><a href="javascript:;"><h3>카카오톡 <em>상담</em></h3><p>1:1상담</p></a></li>
        <li><a href="javascript:;"><h3 class="to_contact">오시는 길</h3></a></li>
    </ul>
    <p class="to_top"><a href="#layout0" class="s_point">TOP</a></p>
</div>
```

PC에서 우측 끝에 붙어 있는 빠른 메뉴입니다. 마지막 top 만 ul 에 포함되지 않은 이유는 그것만 모바일에서 따로 디자인이 변경되기 때문입니다.

5.2.07 레이어 팝업 부분

레이어 팝업 부분의 시안은 다음과 같습니다.

팝업 부분의 마크업은 다음과 같습니다.

```
<div class="popup_base contact_pop">
    <div class="pop_content">
        <p class="btn_xpop">
            <a href="#" onclick="$(this).parent().parent().parent().hide();">닫기</a></p>
        <ul class="pop_list">
            <li>
                <h2 class="tit_pop">성패트릭 대성당</h2>
                <img class="pop_img" src="img/img_pop1_1.jpg" alt="성패트릭 대성당" />
                <div class="pop_txt">
                    <p>뉴욕에서 만난 아름다운 고딕양식에 감탄을 금할 수 없습니다. <br>인상적인 예술작품들과
함께 하고 있으며 정교한 구조와 섬세한 조각들을 만날 수 있습니다. </p>
                </div>
            </li>
        </ul>
    </div>
</div>
```

1 popup_base는 모든 팝업들의 스타일을 부여하기 위한 클래스입니다. 다른 팝업에도 공통으로 이 클래스
명이 들어 있습니다.

2 contact_pop은 성패트릭 대성당의 view 버튼을 클릭했을 때만 나타날 팝업을 위한 개별적 클래스명입니다.

3 팝업은 반투명 바닥 위에 콘텐츠 상자가 배치되고 닫는 버튼도 달려 있어, 여러 div에 싸여 있는 것입니다.

부록으로 제공한 예제 소스 중 프로젝트 폴더에서 index.html 파일을 열어 전체 소스를 확인해 보기 바랍니다.

5.3 | 메인 페이지의 CSS (common.css)

반응형을 위한 미디어쿼리는 다음과 같이 준비합니다.

```
.......... 모든 경우에 해당하는 스타일을 기술하는 부분(PC) ............

@media all and (max-width:1065px) and (min-width:801px) {
.......... 태블릿 스타일 기술하는 부분 ..........
}
@media all and (max-width:800px) {
.......... 모바일 스타일 기술하는 부분 ..........
}
@media all and (max-width:320px) {
.......... iPhone 5 스타일 기술하는 부분 ..........
}
```

5.3.01 기본 스타일

▶ 문자셋과 공통 css 삽입

```
@charset "utf-8";
@import url('layout_base.css');
```

문자셋을 utf-8로 지정한 후 layout_base.css를 가져옵니다. layout_base.css는 어느 프로젝트에서나 사용할 기본 css를 미리 저장해둔 파일로서, 여러 여백들을 간격별로 저장한 클래스군입니다.

layout_base.css 의 내용은 다음과 같습니다.

```
.pd10 {padding: 10px !important;}
.pt0 {padding-top: 0 !important;}
.pt5 {padding-top: 5px !important;}
.pt10 {padding-top: 10px !important;}
..............(중략)
.pt100 {padding-top: 100px !important;}
.pb0 {padding-bottom: 0 !important;}
.pb5 {padding-bottom: 5px !important;}
..............(중략)
.pl100 {padding-left: 100px !important;}
.pr0 {padding-right: 0px !important;}
```

```
.pr5 {padding-right: 5px !important;}
...............(중략)
.pr100 {padding-right: 100px !important;}
.mt0 {margin-top: 0px !important;}
.mt5 {margin-top: 5px !important;}
...............(중략)
.w900 {width: 900px !important;}
.w950 {width: 950px !important;}
.w10p {width: 10% !important;}
.w20p {width: 20% !important;}
...............(중략)
.txt_left {text-align: left !important;}
.txt_center {text-align: center !important;}
.txt_right {text-align: right !important;}
```

모든 프로젝트에서 이 css를 꼭 사용해야 하는 것은 아니지만, 이것을 끼워두면 같은 스타일인데 간격만 다를 경우 또는 사이트를 유지보수할 때 편리하게 사용할 수 있습니다.

▶ 초기화

계속해서 common.css의 기본 스타일을 살펴봅니다.

```
/* reset element */
html, body, div, span, applet, object, iframe,h1, h2, h3, h4, h5, h6, p, blockquote, pre,
a, abbr, acronym, address, big, cite, code,del, dfn, em, img, ins, kbd, q, s, samp,
small, strike, strong, sub, sup, tt, var,b, u, i, center,dl, dt, dd, ol, ul, li,
fieldset, form, label, legend, button, table, caption, tbody, tfoot, thead, tr, th, td,
article, aside, canvas, details, embed, figure, figcaption, footer, header, hgroup,
menu, nav, output, ruby, section, summary, time, mark, audio, video {
        margin: 0; padding: 0;
}
h1, h2, h3, h4, h5, h6 {font-weight: normal; font-size: inherit;}
```

블록들의 여백과 글자 크기를 초기화합니다.

▶ 기타 요소들 초기 설정

```
article, aside, details, figcaption, figure, footer, header, hgroup,
menu, nav, section {display: block;}
```

```
body {line-height: 1;}
blockquote, q {quotes: none;}
blockquote:before, blockquote:after, q:before, q:after {content: ''; content: none;}
/* align, border, input */
img, fieldset, a {border: none;}
img {vertical-align: middle;}
table, thead, tbody, tfoot {border-collapse: collapse; border-spacing: 0; border: 0 none;}
ul, ol, li {list-style: none;}
address, em {font-style: normal;}
input, select, textarea, button, form img, label {vertical-align: middle;}
```

HTML5의 요소들을 블록으로 등록하고, 이미지, 폼, 테이블 요소들의 간격과 정렬, 테두리를 초기 설정합니다.

▶ 건너뛰기 링크 스타일

```
.skipnavi {position: absolute; left: 0; top: -50px; text-indent: -9999px; font-size: 0; width:
100%; z-index: 999; }
.skipnavi li a:focus,
.skipnavi li a:active {position: absolute; left: 0; top: 50px; display: block; width: 100%;
padding: 5px 0; text-align: center; text-indent: 0px; font-size: 12px; font-weight: bold;
background: #f2f2f2;}
/* anchor */
a {text-decoration: none;}
a:link {color: #444;}
a:visited {color: #444;}
a:hover {color: #444;}
a:focus {color: #444;}
```

건너뛰기 링크의 스타일을 설정합니다. 처음에 위로 숨었다가 탭키를 클릭하여 포커스가 닿을 때 아래로 내려 보내 화면에 보이도록 스타일을 설정합니다. 적용된 모습은 다음과 같습니다.

▶ 체크상자와 라디오 버튼 스타일 설정

```css
/* checkbox & radio button Design */
input[type=checkbox].css-checkbox {
        overflow: hidden; position: absolute; left: -1000px; width: 1px; height: 1px;
}
input[type=checkbox].css-checkbox + label {
        display: inline-block; height: 20px; padding-left: 30px !important; line-height: 20px
!important; background: url(../img/bg_checkbox.png) no-repeat 0 0; background-size: 20px;
cursor: pointer; vertical-align: middle; font-size: 15px;
        -webkit-touch-callout: none;
        -webkit-user-select: none;
        -khtml-user-select: none;
        -moz-user-select: none;
        -ms-user-select: none;
}

input[type=checkbox].css-checkbox:checked + label {
        background-position: 0 -20px;
}
/* radio button design */
input[type=radio].css-radio {
        overflow: hidden; position: absolute; left: -1000px; width: 1px; height: 1px;
}
input[type=radio].css-radio + label {
        display: inline-block; padding-left: 20px !important; margin-right: 20px;
        background: url(../img/bg_radio.png) no-repeat 0 0; cursor: pointer;
        vertical-align: middle; font-size: 15px;
        -webkit-touch-callout: none;
        -webkit-user-select: none;
        -khtml-user-select: none;
        -moz-user-select: none;
        -ms-user-select: none;
}
input[type=radio].css-radio:checked + label {
        background-position: 0 -50px;
}
```

이 프로젝트에서는 체크 상자를 출력하는 부분이 없지만 항상 라디오 버튼과 함께 쓸 수 있도록 코딩해둡
니다. 라디오 버튼에 이미지 입히는 법도 적용 방법은 거의 같습니다.

· input[type=radio].css-radio → 라디오 버튼은 보이지 않도록 감춥니다.

· input[type=radio].css-radio + label → 라디오버튼 옆 레이블 앞에 배경으로 라디오버튼 디자인을 넣고 글자의 스
  타일을 설정합니다.

· input[type=radio].css-radio:checked + label → 라디오버튼을 클릭했을 때 레이블의 배경을 50px 올려 바꿉니다.

touch-callout: none;은 다양한 모바일 기기에서 길게 눌렀을 때 나타나는 불필요한 반응들을 제거해주며, user-select: none;은 해당 텍스트를 선택할 수 없도록 합니다.

배경이미지와 결과는 다음과 같습니다.

bg_radio.png (15 x 100)

▶ placeholder 글자 색상 설정

```
input::-ms-input-placeholder {color: #999;}
input::-webkit-input-placeholder {color: #999;}
input::-moz-placeholder {color: #999;}
textarea::-ms-input-placeholder {color: #999;}
textarea::-webkit-input-placeholder {color: #999;}
textarea::-moz-placeholder {color: #999;}
```

폼 요소의 placeholder 색상을 컨셉에 맞는 색상으로 설정할 수 있습니다.

▶ input 스타일

```
input[type=text] {-webkit-appearance: none; box-sizing: border-box; display: inline-block;
        height: 45px; padding: 0 10px; border: 1px solid #ccc; background-color: #fff;
        line-height: normal; font-size: 15px;}
..........................
textarea {-webkit-appearance: none; box-sizing: border-box; padding: 10px;
        border: 1px solid #ccc; font-size: 15px;}
select {-webkit-appearance: none; height: 30px; padding: 0 5px; box-sizing: border-box;
        border: 1px solid #ccc;}
```

input 요소들의 스타일을 시안에 맞춰 설정합니다.

input type 이 number, password, tel, email, birthday인 것도 함께 설정합니다.

-webkit-appearance:none;을 이용하여 초기화 한 다음 스타일을 설정합니다.

▶ select 스타일 설정

```
.select_common {display: inline-block; box-sizing: border-box; position: relative; width:
158px;
        height: 35px; overflow: hidden; border: 1px solid #ccc;
        background: url(../img/ico_selectArr.png) no-repeat 100% 50%;}
```

```
.select_common select {display: inline-block; width: 185px; height: 29px; padding: 0 10px;
        border: none; background: none; font-size: 15px;}
```

select 상자에 크로스브라우징하기 위해 이미지를 입히는 작업을 해둡니다.

select를 .select_common 요소로 감싸기만 하면 역삼각형 이미지를 이용한 이미지 select 박스를 만들 수 있고, 가로 길이와 배경의 위치만 조절하면 어느 select에도 응용할 수 있습니다. 역삼각형 이미지는 주변에 흰 여백을 포함하고 있으므로 가로 위치는 100%, 즉 right로 하면 충분합니다.

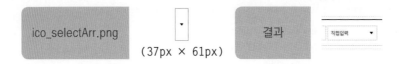

(37px × 61px)

▶ 기타 공통 스타일 설정

```
html {height: 100%;}
body {height: 100%; font-family: 'Malgun Gothic','맑은 고딕',sans-serif; font-size: 16px;
        letter-spacing: -1px; color: #444; white-space: normal; word-wrap: break-word;}
input, select, textarea {box-sizing: border-box; font-size: 15px;
        font-family: 'Malgun Gothic','맑은 고딕',sans-serif; letter-spacing: -1px; color:#444;
        -webkit-appearance: none;}
textarea {box-sizing: border-box; padding:10px; border: 1px solid #ccc;}
input, textarea {-webkit-appearance: none; border-radius: 0;}
* {-webkit-text-size-adjust: none;}
.dp_none {display: none;}
.hdd, legend {font-size: 0; width: 0; height: 0; line-height: 0; text-indent: -9999px;
        overflow: hidden; visibility: hidden; position: absolute; top: 0; left: 0;}
caption {font-size: 0; width: 0; height: 0; line-height: 0; text-indent: -9999px; overflow:
hidden;}
.clear:after {content: ""; display: block; clear: both;}
hr {display: none;}
```

1 -webkit-text-size-adjust:none;은 뷰포트가 변경되었을 때 자동으로 폰트 크기가 조절되는 것을 방지하는 속성입니다.

2 보이지는 않고 읽어만 주는 hdd 클래스는 주로 heading 요소에 사용할 것입니다. caption을 숨길 때에 포지셔닝으로 하면 사파리에서 caption이 깨져 보이는 경우가 있어 caption은 포지셔닝을 하지 않고 숨겨줍니다.

3 float을 해제하는 clear 클래스를 만듭니다.

```
.btn_line {text-align: center; font-size: 0;}
.btn_line a {margin-left: 10px;}
.btn_line a:first-child {margin-left: 0;}
.btn_srch {display: inline-block; width: 70px; text-align: center; height: 35px; font-size: 14px;
        line-height: 35px; vertical-align: middle; background: #384d75; color: #fff
!important;}
.btn_bbs {display: inline-block; width: 70px; text-align: center; height: 35px; font-size:
14px;
        line-height: 35px; vertical-align: middle; background: #384d75; color: #fff
!important;}
.btn_baseColor {display: inline-block; width: 125px; height: 50px; line-height: 50px;
        background: #384d75; font-size: 20px; color: #fff !important;}
```

투어리스트인투어에서 나오는 모든 버튼의 스타일을 등록합니다. .btn_line은 여러 개의 버튼을 포함하는
박스로서, 버튼은 inline 요소이기 때문에 정확한 여백의 사이즈 적용을 위해 font-size:0; 으로 합니다.

결과는 다음과 같습니다.

.btn_srch와 .btn_bbs는 같아 보이지만 .btn_bbs는 모바일에서 변경됩니다. 또한 .btn_baseColor 버튼도 모
바일에서 변경됩니다.

```
@media all and (max-width: 800px) {
        .btn_bbs {display: inline-block; width: 100%; text-align: center; height: 35px;
                font-size: 14px; line-height :35px; vertical-align :middle; background: #384d75;
                color: #fff !important;}
        .btn_baseColor {display: inline-block; width: 100%; height: 50px; line-height: 50px;
                background: #384d75; font-weight: bold; font-size: 20px; color: #fff
!important;}
}
```

모바일에서의 결과는 다음과 같습니다.

▶ PC

```
/* layout */
.box_inner {width:1050px; margin:0 auto;}
/* header */
header {position: absolute; left: 0; top: 0; width: 100%; height: 113px; background:
rgba(0,0,0,0.5);
        z-index: 100;}
header .header_area h1 {float: left; padding: 45px 0 0;}
header .header_area h1 a {display: block; width: 270px; height: 71px; text-indent: -9999px;
        overflow: hidden; background: url(../img/logo.png) no-repeat;}
header .header_area .openMOgnb {display: none;}
.header_cont {float: right; width: 780px;}
.header_cont .util {text-align: right; padding-top: 10px;}
.header_cont .util li {display: inline;}
.header_cont .util li:after {content: "|"; display: inline-block; padding: 0 10px; font-size:
10px;
        color: #eee; position: relative; top: -2px;}
.header_cont .util li:last-child:after {content: ""; display: none;}
.header_cont .util li a {font-size: 14px; color: #eee;}
.header_cont .gnb {float: right; box-sizing: border-box; padding-top: 5px; /*height: 113px;*/}
.header_cont .gnb li {float: left;}
.header_cont .gnb li a {display: block; padding: 26px 40px; font-size: 18px; color: #fff;}
.header_cont .gnb li:last-child a {padding-right: 0;}
.header_cont .closePop {display: none;}
```

PC의 기본 가로폭은 1050px로 하고, 태블릿이나 모바일에서는 100%로 할 것입니다.

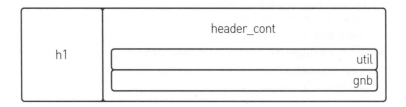

이 header는 본문 콘텐츠와 겹치도록 배치해야 하기 때문에 position: absolute;합니다.

h1과 header_cont는 서로 float하여 나란히 배치하며, 모바일 메뉴를 닫는 .closePop의 경우 PC에서는 숨기
도록 합니다.

다음은 gnb의 하위 메뉴들입니다.

```
.gnb_depth {position: absolute; left: 0; top: 113px; width: 100%; background:
rgba(250,100,0,0.85);
        z-index: 100; display: none;}
.gnb_depth .submenu_list {width: 1050px; margin: 0 auto; text-align: left;}
.gnb_depth2_1 .submenu_list {box-sizing: border-box; padding-left: 480px;}
.gnb_depth2_2 .submenu_list {box-sizing: border-box; padding-left: 600px;}
.gnb_depth2_3 .submenu_list {box-sizing: border-box; padding-left: 730px;}
.gnb_depth2_4 .submenu_list {box-sizing: border-box; padding-left: 940px;}
.gnb_depth .submenu_list li {display: inline;}
.gnb_depth .submenu_list li a {display: inline-block; padding: 20px;}
.gnb_depth .submenu_list li:last-child a {padding-right: 0;}
.gnb_depth .submenu_list li a.on {color: #fff;}
```

gnb 하위 메뉴란 마우스가 메뉴에 닿았을 때의 오렌지색 띠 부분을 말합니다. 상위 메뉴 바로 아래에 서브 메뉴가 자리하도록 좌측 여백을 주었습니다.

오렌지색 띠는 가로폭 100%이고, 그 안에 나타날 하위 메뉴는 처음에는 기본 가로폭 1050px로 가다가 태블릿부터는 100%가 됩니다.

▶ 태블릿

```
@media all and (max-width: 1065px) and (min-width: 801px) {
        .box_inner {width: 100%;}
        header .header_area h1 {padding-left: 20px;}
        .header_cont {float: right; width: 60%; padding-right: 20px;}
        .header_cont .gnb li a {padding: 26px 25px;}
        .gnb_depth .submenu_list {width: 100%; padding-left: 52%;}
        .gnb_depth .submenu_list li a {padding: 20px;}
```

1 이 미디어 쿼리는 iPadPro가로세로, gallexyTab가로 등 태블릿의 가로형에 해당하는 css를 설정하고 있습니다. 작은 태블릿의 세로에서는 모바일 css로 설정됩니다.

2 태블릿에서는 기본 가로폭을 100%로 하고 좁기 때문에, gnb 영역을 좁히고 양쪽 콘텐츠가 벽에 딱 붙는 것을 방지하기 위해 20px씩 여백을 설정합니다.

3 가로폭이 넓지 않기 때문에 gnb의 하위 메뉴 위치는 padding−left:52%;로 일정한 곳으로 지정합니다.

▶ 모바일

```css
@media all and (max-width: 800px) {
        .box_inner {width: 100%;}
        header {height: 90px; text-align: center; z-index: 200; background: rgba(0,0,0,0.5);}
        header.on {background: #31353d;}
        header .header_area h1 {float: none; width: 100%; height: 50px; text-align: center;
                padding: 35px 0 0;}
        header .header_area h1 a {display: inline-block; width: 180px; height: 23px;
                background-size: 180px 23px;}
        header .header_area .openMOgnb {display: block; position: absolute; left: 15px;
                top: 35px; width: 23px; height: 16px;}
        header .header_area .openMOgnb span {box-sizing: border-box; display: block;
                width: 25px; height: 3px; margin-bottom: 4px; border-radius: 10px;
                background: #fff;}
        header .header_area .openMOgnb span + span {width: 17px;}
        header .header_area .openMOgnb span:last-child {width: 25px; margin-bottom: 0;}
        .header_cont {float: none; width: 100%; background: #31353d; display: none;}
        .header_cont .util {padding: 20px;}
        .header_cont .util li {float: left;}
        .header_cont .util li:after {content: "|"; display: inline-block; padding: 0 10px;
                font-size: 10px; color: #a2a2a2; position: relative; top: -2px;}
        .header_cont .util li:last-child:after {content: ""; display: none;}
        .header_cont .util li a {font-size: 16px; color: #fff;}
        .header_cont .closePop {display: block; position: absolute; right: 0; top: 15px;}
        .header_cont .closePop a {display: block; width: 60px; height: 60px;
                text-indent: -9999px; overflow: hidden;
                background: url(../img/btn_closeMenu.png) no-repeat;
                background-size: 60px;}
        .header_cont .gnb {float: none; box-sizing: border-box; padding-top: 0; height: auto;
                border-top: 1px solid #83868b;}
        .header_cont .gnb li {float: left; width: 50%; text-align: left;
                box-sizing: border-box; border-bottom: 1px solid #83868b;}
```

```
.header_cont .gnb li:nth-child(odd) {border-right: 1px solid #83868b;}
.header_cont .gnb li a {display: block; padding: 0 0 0 65px; height: 60px;
        line-height: 60px;
        background: url(../img/ico_gnb01.png) no-repeat 10px center;
        background-size: 49px 56px; font-size: 16px; color: #fff;}
.header_cont .gnb li + li a {background-image: url(../img/ico_gnb02.png);}
.header_cont .gnb li + li + li a {background-image: url(../img/ico_gnb03.png);}
.header_cont .gnb li + li + li + li a {background-image: url(../img/ico_gnb04.png);}
.header_cont .gnb li + li + li + li + li a {
        background-image: url(../img/ico_gnb05.png);}
.gnb_depth {display: none;}
```

1 header 의 배경을 검정 반투명에서 메뉴를 열었을 때 #31353d 로 변경합니다.

2 h1 의 로고는 중앙에 배치해야 하므로 float을 해제하고 크기도 변경합니다.

3 메뉴를 부르는 삼선 메뉴도 보이도록 하고 시안처럼 중간선을 짧게 스타일을 부여합니다.

4 메뉴를 닫는 버튼도 배치합니다.

5 gnb의 목록들을 한 줄에 두 개씩 배치하기 위해 가로폭을 조절하고 각 메뉴에 배경 아이콘을 지정합니다.

5.3. **04** / footer 부분

▶ PC

```
footer {border-top: 1px solid #ddd;}
footer .foot_area {position: relative; padding-bottom: 40px;}
```

```
footer .foot_area .foot_list {padding-top: 25px;}
footer .foot_area .foot_list li {float: left;}
footer .foot_area .foot_list li:first-child:after {content: "|"; display: inline-block;
      padding:0 10px; font-size: 10px; color: #000; position: relative; top: -2px;}
footer .foot_area .foot_list li a {font-weight: bold; font-size: 15px;}
footer .foot_area h2 {padding-top: 25px; font-size: 14px; color: #666;}
footer .foot_area .addr {padding-top: 5px; line-height: 1.4; font-size: 13px; color: #666;}
footer .foot_area .addr .space0 {letter-spacing: 0;}
footer .foot_area .copy {padding-top: 3px; font-size: 13px; color: #666; letter-spacing: 0;}
footer .foot_area .snslink {position: absolute; right: 20px; top: 50px;}
footer .foot_area .snslink li {float: left; margin-left: 60px;}
footer .foot_area .snslink li a {display: block; width: 50px; height: 74px; text-indent:
-9999px;
      overflow: hidden; background:url(../img/ico_blog_r.png) no-repeat;}
footer .foot_area .snslink li + li a {background-image: url(../img/ico_facebook_r.png);}
footer .foot_area .snslink li + li + li a {background-image: url(../img/ico_instargram_r.png);}
```

숫자가 들어가는 부분의 글자 간격을 너무 붙지 않도록 조절하고, sns 아이콘들은 position: absolute;로 우측에 따로 배치하고 모바일에서는 위치만 변경합니다.

▶ 태블릿

```
@media all and (max-width: 1065px) and (min-width: 801px) {
      footer .foot_area {box-sizing: border-box; padding-left: 20px;}
      footer .foot_area .snslink li {margin-left: 15px;}
}
```

태블릿에서는 좁기 때문에 푸터 콘텐츠가 벽에 딱 붙는 것을 방지하기 위해 좌측에 20px 여백을 설정합니다. sns 아이콘들도 PC에 비해 좀 더 가깝게 배치합니다.

▶ 모바일

```
@media all and (max-width: 800px) {
        footer .foot_area {box-sizing: border-box; padding: 0 20px 90px;}
        footer .foot_area h2 {padding-top: 15px; font-size: 14px;}
        footer .foot_area .addr {line-height: 1.3; font-size: 14px; color: #767676;}
        footer .foot_area .copy {padding: 3px 0 20px; font-size: 14px; color: #767676;}
        footer .gubun {color: #fff;}
        footer .br_line {display: block;}
        footer .foot_area .snslink {position: static; width: 210px; margin: 10px auto;}
        footer .foot_area .snslink li {margin-left: 30px;}
        footer .foot_area .snslink li:first-child {margin-left: 0;}
```

모바일에서는 주소와 전화번호, 이메일을 줄바꿈하고, sns 아이콘은 다시 position:static;으로 아래에 배치한 후 중앙 정렬합니다.

▶ PC

```
.main_rolling_mobile {display: none;}
.visualRoll {position: relative; width: 100%;}
.viewImgList {position: relative; width: 100%;}
.viewImgList li {text-align: center; height: 550px; line-height: 550px;}
.viewImgList li.imglist0 {position: relative; z-index: 50;
        background: url('../img/mainslide01.jpg') no-repeat center;}
.viewImgList li.imglist1 {position: absolute; width: 100%; left: 0; top: 0; z-index: 10;
        background: url('../img/mainslide02.jpg') no-repeat center;}
```

```
.viewImgList li.imglist2 {position: absolute; width: 100%; left: 0; top: 0; z-index: 10;
        background: url('../img/mainslide03.jpg') no-repeat center;}
.viewImgList li {background-size: cover !important;}
.viewImgList li .roll_content {position: relative;}
.viewImgList li .roll_content .roll_txtline {position: absolute; left: 0; bottom: 60px;
        width: 100%; line-height: 1; text-align: center; font-size: 22px; color: #fff;
        letter-spacing: 2px;}
.rollbtnArea {position: absolute; width: 100%; left: 0; bottom: 25px; z-index: 200;}
.rollbtnArea .rollingbtn {width: 320px; margin: 0 auto; text-align: center;}
.rollbtnArea .rollingbtn li {display: inline-block; margin-right: 5px;}
.rollbtnArea .rollingbtn li.butt0 {margin-left:1 0px;}
.rollbtnArea .rollingbtn li.rollstop {}
.rollbtnArea .rollingbtn li.rollplay {display: none;}
.rollbtnArea .rollingbtn li a {vertical-align: top;}
```

1 모바일 부분의 슬라이더와 마크업이 별도로 되어 있으므로 모바일 슬라이더를 숨겨줍니다.

2 해상도가 높은 이미지를 잘 보여 주는 것이 중요하기 때문에 롤링 부분의 높이 값을 550px로 지정하겠습니다. 이미지를 배경으로 넣고 잘리지 않도록 배경의 크기를 cover로 지정합니다.

3 롤링 영역 안의 텍스트는 position:absolute;로 아래쪽에 배치하고 버튼들은 더 낮은 바닥쪽에 배치합니다. 처음부터 롤링이 되고 있기 때문에 play 버튼은 숨겼다가, stop 버튼을 클릭했을 때 스크립트에서 나타내줍니다. fading 작동은 스크립트에서 합니다. 태블릿의 스타일도 PC와 같습니다.

결과는 다음 세 화면이 번갈아 나타납니다.

▶ 모바일

```
@media all and (max-width: 800px) {
        .main_rolling_pc {display: none;}
        .main_rolling_mobile {display: block;}
        .main_rolling_mobile .swiper-container .swiper-wrapper .swiper-slide img {
```

```
                 width: 100%;}
     .main_rolling_mobile .swiper-pagination {width: auto; right:20px; left: auto;
             top: auto; bottom: 20px; font-size: 0;}
     .main_rolling_mobile .swiper-pagination-bullet {width: 5px; height: 5px;
             margin: 0 3px !important; background: #fff; opacity: 0.2;}
     .main_rolling_mobile .swiper-pagination-bullet-active {opacity: 1;}
```

1 PC 롤링은 숨기고 모바일 슬라이딩 부분이 나타나도록 합니다.

2 swiper 플러그인에서 이미 설정된 사항 이외에 필요한 것들만 추가로 속성을 지정합니다.

3 swiper-pagination을 우측하단에 배치하고 버튼을 반투명, avtive 버튼은 불투명으로 디자인합니다.

결과는 세 화면이 슬라이딩되어 다음처럼 나타납니다.

5.3.06 / 인기 여행지 부분

▶ PC

```
.about_area {}
.about_area h2 {padding: 55px 0 105px; text-align: center; font-size: 40px;}
.about_area .about_box {background: #f4f0e9;}
.about_area .place_list {}
.about_area .place_list li {float: left; width: 32%; margin-left: 2%; text-align: center;
        position: relative; top: -50px;}
.about_area .place_list li:first-child {margin-left: 0;}
.about_area .place_list li .img_topplace {width: 100%;}
.about_area .place_list li h3 {font-weight: bold; font-size: 18px; padding-top: 25px;
        color: #000;}
.about_area .place_list li p.txt {box-sizing: border-box; padding: 10px 30px 0; width: 100%;
        overflow: hidden; word-break: keep-all; line-height: 1.8; color: #666;}
```

```
.about_area .place_list li .view {display: inline-block; margin-top: 20px; padding-top: 5px;
    border-top: 2px solid #333; color: #666;}
```

1 배경은 베지색으로 채우고, 컨텐츠 부분은 float하여 나열한 후 위로 −50px 올려서 배치했습니다.

2 가로폭과 여백은 %를 사용하여 태블릿 사이즈에서도 수정이 필요없도록 했습니다.

▶ 태블릿

```
@media all and (max-width: 1065px) and (min-width: 801px) {
    .about_area .place_list {box-sizing: border-box; padding: 0 20px;}
```

콘텐츠가 양쪽 벽에 붙지 않도록 여백을 주었습니다.

▶ 모바일

```
@media all and (max-width: 800px) {
        .about_area h2 {padding: 27px 0 25px; font-size: 20px;}
        .about_area h2 b {display: block; padding-top: 10px;}
        .about_area .about_box {background: #fff;}
        .about_area .place_list li {float: none; width: 100%; margin: 0; box-sizing: border-box;
                padding: 0 20px; top: 0;}
        .about_area .place_list li p.txt {padding: 10px 50px 30px; line-height: 1.4;}
        .about_area .place_list li .view {padding-bottom: 10px; margin: 0 0 30px;}
```

컨텐츠를 세로로 나열하므로 float을 해제하고 여백만 수정합니다.

5.3.07 상담 및 최근 게시물 부분

▶ PC

```
.appbbs_area {padding: 60px 0;}
.appbbs_area .appbbs_box {}
.appbbs_box .app_line {float: left; width: 66%; box-sizing: border-box; padding: 45px 0;
        text-align: center; background: url(../img/bg_app.jpg) no-repeat; font-size: 0;}
.appbbs_box .app_line a {display: inline-block; width: 42.4%; height: 100px;
        line-height: 100px; box-sizing: border-box; padding-left: 75px; text-align: left;
        background: rgba(0,0,0,0.3) url(../img/ico_katalk.png) no-repeat 20px 50%;
        border: 2px solid #fff; margin-right: 10px; font-size: 26px; color: #fff;
```

```
            vertical-align: middle;}
.appbbs_box .app_line a + a {margin-right: 0; padding-left: 85px;
        background-image: url(../img/ico_phone.png);}
.appbbs_box .bbs_line {float: right; width: 30%;}
.appbbs_box .bbs_line h3 {font-size: 26px;}
.appbbs_box .bbs_line .notice_recent {padding-top: 10px;}
.appbbs_box .bbs_line .notice_recent li {padding: 8px 0;}
.appbbs_box .bbs_line .notice_recent li a {display: block; padding-left: 14px;
        background: url(../img/ico_bullet.png) no-repeat 0 50%; overflow: hidden;
        text-overflow: ellipsis; white-space: nowrap;}
```

1 상담 부분과 최근 게시물 부분을 float으로 가로 나열합니다.

2 가로폭은 %를 사용하여 태블릿 사이즈에서도 수정이 필요없도록 했습니다.

3 게시글은 너무 길 경우 말줄임 표시가 나타나도록 처리합니다.

▶ 태블릿

```
@media all and (max-width: 1065px) and (min-width: 801px) {
        .appbbs_area .appbbs_box {box-sizing: border-box; padding: 0 20px;}
        .appbbs_box .app_line a {font-size: 21px;}
```

콘텐츠가 양쪽 벽에 닿지 않도록 여백을 주고 글자 크기만 조금 줄입니다.

▶ 모바일

```
@media all and (max-width: 800px) {
        .appbbs_area {padding: 0 20px;}
        .appbbs_box .app_line {display: none;}
```

```
.appbbs_box .bbs_line {float: none; width: 100%; padding: 20px 0;
        border-top: 1px solid #d6d7d8;}
.appbbs_box .bbs_line h3 {font-weight: bold; font-size: 19px;}
```

모바일에서는 상담 부분은 숨기고, 최근 게시물만 나타냅니다. 따라서 float을 해제하고 가로폭을 조절합니다.

NOTICE
- 이번 여름 휴가 제주 갈까? 미션 투어 (여행경비 50만...
- 박물관 미션 투어 응모 당첨자 발표
- 추석 연휴 티켓/투어 배송 및 직접 수령 안내
- 하롱베이 서비스 OPEN! (여행정보, 가이드북, 가이드...
- 투어리스트인투어 서비스 점검 안내

5.3.08 / 퀵 메뉴 부분

▶ PC

```
.quick_area {position: fixed; top: 171px; right: 0; width: 94px; z-index: 100;}
.quick_area .quick_list {}
.quick_area .quick_list li {text-align: center; background: #282828; font-size: 15px;}
.quick_area .quick_list li a {display: block; padding: 15px 0; border-top: 1px solid #4d4d4d;}
.quick_area .quick_list li:first-child a {border-top: none;}
.quick_area .quick_list li a h3 {padding-bottom: 10px; color: #ddd; letter-spacing: -2px;}
.quick_area .quick_list li:last-child a h3 {padding-bottom: 0;}
.quick_area .quick_list li a h3 em {display: none;}
.quick_area .quick_list li a p {line-height: 1.3; font-size: 12px; color: #fff;}
.to_top {text-align: center; background: #fff;}
.to_top a {display: block; height: 45px; box-sizing: border-box; text-indent: -9999px;
        overflow: hidden; border-left: 1px solid #a3a3a3; border-bottom: 1px solid #a3a3a3;
        background: url(../img/ico_totop.png) no-repeat center; background-size: 50%;}
```

1 퀵 메뉴는 우측 중앙에 position: fixed;로 배치합니다.

2 top으로 가는 아이콘은 배경으로 처리합니다.

▶ 태블릿

```
@media all and (max-width:1065px) and (min-width:801px) {
        .quick_area .quick_list {display: none;}
        .to_top {position: fixed; right: 20px; bottom: 112px; text-align: center;
                background: none; z-index: 100;}
        .to_top a {display: block; width: 45px; height: 45px;  border-left: none;
                border-bottom: none; background: url(../img/ico_totop_mo.png)
                no-repeat center; background-size: 45px;}
```

태블릿에서는 top으로 가는 버튼만 배경을 바꿔 나타내고, quick_list는 숨깁니다.

▶ 모바일

```
@media all and (max-width: 800px) {
        .quick_area .quick_list {position: fixed; left: 0; bottom: 0; width: 100%;}
        .quick_area .quick_list li {float: left; width: 31%; text-align: left;
                background: #3a3e46; font-size: 15px;}
        .quick_area .quick_list li + li {width: 37%;}
        .quick_area .quick_list li + li + li {width: 32%;}
        .quick_area .quick_list li:first-child:after {content: ""; display: inline-block;
                width: 1px; height: 16px; position: absolute; right: 31%; top: 50%;
                margin-top: -8px; background: #76787e;}
        .quick_area .quick_list li:last-child:before {content: ""; display: inline-block;
                width: 1px; height: 16px; position: absolute; left: 32%; top: 50%;
                margin-top: -8px; height: 16px; position: absolute; left: 32%; top: 50%;
```

```
                    margin-top: -8px; background: #76787e;}
        .quick_area .quick_list li a {display: block; padding: 10px 0; border-top: none;
            color: #fff;}
        .quick_area .quick_list li a h3 {height: 37px; line-height: 37px; padding-bottom: 0;
            padding-left: 45px;
            background: url(../img/ico_phone_mobtm.png) no-repeat 20px center;
            background-size: 20px; color: #fff; letter-spacing: -1px;}
        .quick_area .quick_list li + li a h3 {
            background: url(../img/ico_katalk_mobtm.png) no-repeat 20px center;
            background-size: 20px;}
        .quick_area .quick_list li + li + li a h3 {
            background: url(../img/ico_contact_mobtm.png) no-repeat 20px center;
            background-size: 20px;}
        .quick_area .quick_list li a h3 em {display: inline;}
        .quick_area .quick_list li a p {display: none;}
        .to_top {position: fixed; right: 20px; bottom: 100px; text-align: center;
            background: none; z-index: 100;}
        .to_top a {display: block; width: 45px; height: 45px;  border-left: none;
            border-bottom: none;
            background: url(../img/ico_totop_mo.png) no-repeat center;
            background-size: 45px;}
        .to_top.hide {display: none;}
 · · · · · · · · · · · · · · · · · · · · · · · · · · · · · · · · · · · · · · · · · · · · · · · · · · · · · · · · · · · ·
@media all and (max-width: 320px) {
    .quick_area .quick_list li a h3 {letter-spacing: -2px;}
}
```

1 모바일에서는 quick_list를 바닥에 배치합니다.

2 세 메뉴는 float으로 배치하고 모바일 기기에 따라 같은 비율을 유지하도록 가로폭을 %로 지정합니다.

3 항목 사이에 구분선을 만들어 주고 아이콘을 배경 이미지로 지정합니다.

4 화면이 맨 위에 있을 때에는 top 버튼이 보이지 않도록 해주기 위해 hide 클래스를 만듭니다. 실제 동작
은 스크립트로 처리합니다.

5 아이폰5처럼 가로폭이 좁은 폰에서 글자가 잘리지 않도록 자간을 좁혀 줍니다.

top으로 가는 버튼은 태블릿과 같습니다.

5.3.09 팝업 부분

▶ PC

```
.popup_base {position: absolute; left: 0; top: 0; width: 100%; height: 100%;
       background: rgba(0,0,0,0.7); z-index: 200; display: none;}
.popup_base .pop_content {position: relative; width: 580px; margin: 200px auto 0;
       box-sizing: border-box; background: #fff;}
.pop_content .btn_xpop {position: absolute; right: 0; top: -55px;}
.pop_content .btn_xpop a {display: block; width: 45px; height: 45px; text-align: center;
       text-indent: -9999px; overflow: hidden;
       background: url(../img/btn_xpop.png) no-repeat; background-size: 45px;}
.pop_content .pop_list li {padding: 36px; text-align: center;}
.pop_content .pop_list li + li {background: #f4f0e9;}
.pop_content .pop_list li + li + li {background: #fff;}
.pop_content .pop_list li h2.tit_pop {padding: 10px 0 24px; font-weight: bold; font-size: 30px;
       letter-spacing: -2px;}
.pop_content .pop_list li img.pop_img {width: 100%;}
.pop_content .pop_list li .pop_txt {padding-top: 15px}
.pop_content .pop_list li .pop_txt p {padding-top: 10px; line-height: 1.8; font-size: 17px;
       width: 95%; margin: 0 auto; overflow: hidden; word-break: keep-all;
       letter-spacing: -2px;}
```

레이어 팝업은 검정 반투명바닥에 흰 상자를 올리는 스타일로 설정합니다. 닫는 버튼을 위에 배치하고 단조로움을 피하기 위해 목록의 배경색을 번갈아 다른 색으로 해줍니다.

태블릿의 스타일도 PC와 같습니다.

▶ **모바일**

```
@media all and (max-width:800px) {
    .popup_base .pop_content {position: relative; width: 90%; margin: 100px auto 0;}
    .pop_content .btn_xpop {top: -40px;}
    .pop_content .btn_xpop a {display: block; width: 30px; height: 30px;
        background-size: 30px;}
    .pop_content .pop_list li {padding: 20px;}
    .pop_content .pop_list li h2.tit_pop {padding: 5px 0 12px; font-size: 17px;
        letter-spacing: -1px;}
    .pop_content .pop_list li .pop_txt {padding-top: 10px}
    .pop_content .pop_list li .pop_txt p {padding-top: 5px; line-height: 1.4; font-size: 14px;
        letter-spacing: -1px;}
```

가로폭을 90% 로 줄이고 간격만 조절합니다.

부록으로 제공한 예제 소스 중 프로젝트 폴더에서 common.css 파일을 열어 메인 페이지 관련 소스를 확인해 보기 바랍니다.

5.4 | 메인 페이지의 스크립트 (common.js)

5.4. 01 / gnb의 작동

```
$(document).ready( function() {
        //gnb_depth2_1
        $('.openAll1').mouseover(function(){
                if ( parseInt($('header').css('width')) > 800 ) $('.gnb_depth2_1').
fadeIn('fast');
                isOver1 = true;
        });
        $('.openAll1').focus(function(){
                if ( parseInt($('header').css('width')) > 800 ) $('.gnb_depth2_1').
fadeIn('fast');
                isOver1 = true;
        });
});
```

메인 메뉴에 마우스가 닿으면 숨겨져 있던 서브 메뉴가 나타나도록 하고, 그 사실을 기억하기 위해 변수 isOver1에 true를 기억시킵니다. 이 동작이 모바일이 아닐 때 일어나도록 header의 가로폭이 800 이상일 때만 실행합니다. 키보드 접근성을 부여하기 위해 tab 키로 접근할 때도 같은 동작을 하도록 .focus에도 같은 코딩을 넣습니다.

```javascript
$(document).ready( function() {
        $('.openAll1').mouseout(function(){
                isOver1 = false;
                setTimeout("goHide1()",200);
        });
        $('.gnb_depth2_1 li:last-child a').blur(function(){
                isOver1 = false;
                setTimeout("goHide1()",200);
        });
});
```

메뉴에서 마우스가 벗어나고, 서브 메뉴에서도 벗어나야 서브 메뉴를 사라지게 해야 하기 때문에 사라지는 것은 즉시 하지 않고 goHide1() 함수로 가서 물어보고 합니다. 다만 메인 메뉴에서 마우스가 벗어나거나 tab 키로 벗어났을 때 그 사실을 기억하기 위해 변수 isOver1에 false를 기억시킵니다.

```javascript
$(document).ready( function() {
        $('.gnb_depth2_1').mouseover(function(){
                isOver2 = true;
        });
        $('.gnb_depth2_1').focus(function(){
                isOver2 = true;
        });
});
```

서브 메뉴에 마우스가 닿아 있을 때 아직 서브 메뉴가 꺼지면 안되기에 그 사실을 기억하기 위해 변수 isOver2에 true를 기억시킵니다. 키보드 접근성을 부여하기 위해 tab 키로 벗어났을 때에도 같은 동작을 하도록 .focus에도 같은 코딩을 넣습니다.

```javascript
$(document).ready( function() {
        $('.gnb_depth2_1').mouseout(function(){
                isOver2 = false;
                setTimeout("goHide1()",200);
        });
         $('.gnb_depth2_1').blur(function(){
```

```
                isOver2 = false;
                setTimeout("goHide1()",200);
        });
});
```

서브 메뉴에서 마우스가 벗어났을 때 그 사실을 기억하기 위해 변수 isOver2에 false를 기억시키고 goHide1( ) 함수로 갑니다. 메인 메뉴에서도 벗어났는지 물어보고 서브 메뉴를 감추기 위해서입니다. 키보드 접근성을 부여하기 위해 **tab** 키로 벗어날 때도 같은 동작을 하도록 .focus에도 같은 코딩을 넣습니다.

```
var isOver1 = false;
var isOver2 = false;
function goHide1() {
        if (!isOver1 && !isOver2) {
                $('.gnb_depth2_1').stop().fadeOut('fast');
        }
}
```

스크립트 상단에 전역변수로 isOver1과 isOver2를 선언합니다. goHide( ) 함수에서는 두변수가 모두 false 일 때, 즉 메인 메뉴에도 서브 메뉴에도 마우스가 닿아 있지 않음을 확인하고 서브 메뉴를 사라지게 해줍니다. 나머지 메뉴들도 동일한 방식으로 코딩합니다.

5.4.02 모바일 메뉴 띄우기

```
$(document).ready( function() {
        $('.openMOgnb').click(function(){
                $('header').addClass('on');
                $('header .header_cont').slideDown('fast');
                $('header .header_area .header_cont .closePop').show();
                $("body").bind('touchmove', function(e){e.preventDefault()});
        });
        $('header .header_cont .closePop').click(function(){
                $('.header_cont').slideUp('fast');
                $('header').removeClass('on');
                $("body").unbind('touchmove');
        });
});
```

삼선 메뉴를 클릭했을 때 header 색상을 변경하기 위해 on 클래스를 부여하고, 서브 메뉴를 나타나게 하고, 닫기 버튼을 보이도록 하고, 화면이 터치로 움직이지 않도록 고정합니다. 반대로 닫기 버튼을 누르면 서브 메뉴가 닫히며 반대의 효과들이 일어납니다.

5.4.03 top 버튼 스크롤

```
$(document).ready( function() {
        $('a.s_point').smoothScroll();

        if ( $(document).scrollTop() < 50) $('.to_top').addClass('hide');
        else $('.to_top').removeClass('hide');
        $(window).scroll( function() {
                if ( $(document).scrollTop() < 50) $('.to_top').addClass('hide');
                else $('.to_top').removeClass('hide');
        });
});
```

s_point 클래스가 붙은 링크에 부드러운 스크롤을 적용하도록 합니다. 이 동작은 html 문서의 상단에 선언한 jquery.smooth-scroll.min.js 플러그인에 의한 것입니다.

스크롤 지점이 상단에서 50px 이내일 때에는 top 버튼을 숨기도록 hide 클래스를 부여하고, 상단에서 50px 아래로 스크롤된 시점부터는 top버튼을 보이도록 설정하기 위해 hide 클래스를 제거합니다.

5.4.04 PC브라우저에서 gnb 사라짐 방지

```
$(document).ready(function(){
        $(window).resize(function() {
                if ( parseInt($('header').css('width')) > 800 ) $('.header_cont').show();
        });
});
```

PC에서 반응형 체크를 위해 브라우저를 좁혀서 메뉴를 닫고 다시 넓히면 gnb가 사라진 채로 있게 됩니다. 새로고침을 수행하면 문제가 없지만 오류인 것처럼 느껴지므로, 브라우저 넓힐 때 gnb가 노출되도록 해줍니다.

부록으로 제공한 예제 소스 중 프로젝트 폴더에서 common.js 파일을 열어 메인 페이지 관련 소스를 확인해 보기 바랍니다.

5.5 | 서브 페이지의 시안 점검

gnb와 footer는 모든 페이지 공통이기 때문에 서브 페이지에서는 상단과 콘텐츠 부분만을 다룰 것입니다.

5.5.01 회원가입 페이지 시안

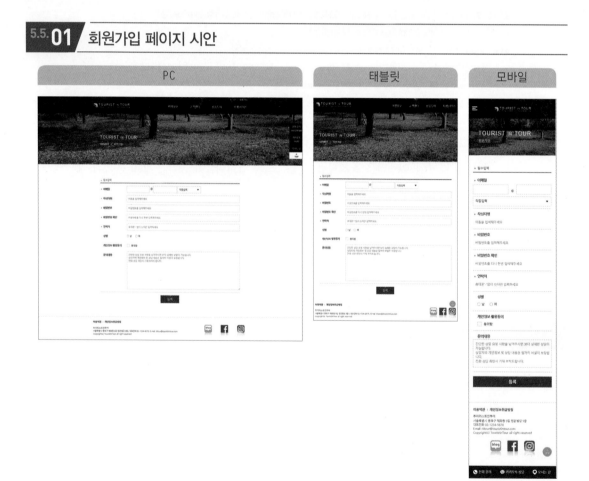

회원가입 페이지의 상단은 한 장의 배경 이미지와 제목, 그리고 lnb, location으로 구성되어 있습니다. 서브 페이지에 공통적으로 적용되는 스타일입니다. 콘텐츠 부분에는 입력 양식 form이 있는데 PC와 태블릿에서는 레이블을 좌측에 배치하고, 모바일에서는 위에 배치합니다.

PC	태블릿	모바일

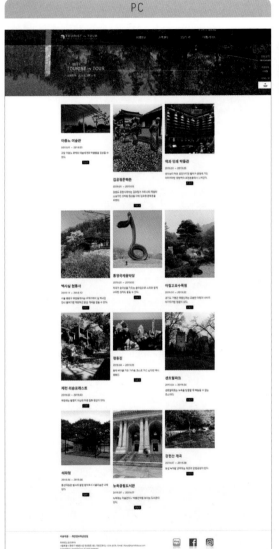  

프로그램 소개 페이지의 콘텐츠 부분에는 여행상품 목록이 표시됩니다. 여행상품은 사진, 제목, 날짜 소개글 등으로 구성되는데, PC와 태블릿에서는 3단으로, 모바일에서는 1단으로 배치합니다. 아래쪽에 있는 [더보기] 버튼을 클릭하면 소개글이 좀 더 노출됩니다.

5.5.03 공지사항 목록 페이지 시안

공지사항 목록 페이지의 콘텐츠 부분에는 게시판이 있습니다. PC와 태블릿에서는 게시판의 모든 항목을 보여주고, 모바일에서는 제목과 날짜만을 보여줍니다.

5.5.04 / 로그인 페이지 시안

footer와 여백을 제외하면 PC 화면과 모바일 화면의 시안은 거의 같습니다.

서브 페이지 시안으로 잘라낸 이미지들은 다음과 같습니다.

• 회원가입 페이지의 상단 이미지

• 프로그램 소개 페이지의 상단 이미지

• 공지사항 페이지의 상단 이미지

• 프로그램 소개 페이지의 사진들

• 로그인 페이지의 상단 이미지

• 로그인 페이지의 sns 아이콘

5.6 | 서브 페이지의 마크업과 CSS

5.6.01 서브 페이지 공통 부분

서브 페이지에 공통으로 들어가는 부분은 상단의 배경 이미지를 갖고 있는 location 부분입니다. PC에서는 location 만 보이지만 모바일에서는 서브메뉴 2depth가 나타납니다. 서로 숨은 요소를 포함하는 서브페이지 공통 부분의 시안은 다음과 같습니다.

서브 페이지 공통 부분의 마크업은 다음과 같습니다.

```
<div id="container">
    <!-- location_area -->
    <div class="location_area curriculum">
        <div class="box_inner">
            <h2 class="tit_page">TOURIST <span class="in">in</span> TOUR</h2>
```

```
            <p class="location">상품투어 <span class="path">/</span> 프로그램 소개</p>
            <ul class="page_menu clear">
                <li><a href="javascript:;" class="on">프로그램 소개</a></li>
                <li><a href="javascript:;">여행 자료</a></li>
            </ul>
        </div>
    </div>
    <!-- //location_area -->
```

location 클래스인 p 요소의 경우 PC에서는 노출, 모바일에서는 숨길 계획이고, 반대로 page_menu 클래스인 ul 요소의 경우 PC에서는 숨기고, 모바일에서는 노출할 예정입니다. 다른 서브 페이지들도 같은 식으로 코딩되었는데 curriculum 클래스는 이 페이지가 프로그램 소개 페이지임을 나타내고 있습니다. CSS에서 각각 다른 배경 이미지를 지정해주기 위해 클래스를 붙인 것입니다.

이에 해당하는 PC 부분 CSS는 다음과 같습니다.

```
.location_area {height: 445px; background: url(../img/img_top2.jpg) no-repeat center bottom;}
.location_area.about {}
.location_area.customer {background-image: url(../img/img_top2.jpg);}
.location_area.package {background-image: url(../img/img_top3.jpg);}
.location_area.ticket {background-image: url(../img/img_top4.jpg);}
.location_area.member {background-image: url(../img/img_top5.jpg);}
.location_area h2.tit_page {padding: 250px 0 0 0; margin: 0 50px;
        border-bottom: 1px solid #ccc; font: 30px "Arial Narrow"; color: #fff;
        letter-spacing: 3px;}
.location_area h2.tit_page .in {font-variant: small-caps;}
.location_area p.location {padding: 20px 0 0 50px; color: #fff;}
.location_area p.location .path {display: inline-block; padding: 0 10px;}
.location_area ul.page_menu {display: none;}
.bodytext_area {box-sizing: border-box; padding: 55px 50px 0;}
```

1 location_area의 클래스에 따라 다섯 개의 서브 페이지가 결정되며 배경 이미지가 각각 다릅니다. 여기서는 그 중 .customer(공지사항), .package(프로그램 소개), .member(회원가입) 세 페이지만을 다루고 있습니다.

2 나중에 다룰 로그인 페이지는 상단 공통 부분이 없습니다.

3 PC에서는 서브 메뉴를 숨깁니다.

4 타이틀과 location 부분의 여백을 지정합니다.

이에 해당하는 모바일 부분 CSS는 다음과 같습니다.

```
@media all and (max-width:800px) {
....
        .location_area {height: 260px;
                background:url(../img/img_top2.jpg) no-repeat center bottom / cover;}
        .location_area h2.tit_page {padding: 140px 0 0 0; margin: 0 45px;}
        .location_area p.location {display: none;}
        .location_area ul.page_menu {display: block; padding: 10px 0 0 45px;}
        .location_area ul.page_menu li {float: left; padding-bottom: 10px;}
        .location_area ul.page_menu li a {display: block; margin-right: 20px; font-size: 15px;
                color: #ddd;}
        .location_area ul.page_menu li a.on {border-bottom: 1px solid #fff; color: #fff;}
        .bodytext_area {box-sizing: border-box; padding: 33px 20px 0;}
....
}
```

1 상단의 배경 이미지를 양쪽이 잘려도 세로로 꽉차게 background-size 를 cover로 지정합니다.

2 모바일에서는 location 부분을 숨기고 반대로 서브 메뉴를 보이도록 하고 float하여 가로로 나열합니다.

3 서브 메뉴 부분의 여백을 지정하고 타이틀 부분의 여백을 변경합니다.

PC와 모바일의 다른 부분을 아래 이미지로 확인하십시오.

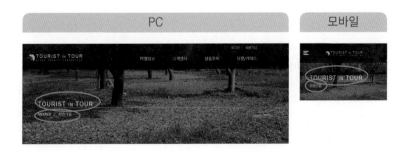

이 페이지는 회원의 정보를 입력받는 form을 포함하고 있습니다. form 요소 안의 양식은 일반 table로 개발하는 경우가 많지 않고, 반응형으로 모바일에서도 구조 변경이 용이해야 하므로 div로 마크업하겠습니다. 먼저 입력양식 리스트를 감싸고 있는 박스 부분입니다.

```html
<!-- bodytext_area -->
<div class="bodytext_area box_inner">
    <!-- appForm -->
    <form action="#" class="appForm">
        <fieldset>
            <legend>상담문의 입력 양식</legend>
            <p class="info_pilsoo pilsoo_item">필수입력</p>
            <ul class="app_list">
                ......
            </ul>
            <p class="btn_line"><a href="javascript:;" class="btn_baseColor">등록</a></p>
        </fieldset>
    </form>
    <!-- //appForm -->
</div>
<!-- //bodytext_area -->
```

form을 감싸는 bodytext_area 상자는 서브 페이지의 콘텐츠를 감싸는 공통 부분으로서 여백을 통일하기 위한 것이고, PC와 모바일에서 다른 여백을 적용할 것입니다. form 안에는 필수 입력 표시 부분과 하단 버튼을 제외한 모든 요소가 list로 구성되어 있습니다.

이메일 입력 양식 부분의 마크업은 다음과 같습니다.

```
<li class="clear">
    <label for="email_lbl" class="tit_lbl pilsoo_item">이메일</label>
    <div class="app_content email_area">
        <input type="text" class="w160" id="email_lbl" title="이메일 주소" />
        <span class="ico_space">@</span>
        <input type="text" class="w160" title="이메일 제공업체 입력" />
        <div class="select_common">
            <select title="이메일 제공업체 목록">
                <option value="">직접입력</option>
                <option value="">naver.com</option>
                <option value="">hanmail.net</option>
            </select>
        </div>
    </div>
</li>
```

1 .tit_lbl과 .app_content가 floating 될 예정이니 li 에는 clear 클래스를 붙입니다.

2 텍스트필드 두 개와 select 한 개로 구성된 .email_area를 이런 구조로 코딩하여 CSS를 입힌 뒤 필요할 때마다 계속 재생하여 사용합니다.

3 양식의 레이블에는 필수입력 요소를 표시하는 클래스를 부여하고, 이메일 입력 부분의 텍스트 필드에 가로폭을 위한 클래스를 부여합니다.

4 select 상자는 기본 css에서 정했던 규칙에 따라 select_common 클래스를 부여한 요소로 감쌉니다.

그 밖에 텍스트 필드, 라디오 버튼, 체크박스 입력 양식 부분의 마크업은 다음과 같습니다.

```
<li class="clear">
    <label for="phone_lbl" class="tit_lbl pilsoo_item">연락처</label>
    <div class="app_content"><input type="tel" class="w100p" id="phone_lbl" placeholder="휴대
폰"-"없이 숫자만 입력하세요"/></div>
</li>
<li class="clear">
    <span class="tit_lbl">성별</span>
    <div class="app_content radio_area">
        <input type="radio" class="css-radio" id="mmm_lbl" name="gender">
        <label for="mmm_lbl">남</label>
        <input type="radio" class="css-radio" id="www_lbl" name="gender">
```

```
            <label for="www_lbl">여</label>
        </div>
    </li>
    <li class="clear">
        <span class="tit_lbl">개인정보 활용동의</span>
        <div class="app_content checkbox_area">
            <input type="checkbox" class="css-checkbox" id="agree_lbl" name="agree">
            <label for="agree_lbl">동의함</label>
        </div>
    </li>
    <li class="clear">
        <label for="content_lbl" class="tit_lbl">문의내용</label>
        <div class="app_content">
            <textarea id="content_lbl" class="w100p" placeholder="간단한 상담 요청 사항을 남겨주시면 보
다 상세한 상담이 가능합니다.
전화 상담 희망시 기재 부탁드립니다."></textarea>
        </div>
    </li>
```

1 텍스트 필드는 가로 100% 클래스를 부여합니다.

2 라디오 버튼은 기본 css에서 설정해놓은 css—radio 클래스를 붙여주기만 하면 작동됩니다.

3 체크박스도 기본 css에서 설정해놓은 css—checkbox 클래스를 붙여줍니다.

4 textarea도 가로 100% 클래스를 부여합니다. 이런 checkbox_area나 radio_area에 여백 등의 스타일을 설정하여 필요한 부분에 id만 바꾸어 배치하면 손쉽게 사용할 수 있습니다.

이에 해당하는 PC 부분 CSS는 다음과 같습니다.

```
.appForm {margin: 40px auto 0;}
.appForm .info_pilsoo {position: relative; padding-left: 20px; padding-bottom: 10px;
        border-bottom: 2px solid #000; font-size: 15px; color: #f00;}
.appForm .pilsoo_item:before {content: "*"; display: inline-block; position: absolute;
        left: 5px; top:3px; width: 15px; font-weight: bold; font-size: 17px; color: #f00;}
.appForm .app_list {padding: 10px 0; border-bottom: 1px solid #ccc;}
.appForm .app_list li {padding: 8px 0;}
.appForm .app_list li .tit_lbl {position: relative; float: left; width: 150px;
        box-sizing: border-box; padding-left: 20px; line-height: 42px; font-weight: bold;
        font-size: 17px; letter-spacing: -2px;}
```

```
.appForm .app_list li .app_content {float: right; width: 770px;}
.appForm .app_list li .app_content * {vertical-align: top;}
.appForm .app_list li .app_content.email_area .ico_space {display: inline-block;
        padding-top: 10px;}
.appForm .app_list li .app_content.radio_area {height: 45px; box-sizing: border-box;
        padding-top: 12px;}
.appForm .app_list li .app_content.checkbox_area {height: 45px; box-sizing: border-box;
        padding-top: 12px;}
.appForm .app_list li .app_content label {vertical-align:middle;}
.appForm .app_list li .select_common {width: 160px; height: 45px;
        background-position: 100% 50%; border: 1px solid #ccc;}
.appForm .app_list li .select_common select {width: 200px; height: 43px;}
.appForm .app_list li textarea {height: 245px;}
.appForm .info_line {padding: 10px 10px 20px; font-size: 15px;}
.btn_line {padding: 20px 0;}
.btn_line a.btn_app {height: 37px; line-height: 37px; margin-left: 100px; font-size: 14px;}
```

1 필수 입력 항목에 pilsoo 클래스만 붙이면 붉은 별 표식이 붙도록 가상클래스 :before에 스타일을 등록합니다.

2 레이블 부분과 콘텐츠 부분을 float하여 가로로 배치합니다.

3 @의 위치를 잡아주기 위해 콘텐츠 부분의 모든 요소를 위쪽으로 정렬합니다.

4 radio_area와 checkbox_area의 높이와 여백을 지정합니다.

5 select 상자의 가로폭을 지정하고 배경 아이콘을 배치합니다.

이에 해당하는 태블릿과 모바일 부분 CSS는 다음과 같습니다.

```
@media all and (max-width: 1065px) and (min-width: 801px) {
....
        .appForm .app_list li .tit_lbl {width: 21%;}
        .appForm .app_list li .app_content {width: 79%;}
....
}
@media all and (max-width: 800px) {
....
        .appForm {margin: 20px auto;}
        .appForm .pilsoo_item:before {top: 1px;}
```

```
        .appForm .app_list li {position: relative; padding: 10px 0;
            border-bottom: 1px solid #ccc;}
        .appForm .app_list li:last-child {border-bottom: none; padding-bottom: 10px;}
        .appForm .app_list li .tit_lbl {position: relative; float: none; width: auto;
            line-height: 30px;}
        .appForm .app_list li .app_content {float: none; width: auto;}
        .appForm .app_list li .app_content * {vertical-align: middle;}
        .appForm .app_list li .app_content input[type=text],
        .appForm .app_list li .app_content input[type=password],
        .appForm .app_list li .app_content input[type=tel] {border: none;
            width: 100% !important;}
        .appForm .app_list li .app_content.email_area {padding: 5px 0 0; font-size: 0;}
        .appForm .app_list li .app_content.email_area input[type=text],
        .appForm .app_list li .app_content.email_area input[type=password] {
        border:1px solid #ccc; width: 45% !important; font-size: 14px;}
        .appForm .app_list li .app_content.email_area .ico_space {width: 10% !important;
            text-align: center; font-size: 14px;}
        .appForm .app_list li .app_content.radio_area {padding-left: 20px; height: 40px;
            padding-top: 10px;}
        .appForm .app_list li .app_content.checkbox_area {padding-left: 20px; height: 40px;
            padding-top: 10px;}
        .appForm .app_list li .select_common {width: 100%; height: 45px; margin-top: 10px;}
        .appForm .app_list li .select_common select {width: 100%; height: 39px;}
        .appForm .app_list li textarea {height: 130px;}
        .appForm .btn_line {padding: 20px 0;}
        .appForm .btn_line a.btn_app {margin-left: 0;}
    ....
    }
```

1 태블릿에서 양식이 틀어지지 않도록 레이블과 입력 요소 영역들의 가로폭을 변경합니다.

2 모바일에서는 양식의 세로 간격을 줄이고 레이블과 입력 요소 영역의 float을 취소하여 세로로 배치하는 데 그에 따라 여백을 변경하는 작업이 대부분입니다.

3 이메일 요소는 깔끔하게 보이도록 가로폭을 합하여 100%가 되도록 설정합니다.

4 PC에서 없던 가로줄을 치게 되어 상대적으로 짧아보이므로 줄마다 세로 여백을 8px에서 10px로 늘립니다. 대신 텍스트 필드들에 테두리가 없는 디자인을 적용하고, 이메일 텍스트 필드만 테두리를 남깁니다.

5 라디오 버튼과 체크박스 칸의 높이와 여백을 변경합니다. 다음의 결과 이미지 중 모바일에 표시된 빨간 체크 부분을 맞춘 것입니다.

부록으로 제공한 예제 소스 중 프로젝트 폴더에서 join.html 파일을 열어 전체 소스를 확인해 보기 바랍니다.

5.6.03 프로그램 소개 페이지

서브 페이지 중 상품투어/프로그램 목록 페이지를 살펴보겠습니다. 중앙에 배치될 여행 상품들이 PC와 태블릿에서는 한 줄에 세 개씩 배치되고, 모바일에서는 한 개씩 배치될 예정입니다. 또한 PC에서는 '더보기' 버튼을 누르면 영역이 아래로 확장되며 감춰졌던 콘텐츠가 나타나게 됩니다. 물론 다시 접을 수 있도록 해야 합니다. 펼쳐졌을 때 '더보기' 버튼은 '접기'로 변경되어야 합니다.

```
<div class="bodytext_area place_area box_inner">
    <ul class="program_list clear">
    <li>
        <img class="img_place" src="img/img_place_01.jpg" alt="이응노 미술관" />
        <h3>이응노 미술관</h3>
        <p class="subttl">2019.01 ~ 2019.03</p>
        <div class="program_content">
        <p>고암 이응노 화백의 예술세계와 작품들을 감상할 수 있다.
            <span class="subtxt">대전에 위치한 이응노 미술관에서는 대전과 파리, 한국과
                프랑스, 아시아와 유럽의 커뮤니케이션이 일어난다.</span>
        </p>
        </div>
        <p class="btn_more"><a href="javascript:;">더보기</a></p>
    </li>
    ....
```

여행 상품 하나가 이미지, 제목, 날짜, 텍스트, 확장될 텍스트, 더보기 버튼으로 구성되며 이 구성이 계속 반복됩니다.

이에 해당하는 PC 부분 CSS는 다음과 같습니다.

```
.bodytext_area.place_area {padding: 55px 0 0;}
.program_list li {float: left; width: 31.5%; margin: 0 0.9%;}
.program_list li:nth-child(3n+1) {clear: both;}
.program_list li .img_place {display: block;  width: 100%;}
.program_list li h3 {padding: 40px 0 0; font-weight: bold; font-size: 22px;}
.program_list li .subttl {padding: 25px 0 0; font-weight: bold; font-size: 16px;
      color: #fa6400; letter-spacing: 0;}
.program_list li .program_content {padding: 15px 0 0; line-height: 1.8; font-size: 15px;}
.program_list li .program_content p {width: 100%; overflow:hidden; word-break:keep-all;}
.program_list li .program_content p .subtxt {display: none;}
.program_list li .btn_more {padding: 10px 0 20px; text-align: center; font-size: 12px;}
.program_list li .btn_more a {display: inline-block; padding: 5px 7px; border-radius: 3px;
      background: #000; color: #fff;}
```

1 가로로 나열될 li의 폭과 여백은 태블릿 스타일에서 수정할 필요가 없도록 %로 지정했습니다.

2 세로 길이가 일정하지 않아 float으로 배치를 해도 틀어지므로, 3의배수+1번째 즉 4, 7, 10...번째의 li에 clear:both;를 주어 float을 해제해 줍니다.

3 제목과 날짜, 텍스트의 스타일을 지정하고, 더보기를 클릭하여 확장시킬 텍스트 .subtxt는 미리 숨겨둡니다.

4 더보기 버튼 스타일을 지정합니다.

이에 해당하는 모바일 부분 CSS는 다음과 같습니다.

```
@media all and (max-width: 800px) {
....
        .bodytext_area.place_area {padding: 33px 0 0;}
        .program_list {padding: 0 20px;}
        .program_list li {float: left; width: 100%; margin: 0%; box-sizing: border-box;
                border-top: 1px solid #ccc; padding: 30px 0px;}
        .program_list li:first-child {border-top: none; padding-top: 0;}
        .program_list li h3 {padding: 20px 0 0; text-align: center;}
        .program_list li .subttl {padding: 15px 0 0; text-align: center; font-size: 18px;}
        .program_list li .program_content p .subtxt {display: inline;}
        .program_list li .btn_more {display: none;}
....
}
```

1 모바일에서는 상품을 한 줄로 배열할 것이므로 양쪽에 여백을 20px로 지정하고, float을 해제할 필요 없이 가로폭을 100%로 지정합니다.

2 li 사이에 줄을 치고 더보기가 없으므로 세로 여백을 줍니다.

3 더보기 버튼을 클릭해서 보아야 했던 텍스트 .subtxt는 그냥 노출시켜줍니다.

4 더보기 작동은 스크립트에서 합니다.

부록으로 제공한 예제 소스 중 프로젝트 폴더에서 program.html 파일을 열어 전체 소스를 확인해 보기 바랍니다.

5.6.04 / 공지사항 목록 페이지

게시판 페이지도 div로 코딩할 수 있지만 다른 페이지에서 테이블을 한 번도 다루지 않았으므로 공지사항 목록 페이지는 게시판을 테이블로 마크업해 보도록 하겠습니다.

이 게시판 페이지는 검색 바, 게시글 목록, 페이지네이션 등으로 구성되어 있습니다.

```html
<div class="bodytext_area box_inner">
    <form action="#" class="minisrch_form">
        <fieldset>
            <legend>검색</legend>
            <input type="text" class="tbox" title="검색어를 입력해주세요" placeholder="검색어를 입력
해주세요">
            <a href="javascript:;" class="btn_srch">검색</a>
        </fieldset>
    </form>
    <table class="bbsListTbl" summary="번호,제목,조회수,작성일 등을 제공하는 표">
        <caption class="hdd">공지사항  목록</caption>
        <thead>
            <tr>
                <th scope="col">번호</th>
                <th scope="col">제목</th>
                <th scope="col">조회수</th>
                <th scope="col">작성일</th>
            </tr>
        </thead>
        <tbody>
            <tr>
                <td>1</td>
                <td class="tit_notice"><a href="javascript:;">
                    이번 여름 휴가 제주 갈까? 미션 투어 (여행경비 50만원 지원)</a>
                </td>
                <td>123</td>
                <td>2018-08-01</td>
            </tr>
            <tr>
                <td>2</td>
                <td class="tit_notice"><a href="javascript:;">
                    박물관 미션 투어 응모 당첨자 발표</a>
                </td>
                <td>123</td>
                <td>2018-08-01</td>
            </tr>
                .............................중략.............................
        </tbody>
    </table>
```

```
    <div class="pagination">
        <a href="javascript:;" class="firstpage  pbtn">
            <img src="img/btn_firstpage.png" alt="첫 페이지로 이동"></a>
        <a href="javascript:;" class="prevpage  pbtn">
            <img src="img/btn_prevpage.png" alt="이전 페이지로 이동"></a>
        <a href="javascript:;"><span class="pagenum currentpage">1</span></a>
        <a href="javascript:;"><span class="pagenum">2</span></a>
        <a href="javascript:;"><span class="pagenum">3</span></a>
        <a href="javascript:;"><span class="pagenum">4</span></a>
        <a href="javascript:;"><span class="pagenum">5</span></a>
        <a href="javascript:;" class="nextpage  pbtn">
            <img src="img/btn_nextpage.png" alt="다음 페이지로 이동"></a>
        <a href="javascript:;" class="lastpage  pbtn">
            <img src="img/btn_lastpage.png" alt="마지막 페이지로 이동"></a>
    </div>
</div>
```

1 검색 바는 텍스트 필드와 버튼 하나로 구성된 짧은 form입니다.

2 게시판 영역에는 4개의 칼럼을 가진 일반적인 표와, 이미지와 숫자로 구성된 페이지네이션이 있습니다.

3 colgroup을 두지 않은 것은 칼럼들의 폭을 미디어쿼리에서 변경하기 위한 것입니다.

이에 해당하는 PC 부분 CSS는 다음과 같습니다.

```
.minisrch_form {width: 100%; text-align: right; margin-bottom: 20px;}
.minisrch_form .tbox {padding: 0 5px 0 30px; width: 200px; height: 35px; line-height: 35px;
        border: none; border-bottom: 1px solid #ccc;
        background: url('../img/ico_search.png') no-repeat 10px 50%; background-size: 15px;}
.bbsListTbl {width: 100%; border-top: 2px solid #384d75;}
.bbsListTbl th, .bbsListTbl td {padding: 10px; box-sizing: border-box; height: 55px;}
.bbsListTbl th {border-bottom: 1px solid #ccc; background: #f0f3fa;}
.bbsListTbl td {text-align: center; line-height: 1.3; border-bottom:1px solid #ccc;}
.bbsListTbl td.tit_notice {text-align: left;}
.bbsListTbl td:nth-child(1) {width: 10%;}
.bbsListTbl td:nth-child(2) {width: 55%;}
.bbsListTbl td:nth-child(3) {width: 15%;}
.bbsListTbl td:nth-child(4) {width: 20%;}
.pagination {padding: 40px 0 0; text-align: center;}
```

```
.pagination a {display: inline-block; }
.pagination a.pbtn {display: inline-block; padding: 7px; text-align: center;
        vertical-align:middle; font-size: 0;}
.pagination a .pagenum {display: inline-block; width: 25px; height: 25px; line-height: 25px;
        text-align: center; vertical-align: middle;}
.pagination a .currentpage {border-radius: 3px; background: #384d75; color: #fff;}
.pagination a:hover .pagenum {border-radius: 3px; background: #ddd;}
```

1 검색 바 텍스트 필드에 좌측 여백을 확보하고 배경 이미지를 배치합니다.

2 게시판 테이블은 제목줄만 배경이 있고 가로줄만 있는 일반적인 표로 제작합니다.

3 표의 각 칼럼의 폭을 비율로 지정합니다.

4 페이징의 이미지 버튼은 inline 요소이기 때문에 정확한 사이즈 적용을 위해 font-size:0;으로 합니다. 버튼 안의 숫자 부분은 사이즈를 정확히 주고 간격을 맞추어 이미지 버튼들과 어울리도록 합니다.

번호	제목	조회수	작성일
1	이번 여름 휴가 제주 갈까? 미션 투어 (여행경비 50만원 지원)	123	2018-08-01
2	박물관 미션 투어 응모 당첨자 발표	123	2018-08-01

≪ ‹ **1** 2 3 4 5 › ≫

이에 해당하는 모바일 부분 CSS는 다음과 같습니다.

```
@media all and (max-width: 800px) {
....
        .bbsListTbl {width: 100%; border-top: 2px solid #384d75;}
        .bbsListTbl th, .bbsListTbl td {padding: 10px; box-sizing: border-box; height: 45px;}
        .bbsListTbl th {padding: 0;}
        .bbsListTbl th {border-bottom: 1px solid #ccc; font-weight: bold; font-size: 14px;}
        .bbsListTbl th:nth-child(1) {display:none;}
        .bbsListTbl th:nth-child(2) {width:70%;}
        .bbsListTbl th:nth-child(3) {display:none;}
        .bbsListTbl th:nth-child(4) {width:30%;}
        .bbsListTbl td {text-align: center; line-height: 1.3; border-bottom: 1px solid #ccc;}
```

```
        .bbsListTbl td.tit_notice a {display: block;}
        .bbsListTbl td:nth-child(1) {display: none;}
        .bbsListTbl td:nth-child(2) {width: 70%;}
        .bbsListTbl td:nth-child(3) {display: none;}
        .bbsListTbl td:nth-child(4) {width: 30%;}
    ....
    }
```

모바일 화면은 좁기 때문에 덜 중요한 칼럼을 숨깁니다. 이 경우에는 제목과 작성일 제외한 나머지 두 칼럼을 숨깁니다.

테이블처럼 생긴 구조인데 div 코딩으로 해보고 싶다면 부록에 수록된 소스 중 mypage.html을 참고하십시오.

부록으로 제공한 예제 소스 중 프로젝트 폴더에서 notice_list.html 파일을 열어 전체 소스를 확인해 보기 바랍니다.

5.6.05 로그인 페이지

로그인 페이지는 PC에서도 앱스타일로 디자인하기 위해 header와 퀵 메뉴를 빼고 네 개의 로그인 메소드 링크만을 배치할 것입니다. 모바일 화면과 거의 유사하여 가장 심플한 페이지가 될 텐데 너무 허전할 것을 방지하기 위해 작은 이미지를 배치할 것입니다. 하단에는 로그인을 유지할지 정하는 스위치를 둘 것입니다. 스위치를 작동하는 스크립트도 상단에 포함하고 있습니다.

```
<script type="text/javascript">
// 현재 페이지에만 적용
$(document).ready(function(){
        $('.switch').click(function(){
                $(this).toggleClass("switchOn");
        });
        $('.quick_area').hide();
});
</script>
....
<div class="bodytext_area box_inner">
    <div class="login_wrap">
        <h1 class="loginTit"><a href="#">
            <img src="img/tit_login.png" alt="TOURIST IN TOUR" /></a></h1>
        <ul class="login_list">
            <li class="kakao">
                <a href="javascript:;"><strong>카카오톡</strong>로그인</a></li>
            <li class="naver">
                <a href="javascript:;"><strong>네이버</strong>로그인</a></li>
```

```
            <li class="facebook">
                <a href="javascript:;"><strong>페이스북</strong>로그인</a></li>
            <li class="cellphone">
                <a href="javascript:;"><strong>이메일 주소</strong>로그인</a></li>
        </ul>
        <div class="btnonoff_line">
            <div class="switch"></div>
            <p>
                <a href="#" class="btn_onoff" onclick="return false;">로그인 유지</a>
            </p>
        </div>
    </div>
</div>
```

1️⃣ 상단 스크립트는 화면 하단의 로그인 유지 버튼의 작동을 위한 것인데, 클릭했을 때 switchOn 클래스를
부여했다가 뺏다가 번갈아 적용한다는 의미일 뿐 사실상 switchOn의 CSS가 중요합니다.

2️⃣ 스크립트 안에서 우측 퀵 메뉴도 숨깁니다.

3️⃣ 로그인 메소드 4개 버튼을 배치하고 스위치 버튼을 배치합니다.

이에 해당하는 PC 부분 CSS는 다음과 같습니다.

```
.login_wrap {width: 468px; margin: 50px auto 0;}
h1.loginTit {text-align: center;}
h1.loginTit a {display: block;}
h1.loginTit a img {width: 100%;}
.login_list {width: 75%; margin: 70px auto 20px;}
.login_list li {position: relative; margin-bottom: 4px; height: 54px; box-sizing: border-box;
        padding-left: 50px; border-radius: 5px;}
.login_list li a {display: block; height: 54px; box-sizing: border-box; line-height: 54px;
        text-align: center; vertical-align: middle; font-size: 14px; color: #fff;}
.login_list li:last-child {margin-bottom: 0;}
.login_list li.kakao {background: #ffea26 url(../img/ico_kakao.png) no-repeat 15px 50%;
        background-size: 45px 45px;}
.login_list li.kakao a {color: #202224;}
.login_list li.naver {background: #00c300 url(../img/ico_naver.png) no-repeat 15px 50%;
        background-size: 45px 45px;}
.login_list li.facebook {background: #405ea9 url(../img/ico_face.png) no-repeat 15px 50%;
        background-size: 45px 45px;}
.login_list li.cellphone {background: #888 url(../img/ico_cellphone.png) no-repeat 15px 50%;
```

```
        background-size: 45px 45px;}

.btnonoff_line {width: 75%; margin: 10px auto; text-align: center;}
.btnonoff_line .btn_onoff {margin-left: 5px; font-size: 14px;}
.switch {position: relative; display: inline-block; width: 35px; height: 22px; margin: 0;
        padding: 0; border-radius: 16px; background: #e5e5e5; vertical-align: top;
        appearance: none; cursor: pointer; z-index: 0;}
.switch:before {content: ""; position: absolute; left: 1px; top: 1px; width: 33px;
        height: 20px; border-radius: 15px; background: #fff; z-index: 1;}
.switch:after {content: ""; position: absolute; left: 1px; top: 1px; width: 19px;
        height: 19px; border-radius: 20px; background: #fff;
        -webkit-transition-duration: 300ms; transition-duration: 300ms;
        -webkit-box-shadow: 0 2px 5px #999; box-shadow: 0 2px 5px #999; z-index: 2;}
.switchOn, .switchOn:before {background: #1a57cb !important;}
.switchOn:after {left: 15px !important;}
```

1 로그인 메소드 버튼 4가지는 배경색과 이미지를 배치하는 것 외에 특별한 사항은 없습니다.

2 스위치 버튼은 div 하나만 있던 마크업에 CSS로 거의 모든 디자인을 입힙니다.

3 .switch는 버튼의 몸체이고, .switwch:before는 클릭했을 때의 파란 바닥이며 .switch:after는 하얀 동그라미
  입니다. 화면전환 효과로 클릭할 때 0.3초 동작시간을 부여합니다.

이에 해당하는 모바일 부분 CSS는 다음과 같습니다.

```
@media all and (max-width:800px) {
....
        .login_wrap {width: 100%; margin: 0 auto;}
        h1.loginTit a {display: block;}
        .login_list {margin: 50px auto 20px;}
        .login_list li {height: 50px;}
        .login_list li a {height: 50px; line-height: 50px;}
....
}
```

로그인 버튼들의 간격만 약간 변경했습니다.

부록으로 제공한 예제 소스 중 프로젝트 폴더에서 common.css 파일을 열어 전체 소스를 확인해 보기 바랍니다.

5.7 | 서브 페이지의 스크립트

5.7.01 프로그램 소개의 더보기/접기 작동

```
$(document).ready(function(){
    $('.program_list li .btn_more a').click(function(){
        if ($(this).parent().parent().find('.subtxt').css('display') == 'none') {
            $(this).parent().parent().find('.subtxt').css('display','inline');
            $(this).text('접기');
        } else {
            $(this).parent().parent().find('.subtxt').css('display','none');
            $(this).text('더보기');
        }
    });
});
```

더보기 버튼을 클릭했을 때 아래 텍스트가 감춤 상태인지 묻고 노출시킵니다. 반대로 노출 상태라면 감춥니다. 또한 .subtxt 텍스트가 감춤 상태라면 버튼의 텍스트를 '더보기'로, 노출 상태라면 '접기'로 바꿔줍니다.

부록으로 제공한 예제 소스 중 프로젝트 폴더에서 common.js 파일을 열어 전체 소스를 확인해 보기 바랍니다.

이로써 여행정보 사이트 투어리스트인투어 반응형 프로젝트의 퍼블리싱을 모두 살펴보았습니다. 부록의 소스에는 이 책에서 다룬 페이지들 외에 공지사항 상세보기 페이지, 개인정보 수정 페이지가 있으니 반드시 확인하여 스스로 제작해보기 바랍니다.

색인

index